«Dios ha mostrado su gracia al usar este libro en toda Latinoamérica y en numerosos países árabes... Te desafío a que lo leas para que "cambie tu forma de cambiar"».

Dr. Ramesh Richard

Director de RREACH International
y profesor en Dallas Theological Seminary en EEUU

«Hemos usado este libro en Dallas Theological Seminary y en SETECA, y puedo dar fe del impacto que ha hecho en los alumnos y cómo los ha ayudado a comprender el proceso del cambio. Si deseas ver cambios profundos en tu vida y en la vida de tu iglesia, ¡te recomiendo que lo leas!».

Dr. James Adams

Profesor en Dallas Theological Seminary y SETECA en EEUU y Guatemala

«Escribiendo desde la realidad de su propia lucha espiritual, Nicolás nos ayuda a darle la espalda al mero cambio superficial y a unirnos a la obra del Espíritu de Dios en la búsqueda de la verdadera transformación y humildad».

Henry Clay

Los Navegantes

«Nicolás Tranchini es un hombre que ama la Palabra de Dios y que está profundamente comprometido en comunicarla de una manera clara, sencilla y relevante. Prepárate para ser desafiado con la lectura de este libro».

Greg Travis

Miembro del consejo de Ante Su Palabra , Soldados de Jesucristo y Coalición por el Evangelio en Español

«Cambios Profundos es un libro acerca de la transformación espiritual genuina. Es una lectura práctica y personal que te hará sentir sanamente incómodo».

Dr. Daniel Wicher

Ex-Presidente de Camino Global

«El libro de Nicolás Tranchini nos transporta al mundo interior del alma humana, su naturaleza, su identidad, sus motivaciones y fracasos. Al final de cada capítulo, el lector encontrará una sección para reflexionar sobre lo expuesto tanto personalmente como en grupo. Por tanto es una herramienta muy práctica para "rumiar" los valores expuestos y para crear un grupo de discusión. Recomiendo la lectura serena y sosegada del libro a todos los creyentes, sean líderes o laicos».

Dr. Pedro Sanjaime

Ex-Rector de la Facultad Internacional de Teología IBSTE en Barcelona, España

Pertenece a Juares Heckel

NICOLÁS EMILIO TRANCHINI

Para meu amigo Sam, de todo mi corazón.
Em 20/06/24

CAMBIOS PROFUNDOS

Cuando el evangelio ***transforma*** los deseos del corazón

Maquetado por David González Jara

Segunda Edición en español 2021

ISBN: 978-84-09-32161-2

CAMBIOS PROFUNDOS

Publicado y distribuido por

CAMBIOS PROFUNDOS
MINISTERIOS

Málaga (ESPAÑA)
E-mail: contact@cambiosprofundos.com
https://www.cambiosprofundos.com

Dr. Nicolás Emilio Tranchini

Autor, orador y pastor de la Iglesia de la Comunidad Cristiana de El Cónsul en Málaga, España.

Nicolás es el fundador y director de Cambios Profundos (Cambios profundos), un ministerio global que proporciona recursos sobre el crecimiento cristiano. También es el Director de SERVE International en España. Nicolás obtuvo una licenciatura en Teología y Estudios Bíblicos del Seminario Teológico Internacional Bautista en Buenos Aires, Argentina, donde luego obtuvo su Doctorado en Ministerio. También tiene una Maestría en Ministerio Transcultural del Seminario Teológico de Dallas, y se graduó de TESOL de la misma institución.

Nicolás tuvo un encuentro personal con el Señor a través de Los Navegantes cuando tenía trece años. En 2003, fue ordenado pastor por Denton Bible Church en Denton, Texas. Desde entonces, ha sido profesor de materias como Vida Cristiana, Liderazgo, Discipulado, Hermenéutica, Estudios del Nuevo Testamento en todo el mundo.

Nicolás está felizmente casado con Annie y tienen tres hijos: Micaela, Tomás y Manuel.

A mi amada esposa…
Por ser un reflejo de la asombrosa incondicionalidad de Dios
a pesar de mi enorme necesidad de cambio.

RECONOCIMIENTOS

Hay tres personas que hicieron posible que leas este libro. La primera de ellas es mi esposa Analía. Su paciencia, su apoyo y su ayuda fueron los tres grandes pilares que me sostuvieron durante todos estos meses. Mi vida, jamás olvidaré todo lo que has hecho. No tengo palabras... Simplemente gracias... La segunda es mi gran amigo David González Jara. No solo leíste cada palabra que escribí en este libro, sino que me alentaste con algo que no tiene precio; tu fiel y cercana amistad. Aunque lo sabes, quiero dejarlo por escrito; eres como un hermano para mí. La tercera es David Pérez García. Gracias por regalar tantas horas y esfuerzo desinteresado a este proyecto. Has sido extraordinariamente dedicado y meticuloso. El Señor ha visto tu servicio secreto.

Finalmente, hay "Alguien" que merece un párrafo aparte. Ese "Alguien" decidió usarme por gracia, me fortaleció sin merecerlo y me dio palabras y creatividad que no son propias de mí. Ese "Alguien" se mantuvo fiel en mi infidelidad, me amó cuando yo me alejé de él y me llenó de su Espíritu cuando merecía estar vacío. A él y solo a él; "*al único y sabio Dios, por medio de Jesucristo, sea la gloria para siempre. Amén*".

ÍNDICE

IMPORTANTE: Es posible que no suelas prestarle mucha atención al índice de un libro. Te aliento a que hagas una excepción. Esta es tu guía de viaje hacia el cambio. Te da un panorama general de dónde iremos y, a su vez, te ayudará a recordar conceptos claves a medida que vayas concluyendo cada capítulo. Finalmente, cuando termines el libro y hayas mirado en mayor profundidad cada verdad aquí plasmada, te desafío a que vuelvas a leerlo. Tu aprecio e interacción con esta guía de viaje será completamente diferente.

Apéndices:

VERSIONES DE LA BIBLIA EMPLEADAS EN ESTE LIBRO:

A no ser que se indique de otro modo, todas las referencias bíblicas han sido tomadas de la Biblia de las Américas (**BLA**).

INTRODUCCIÓN

Cambiando tu forma de cambiar

¿Qué es cambiar? Si tuvieras que responder esta pregunta, ¿cómo lo harías? ¿Qué sería para ti experimentar un cambio real y profundo? Déjame compartirte algunas de las respuestas más comunes que he escuchado:

"Cambiar, para mí sería no mirar más pornografía en internet. Sinceramente, me siento un adicto".

"Para mí, cambiar sería dejar de comprar ropa de manera compulsiva. Constantemente estoy comparando mi peso con el peso de otras chicas y lo único que ayuda es disimularlo con ropa más holgada".

"Cambiar, en mi caso sería no gritar cuando estoy enfadado; cambiar sería no discutir más con mi pareja. Nos herimos muchísimo cada vez que tenemos una diferencia".

"Para mí cambiar sería compartir mi fe con otros. Quiero hacerlo, pero tengo mucho miedo".

"Cambiar, en mi caso sería dejar de ver tanta televisión y levantarme temprano para leer la Biblia y orar".

"¿Qué sería cambiar para mí? Cambiar sería comenzar a ofrendar. ¡Eso sí que sería un cambio!".

¿Has notado algo? Todas estas respuestas tienen algo en común. Ven el cambio como una transformación de la conducta. Para estas personas cambiar es dejar de hacer algo malo y comenzar a hacer algo bueno; es "dejar de caer". ¿Y si el cambio real y profundo es más que eso? ¿Y si en realidad lo que necesito cambiar es mi manera de entender el cambio? ¿Y si lo que tiene que cambiar es mi forma de cambiar?

Es muy posible que en este momento estés pensando: "Tú no me entiendes. Esta lucha particular destroza mi vida espiritual. Cada vez que caigo me desarma, me siento vacío, alejado de Dios, derrotado". Entiendo perfectamente estas emociones. Yo también las he sentido y de vez en cuando, todavía las siento. Pero ¿y si el problema es otro? ¿Y si el problema más profundo no es el sexo, el dinero, el enfado o tener el peso idóneo que tanto anhelas? Considera lo siguiente, ¿hace falta ser cristiano para cambiar cualquiera de las cosas que he mencionado arriba? Piénsalo bien. ¿Puede un Testigo de Jehová, un musulmán o incluso un ateo, experimentar algunos de los cambios que he señalado antes? La respuesta es obvia, ¡claro que pueden! No hace falta tener el Espíritu Santo para cambiar de esta forma. Hay mucha gente no creyente que trata bien a su pareja y no le grita. Los mormones son expertos en compartir su fe (de hecho, ¡mandan más misioneros al mundo que los mismos cristianos!). Un Testigo de Jehová lee la Biblia con regularidad, incluso, es muy posible que lleve una vida de admirable pureza sexual. Un musulmán ora cinco veces al día. Un agnóstico ofrenda su dinero a distintas ONG. Si cada uno de ellos puede sin Cristo hacer este tipo de "cambios", ¿será que estoy entendiendo el cambio de forma equivocada? ¿Será que tiene que cambiar mi forma de cambiar?

¿Qué es el cambio verdadero? ¿Cómo se produce? ¿Qué rol juega el Espíritu de Dios? ¿Cuál es mi parte? Acompáñame en las páginas que siguen e intentaremos responder juntos estas preguntas y muchas otras.

PRIMERA PARTE

¿Qué es un cambio superficial?

CAPÍTULO 1

¿Cómo funciona la obediencia superficial?

¿Cuáles son mis deseos más profundos?

¿Por qué? Quizás esta sea la pregunta más importante que toda persona necesite hacerse para progresar en su vida espiritual. ¿Por qué leo la Biblia? ¿Por qué no la leo? ¿Por qué intento hablarles a mis amigos de Jesús? ¿Por qué no lo hago? ¿Por qué sirvo a otros? ¿Por qué me cuesta servir?

Quiero que pienses por un momento en una mujer que está conduciendo su automóvil hacia su iglesia. Imagínate que, por alguna buena razón, ese día esta mujer decide que no dará dinero cuando se pase la ofrenda durante la reunión dominical. La señora llega a la iglesia, comienza la reunión y se encuentra muy alegre y feliz participando del culto. Sin embargo, cuando llega el momento de la ofrenda, alguien anuncia que harán una colecta especial para los pobres y que ese día particular serán los líderes quienes recojan la ofrenda. La señora no presta mayor atención al anuncio. Ella lo ha pensado y ha concluido que tiene buenas razones para pasar por alto esta oportunidad de dar. Sin embargo, de repente, se da cuenta que la persona que está pasando la bolsa de la ofrenda es uno de los líderes de la iglesia que ella más respeta y admira. De hecho, es el líder del grupo pequeño al que ella asiste regularmente. Para colmo de males, justo esa misma semana han estado tratando juntos el tema de la generosidad. Entonces, desesperadamente, saca unas monedas que encuentra en su bolso y las pone aliviada. La mujer de nuestra historia está haciendo algo bueno, ¿verdad? Después de todo, dar dinero para los pobres es una buena acción. Sin embargo, ¿por qué lo hace? ***¿Qué es lo que ama*** en su corazón? ¡La opinión de su líder! En otras palabras, ¡se ama a sí misma! No quiere quedar mal delante de su líder y por esa razón da dinero.

Examinar nuestras motivaciones, nuestros deseos más profundos, nos ayuda a darnos cuenta que, a veces, lo que parece bueno en muchas ocasiones no es tal ¡y lo que parece malo tampoco! Piensa por un momento, ¿qué sería para esta mujer amar a Dios (y no a ella misma) en una situación así? La respuesta parece anti-cristiana. Quizás lo más correcto hubiera sido ¡no dar dinero a los pobres! No dar dinero pondría a esta mujer en una situación en donde está expuesta a que su líder u otras personas piensen que no es generosa, que no está comprometida con los necesitados o que no ama lo suficiente a Dios. Sin embargo, para ella, en este caso en particular, *eso* sería precisamente amar a Dios con todo su corazón, con toda su alma y con todas sus fuerzas ¿Por qué? Porque estaría dispuesta a "quedar mal parada" por amor a Dios. Porque estaría diciendo en su corazón: "Dios, tú me amas y tu amor es suficiente para mí. Si otros piensan que no soy generosa, su opinión es menos valiosa que la tuya. Descanso en que tú llenes mi corazón y no la opinión de mi líder".

Permíteme darte otro ejemplo. Imagínate un joven universitario que sale de fiesta todos los sábados. Su objetivo cada noche es conquistar una nueva chica. ¿Por qué lo hace? En su caso particular, va más allá del mero placer sexual. Lo hace porque quiere ser el más popular y exitoso en su grupo de amigos y esa es la forma en que piensa que logrará serlo. Quiere tener un "arsenal" de conquistas en su haber y poder jactarse de lo bien que lo ha hecho. Imagínate que este joven conoce a Cristo y se convierte. Poco a poco su vida va experimentado "cambios" significativos. Deja la vida promiscua, comienza a asistir a una iglesia, se involucra en distintos ministerios y comienza a servir con entusiasmo. Después de algunos años, ese mismo joven llega a ser un consagrado y exitoso misionero. Una gran cantidad de personas se convierten por medio suyo. De hecho, lo invitan a dar conferencias y viaja por el mundo dando testimonio de cómo Dios lo ha usado. Nadie lo pone en duda. Todos están convencidos de que es una persona distinta. Sin embargo, ¿ha cambiado? La respuesta más normal parece obvia. ¡Claro que ha cambiado! Sin embargo, la única forma de saber si realmente ha cambiado es haciendo la pregunta "¿por qué?" ¿Por qué este joven lo ha dejado todo (incluso el sexo y sus aventuras semanales) para servir a Dios?

Como iremos viendo a lo largo del libro, la Biblia nos desafía a no quedarnos en el cambio superficial y aparente sino a enfocarnos en los cambios del corazón. *"Dios no mira como mira el hombre, pues el hombre mira la apariencia exterior, pero el Señor mira el corazón*" (1 Samuel 16:7; Lucas 16:15). Una forma simple de "mirar" nuestro corazón es haciéndonos la pregunta: "¿por qué?" ¿Por qué este joven quiso ser misionero? Lógicamente hay un sinfín de respuestas a esta pregunta, sin embargo, consideremos una de ellas. Antes de ser cristiano el objetivo de este joven era conquistar chicas. ¿Por qué? Como hemos dicho, deseaba ser ***popular***, quería ser ***exitoso*** entre sus amigos. Luego de conocer a Cristo, el objetivo de este joven se convirtió en hablar a todo el mundo de Jesús. Quería llegar a ser un ***popular*** y ***exitoso*** misionero. ¿Puedes verlo? Antes este joven deseaba ser popular conquistando chicas, ahora desea ser popular "conquistando" almas y convirtiendo personas. Cambió su comportamiento; pero, ¿cambiaron sus deseos? ¿Cambió su corazón?

Una ilustración que me gusta utilizar para explicar esta dinámica de cambio es la de un iceberg. Un iceberg tiene dos partes; una externa que se puede ver (que identifica nuestras acciones), y una interna que está debajo del agua y no se puede ver (que identifica nuestras motivaciones, nuestros deseos más profundos). Como nos muestra el pasaje de 1 Samuel, cuando Dios mira al ser humano no se enfoca tanto en lo que hace, sino más bien en *por qué* lo hace.

¿Por qué? Esa es la pregunta clave. ¿Por qué doy dinero? ¿Por qué leo la Biblia? ¿Por qué sirvo en la iglesia? ¿Por qué me enfado con mi pareja? ¿Por qué quiero tener un trabajo mejor? ¿Por qué deseo cambiar? En el sermón del monte Jesús desafía a sus discípulos o, mejor dicho, ordena a sus discípulos a que reflexionen en esta realidad.

Si estudias con detenimiento Mateo 6:1-18 (cosa que haremos juntos al final del capítulo), llegarás a la conclusión de que el tema principal de esta sección no es la ofrenda (como pareciera indicar 6:2-4), ni la oración (como pareciera mostrar 6:5-15), ni el ayuno (como pareciera señalar 6:15-18). El tema principal de estos tres párrafos está definido y resumido en el primer versículo del capítulo: "*Cuidad de no practicar vuestra justicia delante de los hombres para ser vistos por ellos; de otra manera no tendréis recompensa de vuestro Padre que está en los cielos*". En este pasaje, Jesús no está hablando sobre la necesidad de ofrendar. Jesús está llamando a sus oyentes a ***reflexionar en la motivación que los lleva a ofrendar***. Jesús no está enfocado en desafiarlos a orar. Jesús está enfocado en que sus seguidores ***busquen descifrar qué es lo que los lleva a orar***. Jesús no está centrado aquí en que la gente ayune. Lo que Jesús está intentando hacer es que sus discípulos se cuestionen: "***¿Yo, por qué ayuno?***" Lee el pasaje detenidamente y verás que es así.[a]

¿Por qué? es la gran pregunta que nos lleva a desenmascarar nuestra realidad interior y es, justamente, el tema primario que Jesús desarrolla en esta sección de Mateo. A través de este pasaje descubrimos que una persona puede estar haciendo cosas "espirituales" sin ser realmente un hombre o una mujer espiritual; tal como le sucedió a la mujer al dar la ofrenda o al exitoso misionero en los ejemplos de arriba. Según nuestro Señor, el Padre ve y evalúa no tanto qué hacemos externamente, sino *por qué* lo hacemos; es decir, qué es lo que internamente nos está motivando a hacer las cosas buenas que hacemos. Como ha escrito Martyn Lloyd Jones:

> No hay nada tan falaz como pensar en el pecado solo en función de actos; y, mientras pensemos en el pecado en función de cosas que de hecho hacemos, no llegamos a comprenderlo. La entraña de la enseñanza bíblica acerca del pecado es que es esencialmente una disposición del corazón [...]
>
> Tendemos a pensar en el pecado en la forma en que lo vemos en las manifestaciones más bajas de la vida. Vemos a un borracho y decimos: he ahí el pecado; esto es pecado. Pero eso no es la esencia del pecado [...]
>
> Para formarnos una idea exacta del mismo y comprenderlo, debemos imaginarnos a algún gran santo, a algún hombre fuera de lo corriente en su devoción y dedicación a Dios mirémoslo ahí de rodillas, en la presencia misma de Dios. [Como dice Jesús en Mateo 6:5] Aún en esas circunstancias el "yo" lo está asediando, y la tentación para él consiste en pensar bien de sí mismo y adorarse a sí mismo en vez de adorar a Dios. Esa, y no otra, es la verdadera imagen del pecado...[1]

[a] Al final de este capítulo encontrarás un cuadro que te ayudará a estudiar en profundidad el pasaje de Mateo 6:1-18.

Examinar nuestras motivaciones es esencial puesto que, al hacerlo, llegamos a descubrir aquello que nuestro ser interior ***realmente ama***. Si lo piensas un momento, en este pasaje de Mateo encontramos que es posible obedecer los mandamientos (tales como ofrendar, orar y ayunar) sin estar obedeciendo el gran mandamiento (amar a Dios de corazón). Si uno ayuna para que los demás lo vean, lo que realmente ama es la gloria de los hombres y, al hacerlo, se está amando a sí mismo; puesto que uno es el beneficiado de tal acción. Por otro lado, si uno ayuna para poder separar un tiempo especial y exclusivo para estar a solas con Dios, lo que realmente ama es a Dios y el disfrutar de su presencia. De esta forma, una pregunta alternativa o adicional que podríamos hacer además de "¿por qué?" sería: "***¿A quién o qué estoy amando con esta acción?***".

Resulta muy interesante, como veremos más adelante, que, en el contexto de Mateo 6, hacer una obra de manera realmente espiritual es hacerla *disfrutando* del Padre. Por el contrario, hacerla de manera impropia o pecaminosa es hacerla *disfrutando el ser vistos por los demás*. De esta forma, a través de este pasaje Jesús nos permite adentrarnos en uno de los dilemas más grandes del ser humano: la búsqueda de una identidad a través de la aprobación. Como afirma Paul Tripp:

> Los seres humanos siempre se están asignando a sí mismos algún tipo de identidad. Hay solamente dos lugares donde buscar. O buscarás obtener tu identidad verticalmente, en quién eres en Cristo, o irás a comprar por ella horizontalmente en situaciones, experiencias o relaciones de tu vida diaria. Esto es verdad para todos, pero estoy convencido de que obtener nuestra identidad horizontalmente es una tentación particular para aquellos que están en el ministerio.[2]

¿Recuerdas al joven misionero del comienzo del capítulo? ¿Piensas que estoy exagerando o que es una mera ilustración? Pues considera a once de las personas más consagradas que han pisado este planeta; los discípulos de Jesús. Ellos lo dejaron todo para seguirle. ¡Ellos deben ser diferentes! Sin embargo, ¿es así como los evangelios los presentan? Desde su llamamiento hasta las horas finales de la vida de Cristo, la Biblia nos muestra que los apóstoles mismos tampoco están exentos de esta tendencia. ¡Todo lo contrario! Después de que Jesús les anunciara su inminente muerte, ellos comienzan a pelearse por ver quién es el mayor (Lucas 22:24-27; Marcos 10:35-45). Medita un momento en lo que muestra este episodio. Su pelea (algo externo), revela lo que ***realmente ama y desea su corazón*** (algo interno); a saber, reconocimiento, poder, gloria, status y, por ende, encontrar allí su significado, valor o identidad. "Tengo valor, porque he logrado ser el primero...". Este es su pensamiento implícito.

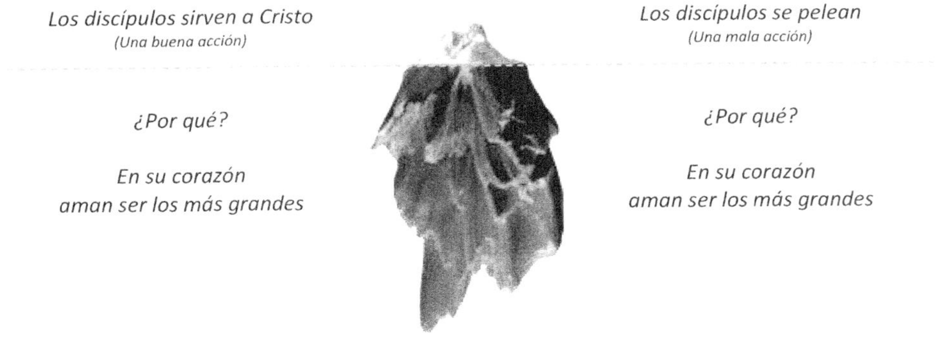

Al examinar mi propio corazón, veo que no soy muy diferente a los discípulos. Puesto que mi "trabajo" es el ministerio, puedo identificarme con su lucha. Como muy acertadamente escribió Tim Keller:

> ¿Por qué la gente se dedica al ministerio? Por motivaciones nobles, ¿no? Hace unos años leí esta cita de Charles Spurgeon en un libro para estudiantes que se preparaban para el ministerio: "No prediques el evangelio para salvar tu alma." Tenía alrededor de veinte años por aquel entonces y recuerdo que pensé: "¿Qué clase de idiota intentaría salvar su alma predicando el evangelio?" Sin embargo, unos años después de trabajar en el ministerio, te empiezas a dar cuenta de que si la iglesia va bien, crece y le caes bien a la congregación, te sientes muy bien (desproporcionalmente bien), y si la iglesia no va bien y no le caes bien a la gente, te sientes increíblemente mal (desproporcionalmente mal). Y eso es porque estás trabajando de afuera hacia adentro. Has asumido: "Si le caigo bien a la gente y dicen '¡Cuánto me has ayudado!', entonces Dios me amará y me amaré a mí mismo, y esa sensación de intrascendencia, de impureza, desaparecerá." Pero no desaparece...[3]

Necesitados de luz

Ceguera. Quizás esa sea una muy buena palabra para describir cuánto nos conocemos a nosotros mismos (Mateo 15:14; Efesios 4:18). Creemos que no es así. Pensamos como los discípulos, que nos entendemos, que sabemos por qué actuamos como actuamos, que conocemos nuestro propio corazón y que hacemos lo que hacemos por amor; pero la Biblia nos confronta constantemente con lo opuesto. ***Lo más normal es vivir engañado*** (lee Jeremías 17:9; 1 Juan 1:8-10). ¡Por eso el ministerio principal del Espíritu Santo es traer luz a nuestra vida! (Juan 16:7-14; Efesios 1:18,19). Nadie, ni siquiera los hombres y mujeres más consagrados están exentos de este problema. Considera, por ejemplo, al profeta Isaías. El momento de mayor terror en la vida del profeta se produjo cuando pudo llegar a interiorizar la distancia que había entre la realidad de su quebrantado ser interior y la asombrosa santidad de la persona de Dios. Fue entonces cuando pronunció su famoso: "*¡Ay de mí! Porque perdido estoy…*" (Isaías 6:5). Lo mismo sucede con Pedro en Lucas 5:8 *cuando afirma: "¡Apártate de mí, Señor, porque soy un pecador!"*. O con Pablo en Romanos 7:24 cuando dice: "*¡Miserable de mí! ¿Quién me libertará de este cuerpo de muerte?*". La experiencia que todos ellos viven es similar a la que experimenta la persona a la que Jesús llama "*pobre de espíritu*" (Mateo 5:3). Esta, es una persona capaz de verse tal cual es. Es alguien que, al examinarse a sí mismo, llega a ver lo profundo de sí y no encuentra nada que pueda ser moral o espiritualmente valioso delante de Dios. ¡Ni si quiera sus buenas obras! Parafraseando Mateo 6, es alguien que se da cuenta que ni siquiera en sus momentos de mayor consagración (ayunando); ni en sus tiempos de mayor cercanía a Dios (orando); ni en sus actos de mayor generosidad (ofrendando); está exento de esa inclinación interna de vivir para sí mismo.

Examinar nuestras motivaciones y deseos más profundos es esencial porque nos permite lentamente ir derrocando ese pensamiento, quizás inconsciente, que muchos cristianos tenemos: "Nosotros somos buenos, las personas no cristianas son malas. Ellos cometen grandes pecados como adulterar o robar y nosotros no. Ellos necesitan el evangelio, nosotros no". Mirar las motivaciones nos permite ver que las acciones externas pueden variar, pero la esencia, la motivación interna que nos lleva a robar (un pecado "grande") o exagerar (un pecado "pequeño") es la misma; ***el amor a uno mismo***.

¿Qué es, entonces, un cambio superficial? En pocas palabras, ***un cambio superficial es aquel donde cambia mi comportamiento externo sin que cambien los deseos más profundos de mi corazón***. Es un cambio donde dejo de hacer cosas malas y comienzo a hacer cosas buenas, pero donde (consciente o inconscientemente) todavía me sigo amando a mí mismo. Como la mujer que da dinero, como el joven misionero que habla a otros de Jesús o como los mismísimos discípulos que dejan todo para seguirle. Pablo lo resume de manera magistral en Efesios 2:3: "*Todos nosotros en otro tiempo vivíamos en las pasiones de nuestra carne, satisfaciendo los deseos de la carne y de la mente...*". ¿Puedes verlo? Para el apóstol la conversión verdadera es ***un cambio de deseos***. Es una cuestión de evaluar si han cambiado o no las pasiones y los anhelos más profundos de nuestro corazón.

La importancia de mirar "debajo de la superficie"

Antes de culminar este capítulo quisiera darte dos razones por las cuales es absolutamente esencial que examinemos nuestro corazón. En primer lugar, ***existe la posibilidad real de que no hayamos experimentado una verdadera conversión.*** Al final de la segunda carta a los corintios, Pablo les ordena a los creyentes: "*Examínense para saber si su fe es genuina. Pruébense a sí mismos*" (2 Corintios 13:5 - NTV). Sé que no es una verdad que suela enseñarse mucho ni que sea muy popular, pero si la eternidad con Cristo está en juego, merece la pena detenernos y pensar.

En un anticipo del final de los tiempos, Jesús resalta una muy triste realidad. Mateo 7:22,23 dice: "*Muchos [nota que no dice pocos, dice muchos] me dirán en aquel día: 'Señor, Señor, ¿no profetizamos en tu nombre, y en tu nombre echamos fuera demonios, y en tu nombre hicimos muchos milagros?' Y entonces les declararé: 'Jamás os conocí; apartaos de mí, los que practicáis la iniquidad'*". Es importante notar que en el contexto de este pasaje Jesús está hablando de profetas itinerantes, es decir, el equivalente actual a conocidos líderes, pastores renombrados o famosos expositores que solemos escuchar en grandes conferencias. En este diálogo imaginario, Jesús les dice a estos hombres que solo los que hagan la voluntad del Padre entrarán al reino de los cielos. Resulta muy llamativo observar que la respuesta de estos líderes es la previamente citada. ***Ellos afirman haber hecho la voluntad del Padre citando el ministerio que han hecho en su nombre***. Dicen que han profetizado, expulsado fuera demonios, etc. Sin embargo, la respuesta de Jesús es tajante: "*Jamás os conocí*". De hecho, no solo les dice eso. Sino que además califica esas obras hechas en su nombre como "*iniquidad*". Lee nuevamente el texto porque es posible que lo que leas a continuación te sacuda. Jesús dice que ¡sirviendo a Dios estaban practicando iniquidad! No que paralelamente estaban haciendo algo malo, sino que ¡al hacer ministerio estaban practicando iniquidad! Hubo algo, *no en lo que hicieron*, sino en la ***forma*** que lo hicieron (en sus corazones) que hizo que Jesús los desestimara y los calificara como no cristianos. Les pasó algo similar a lo que le sucedió al joven misionero del comienzo del capítulo. ¿Qué fue ese algo? El texto es claro: ¡No conocían a Jesús! Estaban convencidos que eran creyentes pero en realidad no lo eran.

Jesús dijo claramente que "*muchos*" tendrán este problema. Esta palabra "*muchos*" me rompe el corazón y me genera una enorme carga. Especialmente porque no está hablando de gente atea o seguidores de otra religión; Jesús se está refiriendo a personas que profesan ser cristianos y que están convencidas de ser creyentes verdaderos pero que en realidad no lo son. ¡Personas dedicadas de tiempo completo al ministerio! Tenemos que escuchar el peso de la advertencia: ***¡Yo puedo ser una de esas personas!*** Si observas la atmósfera del pasaje notarás que se respira un ambiente de *enorme sorpresa*. La respuesta de estos hombres es algo así: "Señor, pensábamos que estábamos haciendo tu voluntad. ¿Cómo puede ser que ahora nos dejes fuera?" ¿Quiénes son estos "*muchos*"? En palabras textuales del Señor son personas "*vestidas de ovejas, pero que por dentro son lobos rapaces.*" (Mateo 7:15) Entendamos nuevamente el contexto del pasaje. Jesús no está hablando de falsos profetas cuyo problema principal es un problema doctrinal (como habla Pablo, por ejemplo, en Gálatas 1:6-9. Jesús está hablando de falsos profetas en sentido de que *por fuera* parecen ser muy buenos y tienen un ministerio muy respetado, pero *por dentro* no están viviendo el Sermón del Monte (esto es, conscientes de su pobreza espiritual y de su necesidad de Cristo para vivirlo). Los "*muchos*" a los que Jesús se refiere son respetables líderes cristianos, exitosos en su ministerio pero ***inconscientes*** de que no tienen un conocimiento real de Jesús. Lógicamente saben quién es él, entienden de teología, han enseñado a otros y han hecho milagros en su nombre. La cuestión no es doctrinal. No lo conocen en el sentido íntimo de la palabra. Si se quiere, no se ***deleitan*** en él (se deleitan en los beneficios del ministerio). No hay comunión vital, real y cercana con Cristo. Por eso él dice: "*Jamás os conocí*".[b] Como ha dicho Henri Nouwen: "Esto me hace consciente

[b] En Juan 2:23-25 encontramos un ejemplo muy esclarecedor que confirma la verdad que acabamos de considerar. Al leer el texto, te aliento a que notes un detalle muy importante. Para Juan "creer" no es sinónimo de ser "regenerado". Es decir, que una persona afirme "creer" en Jesús, no significa que esa persona haya experimentado una conversión verdadera. Dice el texto: "*Cuando [Jesús] estaba en Jerusalén durante la fiesta de la Pascua, muchos creyeron en su nombre al ver las señales que hacía. Pero Jesús, por su parte, no se confiaba a ellos, porque conocía a todos, y no tenía necesidad de que nadie le diera testimonio del hombre, pues El sabía lo que había en el hombre.*" ¿Puedes verlo? Muchos afirman creer en él; incluso, muchos comienzan a seguirlo. Sin embargo, Juan nos informa de una verdad que está "escondida" de todas las personas que están presenciando este evento. Jesús no está mirando lo que *dicen*, ni siquiera está enfocado en lo que *hacen*; ¡Jesús está mirando el *corazón*! El texto dice claramente

de que la base de todo ministerio se asienta, no en la vida moral, sino en la vida mística. La cuestión no es vivir lo mejor que podamos, sino dejar ***que nuestra vida encuentre su fuente en la vida divina*** [es decir, en la persona de Cristo]".[4]

Como iremos viendo a lo largo de todo el libro, un verdadero creyente no es la persona que deja de pecar y se esfuerza por obedecer (aunque un verdadero creyente obedezca); de hecho, casi podríamos decir que es exactamente ¡al revés! Un verdadero creyente es una persona que cada vez es más y más consciente de la profundidad de su propio pecado, pero también es cada vez más y más consciente de la increíble bondad de Cristo que lo ama ***a pesar*** de su pecado. Un verdadero creyente es una persona que mira los deseos de su corazón y se siente como los discípulos; repleto de motivaciones mixtas, pero que a la vez está fascinado que Jesús haya estado dispuesto a morir por él. Un verdadero creyente es una persona que, en contraste con la falta de conocimiento propio que muestran los falsos profetas de Mateo 7, es muy consciente de sus anhelos escondidos; sin embargo, un verdadero creyente también es consciente que cuando "*abunda el pecado, sobreabunda la gracia*". Un verdadero creyente es una persona que no descansa en sus obras (ni en su ministerio) para ser aceptado por Dios; sino que descansa en el increíble amor de Cristo quien lo acepta a pesar de sus malas obras (y de su pobre ministerio). Esta doble realidad, por un lado, hace del creyente verdadero una persona humilde y, por el otro, le permite apreciar y atesorar a Cristo y su obra cada vez con mayor intensidad.

Finalmente, las motivaciones o deseos del corazón son de suma importancia porque, según la Biblia, ***¡todos los cristianos seremos juzgados por ellos!*** En 1 Corintios 3:10-15, Pablo afirma que cada uno tiene que tener cuidado acerca de ***cómo*** edifica en la iglesia; es decir, de qué manera sirve a Dios. Nota nuevamente que no se refiere al servicio en sí, sino a la ***forma*** en la que se hace ese servicio. En el versículo 13 el apóstol afirma que lo que determina si una obra es aprobada el día del juicio es "*la calidad de la obra*", no la obra en sí misma. (Lógicamente, en el contexto está hablando del juicio para determinar la ***recompensa*** de una persona, no para determinar su salvación, donde el mismo pasaje dice que es solo a través de Cristo). Es decir, Dios no juzgará la obra que uno ha hecho, sino la ***motivación*** con la cual uno la ha hecho. El

que "*él sabía lo que había en el hombre*"; es decir, él conocía sus corazones, él miraba la parte invisible del iceberg, él era capaz de reconocer las motivaciones verdaderas por las cuales lo seguían. (En el contexto, lo seguían por las señales y milagros que hacía. Como se suele decir, "por los panes y los peces". Aquí no hay un amor real por Jesús, hay deslumbre por sus obras y, seguramente, un interés autocentrado en cómo esas obras milagrosas podrían redituar en algún beneficio personal).

texto dice: "*la obra de cada uno se hará evidente*". Es decir, se sabrá ***qué tipo de obra fue***. Si perteneció a las obras tipo "*oro, plata y piedras preciosas*" (es decir, si fue hecha con la motivación correcta); o si perteneció a las obras tipo "*madera, heno, y paja*", que al ser probadas por el fuego se esfuman y queda en evidencia que no tenían consistencia real (es decir, tenían una motivación autocentrada; como el joven misionero de nuestro ejemplo). ¿Por qué interpreto el pasaje de esta forma? ¡Porque Pablo mismo lo hace! Unos versículos más adelante en 1 Corintios 4:5 el mismo apóstol aclara lo que quiere decir: "*Por lo tanto, no juzguen nada antes de tiempo; esperen hasta que venga el Señor. Él sacará a la luz lo que está oculto en la oscuridad y pondrá al descubierto* ***las intenciones de cada corazón****. Entonces cada uno recibirá de Dios la alabanza que le corresponda*". ¿Puedes verlo? Al final de los tiempos, el Señor hará lo mismo que está haciendo desde el principio de los tiempos; no mirar la apariencia externa sino los cambios profundos del corazón. "*Porque Dios no mira como mira el hombre, pues el hombre mira la apariencia exterior, pero el Señor mira el corazón*" (1 Samuel 16:7).

BREVE RESUMEN

La clave para cambiar: *Para evitar el cambio superficial necesito considerar: ¿Cuáles son los deseos más profundos de mi corazón? (Mateo 6:1).*

- *Una pregunta que puede ayudarme: ¿Por qué hago lo que hago?*
- *Otra pregunta que puede ayudarme: ¿Qué es lo que realmente amo al hacer esto?*

La obediencia superficial: *El cambio superficial se produce cuando (consciente o inconscientemente) cambio mi comportamiento por amor a mí mismo; es decir, cambian mis acciones externas pero no cambian los deseos más profundos de mi corazón (Mateo 15:8).*

La conversión genuina: *Un verdadero creyente es una persona que reconoce la profundidad de su propio pecado, pero también reconoce la increíble bondad de Cristo que lo ama y perdona a pesar de este. Para él, esta verdad (el evangelio) no es una mera creencia, sino que es una realidad que lo cautiva y que poco a poco lo transforma (1 Juan 4:10).*

PARA REFLEXIONAR O DIALOGAR EN GRUPOS PEQUEÑOS

Es muy tentador pasar por alto esta última sección. No lo hagas; detente. No ignores lo que el Espíritu Santo puede estar enseñándote a través de este capítulo; no te apresures. Toma un tiempo para meditar estas preguntas y/o dialogar sobre ellas con otras personas.

1. *¿De qué forma este capítulo ha cambiado o confirmado tu forma de entender cómo se producen los cambios?*
2. *Resume en una o dos oraciones los conceptos que más te hayan impactado de este capítulo.*
3. *Lee detenidamente Mateo 6:1-18. Al hacerlo, notarás que el versículo 1 es un resumen de toda la sección y que el pasaje sigue un claro patrón que podría ser resumido de la siguiente forma:*

Acción	*"Cuando hagas [ayuno, oración u ofrenda]..."*	*versos 2,5,16*
Ilustración	*"No hagas... como los hipócritas que..."*	*versos 2,5,16*
Motivación	*"Para ser vistos..."*	*versos 2,5,16*
Remuneración	*"Ya tienen su recompensa..."*	*versos 2,5,16*
Contraste	*"Pero tú..."*	*versos 3,5,17*
Acción	*"Cuando hagas [ayuno, oración u ofrenda]..."*	*versos 3,7,17*
Ilustración	*"Haz esto..."*	*versos 3,7,17*
Motivación	*"El Padre ve en lo secreto..."*	*versos 4,6,18*
Remuneración	*"El Padre te recompensará..."*	*versos 4,6,18*

Después de leer Mateo 6:1-18 en detalle, responde: ¿Qué es lo importante para Dios según este pasaje? ¿Por qué?

4. *¿Cómo explicarías con tus propias palabras qué es un cambio superficial y qué es un cambio profundo?*
5. *Al estudiar Mateo 7 hemos visto que hay personas que creen ser creyentes que en realidad no lo son. ¿Por qué sucede esto? ¿Qué es ser un verdadero creyente para ti?*

CAPÍTULO 2

¿Cómo funciona el corazón?

¿Qué es el corazón?

¿Por qué una persona actúa como actúa? ¿Por qué un hombre miente en su declaración de impuestos? ¿Por qué una mujer elige utilizar un vestido notoriamente provocativo para ir a su trabajo a sabiendas de que no tiene ninguna intención de engañar a su marido? ¿Por qué un adolescente comienza a beber alcohol o a fumar cuando en realidad no disfruta hacerlo? ¿Por qué una persona engaña a su jefe proveyéndole información distorsionada respecto al desempeño de sus compañeros de área? ¿Por qué una persona actúa como actúa? La respuesta a todas estas preguntas es la misma. Nuestras acciones externas están determinadas por nuestros ***deseos*** internos. ***Ese "lugar" donde habitan nuestros deseos más profundos es lo que llamamos corazón.***

Para comprender plenamente qué es el corazón debemos analizar cómo describe la Biblia al ser humano. La Biblia divide al hombre en dos partes. Una parte exterior, nuestro cuerpo; y una parte interior, nuestro corazón (Efesios 3:16). Si bien la Biblia describe al "*hombre interior*" de muchas formas (lo llama "*alma*", "*espíritu*", "*ser interior*", "*mente*", "*entrañas*", etc.); el término que las Escrituras utilizan más a menudo para describirlo es "*corazón*". Por esta razón, a partir de ahora, cuando leas la palabra "*corazón*" en este libro (o en la Biblia), no deberías asociarlo exclusivamente con las emociones. Bíblicamente hablando, esto no es así. La Biblia utiliza la palabra corazón de manera mucho más amplia. El corazón no simplemente siente y experimenta emociones

(Hechos 2:37); el corazón piensa (Mateo 9:4; Marcos 2:8; Romanos 1:21); el corazón es la parte de nuestro ser que tiene la habilidad de ver y apreciar las verdades espirituales (Mateo 13:15; Efesios 1:18,19); el corazón guarda dentro suyo "tesoros", cosas que ama y aprecia (Mateo 12:35); el corazón es el originador de todas nuestras palabras (Mateo 12:34); es capaz de cometer adulterio (Mateo 5:28); tomar decisiones (Proverbios 16:1) e incluso, poner su confianza en Dios o en su propia habilidad de discernimiento para escoger qué es lo mejor para uno (Proverbios 3:5; Mateo 24:48). Cristo dijo que: "*del corazón provienen malos pensamientos, homicidios, adulterios, fornicaciones, robos, falsos testimonios y calumnias*". ¿Puedes ver que el corazón es mucho más que el "lugar" donde se encuentran nuestros sentimientos? Según la Biblia, en nuestro corazón residen no solo las emociones sino también los pensamientos y las decisiones. El corazón es el centro de comandos de todo nuestro ser. Es allí donde se establecen nuestros objetivos y prioridades (daré dinero cuando pasen la ofrenda porque si no lo hago pensarán que soy poco espiritual). Es allí donde se fijan nuestros blancos (compartiré el evangelio porque si lo hago llegaré a ser catalogado como un misionero exitoso). El corazón es el lugar donde se completa la frase: "**QUIERO...**". Quiero una buena reputación (y por eso doy dinero y evangelizo). Quiero sentirme amado/a (y por eso estoy dispuesto a buscar una pareja no cristiana). Quiero descansar (y por eso me enfado con los niños si molestan cuando estoy viendo la televisión). Quiero significado (y por eso trabajo muchas horas). Quiero placer (y por eso discuto con mi pareja si no quiere tener relaciones). Quiero libertad (y por eso no me comprometo). Quiero una vida tranquila (y por eso no me involucro más en la iglesia). Quiero seguridad económica (y por eso ahorro y me cuesta ser generoso). Quiero respeto o admiración (y por eso voy de compras y uso ropa de marca). Quiero éxito (y por eso soy controlador y perfeccionista). Quiero intimidad (y por eso me deprimo si no me escuchas). En el corazón se halla la respuesta a la pregunta: ¿Qué es lo que realmente quiero?

En síntesis, ***el corazón es el "lugar" donde se encuentra lo que realmente amo.*** Piensa en el siguiente ejemplo. Imagina un hombre que ama apasionadamente el fútbol. Supongamos que empieza la copa mundial y que este hombre trabaja como operario en una compañía y debe comenzar su jornada laboral muy temprano el lunes por la mañana.

Sin embargo, debido a que el mundial se desarrolla en otro continente, a su equipo le toca jugar un domingo a las doce de la noche. El hombre no solamente está decidido a ver el partido de fútbol sino que varios días antes vive con expectación y ansiedad el momento del gran choque. Aunque jamás se acuesta tarde un domingo, no se le cruza por la mente perderse el encuentro; aunque eso le demande acostarse pasadas las dos de mañana. Lee todos los diarios deportivos que hablan de su equipo, examina las estadísticas, habla con sus amigos, sueña con el resultado del encuentro y suspende cualquier otra actividad varias horas antes para sentarse frente el carísimo televisor de pantalla plana que ha comprado exclusivamente para disfrutar de su selección. Al comienzo del libro dije que la pregunta más importante que deberías hacerte si deseas crecer en tu vida espiritual era: "¿Por qué?". Hagámosela a este hombre. ¿Por qué este hombre hace lo que hace? La respuesta es muy obvia. Porque ***disfruta*** el fútbol. Porque ***le gusta*** ver a su equipo. Porque ***le causa placer*** hacerlo. Pensemos ahora que este hombre es cristiano. Imaginemos que, contrario a lo que dicta el buen juicio, el pastor de su iglesia decide organizar una vigilia de oración ese mismo domingo por la noche; justo a la hora en la que juega la selección. El hombre es invitado a asistir, pero se excusa diciendo que al día siguiente tiene que trabajar. ¿Qué nos revela esta experiencia? ¡Lo que el hombre ***no ama***! No es una cuestión de poder asistir, es una cuestión de no querer asistir; de amar otra cosa más que la oración. Pero pensemos ahora que el pastor se acerca al hombre después de hacer público el anuncio y le dice con voz cómplice: "Cuento contigo para esta noche. ¡Eres mi mano derecha! Otros verán el partido, pero estoy convencido que tú me acompañarás". Y, esta vez, producto de esas palabras, el hombre decide asistir. ¿Qué revela esta historia? ¿Ama el hombre la oración? Pues externamente pareciera que sí. Después de todo, ¡ha sacrificado su sueño y el partido de fútbol para poder asistir! Sin embargo, ***¿qué es lo que este hombre realmente ama?*** Examinar esta pregunta es crucial porque lo que externamente parece un sacrificio realmente no lo es. Si lo analizamos un momento nos daremos cuenta que ***antes, este hombre se amaba a sí mismo no asistiendo a la reunión de oración y, luego, se ama a sí mismo asistiendo a la reunión oración*** (queriendo que su pastor piense bien de él). Sus acciones externas han cambiado, pero su corazón sigue intacto. ¡Se sigue amando a sí mismo! Esto es lo que Jesús constantemente nos advierte: "*Este pueblo de labios me honra, pero su corazón está lejos de mí*" (Mateo 15:8).

Jesús dijo en Mateo 6:21: "*Donde esté tu tesoro, allí también estará tu corazón*". ¿Qué quiere decir Jesús con esta frase? La parafrasearé: "Aquello que sea mi mayor placer (mi tesoro), determinará todas mis decisiones, fantasías, pasiones, emociones, compromiso y entrega (es decir, a ello le entregaré mi corazón, lo amaré)". En el corazón se encuentra aquello que más anhelamos, nuestros tesoros. Es decir, el corazón es la parte invisible del iceberg.

Cambiando la imagen, el corazón es como una caja de seguridad. Cuando abres una caja de seguridad encuentras los objetos de mayor valor de una persona. Oro, joyas, dinero, etc. Lo mismo sucede cuando examinas el corazón. ¡Allí se halla lo que realmente tiene valor para mí! Lo que verdaderamente amo. Como nos alienta Jesús en Mateo 6:1, al "*examinar*" dentro encuentras lo que verdaderamente atesoras. En el caso de este hombre vemos que atesora el fútbol. Sin embargo, luego de hablar con su pastor, vemos que ese tesoro es reemplazado por un tesoro mayor que este; el anhelo de agradar a los demás. En el caso de este hombre su orgullo (de ser visto como alguien espiritual por su pastor) es más fuerte que su deseo por disfrutar un partido de fútbol. Pero no pases por alto un punto clave. Nota que (consciente o inconscientemente) es su orgullo lo que le mueve a "ser" una persona espiritual y asistir a la reunión; es decir, ¡a hacer algo bueno! Su buena acción está motivada por su ego, no por un anhelo genuino de encontrarse con Cristo.

¿Por qué el corazón es tan importante para Dios?

Como se puede observar claramente en el ejemplo que acabas de leer, según la Biblia, ***el corazón define lo que uno ama, lo que uno disfruta, lo que a uno le causa verdadero gozo y placer.*** En él habitan las auténticas motivaciones y deseos que nos guían y mueven. Todo nace en él y todo fluye de él. Proverbios 4:23 afirma: "*Sobre toda cosa guardada, guarda tu corazón; porque de él mana la vida*". Según este pasaje la tarea más importante en la vida es ocuparnos de ***cuidar lo que desea nuestro corazón.*** La razón para hacer semejante advertencia es muy clara, ***lo que nuestro corazón verdaderamente anhele determinará todo*** lo que suceda con el resto de nuestra vida. El texto es muy claro, del corazón "mana", "fluye", "se originan" todas las decisiones y acciones de mi vida.

Si mi corazón es la fuente de mi problema, entonces ***un cambio real y duradero siempre debe viajar a través de la carretera de mi corazón***. No es suficiente con modificar mi comportamiento o cambiar mi situación o circunstancias de vida. Cristo transforma a la gente por medio de un cambio radical de su corazón. Si el corazón no cambia, las palabras y el comportamiento de la persona pueden cambiar temporalmente debido a una presión o incentivo externo. Pero cuando la presión o incentivo se elimina, los cambios desaparecerán. Esto es lo que sucede con el hombre que asiste a la reunión de oración. No es que el Espíritu Santo lo está cambiando y lo está transformando en una persona apasionada por estar con Dios e interceder por otros. Sí, va a la reunión de oración, pero ¿es ahora un "hombre de oración"? ¿Ha cambiado su corazón de tal forma que no solo va a la reunión, sino que ha desarrollado una nueva convicción de lo hermoso que es interceder por otros? ¿Lo seguirá haciendo durante el resto de la semana? ¿El mes siguiente? ¿Cuándo nadie lo vea? Esta es la verdad que los fariseos no veían y que Cristo les remarcó en Mateo 23:25-26: "*¡Ay de vosotros, escribas y fariseos, hipócritas!, porque limpiáis lo de afuera del vaso y del plato, pero por dentro están llenos de robo y de injusticia. ¡Fariseo ciego! Limpia primero lo de dentro del vaso y del plato, para que también lo de afuera sea limpio*".

Tal como Pablo nos advierte 1 Corintios 13:1-3, puedo "*hablar en lenguas humanas y angélicas*" sin tener amor genuino. Puedo "*profetizar*" por amor a mí mismo. Puedo "*entender todos los misterios y tener todo el conocimiento y fe para trasladar montañas*", pero puedo hacerlo por la motivación incorrecta. Puedo incluso "*dar dinero*" sin ser generoso. Puedo hasta "*dar mi vida*" y morir por mi fe, y estar amándome a mí mismo en el proceso. Como hemos visto en Mateo 6:1, aun al hacer las mejores obras de bien (como ofrendar, orar y ayunar) tenemos la tendencia a caer en esto. Por eso para Cristo enfocarnos en nuestro corazón es algo tan esencial. Define si realmente he llegado a experimentar su amor o si simplemente soy una persona religiosa no redimida.

En Lucas 18:18-30, Jesús tiene un encuentro muy llamativo con un joven rico. Este joven está muy interesado y atraído por la persona de Cristo; tanto que Marcos 10:17 dice que "*se arrodilló delante de él*". Al acercarse a Jesús, el joven rico le pregunta qué debe hacer para heredar la vida eterna. La respuesta de Jesús parece desconcertante. "Tienes que obedecer los mandamientos". (Su respuesta parece contradecir todo lo que enseña la Biblia si no somos capaces de captar la intención real de Jesús). La respuesta de este joven también es muy llamativa. Según sus propias palabras, ha obedecido todos los mandamientos de Dios desde pequeño. (Resulta muy interesante que ninguno de los presentes se levante diciendo: "¡Eso no es cierto!". De hecho, sucede todo lo contrario. Al final de la historia todos concluyen: "Si él no pudo salvarse, entonces, ¿quién podrá ser salvo?"). Cuando Jesús escucha la respuesta de este joven llegamos al momento cumbre que nos revela la verdadera motivación de Jesús: "*Te falta todavía una cosa; vende todo lo que tienes y reparte entre los pobres, y tendrás tesoro en los cielos; y ven, sígueme*". La respuesta del joven es por demás reveladora. Se pone muy triste (porque no puede hacerlo) y abandona a Jesús. ¿Qué ha sucedido? ***¡Jesús le acaba de mostrar lo que realmente ama!*** Jesús se acaba de adentrar en su corazón. Acaba de ser expuesto el verdadero tesoro de este hombre: su amor al dinero. ¿Cuál es la gran enseñanza que Jesús nos deja? ***El corazón tiene suficiente espacio para amar muchas cosas a la vez, pero solo tiene espacio suficiente para amar una cosa como su mayor tesoro***. Sí, este joven estaba interesado en Jesús, pero cuando Jesús compite con el dinero queda en evidencia cuál es realmente su mayor amor. En palabras textuales del Señor: "*Nadie puede servir a dos señores; porque o aborrecerá a uno y amará al otro, o se apegará a uno y despreciará al otro*" (Mateo 6:24).

Al hombre que le gusta el fútbol le sucede algo similar que al joven rico. Su corazón tiene espacio para amar muchas cosas a la vez (comprar un televisor de pantalla plana, hablar con sus amigos sobre el mundial, preparar su casa para el gran evento, incluso ir a la reunión de oración si fuese a otra hora del día), pero algo sucede que reemplaza su amor por el fútbol y confirma que no puede amar dos "señores" como su mayor tesoro. A través de la conversación con su pastor se pone en evidencia que ama más su reputación que al fútbol. ***No puede amar ambos a la vez*** y, por eso, ***elige aquello que es su mayor amor, su propio ego***.

¿Cuál es el problema más profundo?

Al analizar nuestra propia vida y considerar qué tenemos que cambiar es fácil quedarnos en la superficie; lucho con enfadarme; me cuesta horrores perdonar; no doy mi ofrenda con regularidad; me cuesta ir a la iglesia; estoy considerando iniciar una relación con alguien no cristiano. Sí, es verdad, todas estas cosas son de importancia real. Sin embargo, en nuestro afán por obedecer a Dios y "no pecar", corremos el riesgo de "obedecer demasiado rápido" y no examinar lo suficiente el corazón para ver qué es lo que lleva a desear esas cosas. ¿Qué quiero decir con la frase "obedecer demasiado rápido"? Que nos esforzamos por hacer lo que no queremos y no nos detenemos a considerar la gran pregunta que podría ayudarnos a experimentar cambios profundos y duraderos. ¿Por qué? ¿Por qué quiero esto? ¿Por qué me siento tentado a hacer estas cosas? ¿Qué es lo que disfruta mi corazón que me mueve a actuar como actúo?

Natalia y Roberto han estado casados por varios años. Desde muy temprano en su matrimonio han tenido serias discusiones y desacuerdos respecto a cómo usar el dinero. A Natalia le encanta comprar ropa; nunca se pierde las rebajas; su pasatiempo favorito es ir de compras; ella misma ha perdido la cuenta de cuántos pares de zapatos tiene en su armario. Roberto es la antítesis de Natalia. No es que no le guste la ropa, es que no quiere gastar. Para él lo importante es invertir; tiene pasión por negociar en la bolsa de valores. Dinero que tiene, dinero que separa para comprar acciones. A él le cuesta entender cómo ella puede ser tan derrochona; a ella le cuesta entender cómo él puede ser tan tacaño. Ella dice que le gusta estar guapa para él. Él afirma que está velando por el futuro de la familia. ¿Solución superficial? Que ella gaste menos y que él invierta menos. Todos contentos; fin del problema. Si ellos hacen esto, ¡nadie habrá cambiado! Si Jesús fuera el consejero matrimonial de esta pareja haría lo que hizo con el joven rico. No se quedaría en la superficialidad; apuntaría al corazón. Curiosamente, distinto al joven rico, el problema de Natalia y Roberto no es el dinero. El dinero es el síntoma de algo más profundo. Natalia mira todas las revistas de moda. Roberto se la pasa chequeando la evolución de la bolsa. Natalia compra cremas de antienvejecimiento para sus manos. Roberto contrata un nuevo asesor financiero. Natalia gasta en peluquería. Roberto paga un generoso seguro de vida. ¿Puedes verlo? Consciente o inconscientemente todas las decisiones de Natalia pasan por un mismo lugar. Su anhelo es estar bonita. Lo mismo sucede con Roberto, pero su anhelo es tener ahorros. La pregunta que ambos tienen que hacerse es la misma: ¿Por qué? ¿Por qué deseas tanto estar bonita? ¿Por qué deseas tanto tener ahorros? Si examinan su corazón, Natalia y Roberto serán capaces de descubrir sus deseos más profundos. Esos deseos más profundos son los que mueven a Natalia y a Roberto a usar el dinero de la forma que lo usan. A uno lo mueve a gastar desmedidamente. A otro lo mueve a ahorrar desmedidamente. Si solo miramos la superficie concluiremos que el problema es "comprar" versus "ahorrar". Si miramos debajo de la superficie nos vamos a dar cuenta que ambos aman el dinero. ¡Sí, ambos! Natalia lo ama gastándolo y Roberto lo ama ahorrándolo. Pero si somos pacientes y miramos aún más adentro nos encontraremos con el verdadero problema. ¿Por qué Natalia ama el dinero? Porque quiere que otros la vean bella. En otras palabras, ama la opinión de los demás. ¿Por qué Roberto ama el dinero? Porque quiere tener recursos por si algo pasa en el futuro. En otras palabras, lo que realmente ama y busca es tener seguridad. ¿Puedes ver lo que está sucediendo? Las fantasías, pensamientos y emociones de Natalia están cautivados por buscar la aprobación de otros (aprobación que ella piensa que encontrará si está bonita). Las fantasías, pensamientos y emociones de Roberto están cautivados por buscar seguridad (seguridad que él piensa que encontrará si tiene ahorros). Como claramente hemos visto en Proverbios 4:23, ***lo que ama tu corazón determina el curso de tu vida***. Determina tus decisiones, tus metas y tus anhelos. Determina la forma en la que gastas tu dinero, en la que usas tu tiempo y en la que inviertes tus esfuerzos. ¡Hasta determina aquello por lo que un matrimonio pelea!

A la luz del ejemplo que acabamos de analizar, te habrás dado cuenta que es absolutamente imprescindible "bajar de la superficie" y ***examinar la causa***

debajo de la causa; el "por qué" debajo del "por qué". Para esto, puede ser de gran ayuda diferenciar entre dos tipos de deseos.[a]

Al primer grupo de deseos lo llamaré ***deseos superficiales.*** Los deseos superficiales motivan nuestras acciones, pero en realidad ***son medios*** para alcanzar un anhelo más profundo. Parecen ser nuestro mayor tesoro ¡pero no lo son! Como sucede en el caso de Natalia y Roberto, un análisis rápido de sus motivaciones pareciera indicar que ambos tienen un problema de amor al dinero; ¡y la realidad es que sí lo tienen! Pero la cuestión es que hay un problema debajo de su problema. El dinero es un medio para obtener algo más.[b] Ella usa el dinero como un medio para sentirse aceptada. Él usa el dinero como un medio para obtener seguridad. Como puedes ver, los deseos superficiales están a flor de piel. Son más visibles y se pueden identificar más rápidamente; pero, en realidad, son herramientas para obtener otra cosa. De hecho, los deseos superficiales son relativamente fáciles de cambiar. Me atrevería a decir que no hace falta el Espíritu Santo para cambiarlos. ¿Recuerdas al joven misionero del capítulo uno? ¿Recuerdas a la mujer que da la ofrenda? Ambos cambian parcialmente. Cambian sus acciones externas. Incluso cambian sus deseos superficiales (el sexo por el ministerio; la falta de generosidad por una aparente generosidad). Pero si lo piensas un momento, no hace falta ser cristiano para hacer este tipo de cambio. Un ateo da dinero a UNICEF. Un Testigo de Jehová se mantiene sexualmente puro. Un mormón es capaz de dedicar su vida al ministerio. Algunos ejemplos de esta clase de deseos son el dinero, el sexo, el ocio y la distracción, la belleza física, una pareja, una familia, los amigos, el ministerio, la búsqueda de conocimiento, la comodidad, las metas u objetivos personales, etc. El listado podría seguir casi de forma indefinida.

Al segundo grupo de deseos lo podríamos denominar ***deseos profundos***. Los deseos profundos ***son nuestro mayor anhelo***; el tesoro escondido de nuestro corazón; aquello para lo que realmente vivimos. Son el motor real de nuestras acciones. Son la causa debajo de la causa. Como hemos visto con

---

[a] Lógicamente esta clasificación es meramente ilustrativa. La intención no es hacer una taxonomía bíblica de cómo se dividen los deseos sino, como intenté hacerlo a través del ejemplo de Natalia y Roberto, mostrarte cómo los deseos interactúan entre sí. Puesto que la Biblia afirma que nuestro corazón es engañoso (Jeremías 17:9) y que tendemos a "autoengañarnos" (Hebreos 3:13), mi objetivo al hacer esta distinción es simplemente darte una ilustración gráfica que te ayude a desenmascarar tus motivaciones con mayor facilidad.

[b] Es verdad. La Biblia dice que "*la raíz de todos los males es el amor al dinero*". Pero no es el amor a un pedazo de papel. Es el amor a lo que ese pedazo de papel te puede dar; es decir, seguridad, satisfacer tus placeres, poder, etc. Piénsalo. Si estuvieses solo en una isla desierta, ¿qué preferirías encontrar flotando en la orilla del océano un cofre lleno de dinero o un cofre con un bote hinchable? De todas maneras, si lo deseas, puedes incluir al dinero en la categoría de deseos profundos. Como he dicho, no es una taxonomía rígida e incontestable.

Natalia y Roberto, los deseos más profundos determinan nuestras decisiones, definen nuestro estado de ánimo y explican el porqué de nuestras fantasías y sueños. Los deseos profundos tienen una característica que los identifica: son constantes. Si observas tu corazón con cuidado, los verás como patrones en tu vida. Te darás cuenta que se repiten; que se manifiestan en distintas relaciones; que están presentes en los diferentes contextos en los que te mueves. Sea en el trabajo, en casa o en el ministerio; sea en tu relación con tu pareja, con tu jefe o con tus hijos; notarás que sutilmente motivan tus respuestas y decisiones. Incluso, este tipo de deseos suelen estar presentes aún en nuestros "cambios". Como sucede en el caso del joven misionero del capítulo uno, su deseo de ser exitoso es constante, se mantiene a pesar de que se ha convertido; a pesar de que ha abandonado el pecado sexual y a pesar de que ha cambiado por completo su manera de vivir. Algunos ejemplos de este tipo de deseos son la aprobación, la seguridad, la búsqueda de significado, la necesidad de sentirme aceptado, el anhelo de relaciones profundas, la intimidad, el éxito, el placer, el poder, el descanso, el control, el anhelo de sentirme amado, etc. Otra característica esencial de este tipo de deseos es que, como veremos en detalle más adelante, los deseos más profundos son imposibles de cambiar; o mejor dicho, son imposibles de eliminar[c]. Todos anhelamos estas cosas y, ***por diseño***

---

[c] **NOTA IMPORTANTE**: ¿Qué quiero decir cuando digo que los deseos profundos no se pueden cambiar o eliminar? Simplemente que tú no puedes dejar de desear ser aceptado; que no puedes eliminar el deseo de sentirte amado y que es imposible que dejes de querer sentirte seguro. Tú y yo siempre anhelaremos eso, siendo no creyentes o estando plenamente entregados a Cristo. El punto, como iremos desarrollando a lo largo del libro, es que estos deseos solo pueden ser satisfechos plenamente en Cristo. ¿Cambiaron? En cierto sentido sí, porque ahora no es tu dinero lo que te da seguridad sino Cristo; pero "no cambiaron" porque el deseo de sentirte seguro permanece.

En este sentido, es importante hacer una aclaración que iremos reforzando a lo largo del resto de este libro. Si bien al principio todos nos acercamos a Dios por una necesidad (ser amados, ser perdonados, ir al cielo, etc.), hay un punto en nuestra vida espiritual cuando ***llegamos a apreciar a Jesús por quién es y no por lo que nos da***. Cuando esto sucede, nuestros deseos profundos son "olvidados" o "sobrepasados" por el aprecio de Cristo y se transforman en algo completamente secundario; dejamos de pensar en ellos producto de apreciar la gloria de Dios en Cristo. Déjame ilustrarlo. Una de las cosas que más disfruto de la creación son los árboles. Me parece extremadamente atractivo su altura, la dureza del tronco, las distintas tonalidades de verde; puedo quedarme varias horas observándolos. Imagínate por un momento que estoy en una cabaña en medio de un frondoso bosque y salgo a caminar luego de almorzar un delicioso plato de carne asada con patatas. La situación es ideal. Mi estómago está lleno, la temperatura es perfecta, el lugar es fabuloso. Entonces encuentro un precioso manzano en el medio del bosque. ¿Cómo disfruto de ese árbol? ¡Admirándolo! Lo miro y digo: "¡Es maravilloso!" Su forma, su color, el brillo de sus frutos. En pocas palabras, ***lo disfruto y lo amo por lo que es***. Ahora cambiemos el escenario. Imagínate que estoy perdido en el bosque, no he comido en tres días y me encuentro con el manzano. ¿Cómo disfrutaré del mismo árbol? ¡Destrozándolo! Me comeré hasta la última manzana que tenga. Ahora no lo aprecio por lo que ese árbol es, ***lo aprecio por lo que me da***. Según Bernardo de Claraval, existen cuatro niveles de amor. Un primer nivel de amor donde ***me amo a mí por amor a mí***. Esto quiere decir que todo lo que hago (comprar un automóvil, ir de vacaciones, servir en la iglesia), lo hago por amor a mí. Un segundo nivel de amor donde ***amo a Dios por amor mí***. Es decir, amo a Dios por lo que Dios me da. Como encontrar el manzano en medio del bosque. Tengo hambre, tengo una necesidad (de amor, perdón, etc.) y Dios la ha satisfecho. Un tercer nivel de amor donde ***amo a Dios por amor a Dios***. Es decir, amo a Dios por lo que Dios es. Medito en lo

divino, no podemos (ni debemos) dejar de desearlos. Sé que esta es una afirmación bastante osada. Sé que merece un respaldo bíblico y una explicación detallada. Ten paciencia, volveremos a adentrarnos en esta idea en capítulos sucesivos. Por ahora, déjame darte un muy breve adelanto. ¿Qué es cambiar? Como enseña Jeremías 2:13, ***cambiar no es eliminar estos deseos sino satisfacerlos en Dios.*** Cambiar es dejar de intentar obtener estas cosas por mis propios medios (transformándome así en mi propio salvador), y comenzar a apreciar el amor de un Dios que quiere darme aquello que tan desesperadamente estoy intentando buscar lejos de él. "*Porque dos males ha hecho mi pueblo: me han abandonado a mí, fuente de aguas vivas, y han cavado para sí cisternas, cisternas agrietadas que no retienen el agua*" (Jeremías 2:13).

Anhelos

Los deseos superficiales	***Los deseos profundos***
Son medios para obtener otra cosa	*Son el anhelo real de nuestro corazón*
Son más visibles	*Son mucho menos visibles*
Varían con la edad, contexto, situación de vida, rol, etc.	*Son constantes*
Se pueden cambiar con mayor facilidad	*No podemos dejar de desearlos y solo pueden ser satisfechos por Dios*
Dinero, sexo, ocio, ministerio, belleza física, un compañero/a, una familia, conocimiento, comodidad, diversión, metas, etc.	*Aprobación, seguridad, significado, aceptación, relaciones profundas, intimidad, éxito, placer, poder, descanso, control, necesidad de sentirme amado, etc.*

Antes de mirar un último punto, quisiera que te detengas a observar un detalle importante. Si le das una mirada rápida al listado de deseos que he incluido en el cuadro, tanto los superficiales como los profundos, notarás que

que ha hecho y quedo extasiado. Pienso en que él fue puesto en un "árbol" y fue "mordido", despedazado y roto en mil pedazos por mi pecado; y no puedo hacer otra cosa que admirarlo. En ese momento, mi hambre (mis necesidades, mis deseos superficiales y profundos) dejan de ser importantes y se desvanecen en la presencia de la cruz. Lo amo por lo que él es. Amo su preciosa gloria. Finalmente, dice Bernardo, hay un cuarto nivel de amor donde ***me amo a mí por amor a Dios***. Es decir, ahora toda mi vida empieza a girar en torno a ese Dios que ha hecho tres cosas. Me ha librado de egoísmo (primer nivel), ha satisfecho mis deseos más profundos (segundo nivel) y me ha mostrado toda su belleza y amor (tercer nivel). De esta forma, ahora puedo usar la creación de Dios para "amarme a mí mismo" (comprando un automóvil, yendo de vacaciones, sirviendo en la iglesia, etc.); pero la creación no es un medio para amarme a mí sino son herramientas que uso para amar a Dios y a otros. No solo esto, sino que sus bendiciones (el automóvil, las vacaciones, el servicio) son un medio a través de cual sigo apreciando su increíble amor por mí; es decir, ***amo al Dios de las bendiciones y no las bendiciones de Dios***. Si no te queda claro, no te preocupes. Sigue leyendo el libro hasta el final e irás descubriendo que esa es la dirección hacia dónde vamos.

***ninguno* de estos deseos es malo o pecaminoso**. ¡Todo lo contrario! Cada uno de estos deseos son cosas buenas; dones de Dios; incluso promesas de Dios para nosotros. ¿Quiere decir esto que todos los deseos de nuestro corazón son buenos? ¡Claro que no! La Biblia también habla de deseos pecaminosos. Algunos de ellos son la envidia, el odio, los celos, la lujuria, etc. Sin embargo, he decidido no lidiar con ellos en este capítulo por dos razones. En primer lugar, porque son muy fáciles de detectar. Un deseo pecaminoso (la envidia) produce una acción pecaminosa (hablar mal de una persona). No hace falta demasiada erudición para identificarlos y reconocer que son malos. Nuestra conciencia nos lo indica casi de manera infalible. Y, en segundo lugar, porque los deseos pecaminosos también son consecuencia de nuestros deseos más profundos. Tenemos celos (un deseo pecaminoso), porque estamos buscando aceptación (un deseo profundo). Odiamos (un deseo pecaminoso), porque no nos sentimos amados (un deseo profundo). Estamos ansiosos (un deseo pecaminoso), porque algo atenta contra nuestra seguridad (un deseo profundo). Sentimos envidia (un deseo pecaminoso) porque vemos amenazada nuestra necesidad de éxito (un deseo profundo). Luchamos con la lujuria (un deseo superficial), porque anhelamos placer (un deseo profundo). ¿Puedes verlo? Aún los deseos pecaminosos (que también podríamos incluir en la categoría de deseos superficiales) tienen su raíz en un deseo profundo que estamos intentando satisfacer por nosotros mismos.

Esto nos lleva a considerar un último concepto. Vuelve a pensar una vez más en Roberto y Natalia. Si lo analizas detenidamente, en un nivel aún más profundo del que hemos mirado hasta ahora, ambos comparten un mismo problema. ***Ambos están intentando ocupar el lugar de Dios. Ambos quieren darse a sí mismos algo que solo Dios les puede dar***. Ambos realizan una ***"acción invisible"*** en la que deciden tomar las riendas de sus vidas y satisfacer sus deseos profundos. Ella usa el dinero como un medio para sentirse aceptada; aceptación que ***Dios quiere y puede darle***. Él usa el dinero como un medio para obtener seguridad; seguridad que ***Dios anhela y es capaz de otorgarle***. ¿Te has dado cuenta? ¡Hemos vuelto al Edén! La tentación de la serpiente es tan real hoy para Roberto y Natalia como lo fue ayer para Adán y Eva. *"Haced esto y seréis como Dios"*, fueron las palabras de Satanás en Génesis 3:4. Este es el problema esencial con el que todos luchamos; intentar salvarnos. Ellos intentaron salvarse y mejorar su vida comiendo un fruto; nosotros intentamos hacerlo con un tratamiento de belleza o con un estratégico fondo de inversión. Por eso el desafío de Isaías 55:1-3 es considerar,

¿quién va a satisfacer mi sed? (Mi sed de sentirme seguro, amado, exitoso, aceptado, etc.). "*Todos los sedientos, venid a las aguas; y los que no tenéis dinero, venid, comprad y comed. Venid, comprad vino y leche sin dinero y sin costo alguno. ¿Por qué gastáis dinero en lo que no es pan, y vuestro salario en lo que no sacia? Escuchadme atentamente, y comed lo que es bueno, y se deleitará vuestra alma en la abundancia. Inclinad vuestro oído y venid a mí, escuchad y vivirá vuestra alma; y haré con vosotros un pacto eterno, conforme a las fieles misericordias mostradas a David*". ¿Puedes verlo? Dios no está en contra de que busque satisfacer mis deseos más profundos, Dios está en contra de que los intente satisfacer por mi cuenta; lejos de él. ¡Él está en contra de que me transforme en mi propio dios y rechace su grandiosa oferta de que él sea Dios sobre mi vida!

Examina nuevamente el caso de Roberto. Si lo consideras con detenimiento para él no sería muy difícil dejar de ahorrar compulsivamente. Todo lo que tendría que hacer es comprarse un seguro que, en caso de accidente, le cubra en abundancia las necesidades financieras suyas y de su familia por el resto sus vidas. Si lo hace, es muy posible que entonces se sienta libre para gastar. ¿Por qué? Porque su deseo más profundo (la seguridad financiera de su familia), habrá sido cubierto. ¿Puedes ver lo que ha sucedido? Roberto se ha puesto a sí mismo en el lugar de Dios. Roberto ha reemplazado a Dios con un seguro. Roberto se ha transformado en su propio salvador.[d] ¿A quién amará Roberto: a Dios o al dinero? ¿Quién le ha dado lo que él buscaba? El dinero es el "dios" que le permite obtener lo que más quiere; por lo tanto, ¡es lógico que lo ame!

La clave para la transformación del corazón es arrepentirnos del "pecado debajo del pecado". Es darnos cuenta que hemos intentado ser "señores" de nuestra propia vida, "amos" de nuestras propias decisiones y "dueños" de nuestra propia salvación utilizando los regalos que Dios nos ha dado (el dinero, la belleza, el sexo, etc.), como medios para obtener algo que nuestro corazón desesperadamente anhela (seguridad, aprobación, aceptación, etc.). Martín Lutero dijo: "***Lo malo de nuestros deseos no reside en lo que queremos sino en que lo queremos demasiado***".[5] Esto es lo que Santiago 4:1 llama un "sobre-deseo"; un deseo excesivo, un deseo desenfrenado, una pasión; algo que queremos con tal desesperación que estamos dispuestos a dejar de lado a Dios y pecar para

[d] ¿Quiere decir que contratar un seguro es pecado? ¡Claro que no! Yo mismo tengo uno. El punto es qué es lo que me mueve a hacerlo. Puedo estar movido por un sano deseo de proveer para quienes Dios me ha confiado (1 Timoteo 5:8), o puedo estar motivado por una inseguridad insana de asumir el rol de Dios e intentar salvarme a mí mismo y a los míos. El deseo del corazón "transforma" algo neutro en un "seudo-salvador". Recuerda, Dios mira el corazón.

obtenerlo. El problema es transformar un deseo legítimo en una demanda, en algo que sí o sí debo tener. Esto es lo que la Biblia llama idolatría; tomar algo bueno, un regalo de Dios, cualquier cosa (la belleza física, el dinero, el sexo, el ministerio, mis objetivos y metas) y transformarlos en aquello que puede salvarnos y darnos vida. Como dice Tim Keller: "Nuestros ídolos son aquellas cosas de las que dependemos y en las que confiamos para darle sentido a la vida. Es aquello de lo que decimos 'Necesito esto para poder ser verdaderamente feliz', o 'Si no tengo eso, mi vida carecerá de valor y sentido'".[6] ¿Por qué hacemos esto? Como hemos visto, porque estamos intentando satisfacer un deseo más profundo; sentirnos amados, seguros, importantes, etc.

Déjame darte un ejemplo personal para que veas en un caso cotidiano cómo funciona esta dinámica. Una de las cosas que más disfruto hacer cuando me levanto cada mañana es leer el periódico en mi teléfono móvil mientras desayuno. Estos primeros quince minutos del día para mí son casi sagrados. Son mi cielo en la tierra. Mi momento de distracción. Los niños están durmiendo. No hay ruido. No hay interrupciones. Me encanta enterarme de lo que pasa en el mundo y, especialmente, leer la sección de deportes. Hace un tiempo atrás, mi esposa se sentó al lado mío mientras desayunaba y, con una evidente carga y transparencia, comenzó a abrir su corazón y contarme algunas de sus luchas más profundas. Mientras ella me hablaba yo desvariaba entre mirar mi teléfono, comer mi tostada e intentar escucharla (supongo que debió haber sido una escena tragicómica). Intenté hacer el esfuerzo de escucharla, pero cuando llegó el turno de decirle algo fui directo y poco sensible. Lógicamente quería terminar la conversación lo antes posible y volver a lo mío. (Después de todo, ¿acaso ella no podía ver que yo estaba ocupado?) Su respuesta a mis palabras fue: "Amor, no me has tenido compasión. Me has hablado sin empatía y de una forma condenatoria". Sinceramente, yo no quería hacer eso; pero no hizo falta mucha introspección para darme cuenta que lo había hecho. Le pedí disculpas, la abracé y le dije que tenía razón y que no había sido sensible a ella. Sin embargo, mi momento de mayor luz vino unos minutos después. Mientras estaba teniendo mi tiempo devocional sentí que Dios me preguntaba: "¿Por qué la tratas así? No es la primera vez que lo haces. Con el resto de gente eres sensible y paciente. ¿Por qué con ella no?" Contestar esta pregunta fue bastante doloroso. "No soy sensible y paciente con ella ***porque ella me molesta***". Sí. Aunque sea duro de aceptar, es la verdad. Mi esposa me molesta. ***Me molesta porque <u>interrumpe algo que amo</u>.*** Amo mis quince minutos. Amo mi distracción. Amo mi tranquilidad. Amo mi tiempo de encontrar placer en el mundo. Odio que me molesten cuando estoy concentrado, cuando estoy disfrutando, cuando estoy pasando un buen rato y estoy haciendo algo que me gusta. Ver esta realidad produjo una profunda y sentida convicción de pecado. Sin embargo, en su gracia, Dios me regaló un nivel de luz aún mayor. Me permitió ver mi "pecado debajo de mi pecado". Al seguir hablando con Dios en oración sentí que él me preguntaba: "Y, ¿por qué amas tanto leer las noticias?" Entonces hubo un nuevo "golpe" de luz. "***Señor, lo hago porque amo mi descanso... Pero es aún peor... Señor, lo hago ¡PORQUE TÚ NO ERES MI DESCANSO!***". Ver esto fue aún más "doloroso". ¿Puedes ver el problema debajo del problema? Estaba buscando en mi teléfono algo que Dios me quiere dar. No en vano Jeremías 2:13 dice que ***cada vez que pecamos cometemos dos males***: "*Porque dos males ha hecho mi pueblo: me han abandonado a mí [el primer mal], fuente de aguas vivas, y han cavado para sí cisternas [el segundo mal], cisternas agrietadas que no retienen el agua*". El problema que tenemos es doble. Hay un problema debajo del problema. Antes de cometer cualquier acción pecaminosa (como hablarle de manera condenatoria a mi esposa), ya he hecho "dos males" internos. He abandonado a Dios como mi "fuente de agua", y he buscado otra cosa que satisfaga mi sed (de distracción y descanso); en mi caso, el leer las noticias con mi teléfono móvil. ¿Está mal leer las noticias cada mañana? ¡Claro que no! Lo que está mal es que he tomado el control de mi corazón (transformándome en mi propio dios) y, (poniendo a Dios a un lado) he hecho de mi teléfono móvil la fuente de mi descanso y distracción, mi razón de vivir durante quince minutos, mi "cisterna agrietada" que no puede darme verdadera vida.

Si lo piensas un momento, hay dos formas de lidiar con este problema; tratar con mi pecado de manera superficial o tratar con la raíz de mi pecado. Yo podría orar: "Señor ayúdame a dejar de mirar el teléfono cada mañana. Ayúdame a ser más paciente y empático. Ayúdame a tratar a mi esposa con amor. Ayúdame a no usar palabras simplistas y condenatorias". Sin embargo, ni mi teléfono ni mis palabras son mi verdadero problema, son un síntoma de un problema más profundo. ***El verdadero problema es que durante esos quince minutos ¡Cristo no es mi descanso!*** Cristo ha sido puesto a un lado, el Espíritu ha sido apagado y yo he sido entronizado. El problema es que amo tanto distraerme con el teléfono que allí busco mi paz, mi alegría y mi descanso. Mi problema es que estoy engañado pensando que mi teléfono móvil puede darme aquello que Cristo me quiere dar. Mi problema es que cada mañana estoy intentando "salvarme"; estoy buscando vida en las noticias; parafraseando a Pascal, estoy intentando llenar mi corazón con lo creado cuando solo puede ser llenado con el Creador. ¿Cuál es la solución? ¿Tirar el teléfono a la basura? ¿Apagarlo hasta que llegue a mi oficina? ¡Claro que no! ***Eso no le dará a mi alma "descanso". Eso me dejará vacío y solo será cuestión de tiempo hasta que encuentre otra cosa que reemplace a mi teléfono***. La solución, como dice Jeremías, es volver a beber de "la fuente de agua viva". La solución es volver a atesorar a Cristo. Es volver a apreciar que él vino para darme una vida mucho más abundante y plena de la que me puede dar leer las noticas en mi teléfono móvil (Juan 10:10). La solución es simple pero profunda, ***Cristo tiene que volver a ser mi descanso*** (mi seguridad, mi fuente de aceptación; es decir, aquel que satisface mis deseos más profundos). Solo cuando esto suceda, cuando él vuelva a ser mi mayor placer y deleite, podré tener el teléfono con "manos abiertas". Es decir, podré usarlo sin que sea mi dios, podré ser interrumpido sin frustrarme, y podré darle a mi esposa la atención y el cariño que ella necesita. ¿Por qué? Porque, solo entonces, mi corazón estará lleno con "agua viva" que realmente satisface.

Un desafío final

A medida que camines por tu día y te enfrentes a un sinnúmero de situaciones que generen en ti distintos tipos de acciones (buenas y malas), intenta desarrollar la costumbre de hacerte a ti mismo estas dos preguntas:

- ¿Por qué hice esto? (O ¿por qué respondí de esa forma?)
- ¿Qué es lo que estoy buscando que debería buscar en Dios?[7]

BREVE RESUMEN

¿Qué es el corazón? *El corazón es el "lugar" donde habitan mis deseos; es decir, lo que realmente amo, disfruto y atesoro.*

¿Por qué el corazón es tan importante? *Porque lo que ama mi corazón determina por qué actúo cómo actúo. Si realmente quiero cambiar, tiene que cambiar aquello que mi corazón más atesora.*

¿Cuál es el problema del corazón? *Tenemos deseos profundos que intentamos satisfacer idolatrando cosas buenas que Dios nos ha dado. Solo cuando Cristo vuelve a ser nuestro mayor tesoro se produce un cambio real en nuestros corazones y, como consecuencia, un cambio real en nuestra forma de actuar.*

PARA REFLEXIONAR O DIALOGAR EN GRUPOS PEQUEÑOS

Es muy tentador pasar por alto esta última sección. No lo hagas; detente. No ignores lo que el Espíritu Santo puede estar enseñándote a través de este capítulo; no te apresures. Toma un tiempo para meditar estas preguntas y/o dialogar sobre ellas con otras personas.

1. *¿De qué forma este capítulo ha cambiado o confirmado tu forma de entender cómo se producen los cambios?*
2. *Resume en una o dos oraciones los conceptos que más te hayan impactado de este capítulo.*
3. *¿Cómo definirías con tus propias palabras qué es el corazón? (Para responder esta pregunta puedes leer en tu Biblia los pasajes que he citado al comienzo de este capítulo).*
4. *¿Por qué piensas que los cristianos deberíamos enfocarnos más en el corazón que en las acciones externas?*
5. *Los deseos profundos determinan, no solo mis acciones, sino también mis deseos más superficiales. De hecho,* ***interactúan con ellos generando una escala de valores dentro de mi corazón de lo que es y no es importante para mí****. ¿Cómo se determina esta escala? Como puedes ver en el cuadro de abajo, depende de cómo estos se ajusten a satisfacer mis anhelos más profundos. Déjame darte dos ejemplos a modo de clarificación.*

<u>Caso #1</u>*: Supongamos que mi deseo más profundo es <u>ser aceptado</u> por otros. ¿Será importante para mí la belleza física? Sí, si concluyo que esta me sirve para ser aceptado por otros. Si este es el caso, haré dieta, iré al gimnasio y pasaré bastante tiempo frente al espejo. ¿Cómo usaré, por ejemplo, el dinero? Probablemente lo gastaré en ropa y en productos de belleza.*

<u>Caso #2</u>*: Supongamos nuevamente que mi deseo más profundo es <u>ser aceptado</u> por otros. Sin embargo, digamos que no soy una persona muy atractiva. ¿Será importante en mi escala de valores la belleza física? Probablemente no. ¡Pero todavía anhelo ser aceptado! Entonces, ¿qué podría hacer? Es muy posible que, sin darme cuenta, genere una nueva escala de deseos. Puesto que soy bastante inteligente, me valdré de mi intelecto para encontrar lo que alguien atractivo consigue a través de su belleza. ¿Haré dieta? ¿Iré al gimnasio? No. Pero tendré profundos anhelos de aumentar mi saber. Seré un estudiante responsable, buscaré asistir a una universi-*

dad prestigiosa e intentaré obtener muchos títulos. ¿Cómo usaré el dinero? Probablemente lo gastaré en libros y en cursos de capacitación.

***YO**: Ahora te toca a ti. Completa los cuadros vacíos intentando ser lo más honesto que puedas. ¿Cuál dirías que es tu deseo/s más profundo/s? ¿Cómo buscas satisfacerlo? Finalmente, ¿qué cosas visibles haces para obtenerlos?*

	Deseo profundo	***Deseo superficial***	***Acciones visibles***
	¿Qué es lo que busco?	*¿A través de qué lo busco?*	*¿Qué hago para obtenerlo?*
Caso #1	*Ser aceptado*	*Imagen*	*Hago dieta* *Voy al gimnasio* *Como poco* *Escondo mis defectos físicos* *Canto en el grupo de alabanza*
Caso #2	*Ser aceptado*	*Inteligencia*	*Estudio mucho* *Elijo una universidad prestigiosa* *Participo en distintos cursos* *Leo la Biblia y libros de teología* *Enseño en la escuela dominical*
Yo			

6. *Si tuvieras que aconsejar a estas dos personas, ¿cómo los ayudarías a cambiar? (Sé que todavía no hemos hablado demasiado sobre ello, pero intentar responder esta pregunta puede ser un buen disparador de pensamientos para lo que viene).*

CAPÍTULO 3

¿Cómo funciona el amor?

La naturaleza de amor

¿Qué es amar? ¿Qué implica amar algo? No me refiero a cómo es el amor cristiano, sino a qué cosas deben suceder dentro del corazón de un ser humano para que cualquier persona (cristiana o no) sea capaz de decir: "Yo amo a esta mujer, yo amo viajar, o yo amo mi trabajo". Soy muy consciente que definir cuál es la esencia del amor no es una tarea sencilla. La Biblia no nos da una definición de diccionario para terminar de zanjar el asunto, pero sí nos deja pistas claras para poder identificar qué implica amar algo.[a] Puesto que amar a Dios es el primer y más grande mandamiento, es de crucial importancia que tengamos una compresión bíblica y correcta de qué implica amar algo.

Tal como vimos en el capítulo anterior, Jesús nos dice en Mateo 6:21 que ***el corazón ama cuando encuentra algo valioso***. "*Donde esté tu tesoro, allí también estará tu corazón*". Dicho de otra forma, ***el amor es la respuesta del corazón frente aquello que se presenta atractivo.*** La razón por la cual utilizo la palabra "respuesta" es porque es el vocablo que mejor comunica la idea que Jesús enseña

[a] Imagino que alguien puede estar pensando: "Un momento. La Biblia sí nos da una definición del amor; 1 Corintios 13:4 dice: '*El amor es paciente, es bondadoso; el amor no tiene envidia… etc.*' ¿Acaso no es esa una definición de la esencia del amor?". Creo que no. Creo que estas son *manifestaciones* del amor, o si quieres, *cómo vivo* cuando realmente amo. De hecho, son características del amor cristiano (que seguramente serán diferentes a las características que propondría el amor ateo o no cristiano, donde el "servir", por ejemplo, es no amarse a uno mismo; donde el "sufrir" es rechazado; donde "soportar" es insano y un acto de cobardía; donde el "alegrarse con la verdad" no existe porque no existe la verdad sino ideas subjetivas de ella; etc.). ¿Puedes verlo? Pablo está dando las características del amor cristiano, no está definiendo qué implica amar algo.

en Mateo 6:21. Según Jesús, el corazón ***responde, persigue, va detrás de*** aquello que ha hecho su mayor tesoro. En otras palabras, para Jesús, amar es la ***consecuencia*** de haber encontrado algo precioso. Es el ***resultado*** de haber hallado un tesoro. Es una ***reacción de aprecio*** que, como veremos más adelante, va mucho más allá de una decisión o de un sentimiento. Para Jesús, cuando el corazón encuentra un tesoro, no puede dejar de atesorarlo. Es algo inevitable. De esta forma, podríamos completar nuestra definición diciendo que ***amar es la respuesta (no obligada, pero a la vez incontrolable) que involucra apreciar con todo mi corazón (intelecto, emociones y voluntad) la "belleza" de un objeto o persona.***

Sé que la definición que acabo de dar es un tanto filosófica y rebuscada así que permíteme desglosarla y explicar poco a poco sus distintas partes.

1. *El amor es una respuesta que involucra apreciar la "belleza" de algo*
2. *El amor es una respuesta que no se puede forzar*
3. *El amor es una respuesta que involucra todo mi corazón (intelecto, sentimientos y voluntad)*
4. *El amor es una respuesta que conlleva un nivel de entrega*

1. Amar es una respuesta que involucra apreciar la "belleza" de algo

Como hemos visto, Jesús dice que el corazón siempre va detrás de un "tesoro". Un tesoro es algo valioso, es algo atractivo, precioso, es algo de valor incalculable. Pero no todos consideramos "bellas" o "atractivas" las mismas cosas. Lo que puede ser un tesoro para uno puede ser algo de poco valor para otro. Por ejemplo, yo personalmente no disfruto ir de compras, no me causa placer, no me entusiasma hacerlo. Ir a un centro comercial no es algo "bello" ni atractivo para mí. Sin embargo, otras personas encuentran un enorme placer en ir de compras. Para ellos realmente es como un "tesoro". Lo encuentran "bello", atractivo, precioso. Por otro lado, a mí me encanta crear y diseñar álbumes de fotos de nuestra familia. (Nota que al usar la frase "me encanta" ya le estoy atribuyendo "belleza" al proceso de diseñar álbumes). Esto es perfectamente natural. No todos encontramos placer en las mismas cosas, pero TODOS encontramos placer en algo. Todos "atesoramos" algo. Todos amamos. Jonathan Edwards explica esta dinámica de la siguiente forma:

> Dios ha dado al alma humana dos capacidades centrales. La primera es ***entendimiento*** a través del cual examinamos y juzgamos las cosas. La segunda capacidad nos permite observar las cosas, no como espectadores indiferentes, sino como quienes, agradados o no agradados, gustando o no gustando, las aprobamos o rechazamos. A veces llamamos a esta segunda capacidad ***inclinación [o atracción]***.[8]

Cuando el ser humano ve algo que considera atractivo no puede no admirarlo. Un jovencito ve una chica bonita caminando por la calle, y se da la vuelta para apreciar su silueta. Un hombre que disfruta los coches antiguos va a una exposición y no puede parar de admirar con entusiasmo cada uno de los automóviles. Una chica adolescente va caminando por el centro comercial y no deja de fantasear acerca de cómo se vería con el vestido que observa en la tienda de ropa. Amar algo es poder apreciar el valor de algo. Por supuesto, hay niveles de amor. No es lo mismo el aprecio que uno puede sentir por un coche, que el aprecio que uno puede sentir por un ser querido. Puesto que miraremos esto más adelante, el punto que quiero enfatizar ahora es que ***amar algo es consecuencia de encontrar esa cosa valiosa y atractiva***. Parafraseando al apóstol Pablo, es resultado de que los "ojos de mi corazón" han sido abiertos a la "belleza", por ejemplo, de un coche antiguo; o de Dios.

Por supuesto, el efecto contrario funciona de la misma manera. Si no aprecio la "belleza" de algo no encontraré placer en ello y como consecuencia no lo amaré. Personalmente experimento esta clase de indiferencia con la pintura. Veo las obras de Leonardo Da Vinci y no me conmueven, no generan ningún tipo de aprecio dentro de mí. Todo el mundo habla de la belleza de la sonrisa de La Mona Lisa y yo, sinceramente, ni siquiera la veo sonreír. ¡Esto es un problema mío, no del cuadro! No he logrado apreciar su atractivo, reconocer su valor, descubrir su encanto. Miro, pero no veo. Observo, pero no aprecio. Percibo, pero no atesoro. Considera una vez más las palabras de Jonathan Edwards, pero, en este caso, en cómo este concepto aplica a la persona de Dios:

> Existe un doble entendimiento o conocimiento del bien, del que Dios ha hecho capaz a la mente humana. El primero es el que resulta meramente especulativo o racional... El otro es el que consiste en las sensaciones del corazón: Como cuando se siente la belleza, la afabilidad o la dulzura de algo... Por lo tanto, no es lo mismo tener la opinión de que Dios es santo y misericordioso a tener la sensación del amor y la belleza de su santidad y gracia. No es lo mismo tener un juicio racional de que

> la miel es dulce a ***sentir su dulzura***... Cuando el corazón es ***consciente de la belleza*** y afabilidad de algo, necesariamente ***siente placer en su percepción***... lo que es completamente diferente a tener una opinión racional de que es excelente...[9]

Como iremos viendo a lo largo de todo el libro, llegar a apreciar, a atesorar, a amar la "belleza" de la persona de Dios y lo que él ha hecho, es lo que verdaderamente produce cambios profundos. Como dijo Pablo: "*Mi oración es que* ***los ojos de vuestro corazón*** *sean iluminados, para que sepáis... [las extraordinarias cosas que Dios ha hecho por nosotros en Cristo]*" (Efesios 1:18,19). Sin embargo, como hemos dicho, ***entender*** este concepto y ***disfrutar*** de Dios (es decir, amarlo) son dos cosas bien diferentes.

2. Amar es una respuesta que no puedo forzar

No puedo obligarme ni a mí mismo ni a otros a amar. ¿Recuerdas al hombre que se queda mirando el partido de fútbol de su selección? Nadie le pone un revolver en la cabeza para que encuentre placer en mirar a su equipo. ¡Todo lo contrario! Puesto que encuentra placer en el fútbol, lo ama. Y, puesto que lo ama, realiza acciones externas que reflejan ese amor (se queda despierto un domingo a la noche, compra una costosa televisión de pantalla plana, etc.). El amor no se puede forzar, ¡es una respuesta! Nadie me obliga a amar; amo porque encuentro un "tesoro" en el objeto de mi amor; en este caso, en el partido de fútbol. Uno de mis libros favoritos es *Torturado por Cristo*. En esta obra, su autor, el pastor Richard Wurmbrand, describe las terribles torturas que él mismo y otros cristianos tuvieron que sufrir en los campos de concentración comunistas durante la guerra. "Me quebraron cuatro vértebras y muchos otros huesos. Me cortaron, quemaron, y me causaron profundas heridas en diferentes partes del cuerpo que me dejaron dieciocho cicatrices permanentes".[10] Como el mismo Richard Wurmbrand expresó una vez, en un campo de concentración los guardias te pueden obligar a hacer todo lo que ellos quieran... menos una cosa. Pueden obligarte a comer tu propio excremento, pueden obligarte a cavar tu propia tumba, pueden obligarte a matar a tu propio hijo (dándote una pistola con una sola bala y amenazándote que matarán a todos tus hijos y a tu esposa si no lo haces o te suicidas), pueden obligarte a hacer esto y un sinfín de cosas más. Pero hay algo que no pueden hacer. ***No pueden obligarte a que los ames...*** ¿Por qué? Porque el amor es una respuesta. No se puede forzar.

Captar este concepto es absolutamente esencial para comprender cómo se producen los cambios profundos. No puedo obligar a alguien a amar algo, ¡ni siquiera a mí mismo! El amor es una respuesta que ***involucra una decisión no obligada ¡pero que a su vez ni yo mismo puedo controlar!*** Como hemos dicho, y seguiremos analizando, amo cuando (por un sinfín de motivos) disfruto y atesoro algo.[b]

Hace un tiempo hicimos una colecta en nuestra iglesia para mandar dinero a un misionero sudanés que estaba a punto de casarse. Este joven es amigo mío. Conozco su compromiso. Lo he entrenado bíblica y teológicamente. Sé de primera mano de su amor por Jesús y también conozco muy bien su pobreza extrema. Por supuesto, cuando anunciamos en la iglesia que necesitaba dinero para su boda (en Sudán el novio tiene que pagar una dote al padre de la novia para poder casarse), me sentí muy feliz y privilegiado de poder participar financieramente. Un buen número de personas en nuestra iglesia también se sintieron movidos a ayudarlo. Ahora, considera lo siguiente. Dimos dinero. Lo hicimos con gusto. Fue un momento precioso. Pero, ¿qué pasaría si tú me dijeras: "Nico. Debes sentir en tu corazón lo mismo que sentirías si se casara tu hija Micaela. Debes amar a este hombre como amas a tu hija". Sin dudas, yo te respondería: "¡No puedo!" No puedo amar a este misionero con el mismo nivel de amor con el que amo a mi hija. No puedo tener el mismo nivel de pasión, entrega y compromiso interior que si se casara mi propia hija (si eres honesto, probablemente tú tampoco). Si fuese mi hija ahorraría durante meses para ayudarla a pagar la boda. Iría con ella a mirar el vestido de bodas. Haría lo imposible para que fuera de luna de miel al lugar que ella quisiera. Estaría día y noche pensando en cómo darle todo lo que ella necesita para que pase el mejor día de su vida (seguramente tú también). Tú puedes pedirme, exigirme, aún obligarme a que dé más dinero para la dote del misionero y quizás yo podría hacerlo (una acción); pero no puedes pedirme, exigirme u obligarme a que ame a mi amigo misionero como amo a mi pequeña hija (un cambio de corazón). Tú no puedes lograr eso. Ni siquiera yo mismo tengo el poder para obligarme a amarlo así. El amor verdadero no se puede forzar, controlar, o manipular.

---

[b] Si lo consideras un momento, el odio, que es lo opuesto al amor, también es una respuesta. En este caso, una respuesta de rechazo y de no aprecio hacia algo que encontramos condenable y despreciable. Por ejemplo, nadie puede forzarme a que encuentre placer en que torturen o maten a uno de mis hijos. Puedes atarme para que yo no haga nada. Puedes así obligarme a que te observe mientras lo haces. Pero ni siquiera amenazándome de muerte puedes obligarme a que yo encuentre placer en ese acto. Nadie (ni si quiera yo mismo) tiene la capacidad de obligarme a amar esa acción. ¿Por qué? Porque tal como sucede con el amor, el odio es una respuesta que se toma (de manera incontrolable) por el rechazo que se le tiene a algo.

Comprender este concepto es esencial porque, entre muchas otras cosas, nos muestra que ***lo que hacemos externamente está determinado por aquello que disfrutamos internamente***. Piensa nuevamente en el hombre que disfruta ver a la selección de fútbol jugar la copa del mundo. Tú le puedes obligar a esta persona a que no vea el fútbol (ofreciéndole dinero o poniéndole un arma en la cabeza), pero no se le puede obligar a que deje de amar el fútbol y que, por ejemplo, comience a amar el patinaje artístico. Algo ***radical*** debe cambiar en su interior para que esto suceda. Si esto es correcto, vale la pena preguntar: ¿Cómo podríamos hacer para que el hombre hiciese un cambio tan drástico? La única forma en que este hombre dejará de amar el fútbol es ***si su corazón encuentra algo que le cause mayor placer*** que el fútbol. Algo que capture el núcleo de su ser. Algo que modifique sus afectos. De esta forma, ***en respuesta a esa nueva pasión***, dejará voluntariamente de mirar el partido de fútbol. Por ejemplo, si mientras se encuentra frente a la TV lo llaman por teléfono avisándole que su hija ha tenido un terrible accidente de tráfico, ***inevitablemente*** dejará de ver el partido de fútbol y todo su ser será cautivado por esa noticia. Seguramente abandonará corriendo su sillón, no pensará ni por un instante cuánto le ha costado su TV de pantalla plana, tampoco se molestará por ver el penalti que le han cometido a su equipo y saldrá con desesperación hacia el lugar del siniestro. ¿Qué ha sucedido? ¿Cómo fue vencido su amor por el fútbol? Por un amor superior al mismo. Por una nueva pasión. Como veremos más adelante, ***la adicción a un placer solo puede ser vencida por una nueva adicción a un placer superior***. ¿Por qué? Porque el corazón toma sus decisiones ***en respuesta*** a aquello que ama. Tal como lo expresa muy acertadamente Thomas Chambers:

> Hay dos maneras en que el moralista práctico puede intentar desplazar del corazón humano su amor por el mundo: bien sea a través de demostrar la vanidad del mundo, de modo que el corazón se vea obligado a retirar su consideración de un objeto que no lo merece; o, poniéndole delante otro objeto, incluso Dios, como más digno de su apego; de manera que el corazón no se verá obligado a renunciar a un viejo afecto, sin que nada lo reemplace, sino a cambiar un viejo afecto por uno nuevo. Mi propósito es mostrar que debido a la constitución de nuestra naturaleza, el primer método resulta incompetente e inefectivo por completo, y el segundo es el único capaz de rescatar y recuperar el corazón de aquellos afectos erróneos que lo dominan.[11]

Déjame darte una ilustración que clarifica la cita que acabas de leer. Imagínate que un niño es adicto a los caramelos. No me refiero a un niño que de vez en cuando come caramelos, sino a uno que come varios caramelos todos los días. Si fueras su padre, ¿cómo podrías ayudarle para que deje su adicción? Podrías darle una orden: "¡No comerás caramelos!" Pero dudo que te escuche. Podrías hablarle de todos los beneficios de comer comida sana. Pero tampoco creo que surta efecto. Podrías gritarle o amenazarlo. Podrías rogarle y explicarle cuán mal te hace sentir a ti como padre que coma tantos caramelos. Podrías, en última instancia, disciplinarlo diciéndole que nunca más le comprarás caramelos y, después de tirar a la basura todos los caramelos que hubiera en tu casa, encerrarlo en su cuarto hasta que decida cambiar. ¿Dejará de comer caramelos este niño? Claro que sí. Después de todo, ya no tiene acceso a ellos. Sin embargo, ¿en qué estará pensando cuando se vaya a dormir? (Considera en qué piensas cuando te vas a dormir y habrás descubierto a qué eres tú adicto). ¿Cómo hacemos normalmente para cambiar? ¿Cómo ayudamos a otros a cambiar? Utilizamos mandamientos, culpa, manipulación, amenazas, disciplina, etc. ¿Deja el niño de comer caramelos? Sí. Pero la pregunta más profunda es: ***¿Deja de amarlos? ¿Deja de encontrar placer en ellos? ¿Deja de fantasear con ellos?*** Para ayudar a un niño que es adicto a los caramelos hay algo muy simple que puedes hacer; ¡ofrecerle chocolate! Cuando el niño pruebe el chocolate, dejará su adicción por los caramelos y se hará adicto al chocolate. Tendrá un nuevo tesoro, una nueva pasión. ¿Cómo se producen los cambios profundos? El cambio del corazón se produce cuando mis ojos son abiertos a la realidad que ***Cristo es más precioso que cualquier otra cosa que el mundo pueda ofrecerme*** (Efesios 1:18,19). Cuando, como dice Apocalipsis, recupero "*mi primer amor*" por él.

3. Amar es una respuesta que involucra mi intelecto, mis sentimientos y mi voluntad

Amar, involucra ***todo*** mi corazón; todo mi ser interior, no simplemente una parte de este. Típicamente hay dos formas opuestas de definir el amor. Algunos dicen: "¡Ah! ¡El amor es un sentimiento! ¡El amor es sentir pasión!" Otros dicen: "¡No! El amor es una decisión. Es un acto de mi voluntad que yo decido dar o no dar". Las culturas más liberales suelen definirlo de la primera manera, mientras que las culturas más tradicionales suelen definirlo de la segunda. En el ámbito cristiano, las iglesias más pentecostales suelen alinearse con la primera definición. (Y suelen identificar el amar a Dios con lo que ***sienten*** en el tiempo de alabanza). Las iglesias más conservadoras suelen inclinarse por la segunda. (Y suelen identificar el amor a Dios con lo que ***conocen*** acerca de Dios cuando se predica la Palabra). Creo que, bíblicamente, ambas descripciones son incompletas.

Cuando amamos algo no aparcamos a un lado una porción del corazón, ¡lo usamos todo! No dejamos de usar nuestro cerebro, ni tampoco nos apoyamos exclusivamente en lo que sentimos. Al amar algo toda tu persona está "funcionando". Estás analizando, considerando, sopesando, valorando; pero también estás sintiendo, experimentando, juzgando y, aún, degustando. Como quien prueba una tarta de chocolate. Al hacerlo utilizas todos tus sentidos. La observas, la hueles, la tocas, la gustas y luego emites un veredicto si te ha gustado. Todo tu ser está en funcionamiento.

Desde un punto de vista bíblico, cuando amo algo suceden tres cosas dentro de mi corazón:

- Mi intelecto razona: "Esto es precioso".
- Mis sentimientos confirman: "Esto es precioso".
- Mi voluntad decide: "Esto es precioso".

Como veremos en detalle en el próximo capítulo, según Santiago 1:12-18, toda tentación sigue este mismo proceso. Por definición, la tentación es algo atractivo, algo precioso, algo "bello". Una tarta de chocolate cuando estoy intentando hacer dieta. Un vaso de whisky cuando estoy comprometido con dejar de tomar. Unas vacaciones paradisíacas cuando estoy estresado de trabajar. Nunca una tentación es desagradable. Si lo fuese, ¡no me tentaría! Tú y yo estamos constantemente juzgando en nuestros corazones qué cosas son "bellas" y qué cosas no son "atractivas". Siempre estamos decidiendo qué es y qué no es digno de nuestro amor. Es imposible no hacerlo. Es parte del diseño de Dios. Algunas veces este proceso interno es más consciente que otras, pero es algo que llevamos con nosotros donde quiera que vayamos.

Antes de pasar al último punto quisiera que analices detenidamente la frase que leerás a continuación. ***Siempre hago lo que más quiero.*** Por favor, léela nuevamente. Las implicaciones de esta frase son enormes. ¿Qué piensas? ¿Es verdad? Alguien podría objetar: "Un momento. Hay miles de situaciones en donde hago cosas que no quiero. Por ejemplo, en mi trabajo. Mi jefe siempre me hace hacer cosas que no quiero." Si lo meditas en profundidad, te darás cuenta que no es así. Tú haces lo que quiere tu jefe porque, aunque seas

consciente o no de ello, ***estás buscando lo***
mientas en los datos de una documen
decidir hacer lo que él pide y mentir.
tienes la posibilidad de elegir. Si dec
placer hacerlo, habrás hecho lo que
qué? ***Porque lo que <u>más</u> querías, lo***
no perder tu trabajo. (Quizás por
tu jefe, quizás por la inseguridad
Es posible que "no querías" hac
querías. Jonathan Edwards lo exp
escoge según su más fuerte inclinación en
verdad cuando analizamos al joven rico y su encuentro co
queza por encima de Jesús. No necesariamente porque odiara a Jesús,
lo que demandaba elegirle. ¿Cómo tomó su decisión? En función de lo que ***<u>más</u>*** amaba. En función de aquello que, en ese momento, se presentó como más atractivo: su riqueza. ***Siempre, en toda situación y en todo momento, (consciente o inconscientemente) elijo aquello que a mi criterio (acertado o incorrecto) me causará el mayor bien posible.***

¿Qué es cambiar? Cambiar es que Dios llegue a ser lo que más quiero. Es llegar a ver, es llegar a distinguir, es llegar a apreciar que ***Dios es el mayor bien posible***. Es que mi corazón (intelecto, sentimientos y voluntad) pueda apreciar el valor de Dios. Es que mis ojos sean abiertos por el Espíritu Santo y, al ver la increíble gloria de Cristo, lo elija a él por encima de cualquier otra oferta que ofrece el mundo. Es que él llegue a ser lo que más deseo. ¿O acaso no es eso lo que pide Cristo? Que lo ames "*con todo tu corazón, con toda tu alma y toda tu mente*". ¿Cómo lo haces? Tendrás que seguir leyendo.

4. Amar es una respuesta que involucra distintos niveles de entrega

Hay un famoso slogan que dice: "El amor es una acción". Esta frase, aunque incompleta si no se tienen en cuenta los puntos que vimos anteriormente, contiene una porción importante de verdad. El amor siempre involucra algún tipo de acción o entrega. Todas las mañanas, ni bien abrimos nuestros ojos, comenzamos a evaluar, a considerar, a juzgar cada persona, idea, objeto o situación con la que nos topamos. Consciente o inconscientemente, comenzamos a atribuirle una medida de aprecio y amor a todas las cosas. Probablemente, lo primero que tú haces cuando te levantas cada mañana es lavarte los dientes. ¿Por qué? Pues por varias razones. No quieres que te salgan caries,

...s se pongan amarillos, no quieres que se caigan, etc. ...es una medida de amor por tus dientes. Si analizas tus ... posible que lo hagas porque aprecias tu imagen, porque ...yendo al dentista), etc. El punto es que el amor a los dientes ...cción. No lavarte es no amarlos. Amarlos genera un nivel de ...ste caso, entregas cinco minutos todas las mañanas a lavarte con ...n.

...edida de entrega, de sacrificio, de devoción que estamos dispuestos a en-...rle a algo (sea lavarnos los dientes, ver un partido de fútbol, ir de comprar ...centro comercial, o Dios mismo) ***está determinada por el nivel de aprecio que tengamos por ese objeto***. Es decir, cuanto más lo valoremos, más nos entregaremos. Cuanto más "bello" lo encontremos mayor será nuestra devoción, mayor será nuestra disposición voluntaria a darnos, más grande será el nivel de respuesta de nuestro corazón. No es lo mismo el nivel de respuesta que genera en el corazón ver la final de la copa del mundo, que el que genera ver un partido de fútbol de barrio. No es lo mismo estar esperando que tu cónyuge salga de una sala de operaciones, que estar esperando que llegue tu turno en la cola del banco.

En este sentido, resulta provechoso diferenciar entre dos niveles o grados de amor. Lógicamente, cada uno de ellos genera en nosotros un distinto grado de entrega o respuesta. Por un lado, se encuentran las ***emociones***. Por el otro, se encuentran, lo que Jonathan Edwards ha llamado: los ***afectos*** del corazón. Las emociones tienen un nivel de amor superficial por algo. Los afectos aprecian la plenitud de la belleza del objeto (sea el fútbol, el arte, Dios, etc.) y, por esto, tienen un nivel de amor o entrega mucho más profundo. No es lo mismo llorar por la pérdida de un hijo, que llorar porque he perdido las llaves de mi automóvil. Aunque amo a ambos y ambos involucran mis emociones (pues en ambos casos estoy triste), el nivel de afecto que tengo por mi coche no se acercará jamás al nivel de afecto que tengo por mi hijo.

En este sentido, es importante no confundir los afectos con reacciones extremadamente emocionales. Aunque se perciban parecidas, en realidad no lo son. Supongamos que estás leyendo el diario en internet. Mientras miras los titulares te encuentras con una noticia que dice: "Niños masacrados en África". Al ver la noticia, notas que han puesto un video en el que muestran lo que ha sucedido. El video es muy gráfico y explícito. ¿Resultado? Te conmueve. De hecho, puede ser que hasta llores al verlo. La noticia ha tocado tus emociones. Pero, ¿ha llegado a tocar tus afectos? Si eres como yo, es muy posible que unos segundos más tarde sigas leyendo el diario y te detengas a ver un video de deportes o te pongas a chequear tu Facebook. Por otro lado, si eres muy sensible, puede ser que te conmuevas tanto que hasta llegues a compartir el video con otros. Sin embargo, a menos que tomes un avión y viajes a África, a menos que comiences a estudiar una carrera humanitaria, o a menos que te unas a una ONG para dedicar tu vida a hacer algo al respecto; esta noticia simplemente ha tocado tus emociones, pero no ha llegado a tus afectos. No ha llegado a un nivel donde ha influenciado y modificado aquello que más atesoras. Cuando realmente amo algo, respondo, me comprometo, me rindo, me entrego. ¡No lo puedo evitar!

Emociones	***Afectos***
Implican un amor superficial	*Implican un amor profundo*
Sienten poco aprecio por la "belleza" del objeto	*Sienten un aprecio pleno de la "belleza" del objeto*
Perciben al objeto con un valor moderado	*Perciben al objeto con un valor último*
Son pasajeras	*Son constantes*
Cambian con facilidad	*No cambian con facilidad*
Perder un objeto al que le has entregado tus emociones genera un poco de tristeza	*Perder un objeto al que le has entregado tus afectos desestabiliza toda tu vida*

Una de las características más relevante de los afectos es que son constantes. Es decir, no cambian con facilidad. A las emociones le sucede todo lo contrario. Como puede suceder al leer una noticia conmovedora o al escuchar una canción que te guste mucho, las emociones varían constantemente. En un momento puedes escuchar una canción rápida y sentir ganas de bailar, y, a los pocos segundos, puedes escuchar una canción lenta y sentir ganas de llorar (lo cual debiera llevarnos a considerar seriamente si nuestros tiempos de alabanza son meros momentos emocionales o si realmente son expresiones de nuestros afectos más profundos).

Déjame darte otro ejemplo. ¿Te acuerdas de Roberto y Natalia la pareja que discutía por el uso del dinero? Roberto usaba el dinero para invertir. Natalia utilizaba el dinero para comprar ropa. ¿Cómo se siente Natalia cuando compra ropa nueva? ¡Exultante! ¡Feliz! ¿Qué emociones experimenta? ¡Alegría! ¡Júbilo! ¿Por qué? Porque a través de la ropa puede satisfacer uno de sus afectos más profundos: ser aceptada por otros a través de su imagen. ¿Cómo se siente Natalia si no puede comprar ropa nueva? Triste, desanimada. Incluso puede ser que hasta se deprima. ¿Puedes verlo? Experimenta las emociones opuestas a las que siente cuando tiene ropa nueva. Sin embargo, a pesar de sentirse mal, ¿han cambiado sus afectos? ¡Claro que no! ¡Lo que ella más ama (su imagen) sigue intacto! De hecho, sus emociones de desánimo confirman su amor por verse bonita y agradar a otros. Amar no tiene que ver exclusivamente con las emociones, definitivamente las incluye, pero es algo mucho más profundo que eso. Amar algo de manera profunda tiene que ver con experimentar un intenso afecto por algo que promete darme vida.

Entender esto es esencial para comprender qué es un cambio profundo. Amar a Dios no es tener un momento emotivo con él (aunque lógicamente puede -y muchas veces debería- involucrarlo). Tampoco es obedecer a Dios aunque no tenga ganas de hacerlo (aunque lógicamente habrá momentos donde deba hacerlo). Experimentar un cambio profundo involucra modificar el núcleo, el centro, de lo que uno atesora. ¡Cambiar mis afectos!

En Mateo 13:44 Jesús cuenta la historia de un hombre que va caminando por un campo y encuentra un tesoro escondido. Con evidente gozo y desprendimiento vende todo lo que tiene para adquirir ese campo. Piensa en lo absurdo que aparenta ser esta situación. De hecho, piensa por un momento en ti mismo. Imagina vender tu casa, tu automóvil y todas tus posesiones para comprar un pedazo de tierra sin aparente valor. Si hicieras esto, tu familia, tus amigos y tus vecinos estarían pensando: "¿Qué le está pasando a este loco? ¿Cómo va a dejarlo todo por ese pedazo de tierra tan sosa y desmejorada?" El punto de esta breve parábola es muy obvio. ¡Allí hay un tesoro invisible a los ojos! ¡Hay algo increíblemente valioso! El hombre que compra el campo está pensando: ***"He encontrado algo por lo cual vale la pena perder todo lo demás".*** ¡Cristo es ese tesoro! Dicho de otra forma, estoy dispuesto a dejar mi reino, mi dinero y mis intereses de lado, ***solo*** cuando Cristo es más atractivo que ellos. Esto es cambiar. Que lo más profundo de mi corazón encuentre a Cristo como más valioso que ninguna otra oferta que se me ofrezca; incluso que encontrar seguridad, éxito, poder, el aprecio de otros, etc. Esto es exactamente lo mismo que Pablo dice en Filipenses 3:7,8 (NTV): *"Antes creía que esas cosas eran valiosas, pero ahora considero que no tienen ningún valor debido a lo que Cristo ha hecho. Así es, todo lo demás no vale nada cuando se le compara con el infinito* *valor de conocer a Cristo Jesús, mi Señor. Por amor a él, he desechado todo lo demás y lo considero basura a fin de ganar a Cristo*".

¿Puedes verlo? Cambiar no es dejar de hacer cosas malas y comenzar a hacer cosas buenas. Cambiar no es dejar de desobedecer y comenzar a obedecer. Aunque el resultado de cambiar involucre estas cosas, cambiar es algo mucho más profundo que eso. Cambiar es encontrar en Cristo algo más precioso que todo lo que has probado hasta ahora. Cambiar es que los afectos de tu corazón lleguen a ver a Cristo como un tesoro escondido. Cambiar es que él se transforme en tu perla de gran precio.

En el libro "*Dios es el evangelio*", John Piper hace una pregunta muy reveladora: ***¿Podrías ser feliz en el cielo si Cristo no estuviera allí?***

> Si usted pudiera alcanzar el cielo libre de enfermedades, junto a todos los amigos que tuvo en la tierra, con toda la comida que siempre le gustó, las actividades de esparcimiento de las que siempre disfrutó, todas las bellezas naturales que vio en su vida, todos los placeres físicos que experimentó en su vida, sin conflictos entre humanos ni desastres naturales, ¿se sentiría satisfecho con el cielo si Cristo no estuviera allí?[12]

La misma pregunta me puedo hacer hoy: ***¿Podría ser feliz si tuviera todo y no a Cristo?*** Piénsalo un momento. Imagínate tener todo lo que más deseas. Aún las disculpas y perdón de aquellos que te han herido; aún la influencia ministerial que siempre has soñado; aún la educación, el título, el trabajo, la pareja, el automóvil, las vacaciones o el peso idóneo que tanto has anhelado. ***¿Podrías ser feliz teniendo cualquier cosa que quieras sin tenerlo a él?***

En 2 Corintios 4:4, Pablo hace un diagnóstico muy preciso del problema de nuestro corazón. En este pasaje Pablo afirma que "*el dios de este mundo* ***ha cegado el entendimiento*** *de los incrédulos,* ***para que no vean*** *el resplandor del evangelio de la gloria de Cristo, que es la imagen de Dios*". ¿Te das cuenta de cuál es el problema más grande que tenemos? No poder ver, apreciar y atesorar la belleza del evangelio. Estar ciegos a la gloria de su naturaleza de modo de no poder responder a este. ¿Cómo cambiamos? Cambiamos cuando el Espíritu Santo abre nuestros ojos y el sacrificio de Dios en la cruz se transforma en el afecto más profundo de nuestro corazón. En otras palabras, cambiamos cuando lo amamos. O, como iremos descubriendo poco a poco, quizás sea más correcto decir, ***cambiamos cuando amamos (cuando apreciamos) el amor que él nos tiene***.

Una reflexión final

No quisiera terminar este capítulo sin aclarar un concepto que profundizaré en capítulos sucesivos. Al definir el amor como una respuesta, he enfatizado el concepto de que nadie te puede obligar a amar. A pesar de la veracidad de esta afirmación, creo hace falta hacer una importante salvedad. ***El amor no se puede forzar, sin embargo, el amor se puede aprender.*** De hecho, todos aprendemos qué amar. ¿Qué quiero decir? Que en un momento de mi vida puedo sentir indiferencia hacia un algo y, con el paso del tiempo, puedo comenzar a sentir una profunda estima por ello. Personalmente tuve esa experiencia con la cerveza. De joven nunca me gustó. Siempre me pareció amarga y desagradable. Incluso de adolescente tomaba cerveza con mis amigos no creyentes, pero realmente no la disfrutaba (lo hacía porque quería ser aceptado por ellos). Durante años, aún como adulto, solo tomaba agua o Coca Cola. Sin embargo, algo sucedió cuando me mudé de Argentina a España. Al llegar aquí volví a probar la cerveza y algo cambió. ¡La encontré deliciosa! De repente la misma bebida que antes me resultaba horrible, ahora la comencé a encontrar riquísima. Hoy nadie tiene que forzarme a tomar una cerveza con aceitunas y queso. No lo hago para quedar bien con mis amigos no creyentes. ¡Lo disfruto! (Lógicamente con moderación). ¿Qué ha sucedido? He desarrollado un nuevo gusto. He cambiado mi estima y aprecio por esa bebida. He aprendido a amar algo que antes odiaba. El amor no se puede forzar, sin embargo, el amor se puede aprender.[c] Todos aprendemos a amar nuevas cosas. De hecho, si lo piensas detenidamente, ***a todos nos enseñan qué amar.*** ¡De eso se trata el marketing! De que ames y consumas cosas que antes no habías visto "bellas". De ser expuestos a las "virtudes" y "excelencias" del producto. De que tú y yo aprendamos a apreciar y valorar ese objeto. El Espíritu Santo es quien hace este trabajo en ti y en mí. Su tarea es mostrar las "virtudes" y "excelencias" de Cristo. Su ministerio es obrar en nosotros para verle precioso, atractivo y apreciarlo por lo que verdaderamente es; mucho mejor que cualquier cosa que nos pueda ofrecer el mundo. Después de todo, como dice Mateo 13:45: "*El reino de los cielos también es semejante a un mercader que busca perlas finas, y al encontrar una perla de gran valor, fue y vendió todo lo que tenía y la compró*".

[c] Como veremos detenidamente en el capítulo 12, puesto que el amor se puede aprender, Dios nos ha dado la responsabilidad de exponer nuestro corazón a aquellas cosas que influencien en nosotros deseos por él y nos enseñen a amarle. La oración, la lectura de la Biblia, el ayuno; son algunos de los medios que podemos y debemos utilizar para "enseñarle" a nuestro corazón a encontrar placer en él.

BREVE RESUMEN

¿Qué significa amar?
Amar es una respuesta de mi corazón frente a aquello que se presenta atractivo.

¿Qué involucra amar?
1. *Amar algo involucra ver la "belleza" de algo.*
2. *Amar algo involucra una respuesta que no se puede forzar.*
3. *Amar algo involucra todo mi corazón (no solo mis sentimientos).*
4. *Amar algo involucra una entrega:*
   - *Puedo responder con un nivel bajo de atracción y entrega, solo con emociones.*
   - *Puedo responder con un nivel alto de atracción y entrega, con mis afectos.*

¿Cómo cambia lo que amo?
Mi corazón siempre elige aquello que se presenta como su mayor tesoro. Por eso, mi corazón cambiará lo que ama solo cuando encuentre algo más valioso de lo que posee. Esta es la razón por la cual necesito apreciar la "belleza" del evangelio para cambiar.

PARA REFLEXIONAR O DIALOGAR EN GRUPOS PEQUEÑOS

Es muy tentador pasar por alto esta última sección. No lo hagas; detente. No ignores lo que el Espíritu Santo puede estar enseñándote a través de este capítulo; no te apresures. Toma un tiempo para meditar estas preguntas y/o dialogar sobre ellas con otras personas.

1. *¿De qué forma este capítulo ha cambiado o confirmado tu forma de entender cómo se producen los cambios?*
2. *Resume en una o dos oraciones los conceptos que más te hayan impactado de este capítulo.*
3. *¿Estás de acuerdo con la afirmación: "El amor es una respuesta de mi corazón frente aquello que se presenta atractivo"? ¿Por qué? ¿Qué implicaciones tiene esta afirmación?*
4. *Intenta meditar acerca de lo que verdaderamente amas. Sé lo más honesto que puedas. Recuerda que Cristo te ama tanto que su cruz ya te ha limpiado del más "sucio" de tus deseos y, por eso, no hace falta esconderlo. He aquí un listado de preguntas que pueden ayudarte: ¿Qué hace que te desanimes? ¿Qué te hace enfadar? ¿Qué cosas te generan frustración? ¿Qué cosas te preocupan? ¿Cuándo*

sientes temor? ¿Qué cosas te ponen contento? ¿Con qué cosas fantaseas? ¿Cuáles es tu mayor sueño?

5. *Jonathan Edwards decía que amar es ver la "excelencia" de algo. Es apreciar su "belleza". Es discernir su valor. Mira el siguiente cuadro de deseos e intenta analizar qué cosas se presentan "excelentes" para ti. ¿Cuáles de estos deseos dirías que se han transformado en afectos de tu corazón? ¿Por qué piensas que eso es tan valioso para ti?*

Los deseos superficiales	***Los deseos profundos***
Dinero, sexo, ocio, ministerio, belleza física, un compañero/a, una familia, conocimiento, comodidad, diversión, metas	*Aprobación, seguridad, significado, aceptación, relaciones profundas, intimidad, éxito, placer, poder, descanso, control, necesidad de sentirme amado*

6. *¿Cuál es el medio o herramienta que Dios más utiliza en tu vida para volver a cautivarte y que te vuelvas a enamorar de él?*

CAPÍTULO 4

¿Cómo funciona la tentación?

Tal como sucede en el ámbito de la medicina, diagnosticar correctamente la enfermedad es la única forma de erradicar el verdadero problema. Se pueden intentar muchos tratamientos, sin embargo, todos ellos fallarán si no se ataca aquello que realmente está causando el problema. Para poder comprender el meollo del dilema del corazón es necesario enfocarnos por unos instantes en la creación del ser humano. A pesar de ser una porción muy conocida de la Biblia, Génesis 1 al 3 tienen mucho para aportar en nuestro intento de diagnosticar el problema más profundo del hombre y de la mujer. Meditemos en dos grandes enseñanzas que nos deja esta historia.

El diseño de mi corazón

Hay dos enseñanzas claras, paradójicas, pero no contradictorias, que nos dejan los primeros versículos de la Biblia. Por un lado, después de crear al hombre y a la mujer, Dios se siente satisfecho por su obra y pronuncia que es "*buena en gran manera*" (Génesis 1:31). En otras palabras, no hay defecto en su creación. No son personas con fallos, errores o dañadas. Pero por otro lado, sí son personas con necesidades. Vemos que son personas con necesidades *fisiológicas* de alimento, aire, agua, luz solar, etc. Y además vemos, que son personas con necesidades que podríamos llamar relacionales o, aún mejor, *espirituales*. Dios abiertamente afirma: "*No es bueno que el hombre esté solo*" (Génesis 2:18). Lo cual nos muestra su necesidad de pares, de una "*ayuda idónea*". Y también el texto nos describe una comunión y diálogo continuo entre Dios y sus criaturas, enfatizando su necesidad de una relación íntima con su Creador. Es decir, entender correctamente el diseño original del corazón implica comprender que ***el ser humano fue creado <u>sin defecto</u>, pero <u>con necesidades</u>***. Tal como afirma Paul Tripp:

> Nuestra cultura tiende a pensar que necesitamos ayuda por algo que hicimos o algo que nos hicieron, el resultado de una mala genética o una mala química personal. Pero Génesis 1 nos confronta con el hecho de que ***nuestra necesidad de ayuda precede al pecado***. Fuimos creados para ser dependientes. El intentar vivir sin la ayuda de Dios es autodestinarme a una existencia infrahumana... El ministerio personal debe comenzar con un humilde reconocimiento de la ineludible naturaleza de nuestra necesidad. Si no hubiese habido Caída, si nunca hubiésemos pecado, todavía necesitaríamos ayuda porque somos seres humanos. Esta es la base para una adecuada comprensión de sí mismo y de la obra a la que Dios le ha llamado.[13]

Esta necesidad, esta dependencia; no es un defecto de creación. No proviene de un error de Dios al crearnos. Todo lo contrario. Forma parte de un plan y un diseño que fue así antes de la caída, que es así hoy y que será así por la toda la eternidad. Tal como muestra Apocalipsis 21:22-24 nuestra dependencia de Dios jamás cesará: "*Y no vi en ella [en la nueva Jerusalén] templo alguno, porque su templo es el Señor, el Dios Todopoderoso, y el Cordero. La ciudad no tiene necesidad de sol ni de luna que la ilumine, <u>porque</u> la gloria de Dios la ilumina, y el Cordero es su lumbrera. Y las naciones andarán a su luz...*". Aún en la eternidad, necesitaremos de la luz de su gloria para sobrevivir.[a]

Para captar de manera más vívida este concepto imagínate por un momento que vas a una juguetería a comprarle a tu hijo un cochecito a control remoto. El cochecito es rojo fuego. Está en perfectas condiciones, es nuevo, brilla y no tiene ningún defecto. Sin embargo, para que ese cochecito funcione, le hace falta pilas. Sin pilas, jamás funcionará como debe. Sí, tu hijo podría

[a] Quisiera aclarar que cuando hablo de "necesidades" no quiero decir que *todo* deseo o necesidad sentida es creada y diseñada por Dios y, por lo tanto, no es pecaminosa y debe ser satisfecha. Naturalmente hay innumerables anhelos internos que se originan en nuestro egoísmo y no se corresponden con el plan y diseño original de Dios. ¿Qué quiero decir, entonces, cuando hablo de "necesidades espirituales del corazón"? Parafraseando a Pascal, estoy hablando de un "agujero" en nuestro corazón del tamaño de Dios. Me refiero al estado del corazón que está incompleto sin un vínculo vital con "el Creador" y que, producto de la caída, estamos constantemente intentando llenar con "lo creado" (con vacaciones, con un mejor trabajo, con un automóvil nuevo, con una novia o novio, con el éxito y un sinfín de alternativas más). En otras palabras, cuando hablo de necesidades me refiero a los "deseos profundos" que hemos estudiado en el capítulo dos.

empujarlo con la mano, también le podría atar una cuerda y arrastrarlo, pero para que ese coche funcione correctamente necesita pilas. Eso no es un defecto de creación. Es su diseño. Fue creado así a propósito. Sin pilas, está incompleto. Las necesita. Tú y yo necesitamos a Dios. Tú y yo necesitamos todo lo que él es para estar completos. Tú y yo fuimos diseñados con una necesidad que solo puede ser satisfecha cuando estamos llenos de él. Como dijimos en el capítulo dos, tenemos necesidades, deseos profundos que, lejos de ser pecaminosos, son parte del diseño de Dios para que dependamos de él. Examinemos cuatro implicaciones sumamente relevantes que resultan de esta enseñanza.

1. *Los deseos profundos de mi corazón no son un pecado.*
2. *Los deseos profundos de mi corazón solo pueden ser satisfechos por Dios.*
3. *Los deseos profundos de mi corazón fueron diseñados por Dios para que al disfrutarle, al amarle; le glorifique.*
4. *Los deseos profundos de mi corazón no son el problema, el problema es cómo y dónde los satisfago.*

1. Los deseos profundos de mi corazón no son un pecado

A riesgo de ser malinterpretado, quisiera desafiarte a considerar que anhelar ser felices o intentar llenar el corazón no es en sí pecaminoso, es algo creado y diseñado por Dios por lo cual no nos deberíamos autocondenar. Todas nuestras necesidades, tanto fisiológicas como espirituales, fueron diseñadas por Dios para ser (directa o indirectamente) llenas por él. Buscar nuestro propio gozo y buenaventura no solo es algo que podemos hacer, sino que es algo que ***no podemos no hacer***. Es intrínseco a nuestra naturaleza y no es malo en sí mismo. Blas Pascal ha dicho: "Todos los hombres buscan la felicidad, sin excepción alguna. Sean cuales sean los medios que utilicen, todos apuntan a este fin… La voluntad jamás da un solo paso que no tenga este objetivo. Ese es el motivo de cada acción de todos los hombres, incluso de los que se ahorcan."[14] C.S. Lewis lo expresó muy bien cuando le escribió a un amigo: "Como sabes, es un deber cristiano estar tan feliz como sea posible".[15] El puritano Thomas Watson también afirmó: "Dios no tiene ningún proyecto para nosotros sino el de hacernos felices".[16] Tal como dice John Piper: "La búsqueda del placer es una motivación esencial en toda buena obra. Si lo que te propones hacer es abandonar la búsqueda del placer total y duradero, no puedes amar a la gente ni agradar a Dios".[17] Por supuesto, como veremos enseguida, después de la caída, buscar nuestro mayor bien tiene el potencial para transformarse en algo malo. Sin embargo, es necesario afirmar con confianza y convicción que no hay nada intrínsecamente malo en desear que nuestras necesidades espirituales más profundas sean satisfechas. Es parte del diseño de Dios. Somos cochecitos a control remoto. Necesitamos de él para funcionar de manera idónea. De hecho, si lo meditas un momento, te darás cuenta que Dios es el único ser sin necesidades, completamente autosuficiente y que no depende de otros (sino solo de sí mismo) para ser feliz y estar completo. Pensar en el ser humano como un ser sin necesidades sería justamente, caer en la trampa de la serpiente y ¡pretender llegar a ser igual que Él![b]

Considera unos momentos la siguiente afirmación de Jesús: "*Porque todo el que quiera salvar su vida, la perderá; y todo el que pierda su vida por causa de mí, la hallará*" (Mateo 16:25). ¿Qué está diciendo Jesús en este versículo? En uno de sus libros Tim Keller interpreta este pasaje de la siguiente forma: "Si buscas la felicidad antes que buscarme a mí, no conseguirás nada de ello; si en cambio, buscas primero servirme a mí por delante de tu felicidad, obtendrás ambas cosas".[18] Creo comprender lo que Keller quiere decir por medio de esta frase y tiene una porción de verdad en lo que dice. Sin embargo, a pesar de que es uno de los autores que más admiro y, de hecho, es el autor que más cito en este libro, en este caso puntual difiero con él. Creo que el concepto que Jesús está queriendo compartir podría parafrasearse más acertadamente de esta forma. "***Si intentas buscar la felicidad en el mundo no la encontrarás; pero si dejas de buscar la felicidad en el mundo y la buscas en mí, la hallarás.***" ¿Cuál es la diferencia? Vuelve a leer lentamente ambas frases, ¡la diferencia es significativa! La interpretación de Keller presupone que puedo estar buscando a Jesús sin estar buscando la felicidad, sin estar buscando mi bien mayor, sin estar "buscando vida". Esto es imposible. Como dice Pascal, no damos un solo paso sin buscar este fin. Todo lo contrario. ¡*Al buscar* a Jesús estamos buscando la felicidad! (De la misma forma que buscamos la felicidad al buscarla en cualquier oferta que ofrece este mundo). Buscamos a Jesús como resultado de

---

[b] Como veremos en los puntos siguientes, la búsqueda de la felicidad no solo no es un pecado sino es el deber más grande del ser humano porque la gloria de Dios está en juego. Como afirma Piper: "Si es verdad que Dios se glorifica más en nosotros cuando estamos más satisfechos en Él, fíjate lo que está en juego en nuestra búsqueda del gozo. ¡La gloria de Dios está en juego! Al decir que perseguir el gozo no es esencial, digo que glorificar a Dios no es esencial. No obstante, si glorificar a Dios es lo que en definitiva importa, perseguir la satisfacción que muestra su gloria, es, en definitiva, lo que importa. El hedonismo cristiano no es un juego. Todo el universo gira a su alrededor. Esto implica de manera absoluta que perseguir el placer en Dios es nuestro llamado más alto". John Piper, *Los peligros del deleite*, 23,23.

que él se ha presentado más atractivo que el mundo; de que nuestros ojos han sido iluminados y de repente, él se ve como más valioso que el dinero, que el sexo, que el prestigio o que cualquier otra cosa que el mundo ofrece. Primero veo que la vida está en él, y contrario a lo que el pecado promete, la encuentro. Entender esta diferencia es esencial para poder entender el funcionamiento del corazón. Al buscar a Jesús ya estoy buscando mi felicidad. Si no, ¡no lo buscaría! Como aprendimos en el capítulo anterior, mi corazón siempre persigue a aquello que yo he hecho mi tesoro, sea Cristo o el mundo.

2. Los deseos profundos de mi corazón solo pueden ser satisfechos por Dios

Isaías 55:1,2 nos hace una de las invitaciones más gráficas de toda la Biblia: "*Todos los sedientos, venid a las aguas; y los que no tenéis dinero, venid, comprad y comed. Venid, comprad vino y leche sin dinero y sin costo alguno. ¿Por qué gastáis dinero en lo que no es pan, y vuestro salario en lo que no sacia? Escuchadme atentamente, y comed lo que es bueno, y se deleitará vuestra alma en la abundancia*". El pasaje es muy claro. Dios no solo ***no condena la sed del alma, sino que nos invita a llenarla*** a través de él. Como ha dicho San Agustín: "Nos has hecho para ti y nuestro corazón no halla reposo hasta que te encuentra a ti". El libro de los Salmos hace un eco de estas palabras: "*En tu presencia hay plenitud de gozo, delicias a tu diestra para siempre*" (Salmo 16:11). "*Porque mejor es un día en tus atrios que mil fuera de ellos. Prefiero estar en el umbral de la casa de mi Dios que morar en las tiendas de impiedad*" (Salmo 84:10). Cristo mismo afirmó que la razón por la cual el vino a salvarnos fue para que tengamos vida "*en abundancia*" (Juan 10:10). Incluso, unos capítulos más adelante en el evangelio de Juan, Cristo llegó a afirmar: "*Estas cosas os he hablado, para que mi gozo esté en vosotros, y vuestro gozo sea completo*" (Juan 15:11). La Biblia no deja dudas. Hay una invitación a encontrar nuestro mayor placer en su persona. Él es nuestra mayor necesidad. Como afirma acertadamente John Piper:

> Cuando entendí la verdad de que Dios se glorifica más en nosotros cuando hallamos más satisfacción en Él, me liberé de la antibíblica esclavitud de temer que era incorrecto buscar el gozo. Lo que una vez me había parecido como una inevitable pero imperfecta búsqueda de la satisfacción de mi alma ahora llegó a ser no solo permitida sino requerida. La gloria de Dios estaba en juego.[19]

¿Qué quiere decir esta frase: "La gloria de Dios estaba en juego"? Quisiera pedirte que medites por un momento en una pregunta muy reveladora: "¿Cuál es mi mayor deber como cristiano?" Detente unos segundos y considera esta pregunta. No te apresures, medítala. ¿Cuál es tu mayor deber como creyente? Alguno podría decir: "Mi mayor deber como cristiano es servir a Dios". Otro podría afirmar: "No. Mi mayor deber como creyente es evangelizar; cumplir con la Gran Comisión". Otro quizás diría: "Mi mayor deber es obedecerle o quizás leer la Biblia y orar". Finalmente puede ser que alguien afirme: "Nuestro mayor deber como cristianos es hacer la voluntad de Dios e intentar no pecar". Ninguna de estas (ni de muchas otras opciones) es la respuesta correcta. Nuestro mayor deber como cristianos es ***disfrutar a Dios***. ¿Por qué? Porque, como hemos visto en los capítulos anteriores, ***disfrutamos aquello que amamos y el mayor mandamiento que Dios nos ha dado es ¡amarlo a él!*** (Mateo 22:37,38). Como expresa el famoso catecismo de Westminster: "El deber más grande del hombre es glorificar a Dios y disfrutarlo para siempre".

Aceptar y vivir esta verdad resulta absolutamente esencial por tres razones. Primero, porque Dios es el único capaz de llenar las necesidades más profundas del alma. Como dice el Salmo 16:11: "*En tu presencia hay plenitud de gozo; en tu diestra, deleites para siempre*". Presta atención a la palabra "plenitud". La gran lección que debemos aprender como seres humanos es que cuando Dios no es suficiente, nada de lo que el mundo ofrezca será suficiente; pero cuando Dios es suficiente, nada de lo que el mundo ofrezca será necesario. En segundo lugar, porque podemos hacer cada una de las acciones mencionadas arriba (evangelizar, servir, leer la Biblia, orar, incluso hacer su voluntad) ***sin amar*** a Dios. Cristo ya nos advirtió esto en Mateo 6:1. Pablo lo reitera 1 Corintios 13:1-3. En este pasaje el apóstol es muy claro. ¡Es posible dar todo mi dinero a los pobres sin tener amor real por ellos! Esta es la razón por la cual Dios está mucho más interesado en nuestras motivaciones que en nuestras acciones, en el cambio de deseos que el mero cambio de comportamiento. Finalmente, porque, como miraremos juntos en el siguiente punto, al disfrutar a Dios lo valoramos, lo atesoramos, lo apreciamos, en otras palabras, lo glorificamos y como afirma correctamente John Piper: "Dios se glorifica a sí mismo no solo cuando se contempla su gloria, sino cuando hay ***deleite*** en ella".[20]

3. Los deseos profundos de mi corazón fueron diseñados por Dios para que al disfrutarle, al amarle; le glorifique

En otras palabras, el objetivo de Dios al crearnos con necesidades fue para revelar su gloria y bondad al suplir esas necesidades. Su diseño tiene por objetivo revelar su maravilloso amor por nosotros de tal forma que nosotros ***disfrutemos, apreciemos, valoremos y amemos ese amor***. Como afirma Pablo en Efesios 1:3-6, su plan se enfoca en *compartir* su gloriosa gracia con nosotros: "*Bendito sea el Dios y Padre de nuestro Señor Jesucristo, que nos ha bendecido con toda bendición espiritual… <u>para</u> alabanza de la gloria de su gracia que gratuitamente ha impartido sobre nosotros en el Amado*".

La meta de Dios en cada paso de la creación y de la salvación es magnificar su gloria. Tú puedes magnificarla con un microscopio o con un telescopio. El microscopio magnifica al hacer que las cosas pequeñas parezcan más grandes de lo que son. El telescopio magnifica al hacer que cosas gigantes (como las estrellas), que parecen pequeñas, se acerquen a su tamaño real. Dios creó el universo para magnificar su gloria como un telescopio magnifica las estrellas. Todo lo que hace en nuestra salvación se diseñó para magnificar la gloria de su gracia de esta manera… Dios te creó para que pases la eternidad glorificándole al disfrutar siempre de Él.[21]

4. Los deseos profundos de mi corazón no son el problema, el problema es cómo y dónde los satisfago

El problema no es nuestra dependencia. El problema no es el "agujero" interior que sentimos. El problema no es anhelar la felicidad o intentar llenar el corazón. El problema es cómo solucionamos nuestras necesidades más profundas, nuestro vacío, nuestra carencia de identidad, propósito, significado y valor. Como dice Paul Tripp: "Sin el primer capítulo de Génesis no se puede entender el mundo del ministerio personal. Ahí se explica que nuestra necesidad de ayuda es parte de nuestro diseño. No es el resultado de la Caída. Los seres humanos necesitan verdad que venga fuera de sí mismos para encontrarle sentido a la vida".[22]

Jeremías 2:13 muestra claramente esta dinámica. Este pasaje dice: "*Porque <u>dos males</u> ha hecho mi pueblo: me han abandonado a mí [el primer mal], fuente de aguas vivas, y han cavado para sí cisternas [el segundo mal], cisternas agrietadas que no retienen el agua*". ¿Culpa Dios al pueblo por su *sed*? ¿Condena al pueblo por su *necesidad*? ¿Acusa Dios a Israel por el problema que tiene? ¡Claro que no! Los dos males que comete Israel no tienen que ver con su necesidad, tienen que ver con cómo soluciona su necesidad. El problema del pueblo, como veremos a continuación, es abandonar a Dios y buscar una solución fuera de Él. Como afirma de manera magistral John Piper: "No hay nada que eleve a Dios a un lugar más supremo y central que la condición de una persona que se encuentra convencida por entero que nada (ni el dinero, ni el prestigio, ni el tiempo libre, ni la familia, ni el trabajo, ni la salud, ni los deportes, ni los juguetes, ni los amigos), le traerá mayor satisfacción a su corazón dolorido aparte de Dios... La esencia de la adoración es la satisfacción en Dios".[23] En otro de sus libros, y refiriéndose al pasaje de Jeremías 2, Piper también afirma:

> Dios se muestra a sí mismo como una fuente de montaña de agua fresca, limpia y de vida. La manera de glorificar una fuente de agua como esa es disfrutando el agua, y alabando el agua, y mantenerse regresando por más agua, y señalar a otros el camino al agua... y ***nunca, nunca, nunca preferir otra agua en el mundo que esa agua***. Esto hace que la fuente parezca muy valiosa. Así es como glorificamos a Dios, la fuente de agua viva.
>
> Pero en los días de Jeremías el pueblo probó la fuente de gracia de Dios y no le gustó. Así que dieron todas sus energías a la búsqueda de agua mejor, de agua que les trajera satisfacción. No solo Dios llamó a este esfuerzo vano ("*cisternas de agua que no retienen el agua*"), sino que lo llamó maldad: "*Dos males ha hecho mi pueblo*". Pusieron las perfecciones de Dios en la lengua de su alma y no les gustó lo que probaron; entonces se volvieron y desearon las cisternas mortíferas de este mundo. Ese doble insulto es la esencia de lo que es la maldad.
>
> Así que preferir los placeres del dinero, el poder, la fama o el sexo por encima de las "*delicias a la diestra de Dios*" (Sal.16:11) no es como preferir caramelo al sirope de chocolate.... [una simple cuestión de gusto.] ***Estimar a Dios menos que cualquier otra cosa es la esencia del mal.***[24]

Si consideras detenidamente el pasaje de Jeremías 2:13 llegarás a una conclusión absolutamente indispensable para comprender cómo se producen los cambios. ***ANTES de comenzar a buscar placer en el mundo YA he dejado de encontrar placer en Dios***. Dicho de otra forma, la razón por la cual intento satisfacer mis deseos profundos con ofertas de la creación es porque ***previamente*** Dios ha dejado de ser mi mayor placer. Es decir, ***antes*** de mirar pornografía, suceden dos cosas.

Primero dejo de encontrar placer en Dios (el primer mal) y luego de esto comienzo a idear una alternativa de placer fuera de Dios (el segundo mal) a través de un deseo superficial (el sexo) que transformo en un ídolo. Luego cometo una acción externa pecaminosa (mirar pornografía) para intentar satisfacer mi necesidad. Déjame darte otro ejemplo. Antes de comenzar a ahorrar compulsivamente, suceden cosas. Primero dejo de encontrar mi seguridad en Dios (el primer mal), y luego comienzo a concebir una alternativa de seguridad fuera de Dios a través de un deseo superficial (el dinero) que transformo en un ídolo. Luego cometo una acción externa pecaminosa (ahorrar compulsivamente) para intentar satisfacer mi necesidad. ¡Por eso, disfrutar a Dios es tan esencial! Porque ***cuando** dejamos de disfrutarlo comenzamos a buscar alternativas de gozo en otro lado*. Esta, como veremos a continuación, es la esencia del pecado. Abandonarlo a él en busca de otra cosa. Aquí, es donde se inicia nuestra idolatría. Nuestro reemplazo de Dios por otra cosa, otro "dios", que llene nuestro vacío.

El primer mal		***El segundo mal***	
Primero abandono a Dios	*Estoy a mi merced*	*Me transformo en mi propio dios*	*Busco satisfacer mi sed con lo creado*
Fuente de agua viva	*Estoy con sed*	*Ideo una alternativa*	*Construyo una cisterna*
Dejo de apreciarle y disfrutarle	*Tengo un deseo profundo que necesita ser llenado*	*Comienzo a apreciar y disfrutar insanamente de la creación*	*Transformo un deseo superficial en un ídolo*

El problema de mi corazón

El segundo gran concepto que nos dejan los primeros capítulos de Génesis es que el ser humano decide pecar porque cree la mentira de que lo que está eligiendo (algo que no es Dios -su ídolo-) llenará sus necesidades y le dará más felicidad de la que tiene. Comprender este concepto tiene dos implicaciones absolutamente cruciales.

Implicación #1: Peco al creer una mentira

Quisiera desafiarte a que consideres la oración que leerás a continuación con especial atención. ***Nuestro corazón solo elige aquello que aparenta ser bueno o beneficioso para nuestra mente.***[25] Esta frase es tan importante que la escribiré nuevamente para que no la pases por alto. Nuestro corazón solo elige aquello que aparenta ser bueno o beneficioso para nuestra mente. En otras palabras, ***siempre elegimos aquello que estamos convencidos que será lo mejor para nosotros***. Nadie peca pensando que el pecado lo va a destruir. Según Génesis 3:6, Eva decide pecar porque "*vio que el árbol era bueno para comer, y que era agradable a los ojos, y que el árbol era deseable para alcanzar sabiduría...*". Podemos como Eva, estar engañados al realizar nuestra elección, pero esta siempre es hecha en función de aquello que hemos llegado a creer que nos va a hacer bien y nos va a dar el máximo nivel de felicidad. Algo análogo sucede con un pez que está nadando en una laguna y al ver un gusano flotando, decide comerlo. ¿Por qué lo hace? La razón es obvia, está engañado; ha visto al gusano. Este se ha presentado como apetecible y agradable. Esto convence al pez de la gran mentira (a saber, que el animalito llenará su necesidad) y elige responder convencido (erróneamente) que comerlo será lo mejor para él. Lógicamente el pez no ha visto el anzuelo y, lo que prometía darle vida, termina causándole la muerte. Este mismo proceso de seducción es resumido en Santiago 1:14,15 (BLP): "*Cada uno es puesto a prueba por su propia pasión desordenada, que lo arrastra y lo seduce. Semejante pasión concibe y da a luz al pecado; y este, una vez cometido, origina la muerte*". Tal como afirma John Owen: "El engaño del pecado sobre la mente consiste en presentarle las cosas de tal manera que su verdadera naturaleza, causas, efectos o condiciones permanezcan escondidas al alma".[26] El gran fraude del pecado es hacernos creer que estamos eligiendo vida (o algo mejor a nuestra situación presente; "un gusano"), cuando en realidad estamos eligiendo nuestro propio mal (Proverbios 8:36). Como ha dicho el reconocido teólogo medieval Richard Baxter: "La voluntad nunca desea el mal como mal sino... como aparente bien".[27]

Es muy interesante notar que en el Edén es dónde, por primera vez, el ser humano se encuentra con el dilema de que sus necesidades pueden ser satisfechas por otra cosa que no es Dios. Esto nos lleva al involucramiento de la fe en el proceso de decidir. ¿A quién se ha de creer: a Dios o a la serpiente? Como ya sabemos, nuestros primeros padres, en vez de confiar en Dios, deciden confiar en Satanás. En vez de creer en la bondad del Señor, en su deseo de protegerlos y en su amor soberano; creen la mentira que lejos de Dios hay algo mejor. De esta forma, se ve claramente que toda tentación es una oferta de vida. Una forma de llenar una necesidad. La clave es decidir en quién vamos a confiar.

Llevemos este concepto a nuestra propia vida y meditemos nuevamente: ¿es la necesidad el problema? ¡Claro que no! ***El problema es que no creemos que Dios quiere y puede satisfacer nuestras verdaderas necesidades*** y, transformándonos en nuestros propios amos, corremos detrás de alternativas que prometen darnos aquello que Dios se ha comprometido a dar. Como dijo San Agustín: "Así anda fornicando el alma con las criaturas cuando se separa de vos y busca fuera de vos lo que, puro y limpio, no halla sino cuando vuelve a vos".[28]

> El pecado no solamente nos hace rebeldes indefensos e idólatras, sino que también nos hace necios. Tendemos a amar la mentira, engañarnos a nosotros mismos, a ser los más fuertes creyentes de nuestros propios argumentos vanos. Somos susceptibles a las trampas y tentaciones del enemigo. Vivimos para lo que se encuentra ya en un estado de desintegración e ignoramos lo que quedará para siempre. Tendemos a ocultar, ignorar o ser ciegos a nuestro propio pecado, mientras estamos obsesivamente centrados en los pecados de los demás [...] Si la gracia trata con los resultados morales de la Caída (nuestra rebelión e incapacidad), entonces la verdad se dirige a los efectos "noéticos" de la Caída, [es decir] el impacto del pecado sobre nuestra forma de pensar respecto a la vida y de interpretarla.[29]

Esta verdad es expresada de manera magistral en *Efesios 4:17-24: "Esto digo, pues, y afirmo juntamente con el Señor: que ya no andéis así como andan también los gentiles, en* ***la vanidad de su mente, entenebrecidos en su entendimiento****, excluidos de la vida de Dios por causa de* ***la ignorancia*** *que hay en ellos,* ***por la dureza de su corazón****; y ellos, habiendo llegado a ser* ***insensibles****, se entregaron a la sensualidad para cometer con avidez toda clase de impurezas. Pero vosotros no habéis aprendido a Cristo de esta manera,* ***si en verdad lo oísteis y habéis sido enseñados en El****, conforme a* ***la verdad*** *que hay en Jesús, que en cuanto a vuestra anterior manera de vivir, os despojéis del viejo hombre, que* ***se corrompe según los deseos engañosos****, y* ***que seáis renovados en el espíritu de vuestra mente****, y os vistáis del nuevo hombre, el cual, en la semejanza de Dios, ha sido creado en la justicia y santidad de la verdad".*

Implicación #2: Peco al reemplazar a Dios por otra cosa

Tal como sucedió en el jardín del Edén y como vimos en Jeremías 2:13, la esencia del pecado del ser humano es el rechazo de Dios y su posterior reemplazo por una alternativa. Esta actitud es un rechazo, un repudio al amor y bondad de Dios. Es un acto de rebelión hacia él. Es una declaración de independencia. Esta actitud termina produciendo dos efectos inevitables.

En primer lugar, me transforma en mi propio salvador. Al rechazar a Dios, ahora somos nosotros mismos los que debemos velar por satisfacer y sustentar nuestras necesidades. Lo que antes era el trabajo de Dios, ahora es el nuestro. Lo que antes era una necesidad sana de nuestro corazón, ahora se transforma en una obsesión pecaminosa. Este nuevo orden de vida tiene profundas consecuencias. La persona que se erige como su propio salvador, consciente o inconscientemente, rechaza la ***soberanía***, la ***bondad***, la ***sabiduría*** y la ***gracia*** de Dios. Lógicamente, la consecuencia última de este rechazo es la deshonra de la gloria de Dios.

En otras palabras, cada vez que pecamos le decimos al Señor: "Yo decido controlar mi propio destino (siendo mi propio amo y rechazo así tu *soberanía*). Yo decido aceptar como confiable mi verdad y no la tuya (siendo más sabio que tú y rechazo así tu *sabiduría*). Yo decido amarme mejor de lo que tú me amas (siendo más bueno que tú y rechazo así tu *bondad* sobre mi vida). Yo decido utilizar mi poder e influencia y no el tuyo (siendo más grande que tú y rechazo así tu *gracia* para intervenir en mi vida)".

La esencia del pecado es la independencia de Dios. Es transformarnos en nuestro propio dios al intentar controlar lo que, a nuestro criterio, nos va a dar verdadera felicidad. Es difícil encontrar algo que deshonre más a Dios y que denigre su gloria. Tal como la dependencia exalta su persona y todo lo bueno que él es, la independencia le roba toda la gloria a Dios. Cuando dependemos de él gritamos: "¡Eres bueno! ¡Eres sabio! ¡Eres soberano!". Y, al disfrutar de su favor inmerecido, quedamos extasiados con su gloria; es decir, lo adoramos, lo glorificamos. Sin embargo, lo inverso es también una realidad. Cuando pecamos e intentamos satisfacer nuestro propio vacío gritamos exactamente lo opuesto. "No eres digno... No eres bueno...". Como afirma Donald Carson, y como veremos en el siguiente punto:

> La razón de todo este mal es des-deificar a Dios. Es la criatura blandiendo su puño débil en el rostro de su Hacedor y diciendo, "en efecto: ¡Si tú no ves las cosas a mi manera, voy a hacer mis propios dioses! ¡Yo

> mismo seré Dios!" No es de extrañar que se diga que el pecado más frecuente en despertar la ira de Dios no es el asesinato, por ejemplo, o el saqueo, o cualquier otra 'barbarie horizontal', sino la idolatría: aquello que destrona a Dios. Por eso también en todos los pecados Dios es la parte más ofendida tal como David mismo lo entendió: "Contra ti, y solo contra ti he pecado; he hecho lo que es malo ante tus ojos... (Salmo 51:4).[30]

En segundo lugar, nos hace caer en una constante idolatría. Reemplazar a Dios es lo que la Biblia define como idolatría. Este sí es el gran problema del corazón del ser humano.

> ¿Qué es un ídolo? Es algo que para nosotros es más importante que Dios; algo que absorbe más que Dios nuestro corazón y nuestra imaginación; algo que buscamos para que nos dé lo que solo Dios pueda dar... El ídolo tiene una posición de control tal en nuestro corazón, que podemos gastar en él la mayor parte de nuestra pasión y energía, nuestros recursos emocionales y económicos, sin pensarlo dos veces... Un ídolo es todo aquello a lo que usted mira y dice en el centro mismo de su corazón: "Si logro tener eso, entonces voy a sentir que mi vida tiene sentido; entonces sabré que soy valioso; entonces me sentiré importante y seguro".[31]

Dios nos ha creado para él. Dios nos ha diseñado para encontrar gozo en él. Dios nos ha formado para encontrar placer en él. Pecar es un reemplazo, una negación de Dios. Un rechazo a todo lo que él es y quiere ser y hacer en nosotros para elegir otra cosa, cualquier cosa, como su sustituto. Es intercambiar la satisfacción que Dios ofrece por alternativas de gozo que ofrece la creación. Como expresa John Piper:

> La lujuria es alejarnos de Dios para *buscar satisfacción* en el sexo... La codicia es alejarnos de Dios para *buscar satisfacción* en las cosas... La impaciencia es alejarnos de Dios para *buscar satisfacción* en nuestros propios planes... La amargura es alejarnos de Dios para *buscar satisfacción* en la venganza... La ansiedad es alejarnos de Dios para *buscar satisfacción* en controlar nuestra vida... El orgullo es alejarnos de Dios para *buscar satisfacción* en nosotros mismos. En resumen, la

incredulidad es alejarnos de Dios y de su Hijo a fin de *buscar satisfacción* en otras cosas.[32]

La idolatría es estar convencidos que necesitamos tener algo más que Dios para ser felices. Esa es la tentación a Adán y Eva; y esa es nuestra tentación también. Resulta clave, entonces, darnos cuenta que la idolatría es siempre la *razón* por la cual pecamos y actuamos de manera incorrecta. La idolatría es transformar un deseo profundo o necesidad legítima en un dios. La idolatría es, como dijimos en capítulos anteriores, la respuesta a nuestro ¿por qué? ¿Por qué un hombre decide gastar una enorme suma de dinero en comprar un televisor de pantalla plana? Porque *disfruta* el futbol y, al hacerlo, se está amando a sí mismo. ¿Por qué ese mismo hombre decide quedarse a orar en la iglesia a la hora del partido? Porque *ama* la opinión de su pastor (por encima del partido de fútbol y de Dios) y, al hacerlo, se está amando a sí mismo. No ir a la reunión de oración aparenta ser un acto carnal, mientras que ir a la reunión de oración aparenta ser un acto espiritual. ¡Nada podría estar más alejado de la realidad! Por eso es tan importante examinar las motivaciones y deseos del corazón. Cuando simplemente miramos la conducta exterior y dejamos sin examinar aquello que realmente amamos, no llegaremos jamás a producir cambios reales en nuestra vida espiritual.

En conclusión, no basta con examinar si nuestro comportamiento es bueno o malo; lo que realmente tenemos que examinar es qué estamos amando, disfrutando o valorando a través de nuestro comportamiento (sea bueno o malo). Nuestro objetivo debe ser cortar la *raíz* de pecado, no simplemente sus frutos visibles. Comprender esto es crucial y determinante para que verdaderamente podamos encontrar una solución eficaz a nuestro verdadero problema.

Quisiera terminar este capítulo reflexionando en un último concepto clave que anticipa lo que veremos en el próximo capítulo. Si el problema del corazón fue reemplazar a Dios por un ídolo, la solución al problema es destronar al ídolo del corazón y volver a darle a Dios el lugar que le corresponde. Como ha escrito Tim Chester:

> El pecado surge cuando deseamos algo por encima de nuestro deseo de Dios. El pecado se vence con el proceso contrario: deseando a Dios más que cualquier otra cosa. La Biblia denomina este proceso "arrepentimiento". Su significado es "darse la vuelta" y, en este caso, supone darle la espalda a los deseos idólatras para volverse a Dios.[33]

¡Aquí es donde encaja el evangelio! Fuimos y somos *engañados* por nuestra carne, por el mundo y por Satanás para vivir según sus ofertas y llenar nuestro corazón en el lugar equivocado, por eso (por el *engaño* que hemos creído), nuestra necesidad más grande es la *verdad* del evangelio, Cristo. Él es único capaz de liberarnos verdaderamente (Juan 8:32). Él, a través de su Espíritu, es el único que tiene el poder para *iluminar* nuestro corazón entenebrecido (Efesios 1:18,19), permitirnos *ver* nuestra idolatría y, al verla, no desanimarnos al punto de destruirnos (2 Corintios 7:10). Él es el único que tiene los medios para *hacernos comprender* que lo que realmente necesitamos es correr hacia el Salvador y Sustentador de nuestra alma, que está ansioso y feliz de ***perdonarnos*** por nuestra idolatría y darnos el ***poder*** para cambiar y destronarla.

El cuadro que sigue a continuación, resume los conceptos claves en cuanto a la necesidad del corazón y anticipa algunas ideas que iremos reforzando a lo largo del libro.

Creación ⇨	*Tenemos necesidades y deseos profundos*	*Tenemos un corazón dependiente*	*Buscar la felicidad no es el problema*	*Es algo natural diseñado por Dios*	*No es algo pecaminoso ni un defecto*
Caída ⇨	*Tenemos una inclinación a llenar nuestra necesidad con lo creado*	*Tenemos un corazón cegado y rebelde que busca auto-salvarse*	*Buscar la felicidad en la creación sí es el problema*	*Es consecuencia de la caída y genera idolatría*	*Produce adicción y muerte*
Cruz ⇨	*Tenemos una oferta en el evangelio para llenar nuestra necesidad*	*Tenemos un corazón necesitado de constante redención*	*Buscar la felicidad en la "belleza" de Cristo sí es la solución*	*Es lo único que glorifica a Dios*	*Transforma el corazón y produce vida*

Como he intentado enfatizar en este capítulo, la motivación de nuestro corazón para pecar es "encontrar placer en algo" que promete llenar nuestras necesidades más profundas. Comprender esta verdad nos ayudará a lidiar con la lucha real de nuestro corazón. Nos auxiliará a diagnosticar acertadamente nuestro problema más profundo. Nos librará de ofrecer soluciones conductistas que no pueden cambiar realmente lo que amamos. Y, finalmente, nos guiará a volver constantemente a Jesús como la solución a nuestro problema.

Como veremos en los capítulos que siguen, él es el único capaz de *redimir* y *transformar* tanto al no cristiano, como al que hace tiempo que lo es.

BREVE RESUMEN

El diseño de mi corazón

1. *Los deseos profundos de mi corazón no son un pecado.*
2. *Los deseos profundos de mi corazón solo pueden ser satisfechos por Dios.*
3. *Los deseos profundos de mi corazón fueron diseñados por Dios para que, al disfrutarle, al amarle; le glorifique.*
4. *Los deseos profundos de mi corazón no son el problema, el problema es cómo y dónde los satisfago.*

El problema de mi corazón

1. *Peco por creer una mentira.*
   - *Elijo algo que aparenta ser bueno para mí.*
   - *Elijo algo que promete llenarme pero que no lo hace.*
2. *Peco al reemplazar a Dios por otra cosa.*
   - *Esto me transforma en mi propio salvador.*
   - *Esto me hace caer en idolatría.*

PARA REFLEXIONAR O DIALOGAR EN GRUPOS PEQUEÑOS

1. *¿De qué forma este capítulo ha cambiado o confirmado tu forma de entender cómo se producen los cambios?*
2. *Resume en una o dos oraciones los conceptos que más te hayan impactado de este capítulo.*
3. *¿Estás de acuerdo con el concepto que "buscar la felicidad en Dios" no es un pecado? ¿Por qué?*
4. *Lee Hechos 5:1-11 y responde: ¿Por qué crees que mintieron Ananías y Safira? ¿Por qué piensas que dieron parte del dinero? (Recuerda que no estaban obligados a dar y que se quedaron con la otra parte. ¿Tendrían más de un objetivo en sus corazones?). ¿Cuál fue la mentira que Ananías y Safira creyeron? ¿En qué situaciones te has visto con la misma lucha que ellos?*
5. *¿Cómo definirías con tus propias palabras qué es la idolatría?*
6. *Piensa en tu propia lucha con algún ídolo en particular. ¿Cuáles son las mentiras que este ídolo te promete y que tiendes a creer? ¿Cuál piensas que es la forma más bíblica de batallar contra este?*

CAPÍTULO 5

¿Cuál es la forma equivocada de cambiar?

¿Qué es lo que me motiva a cambiar?

En el prefacio de su libro *Sexo y Dinero,* Paul Tripp escribe:

> Es la tarde en la que terminé de escribir el libro que usted está leyendo ahora. La mejor descripción de mi estado de ánimo en este momento es que soy un triste celebrante. ***Estoy devastado por lo que este libro ha expuesto acerca de mí.*** Estoy ***dolorido por la lujuria*** que todavía reside en mi corazón, y estoy entristecido por la evidencia de que todavía ***despilfarro el dinero*** en cosas que simplemente no merecen la pena.[34]

¿Lo has notado? Un autor que escribe sobre el sexo y el dinero, admitiendo que todavía tiene profundas luchas con el sexo y con el dinero. Seré franco contigo. A veces me siento como Tripp. Estoy escribiendo sobre cómo cambiar y muchas veces me cuestiono si yo mismo estoy cambiando.

¿Cuál es la respuesta más común cuando un cristiano descubre la realidad de su corazón? ¿Qué hace un pastor cuando se da cuenta que batalla con las mismas imperfecciones y pecados que acaba de decirle a la congregación que debería abandonar? ¿Qué es lo que sucede en lo profundo de nuestro corazón cuando descubrimos nuestra idolatría y pecaminosidad?

Sin que seamos muy conscientes de ello, cuando somos confrontados con nuestros fallos y tropiezos inevitablemente ***sufrimos un ataque a nuestra***

identidad. El ego es herido. Nuestro sentido de valía se ve disminuido. Nuestro ser interior se autopercibe empobrecido. Cuando esto sucede, lo que hagamos en ese momento será crucial. ***Lo que creamos*** en ese breve instante (es decir, nuestra teología), determinará el posterior desarrollo de nuestra identidad y, por consiguiente, forjará nuestras motivaciones internas y, como consecuencia, definirá nuestras acciones externas. Si nuestra teología dice: "***Eres aceptado y tienes valor por lo que tú haces o dejas de hacer***" (es decir, una santificación por obras), nuestras motivaciones (conscientes o inconscientes) nos llevarán hacia uno de cuatro extremos. Una posible reacción será ***intentar acallar***, tapar o purgar el mal que hemos hecho; es decir, comenzaremos a actuar bien por culpa. En el otro polo, otra posible reacción será ***intentar mostrar, probar y/o defender que no somos tan malos*** como parece; es decir, comenzaremos a actuar por orgullo. En tercer lugar, existe la posibilidad de hacer lo correcto para ***evitar las posibles consecuencias*** que traería mi mal comportamiento; es decir, actuar bien por temor. Y por último, es posible cambiar porque, hacerlo, ***me redundará en algún tipo de beneficio***; es decir, cambiar por egoísmo.

En contraposición, si nuestra teología se fundamenta en el evangelio, entonces nuestro corazón recordará: "***Eres aceptado <u>a pesar</u> de lo que tú haces o dejas de hacer y tienes valor <u>por causa</u> de lo que Cristo hizo por ti***". Entonces, después de fallar y ser confrontados con nuestra pobreza espiritual, nuestra creencia nos llevará al ***<u>arrepentimiento</u>*** y a un renovado ***<u>asombro</u>*** de la belleza del amor incondicional de Dios por nuestra persona. Esta experiencia, como miraremos en detalle más adelante en este libro, generará una renovación de nuestro "*primer amor*" (Apocalipsis 2:4), y ese amor renovado por la persona de Cristo nos motivará a actuar movidos por la gloriosa gracia de un Dios indescriptible. Como acertadamente afirma Richard Lovelace:

> Todos nosotros automáticamente nos movemos hacia la idea de que somos justificados ante Dios por nuestro nivel de santificación, y cuando esta postura es adoptada, esto inevitablemente ***enfoca nuestra atención no en Cristo, sino en la competencia de nuestra propia obediencia.*** Nosotros empezamos cada día con nuestra seguridad personal, no descansando en que Dios nos acepta por su amor y el sacrificio de Cristo, sino en nuestros presentes sentimientos o recientes logros en la vida cristiana. Ya que estos argumentos no aquietarán la conciencia humana, nosotros inevitablemente nos movemos hacia el desánimo y la apatía o

hacia la auto-justicia (una forma de idolatría) la cual falsifica el record para lograr un sentimiento de paz.[35]

Motivación	*Lo que realmente deseo al cambiar*	*El pensamiento inconsciente*	*Mi visión de Dios*	*El resultado*
Culpa	*Cambio porque quiero eliminar un sentimiento que me molesta*	*Me veo malo y quiero acallarlo*	*Dios es alguien a quien debo apaciguar*	*Hago lo que no quiero para compensar a quien no amo*
Orgullo	*Cambio porque quiero demostrar mi valor*	*Mostraré que soy bueno*	*Dios es alguien a quien debo agradar*	*Hago lo que no quiero por alguien que pienso que amo*
Temor	*Cambio porque quiero evitar las posibles consecuencias*	*Seré bueno para que no me vaya mal*	*Dios es alguien a quien debo temer*	*Hago lo que no quiero por alguien que no amo*
Egoísmo	*Cambio porque quiero obtener algún beneficio*	*Seré bueno porque así me irá bien*	*Dios es alguien a quien debo comprar*	*Hago lo que no quiero para obtener algo que no tengo*
Amor[a]	*Cambio porque he sido amado y encuentro placer en amarle*	*No soy bueno pero soy amado en Cristo*	*Dios es alguien que me ama incondicionalmente*	*Hago lo que he llegado a desear por alguien que amo*

Cuando la culpa es el motivador para el cambio

Examinemos en detalle qué sucede cuando la culpa nos motiva. Imaginemos una situación donde un marido pasa una cantidad exagerada de tiempo viendo televisión. Este hombre es cristiano y sabe que está desatendiendo a su familia porque cada vez que llega del trabajo se desentiende de su esposa e hijos y enciende el televisor. Lógicamente no hay nada de malo con ver televisión, pero él desea, ama y disfruta la TV más que ninguna otra cosa. Un día, el esposo va a una conferencia de matrimonios y se siente confrontado con su propio pecado cuando el predicador de turno habla sobre la importancia de pasar tiempo de calidad con la pareja. Él sabe que no lo está haciendo y que necesita cambiar. Cuando el marido vuelve a casa tiene una decisión que tomar. ¿Va a ver la televisión o va a sentarse a conversar con su mujer? Digamos que el esposo decide sentarse a hablar con su mujer. ¿Ha cambiado? ¿Ha vencido su egoísmo? ¿Ha hecho la voluntad de Dios?

Si has leído hasta aquí ya lo sabes. Primero debemos hacer la pregunta clave, ¿por qué? ¿Por qué el esposo decide dialogar con su mujer? ¿Qué es lo que internamente lo está motivando a hacer cambios externos? Una mirada más cuidadosa y honesta nos lleva a descubrir que en realidad lo hizo porque ***"se sintió mal"*** cuando el predicador señaló acertadamente su pecaminosidad. Ese sentido de haber hecho lo malo, lo movió a ***intentar purgar (con algo bueno) un sentimiento que lo incomodaba y que anhelaba desesperadamente eliminar.*** El marido, habiendo sido confrontado con su pecado, vio la condición de su corazón, se sintió desilusionado con lo que llegó a observar y, no queriendo ser esa clase de persona (es decir, no queriendo tener una identidad negativa de sí mismo), decidió compensar sus fallos con un "acto de amor" hacia aquello que lo confrontaba con su realidad.

Es indispensable aquí hacernos las siguientes preguntas: ¿En quién está pensando el marido? ¿En su mujer? ¿En Cristo? ¡El marido sigue pensando en sí mismo! Es la incomodidad de sentirse mal consigo mismo que lo mueve a hacer algo externamente bueno. Sin embargo, internamente sigue centrado en sí mismo. ¿Ha conversado con su esposa porque algo cambió en su corazón y ahora *disfruta* y le causa *placer* hablar con su mujer? La respuesta es clara, no.

Reflexionemos. ¿Cambió el esposo? Externamente, parece haber cambiado, ¡ha hecho algo bueno! Sin embargo, cuando miramos el corazón (sus motivaciones, sus deseos más profundos), sigue pensando en él. Le duele ser cómo es. Le molesta su culpa. Quiere librarse de ella. Ha encontrado una manera de hacerlo escuchando a su mujer. Pero no ha cambiado lo que ama. Internamente, sigue deseando, amando y disfrutando la televisión por encima de su mujer. La culpa es incapaz de producir cambios profundos, la culpa es incapaz de transformar lo que amamos.

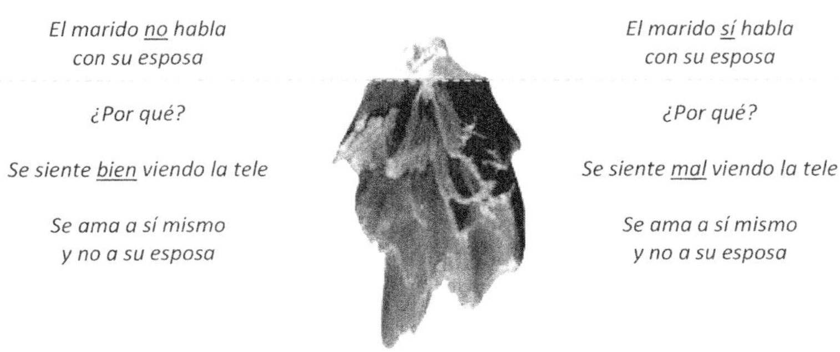

> El escritor checo Franz Kafka se hace esa pregunta [sobre la culpa] en su libro *El proceso*. Al principio, Josef K lleva una vida relativamente normal. Pero de repente, es arrestado. Nadie le dice de qué se le acusa. Todos son desagradables y antipáticos con él. Entonces, empieza a pensar sobre su vida. Tal vez ha sido arrestado por esto, o por lo otro, cuando al final del libro es ajusticiado por un guardia.
>
> Kafka cuenta en uno de sus diarios qué quiere decir con esta historia: [se refiere a] el estado de culpa en el que nos encontramos. Como este judío agnóstico, uno puede que no crea en el cielo o el infierno, ni en la idea de pecado, pero se da cuenta que algo anda mal en nosotros. ***Es como si tuviéramos la impresión de que tenemos que presentarnos a un examen que no podemos aprobar. Y por eso tenemos la necesidad constantemente de demostrar a otros lo que valemos.***[36]

Los pastores, predicadores y líderes en general, no solo no estamos exentos de esta realidad, sino que somos mucho más propensos a caer en ella de lo que estamos dispuestos a admitir. Para aquellos que estamos constantemente expuestos a hablar públicamente (sea en el púlpito, en una clase de escuela bíblica o en un grupo pequeño) es un dilema con el que tenemos que lidiar casi a diario. ¿Cómo? Supongamos que ***valoramos*** (aunque la palabra más correcta debería ser ***idolatramos***) nuestra habilidad para enseñar la Biblia y comunicar públicamente conceptos claros y relevantes. Imaginemos que después de una predicación un domingo por la mañana, no lo logramos. ¿Qué sucederá? Muy posiblemente, cuando lleguemos a casa, experimentaremos un profundo sentimiento de culpa por no haber logrado el nivel "adecuado" de enseñanza. Es muy posible incluso, que en nuestra ceguera, justifiquemos ese sentimiento de culpa convenciéndonos de que nos sentimos así porque nos duele que la congregación no haya podido crecer o conocer más a Dios por medio de nuestra enseñanza. Si bien esto es posible, tenemos que reconocer que muchas veces nos duele más el ego que la edificación de la iglesia (Mateo 6:1, jamás dejará de ser relevante). Tristemente, este sentimiento de culpa nos moverá a preparar mejor el próximo mensaje y solo será mitigado, acallado y "redimido", con una buena exposición pública en la siguiente predicación. Esto, como enfatizaremos en el punto siguiente, es el orgullo moviéndonos a la acción y, como deja claro este ejemplo, la persona con una teología moralista; es decir, con una actitud hacia el cambio basada en sus propias obras, desvaría en cuestión de segundos entre un polo (la culpa) y el otro (el orgullo). Tal como sucedió con los discípulos en la última cena. ***Primero discuten***

entre ellos por ver quién es el peor y en el versículo siguiente están discutiendo por ver quién es el mejor. Semejante nivel de polaridad, ¡en un solo versículo de diferencia! "*Entonces comenzaron a preguntarse unos a otros quién de ellos haría esto [entregar a Jesús]. Tuvieron además un altercado sobre cuál de ellos sería el más importante*" (Lucas 22:23,24).

> No hay pecado que pueda ser crucificado, ni en la vida ni en el corazón, hasta no ser primeramente perdonado en la conciencia, porque habrá ausencia de fe para poder recibir la fuerza de Jesús, que es el único lugar donde puede ser crucificado. Si no se produce primero una mortificación de la culpa, no va a poder someterse a ese poder supremo.[37]

Es imposible cambiar hasta que mi culpa sea quitada (Hebreos 9:14). Puedo cambiar mi comportamiento, puedo cambiar mis acciones, puedo hacer enormes esfuerzos por ser mejor; pero ***no puedo cambiar lo que amo***. Sin embargo, hay una buena noticia. ***No necesito cambiar para acercarme a Cristo. Necesito acercarme sucio y sediento para que él me cambie***.

> No empezaremos a arrepentirnos mientras no dejemos de mirar obsesionados el pecado, para pasar entonces a ***contemplar el rostro de Dios***, haciéndose entonces presente el perdón de la gracia. Al ver que realmente hay perdón y gracia, encontramos fuerzas para apartarnos del pecado retornando a la comunión con el Padre [...] Únicamente cuando la gracia se perfila nítidamente en nuestro horizonte anunciando perdón, comienza verdaderamente a brillar el sol del amor de Dios, derritiendo el hielo de nuestro corazón de pecado para poder acercarnos confiadamente a él.[38]

Cuando el orgullo es el motivador para el cambio

Miremos por unos instantes qué sucede cuando el orgullo nos motiva. Hace unos años estaba hablando con una amiga misionera y llegamos a la siguiente conclusión. Ella luchaba con servir a Cristo para que otros aplaudieran su servicio (quería demostrar a otros su valor). Yo luchaba con servir a Cristo para sentirme bien conmigo mismo (quería demostrarme mi valor a mí mismo). Ella luchaba con idolatrar la aceptación. Yo luchaba con idolatrar el éxito. A ella le importaba demasiado la opinión de la gente. A mí me importaba demasiado mi propia opinión. ¿Puedes verlo? Aunque tenemos ídolos distintos los dos tenemos un problema que nos une, nuestro ego.

Tim Chester considera que hay tres posibles razones incorrectas que nos mueven a cambiar: ***demostrarle nuestro valor a Dios*** (y así ganar su perdón o su favor); ***demostrarle nuestro valor a otros*** (y así ganar la aceptación y el amor de los demás); y ***demostrarnos a nosotros mismos nuestro valor*** (y así poder sentirnos bien con quienes somos; amén si otros lo reconocen o no).[39]

Consideremos algunos ejemplos. Cuando era joven estaba leyendo la biografía de Dawson Trotman, el fundador de una agencia misionera llamada *Los Navegantes*, y leí algo que me maravilló. Trotman compartía el evangelio una vez por día. ¿Te imaginas? ¡Jamás se iba a dormir sin hablar a alguien de Jesús! De hecho, una noche se fue a su cama sin haber compartido el evangelio y, al darse cuenta, ¡se levantó a las dos de la mañana para hacerlo! Su ejemplo me cautivó. Me sentí movido a hacer lo mismo; ¡y lo más triste fue que lo hice! Durante varios meses tomé un calendario y registré con distintos colores qué hacía cada día. Un círculo azul quería decir que había compartido; un círculo rojo que la persona había aceptado a Cristo; un círculo negro que había estado pasando tiempo con un amigo no creyente, etc.; creo que captas la idea. Mi intención no era mostrarle esa agenda a nadie. ¡Era solo para mí! Era para poder decirme a mí mismo: "Mira cómo estás creciendo. Mira qué bien lo haces. Mira tú nivel de compromiso. Dios debe estar satisfecho contigo". ¿Puedes verlo? Hablaba de Cristo, ¡pero no disfrutaba a Cristo! ¿Por qué? Porque ***disfrutaba de mis obras ¡no las de él!*** Esto es lo que hace el orgullo, confunde el compromiso con el amor verdadero. ***El orgulloso no ama a Jesús; lo usa para sus propios fines.***

Déjame contarte otra experiencia personal bastante vergonzosa. Hace unos años, había acordado juntarme a tomar un café con un pastor amigo a quién estaba mentoreando. Cuando estaba saliendo de mi casa, me percaté que se me había hecho tarde. (Cosa bastante frecuente). ¿Solución? Comencé a conducir con toda celeridad sin respetar ninguno de los límites de velocidad permitidos. ¿Hace falta preguntar por qué? La razón es muy obvia. ¡No quería llegar tarde! Pero, ¿por qué no quería llegar tarde? Porque no quería que mi amigo pensara que soy un irresponsable. (Después de todo, ¡yo había ido allí para "ayudarlo"!). En otras palabras, me salté las normas de tráfico por orgullo. Sin embargo, la historia no termina aquí. Al llegar a una rotonda cerca del restaurante donde nos íbamos a encontrar, me encontré detenido detrás de un automóvil que no se animaba a avanzar por la cantidad de vehículos que se atravesaban cada vez que intentaba hacerlo. Esperé unos segundos que parecieron eternos. Finalmente, en un arrebato de frustración, subí la mitad de mi automóvil sobre la acera y pasé por un costado al vehículo que tenía delante. Unos segundos después comencé a tener un diálogo interno con Dios. "Señor, tú sabes que estaba apurado. El pastor me está esperando. Lo que sucede es que este hombre no se movía más. Además, esta es una reunión de mucha importancia. Tú me entiendes..." Mientras continuaba con mi justificación interna, miré casualmente por el espejo retrovisor y me di cuenta que la persona que no se animaba a avanzar era el pastor con el que iba a juntarme. Inmediatamente me invadieron un millón de emociones. Desesperación, remordimiento, ganas de volver el tiempo atrás... Entonces, volviendo a mirar reiteradamente por el espejo retrovisor oré a Dios con insistencia: "¡Señor, por favor, que no sea el pastor! ¡Que no sea el pastor! ¡Por favor, que no sea el pastor!" Luego, con esa mezcla inexplicable de emociones, le pedí a Dios perdón por lo que había hecho. Sin embargo, unos segundos después, Dios tuvo misericordia y usó su Espíritu para traer luz a mi corazón sobre lo que realmente había sucedido. De repente comencé a preguntarme: ¿Por qué oré pidiéndole a Dios su ayuda? ¿Por qué le pedí perdón? ¿Qué era lo que me dolía? ¿No haber tenido la paciencia de Cristo? ¿No haber respetado los límites de velocidad? ¿Mi egoísmo al subirme a la acera? ¿El accidente que le pude causar al conductor del otro vehículo? ¿El peligro potencial de atropellar un transeúnte? ¿Me dolía no haber glorificado a Dios? Lógicamente la respuesta a todas estas preguntas era la misma; ¡claro que no! Lo que realmente me dolía era mi ego. Lo que me movía a orar es que la persona a la que iba a ministrar había visto mi pecado y ahora yo había quedado expuesto. Sentí vergüenza, angustia, remordimiento y culpa; pero cada una de estas emociones fueron completamente autocentradas; nacieron motivadas en el amor a mí mismo, en el querer quedar bien, en el orgullo.[a] Todos estos sentimientos nacen de una identidad que ha sido herida y que, inconscientemente, genera acciones "buenas" (como orar o pedir perdón) cuando en realidad, no se ha producido un arrepentimiento genuino sino un seudo-sentido de congoja o un mero remordimiento.

---

[a] Un ejemplo bíblico muy similar al que estoy exponiendo aquí es el caso de Saúl en 1 Samuel 15. Cuando el rey es confrontando por Samuel por su desobediencia, este acepta su pecado (luego de ofrecer excusas y culpar a otros) pero no deja de amar aquello que en un primer momento lo llevo a pecar. Recibir honor delante del pueblo fue lo que motivó a Saúl a no matar a Agag y a lo mejor de sus animales (versos 8,9 y 12); y de la misma forma, recibir honor delante del pueblo es lo que lo motiva a "arrepentirse" y aceptar que había pecado. Como vemos claramente en el verso 30: "Y Saúl dijo: He pecado, pero te ruego que me honres ahora delante de Israel y que regreses conmigo para que yo adore al Señor tu Dios". Las palabras de Saúl delatan sin tapujos la verdadera motivación de su corazón. Sí, pide perdón, pero su motivación para hacerlo es poder obtener lo que realmente ama: la gloria de los hombres.

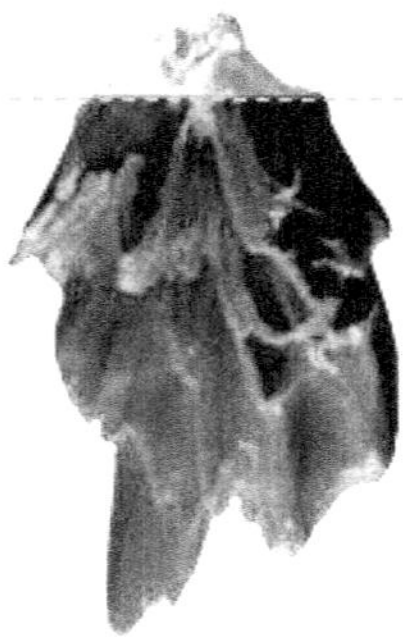

Como ha escrito Tim Chester: "La culpa provoca que lo que tú opines de ti mismo sea lo más importante; la vergüenza hace que la opinión ajena sea lo más importante. En el arrepentimiento Dios pasa a ocupar el centro, teniendo uno plena certeza que ha sido declarado justo en Cristo".[40] En el cuadro que tienes a continuación puedes ver un contraste de cómo una buena acción (como orar y pedir perdón) puede ser generada internamente por dos motivaciones diametralmente opuestas:

Remordimiento	***Arrepentimiento***
Me duelen las consecuencias del pecado	*Me duele el dolor que causa mi pecado*
Se enfoca en uno mismo	*Se enfoca en Dios y en otros*
Es provocado por mis emociones	*Es provocado por el Espíritu Santo*
No produce cambios reales	*Produce cambios profundos*
Si cambio mi conducta es porque me conviene	*Cambio porque he sido amado y perdonado*
Mis deseos no han cambiado	*Cristo se transforma en mi mayor deseo*
Sigo viviendo para mí	*Me causa placer vivir para él*

Un ejemplo bíblico. ¿Cambió Jonás?

Reflexionemos unos momentos en la historia del profeta Jonás. En el primer capítulo del libro Dios le pide a Jonás que vaya a predicar a Nínive. Jonás no lo hace; desobedece abiertamente a Dios. Hagámonos por un instante la pregunta que nos lleva a ver su motivación. ¿Por qué? ¿Por qué desobedece a Dios (algo externo)? La respuesta es dada de manera muy clara en el texto, porque (internamente) en su corazón odia a los asirios. Jonás no quiere que

Dios ejerza misericordia y perdone a sus enemigos (Jonás 4:1,2). Quiere que mueran.

El capítulo dos es tragicómico. El que está por morir ahora es Jonás. El profeta se encuentra en el océano en medio de una tormenta y Dios manda un gran pez para que se lo trague y lo lleve de vuelta para Nínive. ¿Qué hace Jonás? (Lo mismo que hice yo en mi automóvil). Ora. Le pide ayuda a Dios porque está pensando en él mismo. No quiere morir en el pez y pide auxilio. Dice Jonás 2:1,2: "*Entonces oró Jonás al Señor su Dios desde el vientre del pez, y dijo: En mi angustia clamé al Señor, y El me respondió. Desde el seno del Seol pedí auxilio, y tú escuchaste mi voz*". En contraste a la actitud de Jonás con la gente de Nínive, Dios decide preservar su vida mostrándole misericordia y llevándolo sano y salvo a tierra firme.

El comienzo del capítulo tres es casi una copia textual del capítulo uno. Dios le pide a Jonás por segunda vez que vaya a predicar a Nínive. Esta vez Jonás obedece; hace exactamente lo que Dios le pide. Cabe entonces la pregunta: Si a Dios solo le interesara nuestra obediencia exterior ¿tendríamos un capítulo cuatro?

Jonás obedeció a Dios pero, ¿cambió? Externamente hizo lo que Dios le había pedido que hiciera, pero internamente, ***¿experimentó un cambio profundo o siguió deseando lo mismo que antes?*** Al comienzo del libro *odia* a los habitantes de Nínive. ¡Al final del mismo su corazón sigue igual! Este pasaje nos muestra claramente que ***es posible obedecer a Dios sin realmente haber cambiado.*** Es posible hacer cambios externos sin realmente haber hecho ningún cambio interno. Es posible hacer cosas muy "espirituales" (tales como predicar igual que Jonás u orar igual que yo en el automóvil) sin que las motivaciones del corazón realmente sean espirituales. Mateo 6:1 vuelve a ser relevante. Debemos "cuidar", examinar, preguntarnos: "¿Por qué estoy practicando este acto de justicia?". Dios está detrás de nuestro corazón, no de la obediencia superficial. Eso es lo que nos muestra el capítulo cuatro. La pregunta del final del libro así lo confirma: "Jonás, ¿puedes darte cuenta que todavía eres incapaz de experimentar misericordia? ¿Puedes ver que no sientes lo que yo siento? ¿Qué no amas como yo amo? ¿Qué me has obedecido pero que no has cambiado?"

Cuando el temor es el motivador para el cambio

Miremos brevemente qué sucede cuando el temor nos mueve a cambiar. Todos los seres humanos, en mayor o menor medida, tenemos una *inclinación* y una *educación* moralista. Desde pequeños se nos enseña la ley de causa y efecto. Rápidamente aprendemos que si ponemos los dedos en el enchufe nos electrocutaremos (o seremos disciplinados por nuestros padres). Si nos portamos mal, no podremos ver la televisión. Si no estudiamos para un examen, no lo aprobaremos. No nos lleva mucho tiempo entender que nuestro comportamiento tiene consecuencias. Esas consecuencias nos desagradan y funcionan como motivadores de refreno. Los adultos no somos diferentes a los niños. Basta con ir conduciendo por una autopista y observar qué sucede con nuestro pie derecho cuando nos acercamos a un radar. "Mágicamente" levantamos el pie del acelerador antes del radar y lo volvemos a colocar donde estaba apenas unos segundos después de que lo hemos superado. ¿Por qué? ¿Por amor a las leyes de tráfico? ¿Por distracción? ¿Para evitar un accidente? Una escueta, pero honesta introspección revela nuestro verdadero deseo. No queremos sufrir las consecuencias de nuestra desobediencia civil, ¡no queremos pagar una multa! Lo triste y pobre de este tipo de motivación es que, tal como lo muestra este ejemplo, ***solo obedecemos cuando creemos que podemos ser atrapados, sorprendidos o descubiertos***. El motor de este tipo de comportamiento es completamente egocéntrico. No hay amor por Dios (o sus leyes), solo hay amor a uno mismo. Amor al no sufrir. Amor a ***controlar nuestro comportamiento para no sufrir***. Amor a hacer "lo bueno" para no sufrir. Otro ejemplo muy común de este tipo de "bondad" es el no animarnos a confrontar el pecado de otros. Vemos a alguien hacer algo incorrecto, sea contra nosotros o contra otros y por temor a su reacción (temor a que nos grite, nos humille, nos deje en ridículo, nos retire su amistad, etc.); sonreímos y pasamos por alto su ofensa. ¿Amor? No. Temor a las consecuencias.[b]

Cuando el egoísmo es el motivador para el cambio

Reflexionemos por último, en cómo el egoísmo nos motiva. Para considerar esto, todo lo que tienes que hacer es pensar en un chico intentando conquistar a una chica. ¿Qué es lo que el chico hace? La invita a cenar, le lleva flores, le compra chocolates, le dice palabras dulces. ¿Por qué? ¿Porque tiene un corazón generoso y amable? ¡Claro que no! ¡Porque está intentando conquistarla! La clave para conocer su motivación egoísta es examinar cómo trata a esa misma chica después de diez años de estar casados. ¿Le sigue regalando bombones? ¿Sigue diciéndole palabras dulces? Lo dudo. De hecho, si lo piensas un momento y eres honesto contigo mismo, tendrás que admitir que todos nos casamos por egoísmo. Ninguno de nosotros elije a la persona más horrible, egoísta y malvada que pueda encontrar para pasar el resto de su vida. Nadie tiene ese nivel de altruismo. Todos elegimos a la persona que aparenta tener las mejores cualidades. ¿Qué hacemos para obtenerla? ¡"Cambiamos"! Mostramos nuestra mejor versión. Nos comportamos de la forma "adecuada" que nos permita obtener lo que tanto queremos. ¿En quién estamos pensando? ¿Qué es lo que nos mueve a "amar"? ¿Puedes verlo? Las "flores" ***no son el resultado de nuestro amor, son el medio para obtener su amor y ser aceptados***. Así tratamos a Dios. Estamos intentando conquistarlo. Le llevamos "flores" (buenas obras) para que él nos acepte y nos bendiga. Pregunto: ¿Cómo pueden ser "buenas" esas obras si tienen como fin mi propia bendición?

Déjame darte otro ejemplo práctico. Piensa en una mujer no cristiana que lucha enormemente con la crítica. Todos sus familiares y amigos, en algún momento u otro, han tenido que sufrir sus ponzoñosos comentarios. Digamos que esta mujer se convierte. Como habría de esperarse, al poco tiempo de comenzar a asistir a la iglesia los miembros de la congregación empiezan a sufrir los efectos de su lengua y varias personas son lastimadas. Producto de esto, el pastor se acerca de forma privada a ella y le explica la situación, exponiéndole su pecado con mucho cariño y tacto, pero con firmeza. Inmediatamente después de este encuentro la mujer cambia de una manera notoria. Pasan varios meses y todos los integrantes de la congregación pueden ver la diferencia. Todos concluyen lo mismo. ¡Gloria a Dios! ¡Cristo la ha cambiado!

---

[b] Miraremos en detalle este tipo de respuesta en el capítulo trece al analizar cómo cambiar a través del conflicto.

La mujer ha dejado de criticar, pero ¿ha realmente cambiado? La única forma de saber si su corazón ha sido transformado es preguntar ¿por qué? ¿Por qué ha dejado de criticar? Resulta que la mujer se sintió tan avergonzada cuando el pastor la confrontó (nunca antes nadie le había hablado con tanto amor y firmeza a la vez) que se dijo a sí misma: "Jamás sufriré esta humillación nuevamente". Y nunca más volvió a decir nada negativo de nadie. ¿Por qué cambió? ¡Por amor a sí misma! ***¡Antes era egoísta criticando, ahora es egoísta no criticando!***

> El cambio de conducta moralista simplemente manipula y nivela el egoísmo radical sin combatirlo. Trata de usar ese egoísmo contra sí mismo al apelar al miedo y al orgullo. Pero si bien esto pudiera tener algún éxito al ***refrenar*** el egocentrismo del corazón, no hace nada en absoluto para ***cambiarlo***. De hecho, solo confirma el poder que tiene...
>
> Piensa, por un momento, en todas las maneras en las que se puede decir no a la conducta impía. Puedes decir:
>
> *No* – porque me veré mal.
>
> *No* – porque me excluirán de los círculos sociales a los que quiero pertenecer.
>
> *No* – porque entonces Dios no me dará salud, riqueza o felicidad.
>
> *No* – porque Dios me mandará al infierno.
>
> *No* – Porque me despertaré odiándome y perderé mi autoestima.
>
> Prácticamente todos estos incentivos usan impulsos egocéntricos del corazón para forzar el acatamiento de reglas externas, pero es muy poco lo que hacen para ***cambiar*** el corazón mismo. La motivación no es el amor a Dios. Es la manera de usar a Dios para conseguir cosas beneficiosas: autoestima, prosperidad o aprobación social.[41]

¿Por qué intento cambiar con mis fuerzas?

Quisiera darte cuatro razones por la cuales elegimos estos caminos equivocados para cambiar. ***En primer lugar, intentamos cambiarnos a nosotros mismos porque, consciente o inconscientemente, pensamos que nuestra obediencia es lo que hace que Dios nos acepte***. Una de las mejores noticias del evangelio (no solo para el no cristiano sino, especialmente, para el cristiano) es que somos pecadores y jamás llegaremos a alcanzar los estándares de santidad que Dios espera de nosotros. En el evangelio, esta verdad, lejos de desanimarnos resulta ***nuestro mayor motivo de <u>seguridad</u> y <u>aceptación</u> delante de Dios***. Puesto que nunca hemos hecho nada para agradarle ni jamás seremos capaces de hacer algo para agradarle; por eso, justamente por eso (porque somos aceptados por causa de Cristo), ***¡jamás podremos hacer nada para desagradarle***! Su aceptación se basa en lo que ha hecho su Hijo, no en cómo nosotros podamos vivir. Romanos 8:33-39 capta claramente esta verdad. ***Nada nos puede separar de su amor porque nada que nosotros hayamos hecho fue lo que compró su amor.*** Como dice Romanos 5:8, lo *asombroso*, lo *inconcebible*, lo *inesperado* del amor de Dios, es que él nos ama "*cuando éramos pecadores, [y en esa condición] Cristo murió por nosotros*". El moralismo niega esta verdad e intenta vivir una santificación en donde agradar a Dios es algo que nosotros hacemos y no algo que ***él hace por y en nosotros.*** Este es el pensamiento típico del fariseo: "Yo he vivido bien, he guardado la ley, Dios debe estar feliz conmigo". Resulta difícil encontrar en los evangelios un pensamiento que Jesús contradiga con mayor frecuencia. Sin embargo, también resulta difícil encontrar en la vida diaria del cristiano un pensamiento en el cual caigamos con mayor frecuencia.

En segundo lugar, intentamos cambiarnos a nosotros mismos porque consciente o inconscientemente, pensamos que nuestra obediencia puede alcanzar los requisitos de santidad que Dios espera de nosotros. Romanos 3:20 y Romanos 5:20 nos dejan ver una de las verdades más olvidadas y menos predicadas del cristianismo. ***El propósito principal de la ley es mostrarnos que no podemos cumplirla*** (¡y al mostrarnos que no podemos cumplirla, ayudarnos a ver cuánto necesitamos de la gracia!). Esa misma idea es la que desarrolla Pablo en su famoso pasaje de Romanos 7. Cuando una persona más intenta cumplir con la ley más se da cuenta que no puede vivirla. ¿Quién puede decir que ora sin cesar? ¿Que ama a Dios con todo su corazón, alma y mente? ¿Quién ama a su prójimo como a sí mismo? Si simplemente nos detuviéramos a intentar vivir en su plenitud alguno de estos mandamientos (o cualquier otro), nos daríamos cuenta que jamás podremos hacerlo. Cuanto más lo intentemos, más diremos con Pablo: "*No puedo hacer el bien… ¡Miserable de mí! ¿Quién me librará de este cuerpo de muerte?*". Como nos muestra la historia del joven rico (Lucas 18:18-30), aun cuando pensamos que hemos hecho todo bien, Jesús nos confronta con nuestro escondido egoísmo del cual no nos podemos escapar. Por eso la conclusión de la historia es: "*Lo que es imposible para el hombre es posible para Dios*". El mismo razonamiento se argumenta en Gálatas 3:24, donde Pablo afirma que "*la ley ha venido a ser nuestro ayo para conducirnos a Cristo, a fin de que seamos justificados por fe*". De esta forma, ***tal como fuimos confrontados con nuestra incapacidad de salvarnos, debemos ser confrontados***

con nuestra incapacidad de cambiarnos. Dios no nos ha pedido que vivamos una *buena* vida. Dios nos ha pedido que vivamos un estilo de vida *que no podemos vivir* (Mateo 5:48), y que solo Cristo en nosotros puede vivir (Juan 15:5). Como enfatizaremos varias veces a lo largo de este libro, ***la vida cristiana no es difícil de vivir; la vida cristiana es imposible de vivir.*** Hasta que no captemos en su plenitud esta verdad, seguiremos intentando cambiar con nuestras fuerzas. Como afirma Paul Tripp: "La ley no puede hacer lo que solo la gracia puede hacer. La ley puede *revelar* el pecado. La ley puede, en parte, *restringir* el pecado. Pero la ley no puede *liberarnos* del pecado".[42]

En tercer lugar, intentamos cambiarnos a nosotros mismos porque, consciente o inconscientemente, pensamos que nuestra santificación es obra nuestra y no de Dios. Muy ligado al hecho que creemos que podemos cumplir los mandamientos se encuentra entrelazado el pensamiento de que la obra de santificación en el creyente es obra del creyente. Puesto que creemos que somos capaces de vivir los mandamientos de Dios, nos engañamos al pensar que es nuestro obrar y no el de él lo que verdaderamente nos cambia. Como si alguien nos dijera que tenemos que lanzar una piedra, pensamos que es nuestra tarea levantar la piedra y arrojarla. El problema es que no nos damos cuenta que se nos ha pedido tirar la piedra hasta la luna. No está en nosotros el poder hacerlo, ni es nuestro esfuerzo lo que va a lograr que lleguemos a hacerlo. Cristo no solamente compró nuestra justificación, el también compró nuestra santificación y nuestra glorificación. Lo que anhelamos ser y lo que llegaremos a ser, es obra suya (Filipenses 1:6). Él es nuestra santificación (1 Corintios 1:30). Él es quien nos cambia (Juan 15:5). Él es quien produce fruto en nosotros (Gálatas 5:22). Él es quien produce "*el querer como el hacer por medio de su buena voluntad*" (Filipenses 2:13). Somos lo que somos producto de su obra en nuestra vida, de su esfuerzo, de su intromisión en nuestros asuntos, en nuestras circunstancias y, especialmente, nuestros corazones. Como explicaremos más adelante, esto no genera pasotismo, todo lo contrario. La obra de Dios en nuestra vida genera un enorme nivel de nueva energía, de nuevas motivaciones y de nuevo poder que nos transforma en personas tremendamente activas para su gloria.

Finalmente, intentamos cambiarnos a nosotros mismos porque, consciente o inconscientemente, pensamos que nuestra obediencia merece el posterior favor de Dios. El moralismo es una forma de controlar a Dios a través de la obediencia. El pensamiento implícito es: "Puesto que te he obedecido ahora me debes tu bendición".

Como explica José de Segovia:

Si, como el hermano mayor [en la parábola del hijo pródigo], quieres controlar a Dios por medio de tu obediencia, entonces tu moralidad es solo una manera de utilizar a Dios para conseguir las cosas que quieras. En la obra de Peter Shaffer, *Amadeus* -llevada al cine por Milos Forman en 1984-, Salieri piensa que en su juventud ha hecho un pacto con Dios:

"Yo te ofreceré en secreto la más noble oración que un chico pueda imaginar: '¡Señor hazme el mayor compositor! ¡Déjame celebrar tu gloria por la música y así seré célebre! ¡Hazme famoso en todo el mundo, querido Dios! ¡Hazme inmortal! ¡Que, tras mi muerte, la gente hable de mi nombre para siempre con amor por lo que he escrito! A cambio, yo te juro que te daré mi castidad, mi trabajo, mi más profunda humildad, cada hora de mi vida. Y ayudaré a mi prójimo todo lo que pueda. ¡Amén y amén!'"

Con este voto a Dios, Salieri se aleja de las mujeres, trabaja diligentemente en su música, enseña gratuitamente a muchos músicos y trabaja incansablemente por el pobre. Su carrera va bien y piensa que Dios va a mantener su parte del pacto...

Entonces, aparece Mozart con un genio musical que hace palidecer a Salieri. Tiene un don propio de su segundo nombre -*Amadeus*, ´amado por Dios´-, pero, sin embargo, es vulgar y caprichoso, un ´hermano menor´...

"Era incompresible -escribe Shaffer-. Aquí estaba uno reprimiendo toda su lujuria, para merecer el don de Dios, y ahí está Mozart llevando una vida de desenfreno -aunque está comprometido para casarse- ¡Y no le dices nada!"

Finalmente Salieri le dice a Dios: "A partir de ahora, somos enemigos". Y todos sus esfuerzos son para destruir a Mozart...

Dios y el pobre eran solo instrumentos útiles para Salieri, que demuestra con ello ser un verdadero "hermano mayor". Se había dicho a sí mismo que estaba sacrificando su tiempo y su dinero para Dios y el pobre, pero en realidad no hacía ningún sacrificio. Lo hacía para sí mismo, para hacerse famoso, tener éxito y autoestima. 'Me gustaba a mí mismo –dice-... hasta que vino él. Mozart.' Pronto, el moral y respetable Salieri muestra mayor maldad e inmoralidad que el vulgar Mozart.[43]

¿Cuál es el resultado de intentar cambiar con mis fuerzas?

En primer lugar, los cambios son temporales. Imaginemos un hombre que está de vacaciones en una pequeña cabaña de madera en la ladera de una montaña rodeada de un frondoso bosque. Este hombre trabaja en una importante compañía en el centro de una populosa ciudad y ha soñado durante meses con la tranquilidad que está ahora experimentando. Un día se levanta temprano y sale a caminar por la montaña en lo que le parece una experiencia casi mística. Sin embargo, al mirar hacia un costado, divisa un pequeño arroyo colmado de basura. Su primera reacción es de sorpresa y enojo, pero luego decide tomar una bolsa y comenzar a recoger uno a uno los desechos. Después de un par de horas termina su cometido. Está cansado, de hecho, bastante cansado; pero se siente satisfecho consigo mismo y decide continuar caminando y disfrutando de sus vacaciones. Al día siguiente, vuelve a levantarse ni bien sale el sol y decide realizar la misma caminata. Para su sorpresa, cuando llega al arroyo encuentra la misma cantidad de basura que había descubierto el día anterior. Esta vez, decide investigar de dónde proviene toda esa basura y comienza a recorrer el arroyo cuesta arriba. A medida que más sube, encuentra más cantidad de basura. Finalmente, llega hasta el nacimiento del arroyo y, sin dar crédito a sus ojos, observa como dos grandes camiones de basura depositan sus desechos en el arroyo. A unos metros de los mismos divisa un gran letrero que dice: "Basurero municipal".[44]

Uno de nuestros mayores problemas como cristianos es nuestra tendencia moralista a "recoger basura". Cuando una pareja tiene problemas en su matrimonio, le aconsejamos que tengan una cena romántica. Cuando alguien tiene deudas, le ofrecemos ayuda para organizar su presupuesto. Cuando alguien tiene problemas de peso, le decimos que vaya al gimnasio. Cuando alguien es adicto a ir al casino, le aconsejamos que elimine sus tarjetas de crédito. Cuando una persona nos dice que tiene problemas con la ira, le decimos que cuente hasta diez. Todo esto es recoger basura. ¿Resultado? Al poco tiempo vuelven (o, mejor dicho, volvemos) a caer en lo mismo; tal como sucede cuando encuentro un radar en la autovía. No ha habido un cambio profundo. No se ha efectuado un cambio real. ¿Por qué? Porque estamos trabajando en el lugar equivocado. Es el corazón y no la conducta lo que necesita ser transformado. Cuando este sea cambiado, también cambiará nuestra forma de actuar. Como vimos previamente en Proverbios 4:23, el mandamiento es a trabajar en el corazón: "*Sobre toda cosa guardada, guarda tu corazón; porque de él mana la vida*". El corazón es la fuerza impulsora de todo lo que hacemos. Allí se *originan* todas nuestras decisiones. Allí nacen todos nuestros pensamientos, palabras y acciones. Por lo tanto, allí es donde debe ocurrir nuestro cambio. No en vano Jesús dijo: "*El hombre bueno, del buen tesoro de su corazón saca lo que es bueno; y el hombre malo, del mal tesoro saca lo que es malo*" (Lucas 6:45).

En segundo lugar, al cambiar con mis fuerzas solo se produce un cambio de comportamiento pero no un cambio real de corazón. En otras palabras, cambian las acciones, pero no cambian los deseos. Me gusta mucho la imagen de un lobo encerrado en una jaula que contempla una oveja. ¿Se come el lobo a la oveja? Claro que no. "Se porta bien". Después de todo, está enjaulado. No puede hacerlo. Sin embargo, la pregunta más profunda es: ¿desea el lobo comerse a la oveja?[45] La cuestión no es si por temor al hombre o por hacernos un gran nombre, hacemos grandes cosas para Dios o no cometemos ciertos pecados. La cuestión es si nuestro corazón está dejando de encontrar placer en el mundo y está comenzando a encontrar placer real en Cristo.

Déjame utilizar un último ejemplo para reflexionar lo que produce el estilo de vida moralista. Pensemos en un pastor que ama profundamente a Cristo y que, como resultado de ese amor, se encuentra muy comprometido con la obra del Señor. Desde los comienzos de su ministerio este hombre ha sido fiel, sacrificado, íntegro y sumamente consagrado tanto al ministerio como a Cristo. Digamos que, por cuestiones ajenas a su persona, su iglesia se divide y pierde la mitad de su congregación. Después de este suceso, el pastor se encuentra desanimado. Él puede ver cómo se siente y sabe que, por un lado, es lógico y natural que se sienta así; pero por el otro, también ha comenzado a percibir que, aún varios meses después de la división de la iglesia, todavía ha sido incapaz de encontrarse con Dios en su tiempo a solas con él. ¿Qué hace? Continúa ministrando por "fidelidad". Sigue pastoreando porque sabe es su responsabilidad, por su sentido del deber, porque "hemos sido llamados a perseverar cuando los sentimientos no acompañan". Así, poco a poco, el pastor pierde su enamoramiento de Cristo y termina pastoreando por obligación, "por no abandonar a los hermanos que han quedado". El corazón del pastor ha cambiado, ***su enfoque ya no está en el gozo de lo que Jesús ha hecho por él, sino en lo que él tiene que esforzarse en hacer por Jesús.***

¿Por qué seguimos ministrando cuando (consciente o inconscientemente) hemos perdido la pasión por Jesús? Naturalmente las alternativas pueden ser ilimitadas y dependen de cada caso y de cada individuo. Quizás lo hagamos por el orgullo de no querer fracasar, tal vez por miedo a quedarnos sin trabajo, por el cariño que recibimos de otros, por amor al dinero, o quizás por el prestigio y estatus que devienen de ser pastor o líder. Lo importante (y triste) que quiero destacar ¡es que seguimos ministrando! Externamente no ha habido cambios, seguimos haciendo lo mismo de siempre; pero, internamente, hemos perdido el único e indispensable motor que necesitamos para ministrar; ¡el gozo de Cristo! El pastor de nuestro ejemplo sigue predicando cada domingo, continúa visitando y aconsejando a su congregación, mantiene sus reuniones ministeriales; nada parece haber cambiado. Sin embargo, dentro de su corazón todo es distinto. La siguiente figura ilustra gráficamente el concepto.

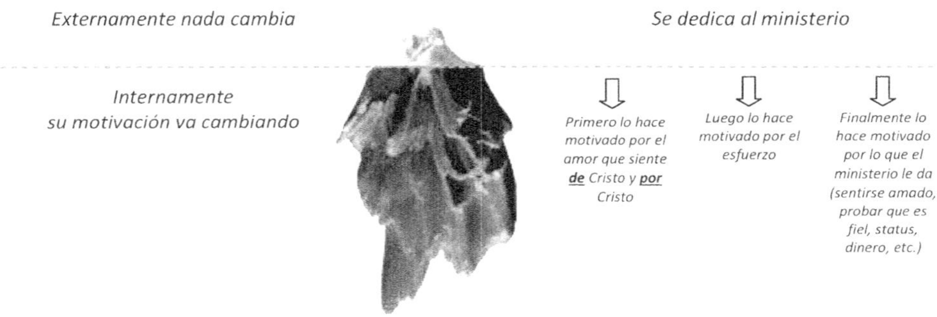

Es clave darnos cuenta que el problema del corazón no comienza cuando la persona llega al tercer estadio. El problema comienza en el segundo. Cuando la persona empieza a vivir bajo un patrón o estilo de vida donde el deber o el esfuerzo *motiva* sus acciones. Notemos que aquí estamos hablando de lo que *motiva* sus acciones (lo interno), no de que sus acciones no deberían demandarle esfuerzo físico (lo externo). Lógicamente que una persona *motivada* por el amor de Cristo va a esforzarse y dar lo mejor de sí, incluso hasta el agotamiento. Sin embargo, como dice Pablo en Colosenses 1:29, el trabajo y el esfuerzo serán generados por Cristo y no por él. "*Y con este fin también trabajo, esforzándome según su poder que obra poderosamente en mí*".

¿Por qué, entonces, el problema comienza en el segundo estadio y no en el tercero? Porque el pastor ha perdido aquello que es la fuente de poder de su ministerio (Juan 15:5). Porque ahora es su fuerza y no la de Cristo la que lo está moviendo. El problema es que por alguna razón Cristo ha dejado de ser su fuente de placer. ¿Qué tendría que hacer un pastor que se percibe en el segundo estadio? Debería recordar el evangelio. ¿Qué significa esto en este contexto? Pues simplemente preguntarse: "¿Por qué? ¿Por qué ya no siento amor y pasión por Cristo al ministrar? ¿Qué es lo que *hoy* realmente amo? ¿Qué me ha llevado a este estado de tibieza interior?". Responder estas preguntas lo llevará a identificar su ídolo, aquello que, quizás sin percatarse demasiado, ha trasformado en su razón para levantarse cada mañana, en su motivación más profunda, en su aliento de vida y en su fuente de felicidad. En el caso del pastor de nuestro ejemplo, la autocompasión, que es orgullo disfrazado, pudo tranquilamente haber sido el causante. Después de todo, ¿está obligado Dios a bendecir nuestro ministerio? ¿Es injusto que alguien que le ha servido fielmente no tenga una congregación numerosa? ¿No es la iglesia de Dios y él puede hacer lo que quiera con ella?

> Es tan fácil confundir tu reino con el del Señor. Es tan fácil decirte a ti mismo que estás luchando por el evangelio cuando lo que realmente estás haciendo es luchar por tu lugar. Es tan fácil decirte a ti mismo que simplemente estás tratando de ser un buen líder cuando lo que realmente quieres es control. Es tan fácil decirte a ti mismo que quieres construir relaciones ministeriales sanas cuando lo que realmente quieres es agradar a la gente. Es tan fácil decirte a ti mismo que estas ayudando a la gente a entender los detalles de la teología cuando lo que realmente estás haciendo es impresionarlos con lo mucho que sabes. Es tan fácil decirte a ti mismo que estas peleando por lo que es correcto cuando lo que realmente sucede es que te sientes amenazado por la creciente influencia de alguien. Es tan fácil decirte a ti mismo que simplemente quieres lo que es mejor cuando lo que realmente quieres es una vida de ministerio confortable y predecible. Es tan fácil decirte a ti mismo que quieres que Dios obtenga la gloria cuando en realidad disfrutas de la popularidad que te otorga tu ministerio mucho más de lo que estás dispuesto a admitir. Es muy difícil estar en una posición ministerial de prominencia e influencia y recordar cuál es tu verdadero lugar... Es aquí donde necesito ser rescatado de mí mismo. Puedo cambiar la ubicación y posición de mi ministerio, pero no puedo escapar a los pensamientos y deseos de mi corazón. Por esto una vez más, esta mañana, clamo ardientemente para que mi Redentor me rescate. Para que él pelee la batalla en mi lugar, para que su gracia me cause amarle a él más que a mí mismo. Oro para que me de tal profunda satisfacción en su gloria que no tenga interés de buscar la mía. Y a medida que oro, sé que tendré que orar esta misma oración mañana, porque mañana otra

> vez estaré tentado a abandonar el lugar que me corresponde y a hacer de mi ministerio lo que nunca debió ser- que se trate de mí.[46]

Cuando el pastor descubra esto (o lo que sea que estaba idolatrando que causó su lejanía de Jesús), debería recordar (tal como muestra el final de la cita) el segundo gran aspecto del evangelio. Es decir, el perdón y la aceptación incondicional de un Dios que se hizo hombre para morir en una cruz ¡por alguien como este pastor, que ***internamente*** no lo ama! Por alguien que, tal vez sin darse cuenta, se ama a sí mismo a través del servicio. Ver la idolatría de nuestro corazón y nuestra incapacidad para hacer algo al respecto nos llevará a un intenso y renovado sentido de pobreza espiritual (Mateo 5:3). En este nuevo estado de conciencia, de nueva iluminación, es donde nos damos cuenta una vez más que la vida cristiana no es ***difícil*** de vivir (ya hemos intentado y no hemos podido vivirla), la vida cristiana es ***imposible*** de vivir. Cuando vemos cara a cara esta realidad, ***entonces Jesucristo y su obra vuelven a verse, no solo atractivos sino absolutamente esenciales, deseables y preciosos***. Una vez más (producto de lo que recibimos de él, el evangelio), volvemos a amarle como deberíamos amarle.[c]

Esta es la razón por la cual una adicción (nuestra idolatría) solo se puede vencer con una adicción mayor (Jesucristo). Esta es la razón por la cual ver la belleza "todo lo que es Dios en Cristo por nosotros" es lo único que verdaderamente puede cambiar el corazón.

> En ese momento [cuando me di cuenta que la vida cristiana es imposible de vivir] solo había una esperanza, la gracia soberana de Dios. ***Dios habría de transformar mi corazón para que hiciera lo que un corazón no puede hacer por sí mismo, a saber, desear lo que debe desear.*** Solo Dios puede hacer que un corazón corrompido anhele a Dios. Una vez cuando los discípulos de Jesús preguntaron acerca de la salvación de un hombre que amaba más el dinero que a Dios, Él les dijo: "*Para los hombres es*

[c] En Apocalipsis 2:2-5, Jesús le escribe una carta al "ángel" (es decir, *al pastor de la iglesia* de Éfeso) y le dice: "'*Yo conozco tus obras, tu fatiga y tu perseverancia, y que no puedes soportar a los malos, y has sometido a prueba a los que se dicen ser apóstoles y no lo son, y los has hallado mentirosos. 'Tienes perseverancia, y has sufrido por mi nombre y no has desmayado. 'Pero tengo esto contra ti: que has dejado tu primer amor. 'Recuerda, por tanto, de dónde has caído y arrepiéntete, y haz las obras que hiciste al principio...*". ¿Qué quiere decir Jesús cuando dice que el pastor (y la iglesia de Éfeso) debe volver a hacer "*las obras que hiciste al principio*"? ¡No te apures a responder! Lee el texto cuidadosamente. ¿Sabes que está diciendo Jesús? No que tiene que cambiar lo que está haciendo (el texto dice claramente "*tienes perseverancia, y has sufrido*"), lo que Jesús está diciendo es que tiene que *volver a hacer esas mismas obras de la forma en la que las estaba haciendo al comienzo; ¡enamorado de Jesús!* (y no desde la responsabilidad y desde el deber).

imposible, más para Dios, no; porque todas las cosas son posibles para Dios" (Mr.10:27).[47]

Ese redescubrimiento de la belleza (y necesidad) de Cristo, como mostraremos en el próximo capítulo, es lo único que puede ayudarle al pastor (y a cualquier persona) a dejar de verse a sí mismo como una víctima y verdaderamente cambiar. El gran pastor y compositor de himnos John Newton escribió en una ocasión acerca de esta lucha continua:

> Si se me permite hablar de mi propia experiencia, diré que mantener los ojos simplemente en Cristo como mi paz y mi vida, es con mucho la parte más difícil de mi llamado... Me parece más fácil negarme ante mi propio yo en mil ocasiones en alguna forma de conducta externa, que negarme ante él en sus incesantes intentos por actuar como principio de justicia y de poder.
>
> El hombre o la mujer que conozca la diferencia a la que se refiere Newton –la diferencia entre obedecer normas externas de conducta en lugar de fijar nuestro corazón en Cristo como nuestra paz y vida– va camino de quedar libre de los dioses falsos que nos controlan.[48]

Tres formas de vivir:				
El no cristiano	*Engañado piensa que obtendrá placer en lo creado*	*No ve la belleza de Cristo y piensa que no lo necesita*	*La creación no lo llena*	*Se siente vacío (obteniendo o no obteniendo lo que quiere)*
El moralista	*Engañado piensa que obtendrá placer esforzándose por hacer lo correcto*	*No ve la belleza de Cristo y no se da cuenta cuánto lo necesita*	*La obediencia no lo llena*	*Desvaría entre la culpa (cuando no cumple) y el orgullo (cuando cumple)*
El cristiano	*Ha sido iluminado para ver que lo creado no puede llenarlo ni que puede cambiar su corazón con su propio esfuerzo*	*Ve la belleza de Cristo y su constante necesidad de él*	*Porque Cristo lo llena puede disfrutar de la creación sin idolatrarla*	*Genera su identidad en Cristo no en sus logros o caídas*

BREVE RESUMEN

¿Qué es lo que me motiva a cambiar?

Culpa	*Quiero acallar un sentimiento que me molesta*
Orgullo	*Quiero demostrar mi valor*
Temor	*Quiero evitar las posibles consecuencias*
Egoísmo	*Quiero obtener algún beneficio*

¿Por qué intento cambiar con mis fuerzas?

- *Porque pienso que mi obediencia hace que Dios me acepte.*
- *Porque pienso que mi obediencia puede alcanzar los requisitos de santidad que Dios espera.*
- *Porque pienso que mi santificación es obra mía y no de Dios.*
- *Porque pienso que mi obediencia merece el posterior favor de Dios.*

¿Cuál es el resultado de intentar cambiar con mis fuerzas?

- *Los cambios son temporales.*
- *Los cambios son solo externos y no afectan el corazón.*

PARA REFLEXIONAR O DIALOGAR EN GRUPOS PEQUEÑOS

1. *¿De qué forma este capítulo ha cambiado o confirmado tu forma de entender cómo se producen los cambios?*
2. *Resume en una o dos oraciones los conceptos que más te hayan impactado de este capítulo.*
3. *Lee Lucas 18:9-14 y responde. ¿Cuál es la enseñanza principal de la parábola? ¿Qué enseña acerca del corazón de Dios? ¿Con quién te identificas, con el fariseo o con el publicano? (El objetivo de la parábola es ¡que me identifique con el fariseo! Si me identifico con el publicano es justamente ¡porque no he entendido la parábola! Yo también necesito todos los días arrepentirme de mi "bondad" y de mis intentos de "comprar" el amor de Dios a través de mi propia justicia, justicia que él me ofrece gratuitamente a través de la justicia de su Hijo).*
4. *Mira el cuadro de las cuatro motivaciones incorrectas para cambiar y responde: ¿con cuál de las cuatro motivaciones incorrectas te sientes más reflejado? ¿Por*

qué crees que luchas con esto? ¿Cuándo te sientes más tentado a caer en este patrón de vida? ¿Cuál piensas que es la solución?

5. *¿Qué significa "cambiar con mis fuerzas"? ¿Qué significa "cambiar en Cristo"? ¿Cómo le explicarías la diferencia a una persona que no conoce a Jesús?*

SEGUNDA PARTE

¿Qué es un cambio profundo?

CAPÍTULO 6

Cuando descubro los verdaderos deseos de mi corazón

John Owen escribió:

> Conoce tu propio corazón. Aunque es profundo, descúbrelo. Aunque es oscuro, búscalo. Aunque engaña, dándole otro nombre a su enfermedad, no confíes en él. Si las personas no permanecieran ciegas a sí mismas no permanecerían en el estado paralizado en el que están. Sin embargo, tratan de darle otros nombres a su propio estado de debilidad. Tratan de justificar, palear, o excusar las maldades de su propio corazón, en vez de desarraigarlas y destruirlas sin piedad. Nunca tienen una visión realista de ellos mismos. Una vida sin efectividad y escandalosa crece como una rama de esta raíz de auto-ignorancia. ¡Cuán pocos buscan conocerse a sí mismos verdaderamente o poseen el coraje para hacerlo![49]

Nuestro verdadero problema: los deseos de nuestro corazón y nuestra incapacidad para cambiarlos

Vivir a la luz del evangelio nos confronta. El evangelio nos dice que el problema no está fuera de nosotros, el problema está en nuestro propio corazón. Nuestras respuestas pecaminosas no son producto de las circunstancias, de nuestro pasado, de otras personas o de la genética. Nuestras respuestas pecaminosas son producto del egoísmo de nuestro corazón. Pero, ¿vivimos así?

¿Es esta la manera en que diariamente practicamos nuestro cristianismo? Cuando, por ejemplo, tenemos un conflicto en casa con nuestra pareja, en el trabajo con nuestro jefe o en la iglesia con algún líder o hermano, ¿a quién culpamos por nuestra reacción? ¿A la ceguera y terquedad de nuestro corazón o a la de ellos? ¿Recordamos que el problema está dentro de nosotros y no fuera? ¿Que nosotros somos los responsables de nuestro enojo, amargura, crítica y palabras hirientes? ¿Que nuestras reacciones no se originan en la injusticia o en el mal trato (externo) sino que se originan en nuestro propio corazón (y, por ende, es un problema interno)? (Lucas 6:45).

Pensemos en un ejemplo cotidiano que ilustra esta verdad. Es viernes por la tarde y una mujer decide amar a su esposo preparándole una cena muy especial. No ha sido una semana fácil para ella. Esta mujer, además de trabajar en una tienda de ropa, tiene tres niños pequeños y su madre, que vive con ellos, se encuentra manifestando los primeros síntomas de Alzheimer. A pesar de su propio cansancio, ella decide esforzarse mucho en cocinar para su esposo mientras imagina un tiempo relajado y de calidad con él. Sin embargo, cuando el marido llega a su casa agotado del trabajo, al ver su comida favorita servida en la mesa, dice: "Mi amor, gracias por amarme tanto... Es mi comida favorita... Justo hoy que estoy tan cansado... Justo hoy que se juega el partido que tanto estaba esperando...". Acto seguido, se sienta a la mesa, enciende el televisor y mira con enorme placer el encuentro. La mujer, frustrada, se va más temprano a su cama y se acuesta sin saludar a su marido. Cuando este llega a su habitación le pregunta: "Mi amor, ¿Qué te pasa?" Ella le responde con frialdad y distancia: "¡Nada!".

Analicemos la situación desde un punto de vista bíblico. Externamente, la mujer parece haber hecho algo bueno. Se ha sacrificado por su marido preparándole su comida favorita. Sin embargo, examinemos su motivación. ¿Por qué lo hizo? ¿Lo hizo, como parecía en un primer momento, porque ama a su marido y porque quería que él pasara un tiempo placentero? Si esa hubiera sido su verdadera motivación, ¿por qué no se sintió feliz con la felicidad de su esposo? Su frustración, su enfado y su silencio para con su esposo delatan sus verdaderos deseos. Ella no fue capaz de encontrar placer en el placer de su marido. ¿Por qué? Porque en realidad (al menos al final del día) no lo estaba amando a él, se estaba amando a sí misma a través de él. ¿Es el enfado y la amargura que siente la mujer culpa del marido? ¡Claro que no! El enfado y la amargura que siente esta mujer nacen de un corazón que no ha obtenido lo que quería; una cena romántica y tranquila.

Si mi corazón está regido por cierto deseo, solo hay dos maneras en que puedo responderle a usted. Si usted me está ayudando a conseguir lo que quiero, estaré contento con usted [es decir, ***usted será un vehículo para mi felicidad***]. Pero si usted se atraviesa en mi camino, voy a estar enojado, frustrado y desanimado cuando esté con usted [es decir, ***usted será un obstáculo para mi felicidad***]. Mi problema no es usted o la situación que nos es común. Mi problema es que un deseo legítimo se ha apoderado de mi corazón y ahora tiene el control. Este deseo tiene tanto poder que ya no es legítimo. Se ha convertido en un deseo desordenado y pecaminoso, ya que ha crecido hasta una posición de autoridad sobre mi corazón. Esta autoridad le pertenece solamente a Dios que envió a su Hijo para establecer Su reino allí. El enfoque de la argumentación de Santiago [4:1] no son los malos deseos (desear cosas malas), sino los deseos desordenados (deseos que pueden tener razón en sí mismos, pero que nunca deben gobernar el corazón). No está mal desear descansar al final de un día largo. Está mal estar tan gobernado por el descanso, que me pongo molesto con cualquiera que se interponga en el camino.[50]

Lógicamente, no está mal que la mujer ***desee*** tener una cena romántica con su marido. El problema radica cuando ese deseo se transforma en una ***demanda*** (en algo que sí o sí tiene que obtener). En otras palabras, **no se trata de no *desear* sino de no *demandar*.** Lo primero, es una necesidad legítima, lo segundo, es idolatría.

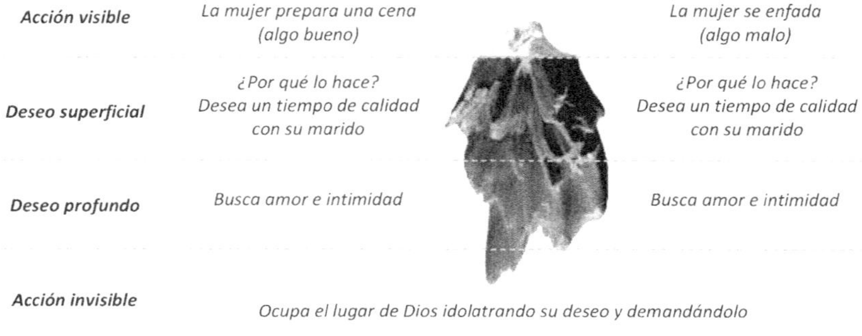

Como afirma Santiago 4:1: "*¿De dónde vienen las guerras y los conflictos entre vosotros? ¿No vienen de vuestras* ***pasiones*** *[deseos desordenados] que combaten en vuestros miembros?*".

Lane y Tripp preguntan:

> ¿Qué es lo que tiende a producir conflictos en tu vida? ¿La comodidad, el placer, el reconocimiento, el poder, el control o la aceptación? Déjame explicarte cómo estas cosas buenas se trasforman en "deseos egoístas" [en ***pasiones***] que llevan al conflicto... Estas cosas no son malas en sí mismas hasta que se convierten en algo egoísta. La comodidad, el placer, el reconocimiento, el poder, el control o la aceptación pueden ser bendiciones que podemos disfrutar. Pero ***se convierten en algo pecaminoso cuando permitimos que dejen de ser bendiciones y se conviertan en aquello que reemplaza a Aquel que nos bendice***...
>
> La comodidad... Me mueve a temer el trabajo duro.
>
> El placer... Me mueve a temer el dolor.
>
> El reconocimiento... Me mueve a temer el ser pasado por alto.
>
> El poder... Me mueve a temer que alguien me diga lo que tengo que hacer.
>
> El control... Me mueve a temer a lo impredecible.
>
> La aceptación... Me mueve a temer el ser rechazado.
>
> [Si lo piensas un momento, ***lo opuesto a lo que deseamos es lo que tememos***].[51]

¿De dónde vienen las guerras y conflictos entre nosotros? ***De aquello que nuestro corazón ama y de aquello que nuestro corazón teme; de aquellos deseos que tendemos a idolatrar.*** Es muy posible que la esposa de nuestra historia haya comenzado a cocinarle a su esposo con una buena motivación, que su intención original haya sido amarlo. Sin embargo, al final del día, ***ese deseo mutó***. Su corazón dejó de estar gobernado por el amor a su esposo y comenzó a estar gobernado por el amor a sí misma. De esta forma, su motivación dejó de ser amarlo a él y encontrar placer en esa experiencia y se transformó en algo muy diferente. Sin demasiada reflexión y autoexamen, ese deseo (correcto) se trasformó en una demanda (algo incorrecto). En ese momento el deseo de obtener lo que quería (una cena romántica y tranquila) ***reemplazó a Dios como el soberano dador de felicidad de su corazón***. Esto es lo que la Biblia llama un ídolo. Un ídolo se forma con una necesidad legítima que es elevada al lugar de una ***exigencia salvadora***. Es el abandono de Dios (quien ha prometido satisfacer todas nuestras necesidades) por una alternativa (en este caso una cena especial) que promete darnos lo mismo que Dios o algo aún mejor. Este proceso de elevar (o idolatrar) nuestros deseos, de llevarlos a un estado de exigencia o demanda, es mucho más común y sutil de lo que nos gustaría aceptar.

> Esto nos ocurre más a menudo de lo que pensamos. El deseo de tener éxito en el trabajo se convierte en una demanda de apreciación hacia el jefe. El deseo de tener suficiente dinero para pagar las cuentas se transforma en codicia por las riquezas. El deseo de ser un buen padre se convierte en un deseo de tener hijos que mejoren mi reputación. El deseo de una amistad se convierte en la demanda de ser aceptado y en enojo si no lo soy. Lo que una vez fue un deseo saludable toma el control y, cuando esto ocurre, el deseo que originalmente me motivó se convierte en algo muy diferente. En vez de ser motivado por el amor a Dios y a mi prójimo, soy motivado por una búsqueda de lo que me traerá placer, y por esta causa me enojo con cualquiera que me estorbe.[52]

Notemos el gran "intercambio" que sucedió en el ejemplo de la esposa. La misma persona que había sido objeto de su amor, de repente, ¡se convierte en el objeto de su ira! ¿Fue el marido el responsable de esta ira? ¡Por supuesto que no! La ira de la esposa se originó al idolatrar un deseo de su corazón. Al cambiar a Dios por el marido. Al creer la mentira que la creación puede darle aquello que en realidad solo puede darle el Creador. Al hacer esto, los deseos de su corazón llegaron a gobernarla reemplazando a Dios como el gobernador de su corazón.

¿Puedes verlo? Caemos en idolatría cuando hacemos dos cosas; o mejor dicho, cuando "endiosamos" dos cosas: la creación y a nosotros mismos. Por un lado, tomamos algo bueno que Dios nos ha dado (el sexo, el dinero, una cena romántica, etc.) y lo elevamos a la categoría de dios. ¿Cómo? Concluyendo internamente: "Tener esto es lo que me dará verdadera vida. Aquí está mi fuente de bienestar." Es decir, convertimos a la creación en nuestro dios y salvador. Por el otro, rechazamos la soberanía y la bondad de Dios y tomamos control de nuestro propio futuro y buenaventura. ¿Cómo? Concluyendo internamente: "Esto es mejor que lo que Dios ofrece. Yo sé mejor que Dios cuál debe ser mi fuente de bienestar". Es decir, nos convertimos nosotros mismos en nuestro propio dios y salvador. ¿Recuerdas Jeremías 2:13? El problema es doble; abandonar a Dios y buscar una nueva fuente de agua que me dé vida.

> Es difícil para nosotros retener nuestros deseos con manos abiertas. Más bien, los deseos tienden a asirnos. Nuestros deseos tienden a ser elevados a una posición en la que nunca deberían estar. Esto es lo que sucede: Un ***deseo*** batalla por el control hasta que se convierte en una ***demanda***. La demanda luego es expresada (y usualmente experimentada) como una ***necesidad***. ("Necesito tener sexo". "Necesito que me respetes"). Mi sentido de necesidad eleva mi **expectativa**. Cuando mi expectativa no es satisfecha me lleva a la ***decepción***. La decepción lleva hacia algún tipo de ***castigo***. "Codiciáis, y no tenéis; combatís y lucháis". Por eso cuando Santiago dice, "¡Oh, almas adulteras!", no está cambiando de tema. Está diciendo algo muy importante. El adulterio tiene lugar cuando le doy a alguien más, el amor que le prometí a otra Persona. El adulterio espiritual ocurre cuando le doy a algo o alguien más, el amor que le pertenece solo a Dios. Santiago está diciendo que el conflicto humano está enraizado en el adulterio espiritual.[53]

La pregunta clave para hacernos en toda situación es: ***¿a quién estoy amando a través de esta acción?*** O, si quieres, ¿quién o qué está reinando ahora en mi corazón? Sí, hemos hecho algo "bueno". Nos hemos sacrificado por nuestra pareja, por la iglesia o por un compañero de trabajo; pero ¿a quién estábamos amando al hacerlo? ¿A ellos? ¿A Cristo? ¿A nosotros? ¿Qué nos motivó a hacer lo que hicimos? Pasar por alto las motivaciones del corazón es pasar por alto la cuestión más importante de la vida cristiana. Ellas son la ***razón*** por la cual vivimos como vivimos. Ellas son la ***causa*** por la cual actuamos como actuamos. Ellas son las que ***generan pasión por Dios o idolatría***. Como dice Tim Keller:

> La Biblia no considera la idolatría como un pecado entre muchos... la idolatría es la razón por la que siempre hacemos algo incorrecto. ¿Por qué siempre fallamos en amar al prójimo o mentimos o vivimos egoístamente? Por supuesto que la respuesta general es porque somos débiles y pecadores; pero la respuesta específica es porque siempre ***hay algo además de Jesucristo que tú sientes que debes tener para ser feliz***, que es más importante en tu corazón que Dios, y que está esclavizando tu corazón a través de ***un deseo excesivo***. Por ejemplo, nosotros no mentiríamos a menos que primero hubiéramos hecho algo – la aprobación de los demás, el prestigio, la reputación, el poder sobre otros, el obtener

ventaja financiera- más importante y valioso para nuestros corazones que la gracia de Dios. Así, ***el secreto para cambiar es siempre identificar y desmantelar los ídolos básicos del corazón***.[54]

Enfocarnos en las motivaciones y deseos del corazón nos ayuda a ver que el problema principal del ser humano no es el comportamiento, sino la idolatría. El comportamiento es una consecuencia de aquello que sea el "dios" de nuestro corazón; de aquello que sea nuestro mayor tesoro. Como Jesús comunicó en varias oportunidades, nuestras acciones externas son resultado de lo que amamos y atesoramos internamente. "*Y Jesús decía: Lo que sale del hombre, eso es lo que contamina al hombre. Porque de adentro, del corazón de los hombres, salen los malos pensamientos, fornicaciones, robos, homicidios, adulterios, avaricias, maldades, engaños, sensualidad, envidia, calumnia, orgullo e insensatez. Todas estas maldades de adentro salen, y contaminan al hombre*" (Marcos 7:20-22).

Meditar en esta realidad nos confronta con un problema aún mayor. Si es verdad que la idolatría tiene que ver con nuestros deseos, deseos que amamos tanto al punto de transformarlos en demandas, estamos ahora frente a un nuevo y más profundo dilema. Como hemos visto en detalle en el capítulo tres, no podemos cambiar lo que deseamos. No podemos obligarnos a modificar lo que amamos, atesoramos y valoramos; porque el amor es una respuesta. Es una respuesta incontrolable frente a aquello que se presenta atractivo; frente a aquello que se muestra como el mayor bien para mi alma; frente a aquello que afirma poder satisfacer nuestras necesidades y darnos plena felicidad. (En el caso de la esposa, una cena).

Si queremos comprender correctamente cómo se producen los cambios profundos, ***es esencial captar la importancia de que no podemos modificar lo que amamos. ¡El amor es una respuesta que no podemos forzar!*** Piénsalo un momento. Cuando dos de nuestros hijos pequeños están discutiendo acaloradamente podemos obligarlos a que dejen de discutir (es decir, cambiar su comportamiento), pero no podemos obligarlos a sentir convicción de pecado (es decir, reconocer su idolatría). Podemos forzarlos a que hagan silencio y se escuchen mutuamente (apelando a la culpa, a amenazas, al orgullo, al temor o a la disciplina física), pero no podemos obligarlos a entenderse y a poner primero el interés del otro. Podemos pedirles que repitan palabra por palabra de qué forma han agredido a su hermanito, pero no podemos obligarlos a que sientan dolor por su propio pecado. Podemos exigirles que se pidan perdón, pero no podemos obligarlos a que no guarden amargura y se sientan en paz con el otro. ***No podemos cambiar lo que realmente necesita ser cambiado***. Ni en nuestros hijos, ni en nuestra pareja, ¡ni en nosotros mismos! No podemos cambiar lo que *deseamos*.

Esto nos lleva a redescubrir una verdad preciosa. Puesto que no podemos cambiar lo que ama el corazón, ***¡la santificación tiene que ser un regalo!*** ¡Una obra de Dios y no nuestra! ¡Una transformación divina! ¡Una obra sobrenatural! Podemos forzar a otros (y a nosotros mismos) a hacer cambios superficiales. Podemos pedirle a la gente que vaya a la iglesia los domingos, que ponga su ofrenda, que lean su Biblia, que oren, pero no podemos pedirles que cambien lo que aman. ***La conversión es un cambio de deseos.*** (Dejar de desear el pecado y comenzar a desear a Cristo). ***¡La santificación también!*** No pudimos lograr lo primero por nosotros mismos, tampoco podemos lograr lo segundo. Sí, ***la justificación es un don***, pero ***la santificación también lo es***. Piénsalo un momento, ***nuestro problema fundamental no es un problema de ignorancia*** (sabemos perfectamente lo que tenemos que hacer-en el caso de la mujer no enojarse con su esposo) ***nuestro problema fundamental es un problema de capacidad*** (no tenemos el *deseo*; es decir, el *poder* para hacerlo). Sabiendo lo que tenemos que hacer no *podemos* hacerlo (Romanos 7:18,19). Y no podemos hacerlo porque no podemos modificar lo que amamos.[a]

Cuando vemos esto, cuando somos confrontados con el verdadero estado del corazón, tenemos dos opciones. Podemos, como vimos en el capítulo cinco, seguir intentando cambiar con nuestras propias fuerzas o podemos aceptar humildemente nuestra condición y permitir que el evangelio nos cambie. ***¿Qué tenemos que hacer para cambiar?*** Lo mismo que hicimos el día que nos convertimos. ***Dejar de intentarlo. Debemos acercarnos a Cristo, como en el día de nuestra conversión, con manos vacías.*** Con nada para ofrecer. Debemos dejar de culpar al mundo por nuestras reacciones pecaminosas y nuestra insatisfacción, y aceptar que nosotros somos los adúlteros espirituales que intercambiamos constantemente el reino de Dios por el nuestro. Cuando veamos

[a] Dice Tim Chester: "Hay quien sostiene que la conversión es totalmente obra de Dios, pero que la santificación es una colaboración entre nosotros y él. Ninguna de ambas conclusiones es cierta. La conversión es por completo obra de Dios, pero nosotros tenemos la responsabilidad de *responder en fe y arrepentimiento*. De hecho, la fe y el arrepentimiento son un don de Dios para beneficio nuestro. Dios abre los ojos cerrados; Dios concede arrepentimiento (Marcos 8:18-30; 2 Corintios 4:4-6; 2 Timoteo 2:25). Esa es la razón de que mi conversión sea una acción completamente gratuita procedente de Dios. Ahora bien, por iniciativa divina y con la ayuda de Dios, nosotros tenemos una parte activa. Y lo mismo ocurre en la santificación. En principio, es por entero obra de Dios. Pero nosotros no somos meros sujetos pasivos. Nuestra parte es *responder con fe y con arrepentimiento*. Pero incluso eso es obra de Dios operando en nosotros [...]" Tim Chester, *Tú puedes cambiar*, p.60. Como dice Pablo en 1 Corintios 15:10: *"Pero por la gracia de Dios soy lo que soy, y su gracia para conmigo no resultó vana; antes bien he trabajado mucho más que todos ellos, aunque no yo, sino la gracia de Dios en mí"*. Nuestra tarea para crecer es apropiarnos (por medio de la fe y del arrepentimiento) de la gracia que Dios quiere impartirnos. En otras palabras, cambiar, no por nuestras fuerzas sino por medio de su Espíritu.

esta realidad con una intensidad profunda y nueva (esto es, con convicción y contrición de pecado, experiencias que son un regalo y que solo el Espíritu Santo puede producir), entonces nos daremos cuenta que necesitamos las dos "ofertas" (o tesoros) que el evangelio nos ofrece: ***perdón*** (no solo por *hacer* lo malo sino por *amar aquello que nos aleja de Dios*) y ***poder*** (no solo para *hacer* lo bueno sino para *amar a Dios al hacerlo*). Cuando, como dice el título de este capítulo, descubramos los verdaderos deseos de nuestro corazón, entonces nos daremos cuenta que necesitamos el evangelio como el primer día.

¿Qué podemos hacer para cambiar nuestro corazón?

¿Qué podemos hacer nosotros para producir fruto? Meditemos sin apuro en la respuesta de Jesús. "***Nada***..."[b] No te frustres conmigo si esto te choca, no son mis palabras, son las palabras de Jesús. ***Sin él***, no podemos hacer ***nada***. "*Yo soy la vid verdadera, y mi Padre es el viñador. Todo sarmiento que en mí no da fruto, lo quita; y todo el que da fruto, lo poda para que dé más fruto. Vosotros ya estáis limpios por la palabra que os he hablado. Permaneced en mí, y yo en vosotros. Como el sarmiento no puede dar fruto por sí mismo si no permanece en la vid, así tampoco vosotros si no permanecéis en mí. Yo soy la vid, vosotros los sarmientos; el que permanece en mí y yo en él, ése da mucho fruto, porque separados de mí nada podéis hacer*" (Juan 15:1-5).

¿Qué quiere decir Jesús cuando dice que "*no podemos producir fruto por nosotros mismos*"? ¿Qué significa la frase "*no podéis hacer nada*"? Para entender correctamente lo que Jesús está diciendo es necesario entender correctamente todo el pasaje en que se encuentra. En primer lugar, tenemos que comenzar observando que Jesús les está hablando a cristianos, a creyentes, a personas

[b] Como veremos nuevamente en el capítulo doce, el hecho de que afirme que el ser humano no puede hacer nada para cambiar su propio corazón no debe confundirse con el hecho que Dios no haya provisto medios que el Espíritu utilice para operar nuestra transformación. Los llamados "medios de gracia" (como las disciplinas espirituales, la iglesia, la confrontación, la exposición de su Palabra, las pruebas, etc.) son justamente eso, medios. Como la predicación es el medio a través del cual el no creyente escucha el evangelio (Romanos 11:14) y sin ella sería "imposible" (o, al menos, anormal) que una persona se convierta; los medios de gracia son instrumentos para que el creyente sea expuesto nuevamente al evangelio. No pueden hacer nada en sí mismos, pero pueden acercarnos a Aquel que sí puede hacerlo. De esta forma, que Dios sea el que ilumine al hombre para ver su belleza y su gloria no quiere decir que las facultades naturales (como la mente, la razón, la imaginación, etc.) y diferentes medios externos (como los mencionados arriba) no sean usados por él para lograr su objetivo. Como dice Jonathan Edwards: "La mente no puede ver la excelencia de alguna doctrina a menos que esa doctrina esté primero en la mente; pero el ***ver la excelencia*** de la doctrina solo puede venir directamente del Espíritu de Dios, aunque el conocimiento de la doctrina o proposición en sí misma pueda ser a través de su Palabra [u otro medio que a Dios le plazca utilizar]". José Moreno Berrocal, Jonathan Edwards, Pasión por la gloria de Dios, (Barcelona: Publicaciones Andamio, 2008), p.71. (Aunque lo ideal sería que vayas descubriendo poco a poco cómo funciona esta dinámica, si quieres, puedes ver el gráfico del iceberg en el capítulo 10 donde se explica claramente lo que tú puedes hacer y lo que no).

convertidas. No solo eso, sino que Jesús está enseñando acerca de cómo cambiar. Está explicando cómo un cristiano puede producir "fruto". ¿Qué quiere decir "fruto" en este contexto? Algunos estudiosos piensan que está hablando de "fruto ministerial"; es decir, fruto de personas (nuevos creyentes). Otros dicen que Jesús está hablando de "fruto del Espíritu"; es decir, cambios en nuestro carácter (Gálatas 5:22,23: amor, gozo, paz, paciencia, etc.). ¿Cuál de las dos interpretaciones es la correcta? A mi criterio, ¡ambas! Jesús está hablando de cómo una persona es capaz de vivir el "gran mandamiento" y la "gran comisión"; ¡ambos! Si tuviera que resumirlo con una frase diría que ***fruto es todo lo que Cristo desea producir en una persona y todo lo que solo él es capaz de producir en una persona***. (Por eso involucra ambas). Eso es lo que el texto nos muestra. Por eso, en la parábola ¡él es la vid! Si Mateo estuviera escribiendo este pasaje diría que ***fruto son actos de justicia hechos con un corazón puro.*** ¿Recuerdas Mateo 6:1? "*Cuidad de no practicar vuestra justicia delante de los hombres para ser vistos por ellos; de otra manera no tendréis recompensa de vuestro Padre que está en los cielos*". Mateo diría: "fruto es ofrendar, orar y ayunar con una buena motivación". Fruto es hacer lo que haces sin una agenda oculta; sin amor a uno mismo; sin intentar satisfacer un deseo egoísta; sin caer en idolatría. Fruto es hacer lo que haces disfrutando del Padre, pensando en él. (Fruto es la esposa preparando la cena con amor desinteresado por su marido). Si Pablo estuviera escribiendo Juan 15 diría "Fruto es hacer todo lo que haces (hablar en lenguas angélicas, dar dinero, profetizar, etc.) con amor real por otros" (Ver 1 Corintios 13:1-3). Aunque completaré la idea más adelante, yo lo diría de esta forma: ***fruto es una buena acción hecha con una buena motivación***. Es tener verdadero amor al hacer cualquier cosa que hago (1 Timoteo 1:5).

¿Qué dice Jesús sobre ***esta clase*** de fruto? Jesús dice que ***solo puedo producirlo si permanezco en él, si él es mi vid, si estoy conectado a él.*** Mira con atención el texto. ¿Qué representa la imagen de la vid? ¿Qué quiere decir Juan cuando afirma que Jesús tiene que ser una "vid" y yo una simple "rama"? Pues ***que Él tiene que darme el poder*** para producir fruto. Es decir, que él tiene que darme la capacidad para vivir de una forma que yo no puedo. Juan 15 es muy claro; el fruto es algo que ***solo*** Jesús puede producir en mí. ¡Él tiene que estar presente para que suceda! Yo no puedo producir esto con mis propias fuerzas. La razón por la cual nos cuesta tanto entender esto es porque todavía pensamos que tenemos la capacidad para vivir como Dios espera de nosotros. Pero la vida cristiana no es difícil de vivir, ¡es imposible! El cristianismo no es un programa de autoayuda. El cristianismo es un constante redescubrimiento que ***sin Cristo no puedo crecer***.

Déjame hacerte una pregunta. ¿Cuál sería tu peor pesadilla? Piénsalo un momento antes de seguir leyendo. ¿Qué es lo peor que podría pasarte? Si somos cristianos verdaderos la respuesta a esa pregunta debería ser para todos la misma. Seguramente te sorprenderá, pero considérala con detenimiento. "Mi peor pesadilla sería que Dios me quite el Espíritu Santo". (Si. Lo sé. Para un creyente verdadero esto es imposible; solo te estoy pidiendo que lo imagines). Piénsalo de otra forma. Si mañana te despertaras sin el Espíritu Santo, ¿te darías cuenta? ¿Se daría cuenta tu familia? ¿Notarían tus amigos que perdiste a Dios? ¿Te preguntarían en el trabajo qué te ha pasado y por qué eres una persona tan distinta?

Piensa otra situación hipotética. Digamos que Dios se hace hombre nuevamente y se encuentra contigo. Después de presentarse y sorprenderte con milagros que confirman sin lugar a dudas que es él, se muda a tu casa. De esta forma, tienes el privilegio de desayunar con él; de almorzar con él y de cenar junto a él cada noche. Durante el día te enseña cosas maravillosas y, con el pasar de los meses, llegas a formar una amistad increíble. Tu vida espiritual nunca ha tenido semejante nivel de profundidad. Sin embargo, después de tres años te dice esto: "*[Te] conviene que yo me vaya*" (Juan 16:7). Seguramente en ese momento tú (al igual que los discípulos) estarás pensando: "¿Conviene? ¿Cómo es que *me conviene* que tú te vayas? ¿Qué puede ser mejor que Dios mismo hecho hombre viviendo todos los días conmigo, enseñándome, orando conmigo y ayudándome a crecer? ¡Eso es imposible! No hay nada mejor que eso". La respuesta es fascinante. ¡Existe algo mejor! La presencia del Espíritu Santo dentro de nuestro corazón. De eso habla Juan 15. ¡De ***tener a Dios DENTRO nuestro***! Vivir "conectado" a la vid es lo que Pablo llamaría "vivir lleno del Espíritu". Lo que Juan está diciendo es que tú no puedes vivir la vida cristiana. ***Necesitas a Cristo para vivir como Cristo***. La única forma de producir fruto y cambiar es a través del Espíritu de Cristo. Sí, es verdad, el Espíritu jamás nos será quitado. Pero el Espíritu sí puede ser "entristecido", "apagado", "menguado". ¿Cómo? Es muy simple. Se resume en una frase. ***Intentando vivir la vida sin él.***

Cristo dijo: "*Sin mí, nada podéis hacer*". Según Jesús no hay un solo mandamiento que yo puedo vivir sin él. No hay un solo cambio que yo pueda hacer sin su ayuda. Sin embargo, todo el tiempo lo intentamos. Imagínate que Dios me pide que juegue al fútbol como Messi. No simplemente que patee una pelota y meta un gol de vez en cuando, sino que tenga la misma capacidad para jugar al fútbol que tiene él. El resultado es muy previsible. Yo podría renunciar a mi trabajo, entrenar toda la vida, contratar a los mejores entrenadores del mundo para que me enseñen todas las mejores técnicas y, aun así, ¡jamás llegaría jugar como él! ¡Simplemente no tengo el poder para hacerlo! La única forma de jugar como Messi es si, de alguna forma sobrenatural, Messi se mete dentro de mi cuerpo y "ya no soy yo el que juega, sino que Messi juega por mí". (Esta es mi paráfrasis de Gálatas 2:20). Eso es justamente lo que representa la imagen de la vid. Yo no puedo vivir como Cristo, pero él sí puede hacerlo por mí. ¿Cómo lo hace? A través de su Espíritu.

Entonces, ¿qué significa "no podéis hacer nada"? Si lo piensas un momento, parece una frase bastante ilógica y contradictoria. ¡Hay infinidad de cosas que podemos hacer sin Cristo! Sin Cristo podemos levantarnos de la cama cada mañana. Podemos lavarnos los dientes, peinarnos, desayunar. Podemos conducir el automóvil al trabajo, hablar con nuestros compañeros y trabajar en la oficina sin mayores problemas. Podemos ver la televisión, jugar al ajedrez e ir de compras. ¿Hace falta tener a Cristo dentro para hacer estas cosas? ¡Claro que no! ¿Acaso un musulmán o un ateo no pueden hacerlas? De hecho, si hilamos más profundo, podemos hacer muchas cosas muy buenas y "espirituales" sin él. Mateo 6:1 nos recuerda que podemos dar dinero, podemos orar y podemos ayunar sin él. Cuando Jesús dice ***"no podéis hacer nada sin mí", no quiere decir que no puedo hacer acciones buenas; significa que no puedo hacer nada con amor puro, con amor real, con buenas motivaciones.*** Significa, siguiendo el pensamiento de Juan, que no puedo producir la clase de "fruto" que glorifica a Dios (Juan 15:8). Es decir, no puedo hacer algo que Dios mire y concluya: "¡Esto que Nico ha hecho es fantástico! ¡Merece mi plena aprobación! ¡Está lleno de desinterés y amor! Me hace quedar bien a mí. Me trae gloria". ¿Por qué? "*Dios no mira como mira el hombre, pues el hombre mira la apariencia exterior, pero el Señor mira el corazón*" (1 Samuel 16:7). ¿Y cómo está mi corazón? ¡Sucio! Como el de la esposa. ¡Aun preparando un plato de comida a alguien que amo me amo a mí mismo! Uno de los pastores más consagrados que ha vivido escribió:

> No sé qué es lo que tú piensas, pero yo puedo decir que no oro sin pecar, que no predico sin pecar, que no hago nada sin pecar. Todo mi arrepentirme está necesitado de arrepentimiento, y las lágrimas que derramo han de ser lavadas en la preciosa sangre de mi amado Redentor. Los deberes mejor hechos no dejan de ser muestra de extraordinario pecado. Para que pueda haber paz en tu corazón, primero tendrás que aborrecer el pecado antiguo y el pecado nuevo, admitiendo la inutilidad de tu justicia y la falta de valor de las obligaciones cumplidas. Tendrá que haber pleno reconocimiento de la propia incapacidad. Ese será el último ídolo al que renunciar. El orgullo de nuestro corazón no nos permite fácilmente rendirnos a la justicia de Jesucristo. Pero si no nos damos cuenta de esa deficiencia, nunca nos acercaríamos a Jesús. Son muchas las personas que dicen: "Bueno, yo creo, que todo eso es cierto", pero hay una gran diferencia entre lo que se dice y lo que se siente. ¿Has sentido tú alguna vez la necesidad de un Redentor? ¿Has notado en algún momento que te falta Jesús por la insuficiencia de tu propia rectitud? ¿Puedes ahora decir con todo tu corazón: "Señor, tienes derecho a condenarme por la insuficiencia de mis buenos actos? Si no has sentido en algún momento esa gran verdad, podrás hablar de paz personal, pero no será verdadera".[55]

Juan 15:4 dice que ***no puedes producir fruto por ti mismo, ¿realmente crees esto?*** ¿Realmente vives tu vida cristiana consciente que no te puedes cambiar? ¿Consciente de que el fruto que Dios espera de ti es **IMPOSIBLE**? Jesús dice sin tapujos que no puedes hacer nada (sin él). La situación en la que tú y yo nos encontramos es la misma que si fuéramos un paralítico y alguien nos dice: "¡Camina!". ¿Cuál sería tu respuesta? La mía sería: "¿Estás loco? ¿Es que no ves la silla de ruedas? ¿No te das cuenta de mi condición? ***¡No puedo hacer lo que me pides!***". ¡Esa debería ser nuestra respuesta cada vez que pensamos en cambiar o que leemos cualquier mandamiento de la Biblia! ¿Puedes verlo? Cada vez que lees un mandamiento o una enseñanza en la Biblia deberías reaccionar como un paralítico diciendo: ¡yo no puedo hacer esto! Sin embargo,

¿cuál es nuestra reacción? ¡Hacemos todo lo contrario! Decimos: "Voy a intentarlo. Me voy a esforzar por cumplirlo. Voy a dar lo mejor de mí". Después, cuando fallamos, nos desilusionamos, aunque Jesús ya nos había dicho "**NO PUEDES VIVIRLO**". ¿Por qué sucede esto? Porque estamos confiando en la persona equivocada. Estoy confiando en mí en vez de buscar el poder de Jesús, como dice Juan 15. ***El fruto (el cambio real) es un RESULTADO. El cambio profundo es una consecuencia de lo que él hace en nosotros, no de lo que nosotros hacemos por él.***[c]

Lo que dice el evangelio

¿No resulta increíble que para ser cristiano tengo que dejar de ser una buena persona? ¿Has leído bien lo que he escrito? ¡Para ser cristiano tengo que dejar de intentar ser bueno! ¿Acaso no es eso lo que decimos a la persona que intentamos evangelizar? Después de todo, ¿no es esa la razón por la cual murió Jesús? ¿No dijo Jesús en varias ocasiones: *"Los que están sanos no tienen necesidad de médico, sino los que están enfermos; no he venido a llamar a justos, sino a pecadores"*? Como dice Pablo, si uno pudiera llegar a ser justo por obedecer a Dios, ¡su muerte sería innecesaria! (Gálatas 2:21). ***Para Jesús tu pecado no es tu mayor problema, para Jesús tu bondad es tu mayor problema.*** Tus intentos de cambiarte sin su ayuda. Juan 3:16 dice que no me puedo salvar. Juan 15:5 dice que no me puedo cambiar. ¡Para ambos necesito a Cristo!

Déjame sacudirte y poner a prueba tus convicciones. Piensa en lo que Jesús ha dicho en una situación hipotética donde un pastor ha mirado pornografía un sábado por la noche, ¡justo un día antes de predicar su sermón! Te pregunto: ¿Qué tiene que hacer este pastor? ¿Renunciar al pastorado? ¿Confesar públicamente lo que ha hecho? ¿Dejar de predicar? Permíteme responder esta pregunta con otra: ¿Qué le dirías a un amigo no cristiano que te dice que no puede creer que Jesús lo perdona porque ha mirado pornografía la noche

[c] Considera la siguiente pregunta, ¿qué quiere decir la famosa frase "vivir en la carne"? Es muy posible que lo primero que venga a tu mente al pensar en una respuesta sea una persona que está pecando de manera obvia o alguien que está haciendo algo que no debería. Si bien es verdad que Gálatas 6:19 nos habla de cuáles son las "obras de la carne" (y aquí sí se refiere a un comportamiento incorrecto); bíblicamente hablando, "vivir en la carne" es otra cosa. ***Una persona que vive en la carne es aquella que está intentando cambiarse con sus propias fuerzas.*** Es alguien que vive su vida cristiana desconectada del Espíritu. Dice Gálatas 3:2,3: *"Esto es lo único que quiero averiguar de vosotros: ¿recibisteis el Espíritu por las obras de la ley, o por el oír con fe? ¿Tan insensatos sois? Habiendo comenzado por el Espíritu, ¿vais a terminar ahora por la carne?"* ¿Puedes verlo? "Vivir en la carne" identifica a una persona que ha comenzado a vivir la vida cristiana a través del Espíritu de Dios y que ahora está intentando vivirla con sus propias fuerzas. ***¡Es alguien obediente!*** Es una persona que está intentando progresar en su vida espiritual sin el Espíritu Santo. Es alguien que está haciendo lo que "debe hacer", pero lo está haciendo sin depender de Dios. ¿Qué es "vivir en la carne"? ***Es todo lo que hago sin depender de él.*** Me gusta mucho responder esta pregunta a través de una ecuación: ***Vivir en la carne = Yo, menos el obrar del Espíritu Santo.***

anterior? Quizás dirías algo así: "*Los que están sanos no tienen necesidad de médico, sino los que están enfermos; no he venido a llamar a justos, sino a pecadores.*" ¿Cuál es la típica reacción que tiene una persona no creyente cuando le decimos esto (es decir, cuando le compartimos el evangelio por primera vez)? "¿Tú me estás diciendo que no tengo que hacer ***nada*** para ser salvo? ¿Tú me estás diciendo que Dios me va a perdonar ***todo*** lo que he hecho simplemente creyendo en lo que Jesús ha hecho *sin hacer nada más*?" ¿Puedes verlo? Para ser salvo y para cambiar tenemos que "hacer" lo mismo. Aceptar quienes somos, personas profundamente egoístas, orgullosas y autocentradas, y apropiarnos por fe de lo que Cristo ha hecho por nosotros. ¡Volver a experimentar el evangelio!

Al menos con nuestra boca, la mayoría de los cristianos en el mundo afirmamos que tanto la justificación como santificación son por pura gracia.[d] Es decir, son un regalo de Dios que se obtiene por medio del arrepentimiento y la fe. Pero, ¿es eso lo que nuestra *praxis* manifiesta? Piénsalo un momento. ¿Qué es lo que una persona tiene que hacer para ser justificado? *Aceptar* su condición pecadora, *reconocer* la realidad que sus obras no lo pueden salvar, *confiar* en la cruz de Cristo y *recibir* por fe el regalo de lo que Jesús ha hecho por él o ella. ¿Qué es lo que una persona tiene que hacer para ser santificada? ¡Exactamente lo mismo! *Aceptar* su condición pecadora, *reconocer* la realidad que sus obras no lo pueden cambiar, *confiar* en la cruz de Cristo y *recibir* por fe el regalo de lo que Cristo ha hecho *por* él y quiere hacer *en* él o ella a través de su Espíritu. La justificación es un regalo, ¡la santificación también lo es! ***Es la aceptación de lo que el Espíritu de Dios quiere hacer en nosotros***. Fuimos receptores en la justificación, también lo somos en la santificación. Por supuesto que esa gracia produce un efecto tan grande en el corazón que obra. Pero no somos nosotros los que obramos sino que es Cristo en nosotros. No es nuestro poder sino el poder del Espíritu. No es nuestra fuerza sino la fuerza de Dios. Como dice Pablo en Gálatas 2:20: "*ya no soy yo el que vive, sino que Cristo vive en mí*".

Piensa nuevamente en el ejemplo del pastor que mira pornografía un sábado por la noche. ¿Qué es lo que una persona tiende a pensar en una situación así? Probablemente algo como esto: "Después de lo que acabo de hacer, no soy

---

[d] Como afirma acertadamente el teólogo James Garrett: "El uso recurrente de la voz pasiva de *agiazein* [santificar] en el Nuevo Testamento deja claro que la santificación es obra de Dios. En el Antiguo Testamento se encuentran las palabras "os santificaréis", pero en el Nuevo Testamento la norma es "seréis santificados". Es cierto que la santificación como obra de Dios no es algo que ocurre sin el permiso de la persona, pero ***el santificador es Dios***." James Leo Garrett, Teología Sistemática Tomo II, (El Paso: Casa Bautista de Publicaciones, 2000), 374.

digno de predicar mañana. Buscaré a alguien que me reemplace". ¿Qué dice implícitamente este pensamiento? "¡***Antes*** de hacer esto sí era digno!". ¿Qué está sucediendo? El pastor está descansando en sus obras (buenas o malas). Su autoridad deviene de cómo se comporta. Se está apoyando en su propia capacidad. ¿Por qué el pastor no tiene ese sentimiento de culpa e indignidad ***cada vez*** que tiene que predicar, sino que lo siente solo ***ese*** domingo? La respuesta es obvia. Piensa que ***esta vez*** ha hecho algo lo suficientemente malo como para ser indigno, pero ¡***el resto de los domingos no***! [e]

Esta clase de pensamiento es completamente moralista, se apoya en nuestras buenas obras y es similar a la actitud que tenían los fariseos. "Gracias Dios que no soy como los demás hombres...un adúltero..." (Lucas 18:11). Si examináramos correctamente nuestro corazón, como lo hace Jesús de manera magistral en el sermón del monte, nos daríamos cuenta que es posible que jamás hayamos mirado pornografía pero ***sentiríamos una profunda convicción por lo escandaloso de nuestra oculta lujuria*** (Mateo 5:28). Y no solo esto, sino que estaríamos afectados y conmovidos porque ***constantemente*** (no solo el sábado por la noche) quebramos ese y cada uno de los mandamientos que Dios nos pide. ¿O acaso nuestro hambre y sed de justicia es mayor que nuestro hambre y sed de reconocimiento? ¿O acaso intercedemos con pasión por los líderes de nuestra iglesia que nos critican? ¿O acaso nuestros cónyuges dirían que los bendecimos cuando ellos nos maltratan? Entender correctamente el sermón del monte (y la vida cristiana en general), es darnos cuenta que ***el comienzo de la verdadera espiritualidad es el reconocimiento de nuestra falta de ella*** (Mateo 5:3).

Por supuesto que debería dolernos y horrorizarnos la condición de nuestro corazón, pero no solo si miramos pornografía, sino cada vez que nos miramos a la luz de la Palabra y nos damos cuenta de lo lejos que estamos de donde deberíamos estar (Hebreos 4:12; Santiago 1:23,24).

---

[e] Aunque a simple vista parezca lo contrario, esta clase de pensamiento tiene una visión muy baja de la santidad de Dios. Solo los "grandes" pecados me alejan de él y me hacen necesitar de su gracia, los "pequeños" no. Esto es completamente anti-bíblico. ¡Dios es mucho más santo que eso y sus demandas de santidad son mucho más altas que simplemente no caer en "grandes" pecados! Por eso, su gracia y su sacrificio son tan necesarios. Su exigencia es tan alta ¡que nadie puede cumplirla! Siempre, en todo momento, aun cuando le servimos; estamos dependiendo completamente de su gracia. Como veremos en detalle en el capítulo doce, lo que ese pastor debería hacer es hablar con alguien de confianza y contarle su lucha para que, como dice Gálatas 6:2, alguien cercano lo ayude a llevar su "carga". Así, con la ayuda del cuerpo de Cristo, podrá superar esta y cualquier otra lucha que tenga.

El problema del pensamiento de este pastor no es sentirse indigno después de mirar pornografía. El problema de este pastor (y nuestro problema también) es no sentirse indigno todos los días. El problema, para él y para nosotros, es no vivir constantemente consternados por lo que somos.[f] El problema es no tener el corazón iluminado para decir junto con Pablo: "*Palabra fiel y digna de ser aceptada por todos: Cristo Jesús vino al mundo para salvar a los pecadores, entre los cuales yo soy el primero*". (Nota que dice "yo soy" y no "yo fui". Para Pablo esta es una realidad presente, no un recuerdo lejano). Tenemos que admitir junto con el apóstol que somos mucho peores de lo que pensábamos; por eso necesitamos la buena noticia del evangelio que nos recuerda que, ***por lo que Cristo ha hecho, somos perdonados y aceptados a pesar de lo que somos.*** *Eso* es lo que nos da autoridad para poder predicar un mensaje un domingo (o para hacer cualquier cosa para Dios). No nuestros méritos (de no haber caído en "grandes pecados") ni nuestros deméritos (de haber caído en "grandes pecados") sino los méritos de Cristo (que jamás cayó en ningún pecado) y se dio a sí mismo para que podamos tener autoridad. ***Solo cuando veamos nuestra continua pobreza espiritual seremos conscientes de nuestra continua necesidad del perdón de Cristo*** (2 Corintios 8:9). Y solo al ver como él colma nuestra necesidad, seremos liberados de mirar pornografía (o de cualquier otro tipo de idolatría).[g]

El evangelio es la buena noticia que no tenemos que hacer nada para ser ***salvos***, Cristo lo tuvo que hacer todo por nosotros. De la misma forma, el evangelio es la buena noticia que no podemos hacer nada para ser ***santos***, Cristo también lo tiene que hacer por nosotros. Por esta razón, tal como lo fue en el momento de nuestra conversión, comprender y aceptar que somos pecadores es la mejor de las noticias. Por esta razón, si realmente queremos cambiar, tenemos que estar firmemente apoyados en nuestra incapacidad, a fin de poder estar firmemente apoyados en la gracia de Dios.

---

[f] Como dice David Powlison: "El arrepentimiento no es solo la manera en que comenzamos la vida cristiana; el arrepentimiento es la vida cristiana." http://www.cuttingedge.org/sp/citasedificantes.htm.

[g] El evangelio, cuando es entendido correctamente, puede producir confusión. No son pocas las personas que concluyen: "Si Dios perdona *todos* nuestros pecados (incluso el del pastor o tu peor lucha) entonces al final no importa demasiado cómo viva. Después de todo, la cosa no debe ser tan seria si arrepentirme y confiar en él es todo lo que se necesita". ¡Todo lo contrario! La cuestión es tan seria, tan terrible, tan santa; ¡que ***demanda que Dios se haga hombre y sea asesinado por ella***! Lo que a ti y a mí no nos cuesta nada, a él le ha costado todo. Por otro lado, lejos de bajar los estándares de santidad de Dios, el evangelio los eleva a un punto que NADIE, sino Dios mismo al morir en una cruz puede cumplirlos. ¡Nada! Nada sino la muerte de Dios mismo puede pagar la pena (por mirar pornografía, por enojarte con tu pareja, o por cualquier otro pecado sea "pequeño" o "grande").

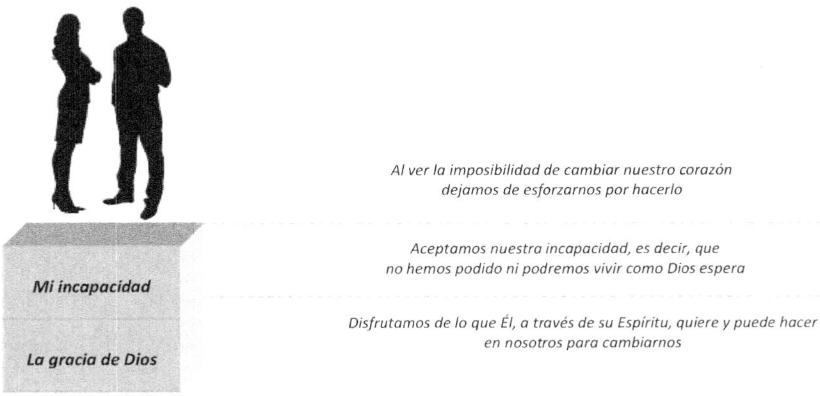

El evangelio nos dice: "No necesitas cambiarte". El evangelio nos dice: "No puedes hacerlo". El evangelio nos dice: "Sus mandamientos son demasiado altos. Jamás podrás vivirlos". El evangelio dice: "No puedes desearle, no puedes buscarle" (Romanos 3:11,12); pero también dice: "*Lo que es imposible para ti, es posible para Dios*" (Mateo 19:26). También nos recuerda: "*No vine a buscar a los justos sino a los pecadores*" (Marcos 2:17). También nos revela: "*el que permanece en mí, ése da mucho fruto*" (Juan 15:5). Cuando comprendemos esta verdad, cuando recordamos todos nuestros intentos fallidos por automejorarnos, cuando llegamos a ver las verdaderas razones que motivan nuestras "buenas obras", entonces, solo entonces, Cristo, el evangelio, dejará de ser solo un antiguo y bonito recuerdo (un mensaje para los no cristianos) y comenzará a transformarse nuevamente en nuestro mayor deseo, en nuestro mayor anhelo y en nuestra más grande necesidad.

Piensa en la siguiente situación. Si vas caminando por la playa y un amigo te presenta al socorrista, seguramente sonreirás, lo saludarás con respeto y, luego de intercambiar algunas palabras superficiales, continuarás tu caminata por la arena sin darle mayor importancia al asunto. Pero, si te estás ahogando en medio del mar embravecido, el socorrista ya no será alguien a quien saludarás casualmente, de repente, se trasformará en la persona más importante de tu vida, en tu mayor tesoro. Como dice Efesios 1:18, Dios está en proceso de ***abrirnos los ojos*** de nuestro corazón para que veamos que no solamente fuimos rescatados el día de nuestra conversión (y ahora nos toca nadar solos). Dios está en proceso de mostrarnos que no podemos nadar (cambiar) solos y que todos los días nos rescata porque todos los días voluntariamente nos lanzamos al mar de nuestros propios deseos idólatras. Solo cuando veamos cuán grande es nuestra incapacidad, veremos cuánto todavía lo necesitamos. Solo cuando dejemos de apoyarnos en nuestra capacidad, estaremos afirmados en su gracia. Solo entonces, volveremos al único que tiene lo que todos (no solamente un pastor que mira pornografía) necesitamos: ***perdón*** y ***poder*** para cambiar.

Dios no nos ha dicho: "Allí está la meta, del otro lado del océano. Ahora, ¡nada!" No. Dios nos ha dicho: "Allí está la meta. Yo sé que no puedes llegar. Sube. Yo te llevo". *"Estando convencido precisamente de esto: que el que comenzó en vosotros la buena obra [¡Dios!], la perfeccionará hasta el día de Cristo Jesús"* (Filipenses 1:6).[h]

> Un día mientras estaba paseando por el campo… esta frase golpeó mi alma. ***Tu justicia está en el cielo.*** Y… vi con los ojos de mi alma a Jesucristo a la diestra de Dios; allí, vi, estaba mi justicia; así que donde quiera que estaba, o cualquier cosa que estaba haciendo, Dios no podía decir de mí, él [carece de] mi justicia, porque esta estaba delante de Él. ***He visto también que no era mi buena imagen del corazón la que hizo mi justicia mejor, ni tampoco mi mala imagen la que hizo mi justicia peor, ya que mi justicia era el propio Jesucristo***: "El mismo ayer, y hoy, y por los siglos" He.13:8. Ahora, ciertamente, mis cadenas cayeron de mis piernas. Fui librado de mis aflicciones y grilletes; mis tentaciones también huyeron… entonces regresé a casa regocijándome en la gracia y en el amor de Dios.[56]

Cuando esta verdad cautive tu corazón, cuando se transforme en tu mayor tesoro, cuando conquiste tus afectos; entonces habrás experimentado un cambio profundo. Entonces, habrá sucedido aquello que es "*imposible para los hombres pero que es posible para Dios*"; ***habrás cambiado lo que amas***, habrás vuelto a tu "*primer amor*".

BREVE RESUMEN

Para que se produzca un cambio profundo necesito ver la idolatría de mi corazón.

[h] El renombrado teólogo J.I. Packer escribió: "El conocer a Dios ***es una cuestión de gracia.*** Es una relación en la que ***la iniciativa parte invariablemente de Dios***- como debe serlo, por cuanto Dios está completamente por encima de nosotros y por cuanto nosotros hemos perdido completamente todo derecho a su favor al haber pecado. No es que *nosotros* nos hagamos amigos de Dios; *Dios* se hace amigo de nosotros, haciendo que nosotros lo conozcamos a él mediante el amor que él nos manifiesta." J.I. Packer, *Conociendo a Dios* (Barcelona: Oasis, 1985), p.42.

- *La idolatría se produce cuando deseo algo (bueno o malo) más que a Dios. Es decir,* ***convierto a la creación en mi dios y salvador****. Ahora algo más que Dios (el sexo, el dinero, una cena romántica, etc.) va a ser lo que me dé verdadera vida.*
- *La idolatría se produce cuando transformo un deseo en una demanda. Es decir,* ***yo mismo me convierto en mi dios y salvador****. Ahora mi sabiduría, mis estrategias, mis decisiones y mi poder son lo que utilizaré para encontrar verdadera vida.*

Para que se produzca un cambio profundo necesito darme cuenta que el fruto es un resultado.

- *"Fruto" son todas aquellas cosas buenas que hago con amor puro, como consecuencia de estar disfrutando del amor de Jesús. "Nosotros amamos, porque Él nos amó primero." (1 Juan 4:19)*
- *"Fruto" es algo que yo no puedo producir sino que es la consecuencia de la obra de Jesús en mí (Juan 15:5).*

Para que se produzca un cambio profundo necesito aceptar que no puedo cambiar mis deseos.

Al darme cuenta cómo caigo una y otra vez en idolatrar los deseos de mi corazón hay dos cosas que quedan en evidencia:

- *En primer lugar, sigo necesitando tanto* ***perdón*** *como el primer día que me convertí. (No solo por mis acciones sino también por mis motivaciones y deseos egoístas).*
- *En segundo lugar, necesito el* ***poder*** *del Espíritu Santo para vivir de una forma que yo jamás podría vivir (Juan 15:5).*

Al darme cuenta que estas dos cosas me son ofrecidas gratuita e inmerecidamente por causa del sacrificio de Cristo, me vuelvo a enamorar de él. ¡Cambia lo que amo! Cristo vuelve a ser mi gran necesidad, mi mayor tesoro y mi primer amor.

PARA REFLEXIONAR O DIALOGAR EN GRUPOS PEQUEÑOS

1. *¿De qué forma este capítulo ha cambiado o confirmado tu forma de entender cómo se producen los cambios?*

2. *Resume en una o dos oraciones los conceptos que más te hayan impactado de este capítulo.*
3. *¿Cuáles son para ti algunos ejemplos personales de cómo tiendes a elevar un deseo a la categoría de ídolo? ¿Qué piensas que te impulsa a hacer esto? ¿Qué es lo que estás buscando a través de este deseo?*
4. *¿Qué sueles hacer después de caer en algún pecado "grande" para ti? (Por "grande" me refiero a un pecado que te desanima "grandemente" después de caer en él. Lógicamente que un pecado "grande" para uno puede no serlo para otro. Para alguien puede ser algo sexual, para otro gritar, para otro no tener coraje de compartir el evangelio, para otro comparar su cuerpo, sentir envidia, etc.). A la luz de lo que has leído en este capítulo, ¿qué piensas que Dios espera de ti en ese momento?*
5. *Lee detenidamente Juan 15:1-5. ¿Cómo explicarías con tus propias palabras qué significa la frase "sin mí nada podéis hacer"? ¿Cómo definirías tú qué quiere decir "fruto"? ¿Qué es lo que uno debe hacer para "permanecer" en Cristo?*
6. *Tus dos necesidades más grandes son* ***perdón*** *y* ***poder****. ¿De qué forma está obrando Dios en tu vida para convencerte de ello?*
7. *Intenta ser lo más honesto que puedas, ¿qué "nivel" de aprecio tienes hoy del evangelio? (No el nivel de aprecio que tenías ayer o el que deberías tener o el que anhelas tener; sino el que hoy estas experimentando). ¿Por qué piensas que es así?*

CAPÍTULO 7

Cuando descubro la belleza de la cruz de Cristo

El asombro es lo que produce cambios

Imagínate una iglesia en donde, un domingo por la mañana en el momento de la predicación, se encuentran presentes tanto personas creyentes como personas no creyentes. ¿Cuál es la diferencia entre un no cristiano, un cristiano carnal y un cristiano espiritual? Los tres escuchan el mismo mensaje. Los tres oyen la misma verdad. Los tres reciben la misma enseñanza. Sin embargo, solo a uno de ellos le impacta. ¿Qué tiene la última persona que no tienen las otras dos? La respuesta se resume en una sola palabra. Asombro. Admiración. Capacidad para apreciar y valorar lo que ha escuchado. Algo ha sucedido dentro del corazón de esta persona para que aquello que tiene poco o ningún valor para los otros dos, sea la cosa más preciosa del mundo para ella.[a]

Desde un punto de vista espiritual, ***ver*** es la experiencia más valiosa que puede experimentar un ser humano porque cuando vemos, solo cuando vemos, ***disfrutamos***. Tal como sucede cuando una persona sale de vacaciones al lugar paradisíaco con el que siempre ha soñado, el anhelo no radica en *llegar* al destino; el entusiasmo radica en *ver* ese lugar que ha esperado con tanta

[a] La parábola del sembrador en Mateo 13:1ss es un ejemplo análogo a esta idea. El verso 23 utiliza el concepto de la persona que realmente produce fruto por causa de "entender" la palabra; es decir, que esa persona ha captado su plena realidad o "belleza".

expectativa. Al verlo, al *disfrutar* toda su belleza, al apreciar todas sus virtudes; al observar el agua cristalina, la arena blanca, los corales, los peces de colores, las palmeras, el cielo azul; al ver estas cosas se origina una experiencia de gozo. Ver produce un impacto en la persona. (Imagínate cómo sería llegar al lugar de tus sueños pero quedarte temporalmente ciego y no poder verlo). Ver causa alegría, genera placer, produce felicidad. Ver ***transforma***.

Ver es la experiencia más valiosa que puede experimentar un ser humano porque solo cuando vemos a Cristo, ***solo cuando vemos la gloria de Cristo, cambia lo que atesoramos y disfrutamos***. Ver su amor, ver su encanto, ver su belleza (expresada en su mayor plenitud en la cruz) es lo que produce un impacto y nos cambia. Ver su valor es lo que causa placer y transforma nuestro corazón dándonos verdadera paz, alegría y felicidad.

> Cuando vemos a Jesús como él es de verdad, lo saboreamos. O lo que es lo mismo, nos deleitamos en él porque es verdadero y hermoso, y nos llena por completo. Ese es mi objetivo, porque hay dos cosas que se dan cuando se experimenta a Cristo de esta manera: él recibe honor, y el gozo nos hace libres a nosotros para poder andar en el angosto camino del amor. Cuanto más nos satisfacemos en Cristo, más se glorifica él en nosotros. Y cuando nos satisfacemos nosotros en él, somos crucificados para el mundo… Como dijo el apóstol Pablo: *Por tanto, nosotros todos,* ***mirando*** *a cara descubierta como en un espejo la gloria del Señor,* ***somos transformados*** *de gloria en gloria en la misma imagen, como por el Espíritu del Señor* (2 Corintios 3:18). ***Al contemplar, se llega a ser. Ver a Cristo salva y santifica.***[57]

La belleza de Cristo transforma el corazón.[b] ***La belleza de Cristo santifica. La belleza de Cristo cambia los afectos de nuestro corazón.*** Verle a él y disfrutar de lo que él ha hecho por nosotros es el ***motivador***, es el ***motor***, es el ***fuego*** que derrite nuestro egoísmo y cautiva lo más profundo de nuestro ser; de modo que, ***después*** de verlo, nuestro mayor gozo sea vivir para él. Mateo 13:45,46 expresa esta verdad de una manera muy gráfica: *"También se parece el reino de los cielos a un comerciante que andaba buscando perlas finas. [Es decir, estaba buscando algo que realmente pudiera llenar su corazón y no lo encontraba]. Cuando encontró una de gran valor [es decir, vio que Cristo es mejor que cualquier "perla"*

[b] Cuando uso la frase "la belleza de Cristo" la utilizo como un sinónimo de "la gloria de Cristo".

que ofrece el mundo], fue y vendió todo lo que tenía y la compró [es decir, cambió al mundo por Cristo]".

Como dice Gálatas 6:14: "*Pero jamás acontezca que yo me gloríe, sino en la cruz de nuestro Señor Jesucristo,* ***por el cual*** *el mundo ha sido crucificado para mí y yo para el mundo*". Pablo es muy claro. El evangelio, la cruz de nuestro Señor Jesucristo, ***solo su obra y su persona tienen el poder para hacer lo que nadie puede hacer por sí solo: dejar de desear vivir para uno mismo y dejar de desear todo lo que los ídolos del mundo tienen para dar.***

Quisiera compartirte una historia verídica que me contó una amiga misionera para que puedas captar el poder trasformador del evangelio.[c] Una mujer cristiana en Kenia vive con un marido abusador. Este regularmente la maltrata con enorme desprecio y humillación. A pesar de que mi amiga misionera le dice que puede abandonarlo (al menos temporalmente hasta que deje de lastimarla), ella decide quedarse con él y continuar sirviéndole y amándole a pesar de las continuas heridas y golpes. Una noche, su marido se emborracha como nunca antes. Esta vez, decide llevar a su casa a varios de sus amigos y, cuando llega, desnuda a su esposa enfrente de ellos y abusa de ella mientras estos beben y se ríen. Una vez que su marido ha terminado de hacer todo lo que quería con ella, sucede algo tan increíble como "divino". La mujer se acomoda la ropa, se arregla el pelo, se dirige a la cocina, y, sin decir nada, prepara una comida para su esposo y sus amigos. Cuando vuelve al comedor, apoya la bandeja sobre la mesa y les dice con cariño: "Les he hecho esto." En ese instante el marido se quebranta. Con lágrimas en los ojos le pregunta: "¿Por qué haces esto? ¿Cómo puede ser que me trates así después de todo lo que te he hecho? ¿Cómo puede ser que me sigas amando?" Con una voz "angelical" su mujer le responde: "Si tengo que sufrir todo esto para que tú puedas ver cuánto Dios te ama, con gusto estaré dispuesta a soportarlo". En ese momento, su marido, quebrantado, cae de rodillas y acepta a Cristo. Al ***ver*** el amor, la gracia y la incondicionalidad de su mujer; el marido cambia...

Presta atención a lo que leerás a continuación. ***¡Cristo es la mujer de Kenia, tú y yo somos el marido!*** (1 Pedro 3:18). Nosotros, aun siendo cristianos, lo rechazamos, lo lastimamos y lo cambiamos por nuestros ídolos. Nosotros, aun siendo cristianos, le damos la espalda, abusamos de su amor y cometemos

[c] **Nota importante**: La intención del relato no es hacer una apología de cómo debería responder una mujer en una situación de abuso. Mi intención es simplemente presentar una analogía del evangelio, sin juzgar como de correctos o incorrectos los aspectos éticos de la decisión de la mujer. Es decir, no estoy defendiendo que una mujer abusada deba quedarse con su marido, solo estoy describiendo un hecho real que sucedió. De hecho, creo firmemente que lo más adecuado en caso de un abuso es reportar al abusador y salir inmediatamente de la situación de peligro.

adulterio (Santiago 4:4). Nosotros, aun siendo cristianos, nos emborrachamos de deseos egoístas y, en palabras textuales de la Biblia, vivimos como nos describe el profeta: "*¡No hubo esquina donde no te exhibieras para prostituirte! Te abriste de piernas a cualquiera que pasaba, y fornicaste sin cesar*" (Ezequiel 16:25 NVI). Sin embargo, ***¡Él fue literalmente desnudado y abusado por nosotros!*** (Mateo 27:27-30). ¡Él fue maltratado por mí y por ti! ¡Él fue golpeado y lastimado públicamente mientras se burlaban y reían de él! "*Él fue despreciado y desechado... varón de dolores y experimentado en aflicción... él cargó con nuestras enfermedades y con nuestros dolores... él fue azotado y afligido... él fue herido por nuestras trasgresiones... él fue molido por nuestras iniquidades... él fue oprimido y no abrió su boca... aunque nunca había hecho violencia ni había habido engaño en su boca...*" (Isaías 53:3-7). Sin embargo, Él también dijo: "***Padre perdónalos porque no saben lo que hacen****. Mientras tanto, echaban suertes para repartirse entre sí la ropa de Jesús*" (Lucas 23:34).

Hasta que no veas que odias a Dios, no podrás amarlo. Y hasta que no veas que él te acepta a pesar de ello, jamás podrás llegar a ver el calibre de su amor (Romanos 5:10). No cometemos "pequeños" pecados que merecen un "pequeño" Salvador y que demandan un "pequeño" sacrificio. ¡Todo lo contrario! Somos como el marido de la mujer de Kenia que todos los días abusamos de un Dios que se deja deshonrar una y otra vez por amor a nosotros y que una y otra vez nos dice: "Si tengo que sufrir todo esto para que tú puedas ver cuánto te amo, con gusto estaré dispuesto a soportarlo". Las palabras de la mujer de Kenia son las palabras de Jesús. Ese es el evangelio. Y verlo, apreciarlo, asómbrarte de él; te cambiará. Sí, la cruz es la mejor de las noticias para el no creyente, pero también es la mejor y más necesaria noticia para el que hace años que cree.

Aquí está la clave: ***El mismo Dios que nos atrajo y nos sedujo con su cruz para ser salvos, es el Dios que nos atrae y nos seduce hoy para ser santos.*** ¿Cómo cambiamos? Viendo. Viendo sin estorbo la profundidad de nuestra maldad y la inexplicable grandeza de su amor. ***Viendo cómo somos y recordando cómo es él.*** Viendo cómo nuestros ídolos todavía nos dominan y sorprendiéndonos de que él todavía nos ame y quiera liberarnos. Viendo como hoy, después de años de ser cristianos, todavía tenemos necesidad de un Salvador. Como clamaba San Agustín: "¡Ea, Señor, hacedlo vos: despertadnos, reducidnos, encendednos y arrebatadnos para que, abrasados con vuestra dulzura, os amemos y corramos en pos de vos!".[58]

El evangelio dice dos verdades muy simples pero muy profundas. ***Somos malos***; que justamente es lo que no queremos aceptar y tendemos a negar poniendo excusas o culpando a otros. ***Cristo es bueno***. Él es y será la necesidad más grande de nuestras vidas. Cuando *vemos*, *sentimos*, *experimentamos* estas realidades suceden otras dos cosas extraordinarias. ***Cristo es valorado***. Puesto que ahora disfrutamos de su belleza, puesto que ahora lo apreciamos por lo que realmente vale; es decir, lo glorificamos. ***Nosotros somos valorados***. Aceptar la condición de nuestro corazón no nos denigra ni destruye nuestra autoestima, todo lo contrario, nos dignifica. Genera en nosotros ***una identidad fundada no en lo que nosotros hacemos, sino en lo que él ha hecho por nosotros***. Tenemos valor, no por hacer cosas buenas o por negar nuestra maldad, sino por el inmenso precio que fue pagado por nosotros *a pesar* de ella. *Al ver nuestras motivaciones*, y no solo nuestras acciones, nos damos cuenta que somos mucho más pecadores de lo que pensábamos. Pero *al ver la cruz de Cristo* nos damos cuenta que somos mucho más amados de lo que jamás nos hubiéramos podido imaginar.[59] Como ha dicho John Newton: "Si alguna vez pierdo la cabeza, solo quiero recordar dos cosas: que soy un gran pecador y que tengo un gran Salvador".[60]

> Si nos conmueve profundamente la contemplación de su amor por nosotros, esto es lo que nos desprende el corazón de otros supuestos salvadores. Entonces dejaremos de tratar de redimirnos a nosotros mismos por medio de nuestras empresas y relaciones, porque ya habremos sido redimidos. Entonces dejaremos de tratar de convertir en salvadores a otros, porque ya tendremos un Salvador. La única forma de desprender el corazón de un viejo afecto es el poder de expulsión que tiene uno nuevo...[61]

En otras palabras, solo cuando redescubramos lo asombroso del amor de Dios en Cristo para nosotros, nos sentiremos amados de tal forma que ya no necesitaremos de otros amantes y seremos librados de nuestra idolatría. Cuando Dios vuelva a llenar nuestro corazón como lo hizo en el día de nuestra conversión, solo entonces, seremos una vez más "convertidos"; solo entonces seremos cambiados.

> Todas las emociones [afectos o deseos] espirituales nacen de un entendimiento espiritual en el cual el alma ***ve*** la excelencia y la gloria de las cosas divinas. ***Esta visión ejerce un efecto transformador***. "*Por tanto,*

nosotros todos, mirando a cara descubierta como en un espejo la gloria del Señor, somos transformados de gloria en gloria en la misma imagen, como por el Espíritu del Señor" (2 Corintios 3:18). ***Este poder transformador viene solo de Dios- del Espíritu del Señor.***[62]

A medida que más veamos la gloria del Señor, más cambiaremos. A medida que más lo disfrutemos a él, menos disfrutaremos al mundo. A medida que más asombrados estemos de su obra, menos obsesionados estaremos con la nuestra. Al ver todo lo que él es y todo lo que él ha hecho, cambiaremos. Ese es el trabajo de su Espíritu. Abrirnos los ojos para que, al ver, sean destronados nuestros ídolos y pongamos a Cristo en el lugar que corresponde. Pero no solo en nuestra conducta externa, sino en lo profundo de nuestro corazón. Solo viviendo esta experiencia, podremos verdaderamente amarle como él espera... Con todo nuestro corazón, con toda nuestra alma y con toda nuestra mente.

La clave para cambiar es el asombro.
1. *Necesitamos examinar nuestras motivaciones (nuestra idolatría), no solo nuestras acciones. Al hacerlo...* 2. *Volveremos a ver que no podemos cambiarnos y que todavía tenemos necesidad de un Salvador. Al hacerlo...* 3. *Volveremos a ver la belleza y el valor de lo que Cristo ha hecho. Al hacerlo...* 4. *Volveremos a deleitarnos y a enamoramos otra vez de Jesús. Al hacerlo...* 5. *Volveremos a darle la gloria que se merece. Al hacerlo...* 6. *Comenzarán a cambiar nuestras motivaciones y a generarse una identidad forjada no en lo que nosotros hacemos, sino en lo que él ha hecho por nosotros. Al hacerlo...* 7. *Comenzará a cambiar nuestro comportamiento, motivado por un renovado amor por Él.*
La única forma de asombrarnos es que Dios, a través de su Espíritu, abra nuestros ojos para poder ver nuestra <u>pobreza</u> y para poder ver su <u>belleza</u>.

¿Qué sucede en un cambio profundo?

He intentado expresarlo de muchas formas y de muchas maneras desde que comencé a escribir este libro; pero volveré a intentarlo una vez más: ***Cambio, cuando cambia lo que amo.*** ¿Cómo cambia lo que amo? No cuando me esfuerzo por amarle; sino cuando descubro que él me ama. Cuando veo, aprecio y atesoro el increíble amor que Cristo tiene por mí. Primera Juan 4:19 lo dice claramente: "*Nosotros <u>amamos porque</u> él nos amó primero*". Es decir, ***la capacidad***

de amar (a Dios o a otros), ***nace, se origina, se hace posible cuando vuelvo a maravillarme del hecho que él me ama.***

Quisiera pedirte que hagas algo. Abre tu Biblia en Juan 15:9. Sé que estás esperando que cite este pasaje (y lo haré), pero quisiera pedirte, solo por esta vez, que pongas el libro a un lado y lo busques en tu propia Biblia. Creo que Juan 15:9 es, posiblemente, el versículo más importante de toda la Biblia. Márcalo, subráyalo, memorízalo. Medita en su significado mientras trabajas, estudias o conduces tu automóvil. Si lo haces, te darás cuenta de algo. Este versículo enseña una verdad tan increíble que te parecerá casi herética. Este versículo contiene una verdad tan fascinante y arrolladora que aun cuando la leas, la entiendas y la creas, te va a llevar una vida entera llegar a disfrutarla en toda su plenitud.

Juan 15:9 dice: "*Como el Padre me ha amado, así también yo os he amado; permaneced en mi amor*". ¿Qué es lo que está diciendo este pasaje? ¿Estás listo para asombrarte? Lee la siguiente oración con detenimiento. Este pasaje dice que Dios te ama con el mismo nivel de amor con el que se ama a sí mismo. Jesús te ama con la misma cantidad de amor con la que el Padre lo ama a él. ¿Me dejas decirlo de otra forma? ***Dios te ama con la misma cantidad de amor con la que ama a su Hijo Jesucristo***. Lee el texto detenidamente. "Como", es decir, con la misma cantidad de amor con la que el Padre me ha amado a mí (en otras palabras, con el mismo amor "intra-trinitario" que existe desde antes de la fundación del mundo y que Dios Padre tiene por Dios Hijo), **ASÍ TAMBIÉN** yo os he amado a vosotros. ¿Demasiado bueno para ser verdad? ¡Lo es! ¡Lo es! ¡Lo es! ¿Lo sientes? ¿Lo disfrutas? ¿Lo vives? ¿Te llena?

Déjame ilustrarte cómo esto es posible. A lo largo de mi vida ministerial he tenido que tolerar que un buen número de personas dijeran cosas bastante feas acerca de mí. Algunos quizás hayan tenido razón, otros no. Por la gracia de Dios, en general, aún en los peores momentos, he mantenido la compostura y he intentado responder bien. No lo considero meritorio. No he sido yo, tengo muy claro que ha sido Cristo en mí. Sin embargo, también soy muy consciente que hay una situación en la que sería muy difícil no "perderme". Todo lo que alguien tendría que hacer para verme reaccionar mal sería maltratar a uno de mis hijos. Si alguien agrediera a alguno de ellos estoy casi seguro que ya no tendría el temple para reaccionar como lo hice cuando se trataba de mí. ¿Por qué? ¡Porque los amo! ***Los amo, incluso, igual o más de lo que me amo a mí mismo***.

Una de las cosas que más disfruta mi hija Micaela es que le cuente una historia cada noche. Una de las cosas que yo más disfruto después de hacerlo es decirle esto: "¿Sabes, mi amor? Si una noche entra un hombre malo a la casa e intenta lastimarte, papá siempre te va defender. ***Yo estoy dispuesto a morir por ti***". (Las tres o cuatro veces que se lo he dicho me abraza fuertemente diciéndome que me ama mientras llora). Entonces le digo: "Mi amor, papá estaría dispuesto a dar su vida por ti. Pero, ¿sabes algo? ¡Dios lo hizo! Él sí dio su vida por ti. Él te ama tanto que murió en una cruz para salvarte. Mi amor, el amor de Dios es más grande que el amor de papá". (Normalmente en ese momento me vuelve a dar otro abrazo y vuelve a llorar conmovida). ¿Puedes verlo? ***El nivel de amor que tengo por mis hijos es el mismo nivel de amor que tengo por mí. ¡Daría mi vida por ellos!*** (Estoy seguro que si tienes hijos tú también). Esto que tú y yo sentimos por nuestros hijos es una imagen muy pero muy pequeña del amor que Dios tiene por ti. ¿Ahora lo captas? ***Dios te ama con la misma cantidad de amor con el que ama a su Hijo Jesucristo***. Como dijo Cristo en Mateo 7:11: *"Pues si vosotros, siendo malos, sabéis dar buenas dádivas a vuestros hijos, ¿cuánto más vuestro Padre que está en los cielos dará cosas buenas a los que le piden?"*.

¿Cuál es el mandamiento en la segunda parte de Juan 15:9? "*Permaneced en mi amor*". Dicho de otra forma, vive tu vida a la luz de esta realidad. ***Vive como si te sintieras la persona más amada del universo ¡porque lo eres!*** ¡Ese es el mandamiento de Cristo! ¿Ahora entiendes Mateo 6:1? ¿Ahora captas por qué mi mayor deber como cristiano no es obedecer los mandamientos sino disfrutar a Dios? ¿Ahora puedes ver por qué tu mayor necesidad es disfrutar del amor que él te tiene? ***Cuando ves esto*** en su plenitud te cambia, te transforma, ***¡te libera!*** (Juan 8:32). Te hace una persona que no necesita ir por el mundo con una taza vacía en la mano mendigando amor. ¡Ahora tu taza está llena! Ya no necesitas del sexo, del poder, de un mejor trabajo o de tener una figura de modelo para sentirte amado/a. ¡Ahora te sientes amado/a! Y eso cambia por completo toda tu vida, tus relaciones, tu comportamiento y tu forma de ser. Cambia lo que haces, cambia cómo te relacionas con otros, cambia, incluso, como reaccionas al rechazo. Ahora puedes estar gorda (o flaca), da igual. Ahora puedes perder el pelo (o tener pelo), da igual. Ahora puedes perder una discusión (o ganarla); ya no es tan importante. Pero déjame aclararte algo. ¿*Saberlo* te cambia? ¡Claro que no! ¡Experimentarlo en lo profundo de tu corazón es lo que hace la diferencia! Como dijimos al principio del capítulo, necesitas ver, sentir, palpar, apreciar, degustar, saborear el amor de Cristo; no simplemente saber que te ama. Por eso, ***mi mayor deber como cristiano es disfrutar del amor que Dios me tiene (por causa de Cristo). Por eso, mi mayor***

deber como cristiano es "permanecer en su amor". Como dice 1 Juan 4:10: "*En esto consiste el amor: no en que nosotros hayamos amado a Dios, sino en que Él nos amó a nosotros y envió a su Hijo como propiciación por nuestros pecados*". ¿Cómo cambiamos? ***Cambiamos cuando amamos (es decir, cuando vemos o apreciamos) el amor que él nos tiene.***

Entonces, ¿para qué sirven los mandamientos?

Si sigues leyendo Juan 15 notarás una verdad preciosa en el verso 10: "*Si guardáis mis mandamientos, permaneceréis en mi amor, así como yo he guardado los mandamientos de mi Padre y permanezco en su amor*". ¿Qué está diciendo Jesús en este pasaje? Presta atención. Esto es lo que Jesús quiere decir: ***Guardar los mandamientos no es la razón por la cual somos amados. Guardar los mandamientos es el medio para permanecer en su amor.*** Jesús no dice: "Vive mis mandamientos y entonces te amaré". Jesús dice: "Vive mis mandamientos y entonces experimentarás mi amor". Es decir, ¡vive como yo te pido y podrás disfrutarme! Podrás apreciar cuánto te amo. Podrás más y más llegar a apropiarte de la realidad de ese amor que te tengo. Déjame parafrasear las palabras de Cristo. Esto es lo que él dice: "Si pecas, mi amor por ti no cambiará; pero serás incapaz de sentirlo, serás incapaz de apropiártelo, serás incapaz de disfrutarlo". Cuando pecas te ocurre algo similar a lo que le sucede a un avestruz que mete su cabeza bajo tierra y ya no puede ver la luz del sol. Nada ha cambiado; el sol sigue allí. Solo que ella ya no puede verlo.

¿Por qué Jesús quiere que sepas esto? (Prepárate para otro de los versículos más impactantes de todo el Nuevo Testamento). Dice Juan 15:11: "*Estas cosas os he hablado, para que mi gozo esté en vosotros, y vuestro gozo sea perfecto [completo]*". ¿Has prestado atención a las palabras de Jesús? ***La persona más feliz que haya pisado esta tierra quiere que yo experimente el mismo nivel de felicidad que él experimentó.*** ¡El Dios del universo quiere que sea tan feliz como él! Esto es absolutamente fascinante. Jesús quiere que viva en sus mandamientos para que pueda permanecer en su amor y para que, al hacerlo, ¡disfrute del gozo que yo siempre estuve buscando lejos de él! ¿Cómo puede existir alguien tan, tan increíble? Mi corazón se aleja de él y voy detrás de mis ídolos. Él muere en mi lugar para recuperarme. Y, luego me dice, que quiere darme aquello que mis ídolos no me pueden dar. "Quiero amarte y llenar tu copa. Vive como te pido y lo experimentarás".

¿Cómo Dios puede amarme de esa forma?

Quizás estés pensando: "¿Amarme con el mismo nivel de amor con el que ama a su Hijo? ¿Cómo es posible? Puede ser que ***antes*** de convertirme Jesús estuviera dispuesto a morir por mí. Después de todo, no lo conocía. Estaba lejos de él, no sabía bien quién era Dios, no tenía el Espíritu Santo; pero ***ahora*** que soy cristiano hace tiempo, ya no estoy seguro. Hay cosas que he hecho ***después*** de convertirme, cosas que he pensado en mi intimidad, ciclos de pecado que repito; sinceramente, me cuesta aceptarlo, me cuesta creerlo, me cuesta disfrutarlo".

¿Por qué nos pasa esto? Creo que la respuesta se puede resumir en una frase. Tenemos la tendencia a ser grandes estudiantes de lo que nosotros hemos hecho, pero muy pobres estudiantes de lo que Cristo ha hecho. No entendemos (ni disfrutamos) plenamente el evangelio. Me explico. Cuando la mayoría de nosotros pensamos en el evangelio, lo primero que viene a nuestra mente es que, en esencia, el evangelio se trata de que Jesús perdona nuestros pecados. Sí, es verdad. Se trata de esto, ¡pero es mucho más que esto! Eso es solo el "50%" del evangelio. Falta otra mitad. Los teólogos llaman a esta otra mitad "doble imputación". Déjame explicártelo. 2 Corintios 5:21 dice: "*Al que no conoció pecado, por nosotros lo hizo pecado, para que nosotros fuésemos hechos justicia de Dios en él*". Según este pasaje, al convertirnos suceden dos cosas. Al morir en la cruz, Jesús no solamente toma tu injusticia y carga él con ella (es decir, te perdona); sino que ***él toma su justicia y te la carga a ti*** (es decir, te bendice de una forma nueva). En términos financieros, si tú tienes una enorme deuda de dinero, él no simplemente deja tu cuenta bancaria en cero para siempre (esto solo ya sería fantástico), sino que él vacía su propia cuenta y carga toda su riqueza en la tuya. En términos monetarios, te hace un multimillonario. ¡Esto tiene enormes implicaciones espirituales!

Déjame explicártelo de otra forma. Imagina que empiezas a vivir una vida completamente descontrolada. Sexo, alcohol, drogas, etc. Pronto te quedas sin dinero. Comienzas a robar. Por muchos años te sales con la tuya y no te atrapan. Estafas a cantidad de gente, defraudas en tu declaración de impuestos y tomas un sinnúmero de decisiones turbias que lastiman a tus amigos y familia. Sin embargo, llega el día en que finalmente te atrapan. Eres culpable. Tú lo sabes. El juez lo sabe. No hay defensa que pueda librarte. Ahora imagínate la siguiente situación. Supón que entra en la sala del juzgado el rey de España y, sin que nadie pueda creerlo, grita que se detenga el juicio porque él está dispuesto a exonerarte. Asumamos por un momento que tiene el poder para hacerlo y, luego de firmar un decreto real, te perdona. Para muchos, esto es el evangelio. Hemos pecado y el rey nos ha perdonado. ¿Qué sucede después? Felipe VI vuelve a su palacio, tú vuelves a tu casa. Fin de la historia. ¡Esto no es el evangelio! Esto es un "50%" del evangelio. Si vives en España es muy posible que sepas quién es la infanta Leonor de Borbón. Ella es la hija mayor de Felipe VI, la heredera del trono. El evangelio no *solamente* dice el rey te perdona, el evangelio dice que ¡ahora eres Leonor de Borbón! El evangelio dice que ahora eres hijo/a de Felipe VI. ***Ahora eres todo lo que el Hijo es delante de Dios. ¡Su justicia es tuya! Y como consecuencia, todos sus beneficios son tuyos; todos sus privilegios son tuyos; toda su herencia es tuya: ¡aún su libre acceso al trono es tuyo! ¡Ahora eres un hijo!*** Piensa bien en lo que acabas de leer. Delante del trono de Dios en el cielo, porque Cristo te ha dado su justicia, ***ahora eres tratado como él.*** De hecho. ***¡ahora eres amado como si fueras él!*** (En nuestra ilustración, Felipe VI no simplemente te perdona tus fechorías, ¡Felipe VI te ama como si fueras Leonor de Borbón! ¡Su propia hija!). ***Por causa de Cristo, eres "igual" a Cristo.***[d] Eres tratado por Dios como si fueras él, eres amado por Dios como si fueras él. Como dice Hebreos 2:11: "*Porque tanto el que santifica como los que son santificados, son todos de un Padre; por lo cual **El no se avergüenza de llamarlos hermanos***".

Déjame rebajar un poco la ilustración para hacerla más tangible. Imagínate que mi hijo adolescente y uno de sus amigos roban mi automóvil nuevo por unas horas mientras yo estoy fuera de casa. (Te confieso que he hecho esto de joven, así que es un ejemplo bien cercano y factible). Digamos que este amigo es quien conduce convenciendo a mi hijo de que él jamás podrá conducir un automóvil de esta calidad porque es huérfano y no tiene mucho dinero. Digamos que chocan. Ninguno sale herido, pero destrozan mi automóvil. Vamos a decir que el seguro no cubre los gastos del accidente. Ahora este niño tiene una deuda conmigo. Una deuda que no puede pagar. No tiene padres ni dinero. Sin embargo, yo decido perdonarlo. Seguramente, cuando yo le diga a este jovencito que lo he perdonado, él estará extremadamente feliz y agradecido. Pero, piensa lo siguiente. ¿Qué pasa si en vez de decirle eso yo le digo: "no solo quiero perdonarte, sino que quiero adoptarte, quiero que seas parte de mi familia, quiero que seas mi hijo?". Ahora, no solamente no me deberá nada, sino que ¡nuestra relación será absolutamente diferente! Ahora, ¡todo cambia! Mis hijos entran al baño cuando yo me estoy afeitando.

[d] Lógicamente que, cuando digo que eres "igual" que Cristo, no estoy diciendo que eres Dios o alguna herejía semejante. Lo que quiero decir es que eres "igual" a él en el sentido que, puesto que él te "viste" de su justicia, ahora eres un hijo de Dios en el sentido pleno (Colosenses 1:13; 22).

Mis hijos se meten en mi cama por la noche cuando tienen miedo. Mis hijos pueden llamarme a cualquier hora. Mis hijos van a heredar toda mi "fortuna". Mis hijos reciben **TODA** mi atención, cariño y sacrificio. ***Los amo, incluso, igual o más de lo que me amo a mí mismo.*** ¡Ese niño que ha chocado mi automóvil, ahora tendrá todos los mismos privilegios y todos los mismos derechos que tienen mi hija Micaela, mi hijo Tomás y mi hijo Manuel! Ahora también él podrá llamarme por las noches y decirme: "Papá no puedo dormir. ¿Te quedas conmigo?". Juan 1:12 dice que a los que creen en Cristo "*les dio el derecho de llegar a ser hijos de Dios*". ¿Puedes ver lo alucinante que es esta afirmación? ¡Tienes los mismos derechos que Jesús! ¿Por qué? ¡Por qué eres un hijo de Dios! ¿Cómo Dios puede tratarte y amarte de esta forma? ***No es por ti, es por Cristo. Es porque él te ha regalado su justicia, no porque tú has ido mejorando la tuya.*** ¡Él es el héroe, no tú! ***Y puesto que no lo ganaste, no lo puedes perder.*** Él fue abandonado (Mateo 27:46) para que tú fueras aceptado (Juan 1:12). Como dice 1 Juan 3:1 "***Mirad cuán gran amor nos ha otorgado el Padre, para que seamos llamados hijos de Dios; y eso somos...***". ¡Disfruta, siente, saborea esta verdad! ¿Por qué? Porque como sigue diciendo Juan unos versos más adelante, apropiarte de esto es lo que te cambia: "*Amados, ahora somos hijos de Dios... Y todo aquel que tiene esta esperanza en él, se purifica a sí mismo...*" (1 Juan 4:2,3). Como dice el apóstol, ver, apreciar, atesorar esta realidad; ¡tiene la capacidad de cambiarte! No se trata de lo que tú hagas (bien o mal), se trata de lo que Cristo ha hecho; que es sencillamente insuperable. Se trata del evangelio.

Lo importante no es lo que yo hago, lo importante es aprender a apreciar lo que él ha hecho por mí

¿Qué es lo que tenemos que aprender a ver? Todo lo que Dios, en Cristo, ha hecho por nosotros. Al escribirle a los Efesios, Pablo hace algo relativamente raro e inesperado. El apóstol deja registrado con lujo de detalles tres motivos de oración que él ora apasionadamente por otros creyentes. Presta atención. ¡Por creyentes! No por gente que no conoce a Jesús. Efesios 1:18,19 dice: "*Mi oración es que los ojos de vuestro corazón sean iluminados, para que sepáis cuál es la esperanza de su llamamiento, cuáles son las riquezas de la gloria de su herencia en los santos, y cuál es la extraordinaria grandeza de su poder para con nosotros los que creemos...*". Nota que, al comenzar su oración, Pablo expresa un motivo principal o central que abarca sus otros tres motivos. Lo que ora es ¡que los creyentes puedan ***ver tres cosas***! Que sus corazones (es decir, todo su ser interior;

intelecto, emociones y voluntad) puedan apreciar el valor de las tres verdades que menciona a continuación. (Estas tres verdades son parte del evangelio. O, si quieres, son tres consecuencias del evangelio). En otras palabras, lo que Pablo quiere es que Dios obre sobrenaturalmente en ellos de tal forma que los afectos de su corazón (y el tuyo) sean capturados por estas verdades. Que las atesoren, que las lleguen a apreciar al punto que encuentren placer y gozo en ellas. Nota también los pronombres del pasaje. Pablo quiere que quede bien claro que es *su* llamamiento, que es *su* herencia y que es *su* poder. Es decir, cada uno de estos beneficios son obra de Dios y no del creyente. Examinemos brevemente cada uno de ellos.

Lo primero que necesitamos ver es que la esperanza de cambiar aumenta significativamente cuando comprendemos que el llamamiento es algo que Dios ha hecho. Mira bien el texto. Según el versículo 18, Pablo intercede "*para que sepáis cuál es la esperanza de su llamamiento*". Es decir, quiero que entiendas qué clase de esperanza puedes tener a raíz de que es un llamamiento hecho por Dios. Dicho de otra forma, es ***porque*** Dios te ha llamado, es ***producto*** de que Dios te ha llamado, es ***por causa*** de que Dios te ha llamado, ¡que puedes tener esperanza! En otras palabras, el llamamiento genera esperanza porque está fundamentado en el compromiso que *Dios* (¡Dios mismo!) ha asumido de culminar la obra de trasformación y cambio que él mismo comenzó en nosotros el día que nos llamó. Esto es lo que el mismo Pablo dice en Filipenses 1:6: "*Estando convencido precisamente de esto: que el que comenzó en vosotros la buena obra [Dios, no tú ni yo], la perfeccionará hasta el día de Cristo Jesús*". Piénsalo un momento. ¿Cuál es una de las luchas más desafiantes (quizás la más desafiante) para cualquier persona que *realmente* quiere cambiar? Déjame responder por ti. El desánimo de sentir que no puedes cambiar. La falta de esperanza que genera el sentirte un adicto de ciertos pecados recurrentes. Seas quien seas, sé que, como yo, tienes algún pecado en particular, alguna lucha, alguna tendencia que repites una y otra vez y que sientes que destroza tu vida espiritual. Quizás sea algo sexual, quizás sea algo de tu carácter, quizás otra cosa. ¿Qué está diciendo Pablo en este pasaje? ¿Qué es lo que necesita ver una persona en una situación así? Que Dios, no tú, es quién inició el proceso de conversión; ¡y que Dios terminará ese proceso! Como dice Romanos 8:30: "*Y a los que predestinó, a ésos también llamó; y a los que llamó, a ésos también justificó; y a los que justificó, a ésos también glorificó*". ***Una de las verdades más importante que tengo que recordar para cambiar (¡la primera verdad según la oración de Pablo!) es que Dios se ha comprometido a cambiarme.*** ¡Él ha prometido hacer lo imposible! ¡Él es capaz de hacer lo que yo no puedo! ¡Él termina lo que comienza! Esta es la oración de Pablo. Como resultado de meditar en quién es el que me ha llamado, puedo tener esperanza de cambiar. El desánimo nace de mirarte a ti; la esperanza nace de mirarlo a él. Es su obra, no la tuya.

Lo segundo que necesitamos, según Pablo, es ver qué clase de herencia Cristo nos ha dejado. Piénsalo un momento, lo primero que hace cualquier persona que recibe una herencia es ¡ver cuánto dinero le han dejado; evaluar qué tipo de herencia ha recibido! Esto es lo que debemos hacer con nuestra herencia en Cristo. ¿Cómo califica Pablo a la herencia que nos dejó Jesús? ¡Enorme! ¡Millonaria! ¡Rica! ¡Gloriosa! En el verso 18 dice claramente que debemos meditar en "*cuáles son las riquezas de la gloria de su herencia*". Ahora, piensa lo siguiente. ¿Por qué el pasaje dice "su" herencia? Porque una herencia es algo que tú obtienes sin haber hecho nada. Por años mi padre se levantaba todos los días a las siete de la mañana para ir a trabajar. De lunes a viernes, sin excepción, él salía de nuestra casa a las siete y media de la mañana y volvía a las siete de la tarde de su empresa; después de viajar una hora de ida y una hora de vuelta al centro de Buenos Aires. Con toda sinceridad, no puedo recordar un solo día en que mi padre no haya ido a trabajar. ¡Ni quisiera enfermo! De hecho, antes de jubilarse, llegó a tener tres trabajos; su propia empresa de comercio exterior y dos cátedras como profesor en dos facultades distintas. Además, cada uno de estos trabajos era en una ciudad diferente. Realmente, él trabajó muy duro. Cuando mi padre murió, mi hermana y yo heredamos el fruto de las "riquezas" que él acumuló luego de años de trabajar arduamente. Un día nos sentamos con un abogado, firmamos un papel y todas sus "riquezas" fueron nuestras. Considera lo siguiente. ¿Quién trabajo durante años? ¿Quién se esforzó? ¿Quién se agotó dando lo mejor de sí? Mi hermana y yo no hicimos nada para merecer lo que recibimos. Lo heredamos. Simplemente comenzamos a disfrutar de las bendiciones que mi padre ganó por nosotros. Lo mismo sucede con Cristo. La oración de Pablo es que podamos ver la dimensión que tiene "*las riquezas de la gloria*" de la herencia que Cristo obtuvo para nosotros. ¿La mejor de ellas? (Pero, definitivamente, no la única). ¡Dios te ama! (No pases de largo esta frase). ¡Dios te ama! ¡Ahora, en este mismo momento y para siempre! ***Producto de que Jesús te entrega su justicia*** (justicia que él gano a lo largo de toda una vida de perfecta obediencia), ***Dios jamás te va a mirar como si fueras lo que en realidad eres: ¡injusto!*** Ahora, cuando él te mira, no ve tu impureza (ve la pureza de Cristo); no ve tu orgullo (ve la humildad de su Hijo); no ve tu egoísmo (ve la entrega desinteresada de Jesús); no ve tu envidia, ni tus celos, ni tu constante insatisfacción (ve el contentamiento perfecto de quien dijo: "*no se haga mi voluntad sino la tuya*"). Pero déjame aclararte algo. Cuando digo que Dios no "ve" tu pecado, no quiero decir que él no observa tu pecado o que él se tapa los ojos cuando tú haces algo malo. Lo que quiero decir es que ***él te trata como si no lo hubieras hecho***. ¡Te sigue amando! ¡Te sigue aceptando! ¡Te sigue mirando como si fueras Jesús![e] ¿Cómo puede Dios tratarnos de esta manera? Esa es justamente la oración Pablo. Que puedas ver que la razón por la cual Dios puede hacerlo es porque ***¡es parte de tu herencia!*** Lo que a ti y a mí no nos cuesta nada, a él le costó todo. Dios, en Cristo, dejó el cielo, permitió que una mujer le cambiara sus pañales (meditar solo en esto ya me deja sin aliento), que su familia lo rechazara, que sus amigos lo abandonaran, que la gente lo llamara Satanás, que lo escupieran en su cara, que lo desnudaran, que jugaran a golpearlo y que lo clavaran en un madero. Lo que a ti y a mí no nos cuesta nada, a él le costó todo. Pablo dice que necesitas detenerte a pensar en las riquezas de tu herencia. ¿Conoces todo lo que has heredado por causa de la cruz? ¿Lo usas? ¿Lo disfrutas?[f]

John Owen solía decir: "El mayor dolor que le puedes causar al corazón de Dios es..." Completa la frase. Toma unos segundos. ¿Qué piensas? ¿Qué es lo peor que le puedes hacer a Dios? ¿Qué es lo que más lo lastimaría? La mayoría de nosotros tendemos a pensar en algún pecado "extremo"; quizás ese mismo pecado al que somos adictos. "Sí. Eso debe ser lo peor que podría hacerle". John Owen, la Biblia y Dios mismo te dirían: "Estás equivocado." ***El mayor dolor que le puedes causar al corazón de Dios es no creer que él te ama.*** ¿Por qué? Porque en la cruz él ha probado que sí. ¡Disfruta tu herencia!

Finalmente, Pablo ora para que podamos ver que su poder produce los cambios (no mi esfuerzo). Aunque me gusta correr, jamás he intentado terminar una maratón. Me parece imposible correr cuarenta y dos kilómetros sin parar. Pienso en todas las ciudades y pueblos que quedan a cuarenta y dos kilómetros de distancia de mi casa y, solo al imaginarlo, me doy por vencido. Pero es diferente si uno va en automóvil, ¿verdad? La distancia es la misma, pero la fuerza la hace el automóvil, no nosotros. Sí; tú o yo conducimos y en cierta forma podemos decir: "Yo fui de Madrid a Barcelona". Pero, en realidad, no

[e] ¿Puede disciplinarte Dios si sigues insistiendo en pecar? Claro que sí. Pero, ¡no para castigarte! Sino para que vuelvas a atesorar su amor. Como vimos en Juan 15:11 él quiere que camines en sus mandamientos para que puedas "permanecer en su amor" y para que, al hacerlo, ¡disfrutes del gozo que deviene de estar cerca de él!

[f] Otros ejemplos de nuestra herencia son el libre acceso al trono del Rey para pedir su favor (Hebreos 4:16), la incondicionalidad del amor y del perdón del Padre (Romanos 8:38,39), la promesa de su Espíritu viviendo dentro nuestro (Hechos 1:8), la promesa del Espíritu intercediendo por nosotros (Romanos 8:26-27), la seguridad de que un día seremos glorificados (Romanos 8:30) y muchas otras realidades que me sería imposible enumerar en esta cita.

fuimos nosotros, fue el automóvil el que nos llevó de un destino a otro. Fue su poder, no el nuestro. Esta es la verdad que Pablo anhela que veamos a través de esta oración y que él mismo expresa claramente en 1 Corintios 15:10: "*Pero por la gracia de Dios soy lo que soy, y su gracia para conmigo no resultó vana; antes bien he trabajado mucho más que todos ellos, aunque no yo, sino la gracia de Dios en mí*". La oración de Pablo es clara; para cambiar, nuestros ojos deben ser abiertos a la realidad que tenemos a nuestra disposición el poder de Dios (¡de Dios mismo!) para hacerlo. Solo a través de ese poder llegaremos a experimentar cambios profundos. No son nuestras resoluciones, ni nuestro compromiso, ni nuestra entrega, los que hacen que cambiemos. Es *su* capacidad para hacer *en* y *por* nosotros lo que nosotros jamás podríamos hacer (como el ejemplo de Messi que vimos en el capítulo anterior o como ir en automóvil de una ciudad a otra). Este poder es tan extraordinario e inexplicable que para ser entendido debe ser comparado con la resurrección de Jesús. Lo que ningún hombre puede hacer, Dios con *su* poder lo ha hecho. La oración de Pablo es justamente que seamos capaces de ver que ***si Dios tuvo el poder para hacer lo que hizo con Cristo*** (esto es: "*le resucitó de entre los muertos y le sentó a su diestra en los lugares celestiales, muy por encima de todo principado, autoridad, poder, dominio y de todo nombre que se nombra, no solo en este siglo sino también en el venidero*") ***cómo no va a ser capaz de hacer cambios reales y duraderos en nuestro corazón.*** Él puede hacer lo que tú y yo jamás podríamos hacer. Como veremos en los próximos capítulos, Dios (¡Dios mismo!) vive ahora dentro de tu corazón a través de su Espíritu. ¿Cuál es la oración de Pablo? Que lleguemos a dimensionar las asombrosas implicaciones de esta verdad.

Terminaré este capítulo con una breve reflexión. Más de una vez he recibido un correo electrónico que dice algo como esto: "Gana dos mil quinientos euros por semana. Trabaja desde tu casa. Pincha aquí". ¿Qué hago cuando recibo esta clase de correo? Lo elimino. ¿Por qué? ¿Porque no me gustaría ganar esa cantidad de dinero? ¿Porque no me interesa trabajar desde casa? ¡Claro que no! Lo borro porque no creo que sea verdad. Sé que es correo basura. Lo que dice es demasiado bueno para ser verdad y, por eso, lo desestimo. Quisiera alentarte a que no hagas esto con el evangelio. Sé que si has leído hasta aquí, no harías esto de manera abierta y consciente; pero es muy posible "eliminar" estas verdades de tu corazón entregándote de lleno a lo que tienes que hacer después de terminar de leer estas palabras. No lo hagas. Marca este libro. Subráyalo. Ponle colores. Has anotaciones personales donde encuentres un espacio. Medita en el evangelio a lo largo de tu día. Eres su hijo/a. Tienes su Espíritu. El Dios del universo te ama. Aprópiate de esta realidad. Vive a la luz de ella.

BREVE RESUMEN

*Para que se produzca un cambio profundo **necesito volver a asombrarme del evangelio**. Para que esto suceda Dios debe "iluminar los ojos de mi corazón" para ver dos grandes realidades:*

- ***Soy un gran pecador**. No amo a Dios (me amo a mí mismo) y me entrego a ofertas de vida que me esclavizan y me dejan vacío.*
- ***Dios es un gran Salvador**. Su gracia es fabulosa. Él me sigue amando a pesar de que yo me vendo constantemente a mis ídolos.*

Cuando vuelvo a asombrarme de estas dos realidades vuelvo a enamorarme de Cristo y cambio. ¿Por qué? Porque empiezo a disfrutar del amor que Cristo tiene por mí y eso me motiva a amarle a él y a otros.

*Una de las claves para asombrarme es meditar en mi "**herencia**". Dios no solo me perdona sino que me hace su hijo; esto implica que SIEMPRE me ama y SIEMPRE me trata como si fuera Jesús. ¡Su justicia es mía! Sus privilegios también.*

PARA REFLEXIONAR O DIALOGAR EN GRUPOS PEQUEÑOS

1. *¿De qué forma este capítulo ha cambiado o confirmado tu forma de entender cómo se producen los cambios?*
2. *Resume en una o dos oraciones los conceptos que más te hayan impactado de este capítulo.*
3. *¿Cómo describirías con tus propias palabras qué significa "ver la belleza de Cristo"?*
4. *Vuelve a leer con detenimiento el cuadro que resume cómo se produce un cambio profundo. ¿Cómo lo explicarías con tus propias palabras? Si te animas, intenta mejorarlo, simplificarlo o personalizarlo de tal forma que lo puedas compartir fácilmente con tu grupo o con otra persona. (Aunque yo he puesto siete puntos, quizás tú puedas hacer un mejor trabajo que yo y resumirlo en menos).*
5. *¿Estás de acuerdo con la afirmación "Dios nos ama con el mismo nivel que ama a su Hijo"? ¿Por qué? ¿Qué implicaciones prácticas tiene esta verdad en tu día a día?*

6. *¿Cómo explicarías con tus propias palabras la frase: "Cambiamos cuando amamos (es decir, cuando vemos o apreciamos) el amor que él nos tiene"?*

TERCERA PARTE

¿Cuáles son los resultados de un cambio profundo?

CAPÍTULO 8

Una nueva identidad

¿Qué es lo que te da valor? ¿Qué te hace especial? ¿Qué te hace distinto? Mi hijo menor tiene cuatro años. En este momento, utilizando sus propias palabras, él es un "total pro". (Que traducido significa "experto", "especialista" o "habilidoso"). Es un "total pro" jugando al fútbol. Es un "total pro" corriendo. Es un "total pro" nadando, andando en bicicleta, dibujando y ¡hasta leyendo! (En este sentido quizás lo sea, ya que su hermana de diez años le está enseñando a leer y la verdad es que lo hace bastante bien). Mi hijo, sin ningún tipo de tapujo y sin importar la actividad que estemos realizando, necesita gritarle al mundo entero lo bien que lo hace. Luego, me mira a mí buscando que yo asienta y me pregunta: "¿A qué sí, papá? ¿A que soy un 'total pro'?". ¿Qué es lo que está sucediendo? Mi hijo está comenzando a desarrollar su identidad. Está comenzando a descubrir quién es (alguien que puede correr, dibujar, jugar al fútbol) y quiere descubrir si tiene valor a la luz de quién es y de lo que puede hacer. ¿Cómo hace para saber que es especial y valioso, que es amado y aceptado por su padre y por sus pares? Destaca sus virtudes (al punto de amplificarlas un "poco"). Mi hijo le grita al mundo entero lo fantásticas que son sus habilidades y anhela que todos los que están alrededor suyo reconozcamos que es así. Tú y yo no somos muy diferentes; solamente somos más discretos, más disimulados. Sabemos que no es políticamente correcto gritar que somos "total pro", y por eso, buscamos formas socialmente aceptables de encajar, confirmar nuestro valor y sentirnos amados y aceptados por otros.

Hace un tiempo, leí en un periódico on-line un artículo que describía distintas historias verídicas de personas que terminaban muertas o en un serio accidente al intentar hacerse un selfi. En un zoo de animales sueltos, una familia estaba dentro de su automóvil con una ventanilla parcialmente abierta y, al intentar hacerse un selfi con un león que estaba al lado de su automóvil, casi mueren cuando se les abalanzó dentro e intentó morderlos. En la India, un hombre estaba intentando hacerse un selfi con un elefante pero, el hombre se acercó tanto al animal, que el elefante se asustó y terminó pisándolo y matándolo. Un famoso YouTuber había escalado un enorme rascacielos y al intentar filmar el evento con su cámara, cayó al vacío falleciendo al instante. Al leer este artículo me preguntaba: "¿Qué es lo que motiva a esta gente a hacer semejantes locuras?". No hace falta un doctorado en sicología para descubrir la respuesta. Están buscando lo mismo que mi hijo. Tienen una audiencia virtual, a través de Facebook o YouTube, y quieren que esa audiencia los aplauda, se asombre de sus logros y concluya: "Eres un total pro". Quieren "gritarle" al mundo entero que han hecho algo especial, algo distinto, algo que nadie más ha hecho. Como mi hijo Manuel, están buscando afirmación; quieren sentirse valiosos y amados. (Si no fuera así, no necesitarían tomar la foto y postearla. Alcanzaría con vivir la experiencia sin compartirla).

Como hemos visto previamente, en Mateo 6:1 Jesús nos dice que estos ejemplos no son excepciones, son expresiones gráficas de cómo funciona el corazón de todos los seres humanos; ¡aún el de los cristianos! Nosotros también tenemos este problema. Lo único que varía es la forma en que buscamos encontrar nuestro valor. Usamos cosas como el ministerio, el ayuno, la ofrenda y la oración como medios para sentirnos aceptados o especiales. (¿Alguna vez te has puesto a pensar por qué oras de una forma en público y de una forma muy distinta cuando estás solo/a? ¿Será que tener una audiencia condiciona de alguna forma lo que dices?). Si piensas que las personas "más consagradas" a Dios como los misioneros, evangelistas o pastores son diferentes; créeme que no es así. De hecho, déjame revelarte algo: ¿Sabes cuál es la primera pregunta que todo líder se hace en una reunión de pastores? Haré de soplón, aquí la tienes: "¿Cuántos miembros hay en tu iglesia?". Algunos la hacen abiertamente, otros "maquillan" la pregunta para no ser demasiado evidentes, otros no la hacen para no ponerse en evidencia (¡pero la piensan!).

La cuestión es que, aunque Santiago 2:1 nos advierte del peligro de amar a la gente por su nivel de importancia social, nadie trata de la misma forma a un pastor famoso que a uno cuya iglesia no pasa de diez. El trato y el respeto que se le da a uno es muy distinto que el que se le da a otro. ¿La razón? Es muy humillante aceptarlo pero, en lo profundo de nuestro corazón, uno tiene más valor que otro.

Un caso bíblico

En el capítulo cinco de Hechos encontramos una historia fascinante. Una pareja llamada Ananías y Safira venden su casa para entregar la mayor parte del dinero a la iglesia. (Sé que conoces la historia; pero ten en cuenta que cualquier persona que hiciera esto hoy en día, ¡sería considerada como la más consagrada!). Piensa lo siguiente, ¿qué tendría que suceder en tu corazón para que tú decidas vender tu casa y dar la mayor parte del dinero a la iglesia? ¡Un milagro! (En el mío también). Sin embargo, hay algo en el corazón de Ananías y Safira que ellos aman más de lo que aman su casa. Ese algo es lo que los mueve a tomar una decisión que a ti y a mí nos resultaría casi imposible. ¿Qué es ese algo? ¡El aplauso de otros creyentes! Piénsalo bien. Lo que ellos <u>hicieron</u> no estuvo mal, (después de todo, dar dinero a la iglesia es algo bueno). La <u>motivación</u> por la que lo hicieron estuvo mal. Considera el poder que tiene buscar la aprobación de otros. La necesidad, el impulso, el anhelo de sentirse aceptados es tan fuerte que venden lo más preciado que tienen. Ahora, déjame mostrarte con el texto mismo cómo Pedro confronta el pecado de Ananías y Safira: "*¿Por qué [nota que utiliza la gran pregunta que hemos estado enfatizando desde el capítulo uno] concebiste este asunto en tu corazón [es decir, allí en el corazón es donde se encuentra el problema]? No has mentido a los hombres, sino a Dios.*" (Hechos 5:4). ¿Qué es "mentir a Dios" o "mentir al Espíritu Santo"? (Ambas frases aparecen de manera sinónima en los versos 3 y 4). "Mentir a Dios" es vivir un cristianismo de imitación. Es vivir como un cristiano, sin el Espíritu Santo. Es hacer lo correcto con la motivación incorrecta. Es utilizar el ministerio, el servicio, una ofrenda o cualquier "acto de justicia" (Mateo 6:1) como un medio para ser reconocidos y aceptados por un determinado grupo. Es construir mi identidad en mi propia justicia, en vez de que esté fundamentada en la justicia de Cristo (recuerda el capítulo anterior).

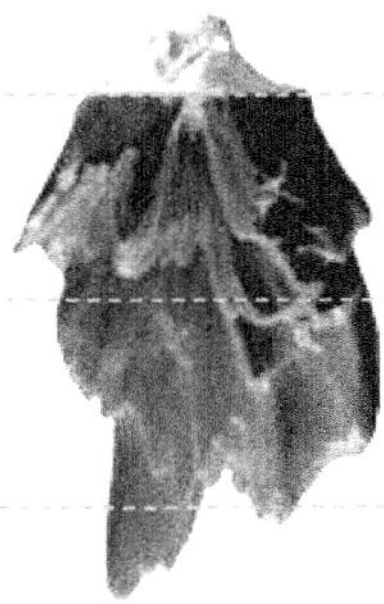

	Ananías y Safira	*Bernabé y otros*
Acción visible	*Venden su casa y dan su dinero*	*Venden su casa y dan su dinero*
Deseo superficial	*Su deseo es ser vistos como generosos*	*Su deseo es bendecir a otros siendo generosos*
Deseo profundo	*Buscan la aprobación de otros*	*Están disfrutando de ser aprobados por Dios*
Acción invisible	*Son autores de su identidad: manipulan para sentirse valiosos*	*Son receptores de su identidad: son libres porque se sienten valiosos en Cristo*

Ahora considera lo siguiente. ¿Cuál fue la razón por la cual Ananías y Safira vendieron su casa? No me refiero en este momento a su motivación, sino a por qué vender su casa para ganar reconocimiento de la comunidad cristiana y no hacer otra cosa (como salir de misioneros o servir en la iglesia). ¿Por qué vender la casa en sí? La respuesta a esta pregunta se encuentra al final del capítulo cuatro. La razón por la que lo hicieron fue porque Bernabé y muchos otros creyentes ya lo estaban haciendo (Hechos 4:32-37). Ananías y Safira no idearon un plan original; ellos vieron que varias personas de la iglesia cristiana primitiva lo hacían, y, al verlo, concluyeron erróneamente, que si ellos también lo hacían redundaría en aceptación, aprecio y significado. ¿Cuál es la moraleja? Que ***nuestra cultura (y nuestra subcultura cristiana) determina en gran medida lo que se considera aceptable y valioso*** delante de todos los que componen esa comunidad. Si lo piensas un momento, estos valores cambian completamente según cada lugar (por ejemplo, eructar después de una comida puede ser educado en un país y en otro una falta de respeto), según la época (lo que estaba de moda en los años veinte hoy nos puede parecer ridículo y de mal gusto) y según otros muchos factores culturales que no merecen la pena ahora analizar. El punto es que lo que en un grupo puede ser socialmente aceptable, valioso y digno de extremo reconocimiento, en otro grupo puede ser digno de completo rechazo y desprecio. Déjame darte un ejemplo. Imagínate que un amigo no creyente te invita a una boda donde todas las personas presentes no son cristianas. Dudo que en un contexto así, en medio de un precioso salón, vestido de gala y con una copa de champagne en la mano te sientas tentado (como Ananías y Safira) a decir: "¿Sabes que doy el 10% de mi dinero a la iglesia? De hecho, he estado leyendo en la Biblia el libro de Hechos y, luego de orar y ayunar, estaba considerando vender mi casa y dar todo el dinero al pastor de mi iglesia". ¡Nadie en España diría esto en una boda repleta de no creyentes! Si lo hicieras, seguramente mirarían tu copa de champagne para ver si estás bebiendo alguna otra cosa. ¿Por qué? Porque nadie en ese contexto valora esas cosas. Porque en ese grupo, en ese lugar y en esa situación en particular, hacer esa clase de "locura" no es algo aceptable y admirado (como sí lo era en el contexto de la iglesia primitiva). En el bar, nadie tiene problema de decir que ha defraudado a Hacienda en sus impuestos o que se ha gastado un pastón de dinero en sus vacaciones; en la iglesia sí. Considera el siguiente análisis que hace Tim Keller:

> Imagina un guerrero anglosajón en Gran Bretaña en el año 800 d.C. Tiene dos fuertes impulsos y sentimientos internos. Uno es la agresión. Le gusta destruir y matar personas cuando le muestran falta de respeto. Al vivir en una cultura de deshonra y honor con su ética de guerrero, se identificará con ese sentimiento. Pensará; ¡Ese soy yo! ¡Eso es lo que soy! ¡Eso es lo que expresaré! El otro sentimiento es una atracción por gente del mismo sexo. En cuanto a eso, él pensará: ¡Ese no soy yo! ¡Controlaré y reprimiré ese impulso! Ahora, imagina a un hombre joven paseando por Manhattan hoy. Tiene los dos mismos impulsos internos, igualmente fuertes, igualmente difíciles de controlar. ¿Qué pensará? Considerará la agresión y pensará: Eso no es lo que quiero ser, y buscará librarse de eso con la terapia y programas para el manejo de la ira. Sin embargo, considerará su deseo sexual y concluirá: Eso es lo que soy.
>
> ¿Qué nos enseña este experimento de reflexión? Ante todo, revela que no obtenemos nuestra identidad solo desde el interior. Más bien, obtenemos algún tipo de tamiz moral interpretativo y pasamos a través de este nuestros sentimientos e impulsos. Este tamiz nos ayuda a decidir los sentimientos que constituyen el "yo" y no deberían expresarse. Entonces, este tamiz de creencias interpretativas (no una expresión innata y pura de nuestros sentimientos), es lo que da forma a nuestra identidad. A pesar de la protestas en contra, sabemos por instinto que nuestro interior más profundo es insuficiente para guiarnos. Necesitamos algún estándar o norma que, desde afuera, nos ayude a poner en orden los impulsos en conflicto de nuestra vida interior.

¿Y dónde obtiene nuestro guerrero anglosajón y nuestro hombre moderno de Manhattan sus tamices? De sus culturas, sus comunidades y sus historias heroicas. En realidad, ellos no solo "eligen ser ellos mismos", sino que están filtrando sus sentimientos, desechando algunos y aceptando otros. Están escogiendo ser, pensar y sentir lo que sus culturas les indican que pueden ser, pensar y sentir. Al fin y al cabo, una identidad que se basa independientemente en tus propios sentimientos internos es imposible.[63]

Todos estamos intentando justificar nuestro valor (a través de la opinión de otros)

Piénsalo un momento. ¿Por qué un niño colecciona cartas de fútbol, un adulto estampillas y una persona millonaria pinturas valiosas? ¿Por qué una mujer tiene diez (o más) pares de zapatos en su armario? ¿Por qué un hombre alardea con sus amigos acerca del tamaño del pez que ha pescado? ¿Por qué dos jóvenes discuten sobre cuál es el mejor equipo de fútbol (equipo en el que jamás han jugado y jamás jugarán)? ¿Por qué sentimos esa necesidad de cambiar el automóvil (que funciona perfectamente) por un modelo más nuevo? ¿Por qué nos entusiasman tanto las rebajas y tener ropa nueva? ¿Por qué estamos desesperados por tener la casa arreglada cuando viene gente a visitarnos? ¿Por qué nos gusta saber cuánto ha sido la nota de un compañero/a en un examen? ¿Por qué nos interesa averiguar cuánto es el salario de un amigo? La respuesta a cada una de estas preguntas es la misma; estamos buscando nuestro valor en aquello que somos, tenemos o hemos logrado y, para ello, necesitamos el veredicto positivo de aquellas personas cuya opinión consideramos valiosa. Para ello necesitamos compararnos, medirnos, evaluarnos y salir airosos (o al menos, no perder por mucho). Todos, por defecto, ***tenemos una inercia interna que nos impulsa a generar nuestra identidad en función de lo que somos, hacemos o tenemos.***

En la película *Troya*, Brad Pitt protagoniza al célebre héroe mitológico Aquiles. Antes de salir a pelear en la famosa batalla de Troya, Aquiles tiene un diálogo muy revelador con su madre. Ella, con muchísimo dolor le dice las siguientes palabras: "Si te quedas aquí, te casarás. Tu esposa te amará. Tus hijos te amarán. Y tendrás una vida preciosa y tranquila. Pero, cuando los hijos de tus hijos se hayan muerto, *tu nombre será olvidado*. Si decides ir a Troya, *tuya será la gloria*. Escribirán epopeyas de ti durante miles de años. El mundo jamás olvidará tu nombre… Pero si acudes a Troya, morirás…". ¿Qué decide hacer Aquiles? Si conoces la historia ya sabes la respuesta y si no, ya te la imaginas. Responde de acuerdo a su mayor placer; ser admirado. En otro momento de la película, sorprendido por el poder y energía que Aquiles demuestra en cada batalla alguien le pregunta: "¿De dónde sacas esa fuerza para pelear? ¿Por qué luchas? ¿Qué es lo que quieres?" Su respuesta es extremadamente reveladora: "Quiero lo mismo que el resto de los mortales; gloria. Solo que yo la quiero más que nadie". ¿Qué es lo que quiere Aquiles? Lo mismo que mi hijo menor; lo mismo que Ananías y Safira; lo mismo que anhelamos tú y yo al hacernos un selfi, al cambiar el automóvil o al publicar fotos en Facebook; lo mismo que quieren todos los seres humanos. Gloria. Ser famoso. Destacarse. Ser especial. Sentirse valioso. Aquiles hace lo mismo que intentamos hacer todos, intenta justificar su valor y, para hacerlo, necesita la opinión de otros.

Como vimos en el capítulo dos, nuestros deseos más profundos son nuestro mayor anhelo; el tesoro escondido de nuestro corazón; aquello para lo que realmente vivimos. Aunque son difíciles de reconocer, son el motor real de nuestras acciones. Son el por qué debajo del por qué. Por otro lado, nuestros deseos superficiales son los medios que utilizamos para satisfacer esos deseos más profundos. En el caso de Aquiles, ser un gran guerrero, su deseo superficial, es el medio a través del cual él considera que obtendrá su deseo más profundo; ser respetado y admirado por mil generaciones. Por supuesto que es muy fácil detectar lo evidente que era esta lucha interna en la figura de Aquiles; sin embargo, el gran desafío es ver cómo es también una realidad diaria en mí.

Aunque puede que te lleve tiempo reconocerlo, si analizas en detalle las motivaciones de tu corazón, te darás cuenta que ***casi todo lo que haces en la vida tiene como objetivo probar tu valor***. Tu ropa, tu figura, tus títulos, tus viajes, tu Facebook, y aún tu esfuerzo en el servicio a Dios; pueden tener un origen mucho más autocentrado de lo que quizás estés dispuesto a admitir. Para que veas cuán arraigado se encuentra esta dinámica en nuestro corazón, déjame darte un ejemplo menos obvio, pero mucho más cotidiano. Hace unos días tuve una discusión con mi esposa. El punto central de nuestra discusión fue que ella se frustró conmigo porque, usando sus propias palabras, yo "*no quise*" ayudarla en una tarea de la casa. Yo intenté explicarle que mi *intención* era ayudarla, pero que por distintas razones no había podido hacerlo. Ella no lo vio de esta forma y siguió insistiendo que yo "*no tenía deseo*" de hacerlo. Escuchar estas palabras me produjo un profundo enfado. Me sentí ofendido, herido y, principalmente, me sentí acusado injustamente. Quiero que leas con atención las palabras textuales que le dije a mi esposa: "***Me estás haciendo una mala persona***. Tú no conoces mi corazón. ***Yo no soy esa persona*** que tú dices (un cómodo). Yo quería ayudar. No tengo ningún problema de ayudar. ***Me duele que pienses eso de mí***". ¿Qué es lo que estoy haciendo al decir estas palabras? ***¡Me estoy justificando!*** Estoy intentando defender mi honor, mi justicia, mi bondad y, por ende, mi valor como persona delante de ella. ¿Puedes verlo? Mi discusión con mi esposa estuvo enraizada en mi incapacidad de apropiarme de la justificación que ya tengo delante de Dios. ***Su opinión de mí, fue más importante que la opinión de Dios.*** Cuando esto sucede, mis méritos y no los de Cristo pasan a ser lo que tienen el mayor peso en mi corazón. ¿Resultado? ¡Tengo que defender esos méritos! Tengo que probarle a ella (o a quien sea) que soy bueno y que no soy esa clase de persona que se me acusa. Mi hijo Manuel, Ananías y Safira, Aquiles y yo; tenemos la misma lucha. ***Estamos intentando justificar nuestro valor***.

	Respuesta sin Cristo	***Respuesta en Cristo***
Acción visible	*Discuto con mi esposa*	*Ceder frente a la acusación de mi esposa*
Deseo superficial	*No deseo ser visto como un egoísta*	*No hace falta defender que no soy egoísta*
Deseo profundo	*Busco la aprobación de mi esposa*	*Aunque lo sea o no, tengo la aprobación de Dios en Cristo*
Acción invisible	*Soy autor de mi identidad: me enojo con ella hasta que acepte que está equivocada*	*Soy receptor de mi identidad: soy libre de la opinión de mi esposa porque disfruto más de la opinión de Cristo*

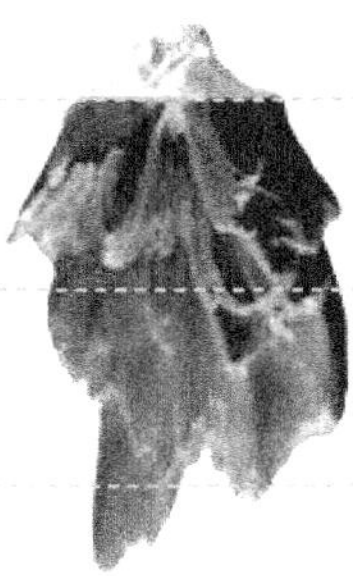

No hay nadie que esté exento. Todos buscamos nuestro valor en la opinión de otros. Como he dicho antes, nuestra cultura (y subcultura cristiana) nos enseña qué cosas son valiosas, aceptables y dignas de mérito. Son "los ojos del mundo" quienes ejercen de jueces para dictaminar qué cosa "justifica" nuestro valor y existencia. Para Aquiles era ser un gran guerrero, para una chica puede ser tener un novio (y no tenerlo una catástrofe) y para un hombre de negocios puede ser viajar en primera clase o lograr el ansiado ascenso. Todos estamos intentando justificar nuestro valor. Lo hacemos en una discusión, en una cena de gala, y aún en la iglesia. Constantemente "compramos" estás ofertas y vivimos para ellas.

Buscar la afirmación de otros nos esclaviza y nos deja vacíos

Presta atención al siguiente pasaje: "*Y aconteció que cuando regresaban, al volver David de matar al filisteo [Goliat], las mujeres de todas las ciudades de Israel salían cantando y danzando al encuentro del rey Saúl, con panderos, con cánticos de júbilo y con instrumentos musicales. Las mujeres cantaban mientras tocaban, y decían: Saúl ha matado a sus miles, y David a sus diez miles. Entonces Saúl se enfureció, pues este dicho le desagradó, y dijo: Han atribuido a David diez miles, pero a mí me han atribuido miles. ¿Y qué más le falta sino el reino? De aquel día en adelante Saúl miró a David con recelo*" (1 Samuel 18:6-9). ¿Qué acaba de suceder? El hombre más admirado, más bendecido y más respetado de todo el mundo antiguo, el rey Saúl, acaba de perder su sentido de valor. Una simple canción fue suficiente para mostrar lo efímero, lo pasajero, y lo insuficiente que es la opinión de otros para llenar plenamente el corazón un hombre. ¿Qué sucede después? Su vacío lo hace caer en un espiral de adicción y maldad. Comienza una caza despiadada intentando matar David, ¡la mismísima persona por la cual Saúl estaba vivo! (Piénsalo: si David no hubiera matado a Goliat, Israel hubiera sido vencida y el rey Saúl tomado prisionero y asesinado).

> La dinámica de la adicción es que si miras a algo que Dios creó buscando que te dé lo que no se supone que te dé, te vas a desanimar rápidamente y lo abandonarás sabiamente, o regresarás una y otra vez y al hacerlo comenzarás a descender por el camino de la adicción. Esta cosa creada te estremecerá con una euforia pasajera, te ofrecerá un placer temporal, te proveerá una sensación momentánea de bienestar, te hará sentir brevemente que eres algo, y puede también hacer que tu problema no luzca tan malo. Todo es muy intoxicante. Todo se siente bien. El problema es que esa cosa creada no tiene la capacidad de satisfacer tu corazón. No fue diseñada para hacer eso. No puede darte paz interna. No puede darle a tu corazón el descanso del contentamiento. No puede aquietar tus apetitos. En una palabra, no puede ser tu salvador. Y si buscas fuera de tu Salvador que algo sea tu salvador, esa cosa terminará siendo, no tu salvador sino tu opresor.

> Vas a amar la sensación temporal, pero vas a odiar lo efímero que es. Vas a tener que volver rápidamente a inyectarte de nuevo y poco tiempo después estarás gastando mucho tiempo, energía y dinero en algo que no te puede satisfacer; pero por lo que ha hecho brevemente por ti otras veces, te convencerás que no puedes vivir sin eso. Estarás atrapado y no lo sabrás. Lo que una vez deseaste, ahora te has persuadido que lo necesitas y una vez que lo declares como una necesidad, te tiene atrapado...
>
> Todos somos impulsados por una búsqueda de identidad, de paz interna y alguna clase de significado y propósito. Todos buscamos en algún lugar. Pero aquí está el meollo del asunto: buscar que la creación nos dé lo que solo el Creador puede dar, siempre resultará en alguna clase de adicción. Lo que tú esperabas que te serviría, terminará haciendo que tú le sirvas. Lo que parecía libertad terminará siendo esclavitud. El problema no son las cosas sino lo que tú esperas de las cosas.[64]

La opinión de otros no es suficiente. Aunque tengamos (como Saúl) el mundo a nuestros pies, seguiremos vacíos si fundamentamos nuestro sentido de valor y seguridad en aquello que la creación ofrece. Cuando el famoso multimillonario John Rockefeller murió en el año 1937 tenía una fortuna al equivalente actual de trescientos cuarenta mil millones de dólares. Esto es más que cuatro veces la fortuna de Bill Gates. Cuando un reportero le preguntó: "¿Cuánto dinero es suficiente?" Su respuesta fue: "Solo un poco más". La realidad es muy obvia. Nunca es suficiente. Nada de lo que tan desesperadamente estamos buscando en el mundo puede satisfacer nuestra necesidad. ¿Cuál es la clave para el cambio? ***Identificar cómo yo lo estoy haciendo***. ¿De qué maneras intento yo demostrar mi valor? ¿Con qué logros obtengo mi sentido de valía? ¿Cómo uso algo creado para sentirme valioso y apreciado?

La llenura del corazón se produce cuando me asombro de que soy justificado delante de Dios

Lo que estoy buscando tan desesperadamente en el mundo, Dios me lo quiere dar gratuitamente en Cristo; es parte de mi "herencia". Por esta causa, (es decir, porque ***es algo que recibo*** al ser justificado) ***tener una identidad sana es un resultado***. Es el resultado de apropiarme de lo que Cristo ya ha hecho. Es la consecuencia de sentirme justificado ante los ojos del Padre. Es el producto de atesorar la opinión de Dios por encima de la opinión del hombre. Es apreciar el valor de ser justificado delante de Aquel cuya opinión realmente importa. Es encontrar placer en la realidad que Dios me mira y está plenamente satisfecho.

¿Cómo podríamos definir, entonces, nuestra identidad? Nuestra identidad como cristianos, como una moneda, tiene dos caras indivisibles e igualmente importantes. Por un lado, soy una persona con enormes luchas y necesidad de cambio, pero por el otro, soy una persona amada y aceptada en Cristo a pesar de ellos.

Distintas formas de definir una identidad Cristo-céntrica:
• *Soy un pecador justificado. Ambos.* • *Soy un adicto aceptado. Ambos.* • *Soy un adúltero perdonado. Ambos.* • *Soy un desobediente amado por gracia. Ambos.* • *Soy una persona con grandes defectos pero amado y aceptado a pesar de ellos. Ambos.*
A todas estas descripciones puedes agregarle al final: "Y estoy en proceso de cambio".

Ayer por la noche, mientras yo estaba escribiendo, mi esposa se acercó con un sentido y humilde dolor y me dijo: "Me he dado cuenta de que no amo a la gente". (Siendo plenamente sincero y objetivo, es muy difícil encontrar una persona tan amorosa como mi esposa Ani. No creas que es solo mi opinión o que estoy intentando dejarla bien parada. Cualquiera que la conoce coincidiría conmigo. Es una dulzura de persona). Entonces, ¿qué sucedió? ¿Por qué dijo eso? Porque Dios la está ayudando a apropiarse de su identidad en Cristo (y a liberarse de tener una identidad basada en lo buena que ella es). ¿Cómo hace Dios para hacer esto? Nos recuerda el evangelio. Nos muestra nuestra oscuridad en una nueva dimensión (una mujer tremendamente amorosa se da cuenta que no ama) pero a la vez, nos muestra su amor con una nueva intensidad (un Padre tremendamente bueno se entrega por nosotros para que nosotros seamos lo que no somos).[a]

Tener una identidad fundamentada en la obra de Cristo te libera. Te permite aceptar plenamente quién eres (sin necesidad de esconder o tapar tus luchas) y también te permite disfrutar plenamente quién has llegado a ser

[a] Si miras Lucas 7:1-10, verás que es muy llamativo comparar *la opinión que la gente* tiene del centurión romano en contraste con *la opinión que él tiene* de sí mismo. Cuando Jesús va a sanar al siervo del centurión todos los que lo conocían "*le rogaron [a Jesús] con insistencia diciendo: El centurión* ***es digno*** *de que le concedas esto*" (Lucas 7:4). Sin embargo, cuando Jesús se está acercando a su casa; el centurión (al igual que mi esposa), dice exactamente lo opuesto acerca de sí mismo: "***No soy digno*** *de que entres bajo mi techo*" (Lucas 7:4). "*Al oír esto, Jesús se maravilló de él, y volviéndose, dijo a la multitud que le seguía: Os digo que ni aun en Israel he hallado una fe tan grande*" (Lucas 7:9). Y Jesús sanó a su siervo.

producto del sacrificio de Cristo. Esta doble dinámica, cuando es apreciada y atesorada con placer por el corazón, desata un "poder" indescriptible de amor hacia Dios y hacia otros. Como dijo Cristo en Juan 8:32: "*Conoceréis la verdad [es decir, apreciaréis el evangelio] y la verdad os hará libres*". Déjame ilustrar esta verdad por medio de una historia. Quisiera que te imagines por un momento que estás conduciendo de noche por una ruta bastante remota. Es tarde y la visibilidad es bastante limitada. Sin embargo, sabes que en poco tiempo comienza el partido de fútbol que tanto estabas esperando o tu programa de televisión favorito; elige lo que más te guste. Constantemente miras la hora en tu teléfono móvil porque quieres llegar a tiempo. Estás ansioso. Poco a poco comienzas a ir cada vez más rápido, más rápido y más rápido. De repente, y sin que tengas tiempo a reaccionar, un niño pequeño se cruza en medio de la ruta y lo atropellas. Detienes el automóvil. Miras al niño ensangrentado tendido en la carretera y no puedes creer lo que has hecho. Mientras lloras desconsoladamente, quisieras volver el tiempo atrás. Después de lo que acabas de hacer, el partido de fútbol o el programa que querías ver, han abandonado completamente tu mente. Lo único que puedes hacer es mirar al niño que yace sin respirar frente a ti. Una sola palabra describe el estado de tu corazón. Desolación. No puedes creer lo que tu egoísmo ha hecho. Sin embargo, mientras tienes al niño en tus brazos, sientes una mano caliente en tu espalda. Una persona se arrodilla al lado tuyo y, contrario a lo que cualquiera esperaría, te abraza con cariño mientras mira al niño. Tú no puedes creer que alguien te muestre empatía después de lo que has hecho. No hay ira ni condenación en la mirada de este hombre. Una palabra describe su actitud. Comprensión. Te quedas perplejo mientras él extiende sus manos sobre el niño y dice: "Yo hago todas las cosas nuevas". Y de repente, mientras tú estás inmóvil de rodillas para ver qué sucede, el niño abre los ojos. Todas sus heridas han sido sanadas. Entonces, lloras sin poder contener tus lágrimas. Pero no lloras por el partido de fútbol o porque no irás a la cárcel. ¡No! Lloras por dos cosas bien diferentes. Lloras por lo que has hecho y lloras por lo que este hombre ha hecho. Sin poder contenerlo, te fundes en un abrazo sanador que te transforma. ¡Gracias! ¡Gracias! ¡Gracias! Eso es lo único que puedes decir mientras lloras. Unos segundos después, mientras todavía están abrazados, sientes que el hombre pierde todas sus fuerzas y se desploma sobre ti. Entonces lo entiendes. Tu pecado ha sido plenamente enmendado; pero, a él, le ha costado su vida.

Lee con atención estas palabras del apóstol Pablo en Romanos 8:15-17: *"Pues no habéis recibido un espíritu de esclavitud para volver otra vez al temor, sino que habéis recibido un espíritu de adopción como hijos, por el cual clamamos: ¡Abba, Padre! El Espíritu mismo da testimonio a nuestro espíritu de que somos hijos de Dios, y si hijos, también herederos; herederos de Dios y coherederos con Cristo…"*. ¿Cuál es la labor principal del Espíritu Santo según este pasaje? ***El ministerio del Espíritu Santo es quitarte el temor.*** Lee el texto. Tu tendencia es relacionarte con Dios como si fueses un esclavo. ¿Cómo se relaciona un esclavo con su amo? ¡Con miedo! Un esclavo intenta hacer todo lo posible para agradar a su amo. ¿Por qué? Porque sabe que si hace algo que al amo no le agrada habrá consecuencias. ¿Resultado? Temor, inseguridad, intentos desesperados por tratar de cubrir o justificar cualquier falta o error. (Tal como hacía yo cuando discutía con mi esposa; era un esclavo de su opinión). Pablo dice: "¡Esa no es la forma en la que debes relacionarte con Dios! El Espíritu Santo quiere mostrarte otra cosa. ¡Eres su hijo! No hace falta agradarle. ¿Cómo hace el Espíritu para mostrarme que soy su hijo? No lo hace ocultando o tapando lo que he hecho. ¡Hace todo lo contrario! El Espíritu me muestra lo que he hecho, pero no para dejarme tirado en la carretera mirando compulsivamente mis terribles fallos. ***El Espíritu me muestra lo que he hecho ¡para que pueda ver el nivel de amor y aceptación incondicional que tengo producto de lo que Cristo ha hecho!*** ¡Me recuerda el evangelio! Me hace apreciar la obra del Hijo. Me permite ver el alcance de mi justificación. ***El Espíritu no te convence de que eres malo y que tienes que ser bueno***, (ese es el espíritu de esclavitud). ***El Espíritu te convence de que no puedes ser bueno, pero, a pesar de ello, eres aceptado, amado y tratado como un hijo***, (ese es el espíritu de adopción). ¿Cuál es la clave para desarrollar una identidad sana? Apropiarme de mi herencia. Apreciar los resultados de mi justificación. Disfrutar de la incondicionalidad de Dios. Vivir como un hijo. Mi hijo Tomás no me pregunta: "¿Papá, hoy me vas a dar de comer?". Él no me dice: "Papá, ¿hoy me darás ropa para ponerme? ¿Hoy podré sentarme a la mesa con el resto de la familia? ¿Hoy podré usar mi cama por la noche?". ¡Es mi hijo y vive como tal! Sabe que está en casa y disfruta de esa realidad.[b]

---

[b] Me gusta mucho como Tim Keller define la justificación. ***Ser justificado quiere decir que he sido encontrado aceptable delante de alguien que quiero agradar.*** ¿Qué es lo que hace un chico o una chica que están a punto de salir en una cita? ¡Se arreglan! Se ponen su mejor ropa, su mejor calzado y su mejor perfume. Usan todo lo que tienen a su alcance para cubrir sus defectos y destacar sus virtudes. ¿Por qué? La respuesta es muy obvia, porque quieren verse bien, quieren estar presentables, quieren ser aceptados delante de alguien a quién quieren agradar. Por eso "maquillan" sus imperfecciones y se deshacen de cualquier cosa que pueda avergonzarlos. Lo mismo sucede cuando escribes tu *curriculum vitae*, ¡pones lo mejor! (Y escondes u omites lo que pueda

"Muy bien", piensas tú. "¿Cómo aplico esta verdad en mi día a día? ¿Qué implicaciones tiene?" Dejaré que Tim Keller responda por mí:

> El evangelio, si se cree de verdad, nos ayuda a salir de esa situación de extrema necesidad tan natural al corazón humano. Tenemos *necesidad* de ser continuamente respetados, ser aceptados y que tengan una buena opinión de nosotros. *Necesitamos* controlar nuestras vidas sin confiárselas a nadie más. *Necesitamos* ejercer poder sobre otros para aumentar nuestra autoestima. Si la imagen de nuestro glorioso Dios deleitándose en nosotros con todo su ser (Is.62:4; Sof.3:14; cf.Dt.23:5; 30:9) es para nosotros un mero concepto, entonces nuestras necesidades nos abrumarán y determinarán nuestra conducta. Sin el poder del Espíritu nuestros corazones no creen verdaderamente en el deleite o la gracia de Dios, por eso operan por defecto. Pero las verdades del evangelio que el Espíritu nos hace entender, poco a poco pero con firmeza, nos ayudan a comprender de una forma nueva cuán seguros y protegidos, cuán amados y aceptados somos en Cristo. Por medio del evangelio fundamentamos nuestra identidad no en lo que *nosotros* hemos alcanzado, sino en lo que se alcanzó para nosotros en Cristo.
>
> Y cuando el evangelio, traído a nuestros corazones (véase Efesios 3:16-19), consume esa necesidad nacida del pecado, destruye el motor interior que genera la conducta pecaminosa. No tenemos que mentir porque nuestra reputación no nos es tan importante. No tenemos que responder violentamente a nuestros oponentes, porque nadie puede tocar nuestro verdadero tesoro. El evangelio destruye el orgullo y el miedo que alimentan el cambio de conducta moralista. El evangelio destruye el ***orgullo*** porque nos dice que estamos tan perdidos que Jesús tuvo que morir por nosotros. Y también destruye el ***miedo*** porque nos dice que nada de lo que hagamos agotará su amor por nosotros. Cuando abrazamos profundamente estas verdades, nuestros corazones no solo

avergonzarte). Quieres ser aceptado por quien te entrevista y, por eso, muestras tu mejor cara. Nuestra relación con Dios no debería funcionar así. ¿Por qué? Porque la justificación cambia esta dinámica. Sí, sabemos que debemos presentarnos delante de un juez santo. Sabemos que no somos lo que deberíamos ser. Sin embargo, también sabemos que la clave no es tapar o esconder nuestra injusticia; sino apropiarnos de la realidad que la justicia de Cristo es ahora nuestra. ***Ser justificado quiere decir que soy visto diferente delante de aquel a quien anhelo agradar***. Producto de la obra de Cristo, Dios me ve diferente. Su visión de mí es otra. Yo sigo siendo quien soy, (injusto) pero delante de sus ojos soy alguien que jamás podré ser (justo). Esta realidad me hace ser aceptado, y está realidad tiene el poder de transformarme. He tomado y adaptado estos pensamientos de https://gospelinlife.com/downloads/justified-sinners-5896/.

se controlan, sino que son transformados. Su orientación fundamental es transformada.[65]

Hace muchos años Charles Haddon Spurgeon, uno de los predicadores más grandes de la historia, dijo: "Yo no sé lo que sucederá con el resto de mis hermanos, pero a veces me pregunto si tengo el más mínimo amor por el Salvador".[66] Hace aún muchos más años Pablo dijo: "*Pero Dios demuestra su amor para con nosotros, en que siendo aún pecadores, Cristo murió por nosotros*" (Romanos 5:8). Cuando el Espíritu ilumina nuestra vista suceden dos grandes cosas. Por un lado, nos deja ver verdaderamente quiénes somos (como lo hizo con Spurgeon y como lo hizo con mi esposa). Pero por el otro, nos deja ver quién es él (y nos vuelve a demostrar que nos ama *a pesar* de lo que somos). Solo a través de esta doble realidad se genera una identidad fundada en Cristo y no en nuestros méritos o deméritos, en nuestros triunfos o caídas, o en nuestra obediencia o desobediencia. *Valemos* por el amor que en la cruz Cristo nos demuestra. Dice Henri Nouwen:

> La enorme propensión a buscar el reconocimiento, la admiración, la popularidad y el renombre está enraizada en el temor que sin todo ello no valemos nada. Podríamos llamarlo la "comercialización" del amor. No se puede dar nada a cambio de nada. Ni siquiera amor.
>
> El resultado es un estado mental que nos hace vivir como si nuestro valor como seres humanos dependiera de la forma en que otros reaccionan hacia nosotros. Permitimos que sean otras personas las que determinen quienes somos. Pensamos que somos buenos si otros piensan que lo somos; pensamos que somos inteligentes si otros nos consideran como tales; pensamos que somos religiosos si otras personas lo piensan.
>
> De esta forma vendemos nuestra alma al mundo. Ya no somos dueños de nuestra casa. Nuestros amigos y enemigos deciden quiénes somos. Nos hemos convertido en juguetes de sus buenas o malas opiniones [...].
>
> Si creemos con firmeza en el amor incondicional que Dios nos tiene, ya no necesitaremos estar siempre buscando formas de que la gente nos admire, y aún menos necesitaremos conseguir de la gente por la fuerza lo que Dios quiere darnos tan abundantemente [...]. Durante mucho tiempo consideré la baja autoestima una virtud. Pero ahora me he dado cuenta de que el verdadero pecado es negar el amor de Dios hacia mí, ignorar mi valía personal. Porque sin reclamar ese primer amor y esta

valía, pierdo el contacto como mi verdadero yo y comienzo a buscar en lugares equivocados lo que solo puede encontrarse en la casa del Padre.[67]

En 1 Corintios 4:3,4 (DHH) Pablo afirma: "*En cuanto a mí respecta, muy poco me preocupa ser juzgado por ustedes o por algún tribunal humano. Ni siquiera yo mismo me juzgo... Pues el que me juzga es el Señor*". En este pasaje Pablo hace una afirmación asombrosa. La opinión que los corintios tengan de él no le preocupa. La opinión que el resto del mundo tenga de él no le preocupa. De hecho, ni siquiera cae en la trampa de evaluarse a sí mismo en función de su propia opinión. (¿Soy bueno? ¿Soy malo? ¿Se agradará Dios conmigo?) ***La única opinión en la que piensa es en la del Señor.*** ¿Pero cuál es esa opinión? ¿Cómo lo juzga (y nos juzga) Dios? En el cristianismo, en el momento que creemos lo que Dios dice de nosotros: "*No hay ninguna condenación para los que están unidos a Cristo Jesús*". (Romanos 8:1 DHH) ¡Esa es su opinión de nosotros! Como pregunta Tim Keller: "¿Te das cuenta que solamente en el evangelio de Jesucristo recibes el veredicto antes del desempeño?".[68]

> En el cristianismo, en el momento que creemos, Dios imputa el desempeño perfecto de Cristo como si fuera nuestro, y nos adopta en su familia. En otras palabras, Dios puede decirnos así como una vez se lo dijo a Cristo: "Tú eres mi Hijo amado; estoy muy complacido contigo" (Marcos 1:11).
>
> Verás que el veredicto está dicho. Y ahora trabajo en base al veredicto. Debido a que Él me ama y me acepta, no hago cosas tan solo para armar mi curriculum vitae. No tengo que hacer cosas para hacerme ver bien. Puedo hacerlas por el gozo de hacerlas. Puedo ayudar a las personas, no para sentirme bien conmigo mismo, no para poder llenar mi vacío. [69]

En Cristo, podemos (como Pablo en Corinto) tolerar la crítica sin que nos destroce. En él, podemos aceptar el rechazo del mundo sin sentirnos menos. Gracias a él, podemos dejar de evaluarnos constantemente y ver si llegamos al estándar que el mundo, la iglesia, nuestros padres, nuestros compañeros de trabajo, nosotros mismos o supuestamente Dios nos pide. Debido a que Jesucristo fue a juicio en nuestro lugar y fue condenado y muerto por nosotros, ahora nosotros podemos salir del banco de acusados y dejar de escuchar las voces (tanto del mundo como la nuestra) que intentan evaluarnos a la luz de nuestro rendimiento. La respuesta a estos juicios diarios de nuestra persona debe ser la de Pablo: "*El Señor es el que me juzga… Ninguna condenación hay para los que están en Cristo Jesús*". ***La clave para llegar a formar una identidad Cristo-céntrica no es pensar mal de nosotros*** (sintiendo gran culpa por nuestro pecado) o pensar bien de nosotros (sintiendo gran complacencia por nuestra obediencia), ***la clave es pensar menos en nosotros y más en lo que Cristo ha hecho por nosotros.*** *Entender* esta verdad, *disfrutar* esta verdad, o, como dijo Jesús, *conocer* esta verdad es lo que ***nos hará verdaderamente libres*** (Juan 8:32). Como dice Paul Tripp:

> Solo cuando nuestra confianza está en el Señor, es decir, en su constante ayuda y perdón, somos capaces de avanzar hacia la luz, sin temor de lo que tengamos que enfrentar. Cuando creamos realmente que su gracia ya ha cubierto todo lo que tengamos que confesar y nos ha dado el poder para todo cambio al que nos tengamos que someter, **no temeremos vivir** […].[70]

Un cambio de enfoque, una nueva opinión

El cambio de identidad, la libertad real, se produce cuando la opinión de Dios es más importante que la opinión de los hombres. Tu identidad es el resultado de afanarte por conquistar la opinión de la gente o es la consecuencia de deleitarte en la opinión que Dios tiene de ti por causa de Cristo. Lo primero te deja adicto y vacío. Lo segundo te transforma en una persona segura. ¿Por qué? Porque nadie podrá arrebatarte el amor que Dios siente por ti.

Uno de los pasajes que más he citado en este libro ha sido Mateo 6:1. No es casualidad. Creo que es un versículo repleto de significado. Déjame volver a escribirlo para que puedas meditar concienzudamente en cómo termina. "*Cuidad de no practicar vuestra justicia delante de los hombres para ser vistos por ellos; de otra manera no tendréis recompensa de vuestro Padre que está en los cielos*". El texto es muy claro. Si quiero obtener recompensa de parte de Dios, tengo que vivir de acuerdo a las verdades que hemos estado analizando. Dios debe ser mi audiencia y la cruz de Cristo, aquello en lo que me gloríe (Gálatas 6:14). Pero quiero que notes algo; tres veces en esta sección de Mateo 6 Jesús repite la misma frase. Haz tu ofrenda en secreto y "*y tu Padre, que ve en lo secreto, te recompensará*" (Mateo 6:4). Haz tu oración en secreto, "*y tu Padre, que ve en lo secreto, te recompensará*" (Mateo 6:6). Haz tu ayuno en secreto, "*y tu Padre, que ve en lo secreto, te recompensará*" (Mateo 6:18). ¿Qué es esa recompensa que Jesús promete? Si estudias en detalle Mateo 6, notarás que el texto no parece decir explícitamente qué es o cómo es esa recompensa. Tampoco parece indicar si se trata de algo presente o futuro. (Algunas versiones usan incorrectamente la frase "te recompensará en público"; frase que no es parte del original, ya que no se encuentra en los manuscritos más antiguos). Sin embargo, aunque el pasaje no parece ser muy explícito acerca de qué es esa recompensa, al final de cada uno de los ejemplos, Jesús deja una pista que nos permite reconocer de qué está hablando. ¿Quieres saber cuál es? Prepárate porque es algo maravilloso, espectacular, increíble. Es aquello que, según los sicólogos, todo el mundo busca y nadie puede encontrar. ***La recompensa que habla Jesús es tener un corazón que es liberado de la esclavitud de agradar a los demás y que encuentra su satisfacción y llenura en la realidad de que "el Padre ve"***. ¿Lo digo de forma más corta? ¡Es ser libre de agradar a los demás! Para la persona que Jesús describe en Mateo 6, ¡Dios es suficiente! La mirada del Padre, ¡alcanza! Los ojos de Dios, ¡es todo lo que él necesita! Lo que Jesús ofrece es un milagro. Es lo que nadie puede lograr. (Por eso es una "recompensa"; algo que Dios nos da). Lo que Jesús está diciendo es que disfrutar a Dios (y disfrutar el hecho que él me ama en Cristo a pesar de quién soy) genera una nueva identidad y un sentido de valor tan profundo y sin paralelo ¡que ya no necesito la aprobación de otros! Mi relación íntima, personal y secreta con Dios es tan satisfactoria, que como "recompensa" ("recompensa" que obtengo cuando vivo *en* Cristo) Jesús me promete una realidad interna similar a la que promete en Juan 8:32: "*Y conoceréis la verdad, y la verdad **os hará libres***".

Cambiar nuestra identidad, un proceso no un evento

Hace un tiempo atrás mi esposa, la peluquera oficial de nuestra casa, le hizo un corte de pelo bastante particular a uno de mis hijos. Él estaba muy contento con su nuevo corte hasta que uno de sus amigos se burló de él. ¿Qué sucedió después? Se sintió tan mal consigo mismo que fue al colegio con un gorro. El problema no terminó allí, sino que, cuando volvió del colegio, no quiso ir a su práctica semanal de futbol y tampoco quería salir a jugar con sus amiguitos del barrio. Mi hijo ama jugar con sus amigos así que era muy evidente que se trataba de su nuevo corte de pelo. Cuando me di cuenta de lo que estaba pasando, fuimos a su cuarto, me senté en su cama y le pregunté por qué no quería ir. Él simplemente respondió que no tenía ganas. Entonces, con mucho cariño, le dije: "Hijito, ¿tienes miedo que se reían de ti por tu corte de pelo?" Él asintió con su cabeza. En ese momento le di la "charlita". Traté de explicarle que nuestro corazón es como una tacita que estamos intentando llenar con el amor de otras personas pero que Jesús era capaz de llenarlo de manera plena con su amor. Entonces le pregunte: "Hijito, ¿qué piensa papá de tu corte de pelo? Él me respondió: "Te gusta, papá". Luego le dije: "Hijito, ¿qué piensa Jesús de tu corte de pelo?" Él me respondió: "Le gusta, papá". Luego le dije esto: "Mi amor, ¿ves esa foto del Capitán América que tienes pegada en la pared? ¿Qué pasa si yo intento darte un puñetazo y tú te proteges con el escudo del Capitán América?". "Nada". "¿Te dolería?". "No, papá". "¿Qué pasa si yo intento dispararte con una pistola?". "Nada, papá. Las balas me rebotarían". "¡Eso es lo que Jesús quiere hacer en tu corazón, hijito! Él quiere ser un escudo alrededor de ti. En la vida siempre te vas a encontrar con personas que te lastimen o te digan cosas feas. Pero él quiere que disfrutes de su amor de tal forma, que si otras personas no te aman o dicen algo hiriente acerca de tu pelo ¡que sus 'balas' te reboten porque tú estás protegido por el escudo de su amor! ¿Entiendes, hijito?". Él asintió. Entonces le di un fuerte abrazo y oramos juntos para que Jesús llenara su corazón con su amor. Cuando terminamos de orar le pregunté esperanzado: "Hijito, ¿quieres ir a jugar afuera con tus amigos?". "No", respondió él.

Seré franco. Con un poco de desilusión, debatí mucho dentro de mí si debía obligarle o no ir con sus amigos. Finalmente decidí no hacerlo. ¿Por qué? Porque empecé a recordar mis más profundas luchas con mi propia identidad. ¿Cómo sería para mí subirme al púlpito para predicar un sermón con un corte de pelo con el que me sintiese muy incómodo? ¿O tal vez caminar sin parte de mi ropa delante de la congregación? ¿O predicar dos domingos seguidos el mismo mensaje? (¡Mi peor pesadilla! Ser irrelevante). Vivir a la luz de quiénes somos en Cristo es un proceso de crecimiento que dura toda la vida, no un momento de luz que te cambia para siempre. Sí, es verdad, todos en algún momento de nuestra experiencia cristiana sentimos que somos "tocados" por Dios de una forma especial. Todos tenemos uno o más momentos en que sentimos que su amor nos captura. Quizás tú viviste esta clase de experiencia en el momento de tu conversión, o quizás fue más adelante. Esos momentos son muy especiales y, casi siempre, creemos que su efecto durará en nuestro corazón para siempre. Pero la experiencia y la Biblia nos muestran que no es así. Vivimos en un mundo caído con un corazón caído. Nuestro aprecio pleno de la obra de Cristo solo terminará de producirse cuando seamos glorificados. Hasta entonces, como Pablo ora en Efesios 1:18-19, oramos y buscamos conocerle más, pero sabemos que la "lucha por el gozo", como define John Piper a la vida cristiana, es justamente eso; una lucha, un proceso, una carrera (1 Corintios 9:24-29). Esta realidad, lejos de desmoralizarnos, es una enorme fuente de esperanza. Ni tú ni yo podremos vivir a cada instante de nuestra vida en congruencia con nuestra identidad; pero tanto tú como yo estamos avanzando en esa dirección y apropiándonos más y más de nuestra "herencia". Como alguien dijo una vez: "No soy la persona que debería ser, no soy la persona que podría ser, no soy la persona que desearía ser; pero no soy la persona que una vez fui; y por la gracia de Dios soy lo que soy".[71]

Pedro, un mal ejemplo de enorme aliento

Quisiera hacerte una última pregunta antes de terminar este capítulo. ¿Cuál es el pecado que más destroza tu vida espiritual? Por favor, detente y considéralo un momento. Quizás estés considerando algún pecado recurrente o alguna lucha muy obvia y difícil para ti. Sin embargo, déjame darte una alternativa. ***El pecado más terrible y demoledor (no es tanto el que repetimos sino) el que no vemos***. ¿Recuerdas al joven rico? "*He obedecido todos los mandamientos desde mi juventud*". Jesús le dice: "Regala todo lo que tienes y sígueme..." En otras palabras: "Déjame mostrarte el egoísmo que eres incapaz de ver. Este es tu mayor problema y lo que verdaderamente te aleja de mí".

Uno de los casos más interesantes en este sentido es el del apóstol Pedro. Después de que Jesús les dijera claramente a todos sus discípulos que todos lucharían con el temor al hombre y que todos se apartarían en el momento que lo cogieran preso (Marcos 14:27), esta es su respuesta: "*Jamás te negaré. Aunque todos te abandonen. Yo, no lo haré*" (Marcos 14:29). Es decir, "Yo soy Pedro. Yo soy una roca. Yo soy distinto a los demás. Yo soy diferente". En palabras de mi hijo menor: "Yo soy un 'total pro'". Si lees los evangelios y estudias en detalle la vida de Pedro llegarás a la conclusión de que este hombre es un líder nato; una persona de carácter, un hombre impetuoso al que no parece importarle lo que piensan los demás. Después de todo, fue tan irreverente y desfachatado (como mi hijo pequeño) de verbalizar a viva voz y sin tapujos que él era diferente al resto. (Si miras Marcos 14:31 notarás que el resto de los discípulos también pensaban eso de sí mismos, la diferencia con Pedro fue que él, por ser más impulsivo, lo dijo primero). Lo que sucede después es historia conocida. Pedro le dice a una sirvienta: "*No lo conozco*". Ni tú ni yo podemos hacernos una idea de la dimensión de lo que acaba de suceder. Pedro niega a Jesús ¡delante de una sirvienta! ¿Qué relevancia tiene que haya sido una sirvienta? Que en esa cultura, las mujeres (y más aún las sirvientas) eran consideras casi como un objeto. En la escala social de la época se encontraban tan abajo, que ni siquiera eran consideradas testigos fidedignos y viables en un juicio. ¿Puedes ver la ironía? Por más que esta mujer hubiera acusado a Pedro de conocer a Jesús su testimonio no hubiera tenido validez. Sin embargo, ¡Pedro está aterrado! ¡Tiene pánico! Su miedo llega a tal extremo que ¡hasta insulta a Jesús! (Marcos 14:71). ¿Qué es lo próximo que sucede? La Biblia dice que Pedro "*lloró desconsoladamente*". Es decir, por primera vez, Pedro es capaz de ver su temor. Ahora se da cuenta de su lucha. Ahora puede ver que no es distinto, que no es diferente, que no es especial. Pero, ¿qué sucede cuarenta días después? Pedro, vacío de sí mismo y "*lleno del Espíritu Santo hablaba la Palabra de Dios* ***con valor***" (Hechos 4:31). ¡Qué gran cambio solo un mes y medio después! La Biblia nos informa que Pedro estaba completamente dispuesto a que lo golpearan, a que lo encerraran en la cárcel (Hechos 4:3), a que lo amenazaran de muerte (Hechos 4:17; 18; 21) e, incluso, a contradecir en su cara ¡a las mismísimas autoridades que habían hecho matar a Jesús! (El sumo sacerdote Anás y Caifás, Hechos 4:6). Como resultado de experimentar el evangelio, Pedro es otra persona. Ahora sí es alguien distinto. Pero tú yo conocemos la causa. No es Pedro; es el Espíritu Santo que estaba llenándolo y permitiéndole vivir de acuerdo a su nueva identidad. ¿Fin de la lucha? ¿No más problemas con el temor al hombre? ¡Claro que no! En Gálatas 2:1-9 Pablo dice: "*Entonces, después de catorce años* [es decir, muchísimo tiempo después que Pedro enfrentara a Anás y Caifás], *subí otra vez a Jerusalén con Bernabé... y les presenté [a los apóstoles] el evangelio que predico entre los gentiles y al ver ellos que se me había encomendado el evangelio a los de la incircuncisión, así como Pedro lo había sido a los de la circuncisión (porque* ***aquel que obró eficazmente para con Pedro*** *en su apostolado a los de la circuncisión, también obró eficazmente para conmigo en mi apostolado a los gentiles), y al reconocer la gracia que se me había dado, Jacobo,* ***Pedro*** *y Juan, que eran* ***considerados como columnas****, nos dieron a mí y a Bernabé la diestra de compañerismo, para que nosotros fuéramos a los gentiles...*" Nota algo muy importante que señala este pasaje. El texto dice que en el momento que Dios obró en Pedro, obró "***eficazmente***" en él. El versículo no dice que obró de manera intermedia o incompleta; dice que obró de la manera adecuada, correcta, plena, eficaz. "*Sin embargo, [sigue diciendo Pablo en Gálatas] cuando Pedro vino a Antioquía, me opuse a él cara a cara, porque era de condenar. Porque antes de venir algunos de parte de Jacobo, él comía con los gentiles, pero cuando vinieron, empezó a retraerse y apartarse,* ***porque temía*** *a los de la circuncisión*". Pedro ***no le tiene miedo a un grupo de gente que puede matarlo, pero sí le tiene miedo a un grupo de gente que puede pensar mal de él***. Obrar "eficazmente" no quiere decir obrar "completamente". El crecimiento en la vida cristiana no es un evento, es un proceso. Llénate de esperanza, lejos de ser el único;

Pedro, el más grande de todos apóstoles y "columna" de la iglesia primitiva, te recuerda que estás bien acompañado. No somos quienes deberíamos ser, pero, por la gracia de Dios, estamos en proceso de llegar a serlo.

BREVE RESUMEN

Todos estamos intentado justificar nuestro valor.

- *Generamos nuestra identidad en función de lo que somos, hacemos o tenemos.*
- *Buscamos desesperadamente ser afirmados y valorados por otros para sentirnos valiosos.*

> *El resultado de esta búsqueda es triple: terminamos adictos a la creación, esclavos de la opinión de otros y vacíos en nuestro corazón (nada alcanza para sentir contentamiento; obtengamos o no lo que tanto queríamos).*

Todos necesitamos asombrarnos (una y otra vez) de que hemos sido justificados en Cristo.

- *Nuestra identidad debe fundamentarse en el evangelio. El Espíritu Santo quiere eliminar el temor recordándome que el sacrificio de Cristo lo cubre todo. ¡Ahora somos hijos de Dios!*
- *La clave para llegar a formar una identidad Cristo-céntrica no es pensar mal de nosotros (sintiendo culpa insana por nuestro pecado) o pensar bien de nosotros (sintiendo gran complacencia por nuestra obediencia), la clave es pensar menos en nosotros y más en lo que Cristo ha hecho por nosotros.*

El resultado de vivir con esta identidad es triple: somos libres de nuestras adicciones a lo creado (y podemos disfrutar de la creación sin idolatrarla), somos libres de la opinión de otros (y podemos agradar o confrontar a otros según sea más idóneo) y nuestro corazón experimenta contentamiento porque Cristo es suficiente. ¡Él nos da valor!

¿Por qué me cuesta vivir así?

Porque cambiar nuestra identidad es un ***proceso****, lleva tiempo. Se consigue a medida que disfrutamos más y más de que somos justificados en Cristo y no necesitamos* *probar nuestro valor (ni a Dios, ni a otros, ni a nosotros mismos). A medida que la opinión de Dios es más importante en nuestro corazón que la opinión de los hombres, nos apropiamos de la libertad que es nuestra por "herencia".*

PARA REFLEXIONAR O DIALOGAR EN GRUPOS PEQUEÑOS

1. *¿De qué forma este capítulo ha cambiado o confirmado tu forma de entender cómo se producen los cambios?*
2. *Resume en una o dos oraciones los conceptos que más te hayan impactado de este capítulo.*
3. *¿Qué cosas sueles hacer o buscar para sentirte importante o valioso?*
4. *¿Te sientes adicto a algo? Al analizar en frío esa adicción, ¿qué es lo que te atrae de ella? ¿Cuánto tiempo dura el placer cuando la obtienes? ¿Cómo te sientes luego? ¿Merece la pena?*
5. *¿De qué formas has usado el ministerio o el servicio en general como un medio para sentirte amado y aceptado?*
6. *¿Cómo definirías con tus propias palabras qué es tener una identidad cristiana? ¿Qué tiene que hacer una persona que quiere fundamentar su identidad en Cristo y no en sus propios méritos?*
7. *¿Qué papel juega la justificación en el proceso de formar una identidad Cristocéntrica?*

CAPÍTULO 9

Un nuevo propósito de vida

Me encantan los castillos. A mi criterio los castillos medievales tienen un esplendor, una belleza y un atractivo sin igual. Pocas cosas me producen más placer que observar detalladamente y sin apuro su arquitectura. Ver las enormes murallas y torres y contrastarlas con el hermoso paisaje campestre que normalmente los rodea me parece una experiencia casi celestial. Si tenemos la oportunidad de visitar uno, solemos hacer un picnic con la familia justo a un costado del mismo. Comemos algo rico, jugamos con los niños, tomamos muchas fotos; mientras yo, de reojo, mantengo mi mirada puesta en algún rincón particular del castillo. A mi criterio, los castillos pueden ser definidos con una sola palabra, son simplemente "gloriosos".

Glorificar algo tiene que ver con ser capaz de apreciar las cualidades de un objeto o persona. Glorificar es poder admirar las características que lo distinguen, que lo hacen diferente, único, atractivo. Es decir, ***glorificar es poder ver la belleza de algo***. Hace unos años, estaba conduciendo con mis dos hijos pequeños y Tomás, el más grande, me preguntó qué significaba glorificar a Dios. Yo le pregunté: "Hijito, ¿quién es el mejor jugador de fútbol del mundo?". "¡Messi!"; respondió él sin titubear. "¿Qué hace la gente cuando va al estadio y ve jugar a Messi?". "Empieza a cantar su nombre". En ese momento los tres empezamos a corear juntos: "¡Messi! ¡Messi! ¡Messi!". Entonces le dije: "Hijito, ¿por qué corean su nombre?". Él respondió: "Porque él es el mejor. Porque nadie puede hacer las cosas que él hace". Entonces yo le dije: "Eso mismo significa glorificar a Dios. Glorificar a Dios es poder ver que nadie es como él; que él es el mejor, que nadie puede hacer las cosas que él hace, que él es distinto y especial. Que él es bueno y que su amor es incomparable". A los pocos segundos los tres juntos empezamos a gritar: "¡Jesús! ¡Jesús! ¡Jesús!".

¿Qué es la gloria de Dios?

Dicho en una frase corta, ***la gloria de Dios es la belleza de Dios***. Es todo aquello que lo hace a él único, especial, distinto, atractivo, precioso, excelente y virtuoso. John Piper lo dice de esta forma: "La gloria de Dios es la belleza y la excelencia de sus múltiples perfecciones... En Dios hay una plenitud infinita y desbordante de todo lo que es bueno... La gloria de Dios es la armonía perfecta de todos sus atributos en un ser infinitamente hermoso y personal".[72] Tim Chester lo expresa así: "La gloria de Dios es la suma de toda su esencia: su amor, su bondad, su belleza, su pureza, su juicio, su esplendor, su poder, su sabiduría y su majestad".[73]

¿Qué significa, entonces, glorificar a Dios?

Glorificar a Dios es poder apreciar su belleza. Es estimar, atesorar y valorar quién es Dios. Es encontrar a Dios digno de nuestro amor y, por lo tanto, es amar todo lo que él es. Tiene que ver con encontrar un enorme placer en la realidad de quién es Dios y en la realidad de todo lo que él ha hecho por nosotros (tal y como yo encuentro un enorme placer en los castillos y otros encuentran un enorme placer, por ejemplo, en el arte). ***Glorificar es disfrutar algo por encima de otras cosas.*** Dar gloria a algo es justamente percibir a ese algo como distinto y decirle de corazón a ese algo: "Tú no eres común. Tú no eres normal". Piensa, por ejemplo, en los mejores jugadores de fútbol de la historia o en los nombres de los pintores más ilustres que hayan existido. ¿Qué hacemos cuando hablamos de ellos? ¡Los exaltamos! Los destacamos por encima del resto. Para nosotros ellos son distintos; sobresalen; hacen cosas no normales; son capaces de realizar obras sublimes y destacadas que nadie más puede hacer. Sea una pintura o un gol, para nosotros, ellos se distinguen del resto; en otras palabras, los glorificamos.

Antes de seguir, déjame aclararte un concepto muy importante. Es muy posible que, cuando yo intento describirte la gloria de los castillos medievales, tú te quedes pensando que para ti un castillo no tiene demasiado atractivo. Como escribí brevemente en el capítulo tres, siento esa clase de frialdad o indiferencia con la pintura. Veo las obras de los grandes artistas como Picasso, Da Vinci o van Gogh; y no las encuentro atractivas. No digo que sean feas, pero no llego a apreciar su valor pleno. Las veo, ¡pero no las encuentro gloriosas! Hace unas semanas miré por internet un curioso y divertido video donde un entrenador de fútbol español le pregunta a un jugador japonés que está jugando en la Liga de fútbol española: "¿En tu país eres guapo?" En el video se puede ver como la pregunta le produce muchas risas tanto al mismo jugador japonés como al resto de los compañeros de su equipo que están observando la situación. Después de que el jugador le respondiera con una medida de vergüenza, el entrenador dijo una frase muy llamativa: "Es que yo no sé apreciar la belleza japonesa. No tengo la capacidad de discernir si eres guapo o no. No puedo verte con los ojos que te ve una chica japonesa". ¡Esta es nuestra condición delante de Dios! No tenemos la capacidad de verle atractivo a menos que el Espíritu Santo abra nuestros ojos y nos permita apreciar "la belleza y la excelencia de sus múltiples perfecciones". Pero entiende esto bien; glorificar algo no es simplemente decir que las obras de Picasso son fabulosas. Yo puedo perfectamente decir eso. Glorificar algo es encontrar fabulosas las pinturas de Picasso. Es quedar extasiado al verlas, es experimentar placer en admirarlas, es hablar de ellas con alegría, es estar dispuesto a gastar tiempo y dinero para verlas. Yo, por ejemplo, vivo a veinte minutos del museo Picasso y la única vez que entré al famoso museo fue porque era gratis y porque un amigo estaba de visita y quería que lo llevase. Una cosa es decir que Picasso es fabuloso, otra cosa es percibirlo, experimentarlo y disfrutarlo.

Considera la siguiente pregunta con detenimiento. ¿Puede una persona no creyente leer la Biblia y entender las verdades que esta enseña? ¿Puede un profesor de literatura no cristiano leer un pasaje del Nuevo Testamento y llegar a entender lo que ese pasaje quiere decir? ¿Puede un estudiante universitario que no cree en Jesús leer Juan 3:16 y entender qué es el evangelio y cómo ser salvo? La respuesta a cada una de estas tres preguntas es la misma, ¡claro que pueden! Cualquiera de ellos puede ***entender*** la verdad, lo que ninguno de ellos puede hacer es ***ver la gloria*** que hay en ella. No pueden apreciar el valor de lo que acaban de leer. No pueden ***disfrutar*** la verdad y, por eso, sus vidas quedan intactas. Esta es la razón por la cual el Salmista ora: "*Abre mis ojos, para que vea las maravillas de tu ley*" (Salmo 119:18). Una persona no creyente puede entender la Biblia perfectamente, ¡pero no puede verla maravillosa! Tal y como yo no puedo apreciar la gloria de las pinturas de Picasso, una persona no creyente necesita que el Espíritu Santo le abra los ojos para poder ver la gloria de Cristo. Sin embargo, si lo piensas detenidamente, tú y yo tenemos el mismo problema. Si el Espíritu Santo no obra en nuestros corazones, estamos en una condición similar (Efesios 1:18,19). En cierta forma, nuestra condición ¡es más engañosa que la de un no creyente! ¿Por qué? Porque creemos erróneamente que entender la verdad (e incluso ser capaces de comunicársela a otros) es sinónimo de haberla encontrado gloriosa, creemos que creer el evangelio es lo mismo que disfrutarlo.[a]

El primer gran resultado de experimentar el evangelio (por primera o por enésima vez) es que vuelvo a encontrar atractivo a Cristo. Piénsalo un minuto. ¿Qué es la conversión? La conversión no es simplemente creer, la conversión es encontrar un tesoro. Pero no es simplemente encontrar un tesoro. ***Es encontrar el tesoro más grande que alguien pueda encontrar por el cual vale la pena perder todo lo demás.*** Dice Mateo 13:44: "*El reino de los cielos es semejante a un tesoro escondido en el campo, que al encontrarlo un hombre, lo vuelve a esconder, y de alegría por ello, va, vende todo lo que tiene y compra aquel campo*". ¿Qué sucede cuando experimento un cambio profundo? Exactamente lo mismo (Filipenses 3:8). Experimento una visión nueva y fresca de algo que ya conocía; es decir, puedo apreciar la gloria de Cristo. ¿Qué es cambiar? Es encontrar enormemente atractivo a algo que antes para mí no tenía mucho valor. Es poder apreciar la belleza de Dios.

Los tres grandes aspectos de la gloria de Dios

Quisiera que consideremos un concepto absolutamente crucial pero que, a su vez, puede resultar un tanto confuso (al menos, lo ha sido para mí por mucho tiempo).

> ***La gloria de Dios es el medio, es el objetivo y es el propósito de la vida cristiana.***

¿Qué es lo que quiero decir? Tres cosas. Primero, que la gloria de Dios ***nos cambia*** (2 Corintos 3:18). Es decir, apreciar la gloria de Dios (todo lo que él es y él ha hecho en Cristo) es el único medio que tiene la capacidad de producir cambios profundos en nuestro corazón. Ver el amor incondicional de

[a] Debemos distinguir entre compresión espiritual y experiencia espiritual. No es lo mismo definir la doctrina del pecado que sentir contrición de pecado. No es lo mismo comprender la omnipotencia de Dios que descansar mansamente en su soberanía. No es lo mismo explicar la incondicionalidad de Dios, que disfrutarla. Desafortunadamente, hay una tendencia en el corazón de cada uno de nosotros a creer que, porque comprendemos una verdad, la estamos viviendo. Y no solo eso, sino que además estamos listos y calificados para enseñar la verdad que acabamos de escuchar. (¡Y generalmente, estamos muy entusiasmados por hacerlo!). Ministrar en el nombre de Cristo no es lo mismo que disfrutar a Cristo. Como vimos anteriormente, Mateo 7:22,23 nos previene de este peligro. "*Muchos me dirán en aquel día: "Señor, Señor, ¿no profetizamos en tu nombre, y en tu nombre echamos fuera demonios, y en tu nombre hicimos muchos milagros?" Y entonces les declararé: "Jamás os conocí...*".

Cristo nos transforma. Segundo, que fuimos creados, salvados, santificados y seremos glorificados para apreciar la gloria de Dios (Efesios 1:3-14). Todo el universo gira en torno a que podamos alabar las abundantes riquezas de "*la gloria de su gracia*". Producto de esta realidad tan clara y determinante, ***nuestro gran objetivo de vida debe ser atesorarle más***, disfrutarle más y encontrar cada vez mayor deleite en la persona de Dios y su obra. En otras palabras, en este segundo caso, vivir para su gloria quiere decir vivir para disfrutarle. Tercero, ***que Dios reciba gloria*** (por medio nuestro y de otros) debe transformarse en nuestro gran propósito de vida (1 Corintos 10:31).[b]

Como veremos en detalle más abajo, estas tres realidades de la gloria de Dios son una cadena indivisible de resultados consecutivos. Solo cuando sucede lo primero, sucede lo segundo; y solo cuando sucede lo segundo sucede lo tercero. Es decir, una es resultado de la otra y es **IMPOSIBLE** invertir el orden. Como intentaré mostrarte, solo podré honrar a Dios cuando lo esté disfrutando; y solo podré disfrutar a Dios cuando haya podido ver su gloria. Analicemos estas tres ideas en detalle.

*La gloria de Dios es el **MEDIO** para ser cambiados*	*Cambiamos porque vemos su gloria*	*Tener un encuentro con Dios a través del evangelio me permite asombrarme de Dios*
*La gloria de Dios es el **OBJETIVO** para cambiar*	*Cambiamos porque queremos disfrutar más de su gloria*	*Después de tener este encuentro recordamos que en el vivir para él está la verdadera vida*
*La gloria de Dios es el **PROPÓSITO** para vivir*	*Cambiamos porque queremos que Dios reciba gloria*	*Cuando realmente disfrutamos a Dios deseamos que él sea honrado*

1. La gloria de Dios como medio para ser cambiados; re-experimentando el primer amor

Vivir para la gloria de Dios es un resultado. Sí, sé que la Biblia dice que tenemos que vivir "para" la gloria de Dios y que el "para" indica propósito. Pero, jamás podremos hacer esto a menos que primero no hayamos experimentado la belleza de su gloria. Piénsalo un momento. Yo no puedo obligarte a ti a

[b] Como puedes ver estoy diferenciado "objetivo" de "propósito" para distinguir dos aspectos de una misma meta. Es decir, vivimos para glorificar a Dios y esto conlleva una doble meta: **disfrutarle** y **honrarle**. Ambas. A la primera llamo nuestro "objetivo de vida" y a la segunda llamo nuestro "propósito de vida". La razón para hacer esta diferencia es poder hacer más sencillo un concepto que resulta un tanto confuso.

encontrar placer en los castillos. Sin embargo, tú no puedes obligarme a mí a encontrar placer, por ejemplo, en comer ranas a la parrilla. ¡Odio los sapos y las ranas con todo mi ser! Me parecen absolutamente repugnantes (varias personas me han dicho que las ranas son riquísimas. Quizás lo sean, no lo sé. No pienso averiguarlo). Cuando alguien dice que quiere vivir para la gloria de Dios, es imposible que realmente lo haga si primero, en ese mismo momento, no está saboreando las virtudes y excelencias de Dios. Tú puedes tener la gloria de Dios como objetivo, pero no puedes *vivir* ese objetivo a menos que primero estés experimentando su gloria. Es lo mismo que si alguien me dice: "Debes vivir para *disfrutar* un asado de ranas a la parrilla. ¡Son gloriosas!" Mi respuesta a ese mandato sería: "Mira. Tú puedes obligarme a comer ranas. Tú puedes convencerme que es un buen objetivo de vida. Pero hasta que yo PRIMERO no disfrute las ranas, *vivir* para ello será solo un ideal, una meta, un objetivo imposible de realizar". Solo cuando encuentro sabrosas las ranas puedo comenzar a disfrutar o glorificar de corazón a las ranas. Aunque la ilustración haya sido un tanto repugnante (al menos para mi estómago), ¿puedes ver lo que quiero decir? ***Vivir para la gloria de Dios es el resultado de disfrutar la gloria de Dios.***

Una preciosa noticia

Permíteme confundirte unos segundos. ***La mejor noticia que alguien podría darte es que tú no puedes vivir para la gloria de Dios***. Medita en lo que acabas de leer. Ni tú, ni yo, ni nadie puede vivir para la gloria de Dios por sus propios medios. Nadie puede agradar a Dios. Nadie puede generar una sonrisa en su rostro. Nadie es capaz de producir algún tipo de placer en su persona. No te alarmes ni cierres el libro. Lejos de ser algo negativo y anti-bíblico, es una de las verdades más preciosas y liberadoras en la que puedas meditar. Cuando comprendas lo que quiero decir, te darás cuenta que es así.

Recuerdo hace muchos años, cuando estaba estudiando el seminario en los Estados Unidos, un profesor dijo una frase que me impactó tanto que jamás la olvidaré: "***Dios solamente se impresiona con su Hijo***".[74] Estas palabras se imprimieron como un sello en mi corazón. He pensado mucho en ellas; sin embargo, creo que apenas estoy llegando a comprender el alcance de sus implicaciones. ¿Cómo puede ser que Dios me pida que le glorifique si es algo que yo no puedo hacer? La respuesta es muy simple, lo que es imposible para mí es posible para él. Es decir, la única forma en la que puedo glorificar a Dios es si estoy viviendo mi vida a través de su Hijo (Juan 15:5). A su vez, la única forma en la que viviré mi vida a través de su Hijo, es si me doy cuenta que no puedo vivirla sin él. Por lo tanto, ¿qué necesito? ¡El evangelio! Un Salvador que me *perdone* por no vivir para su gloria y un Espíritu que me dé el *poder* para hacerlo. ¿Cuál es la conclusión ineludible? ***No tengo que impresionar a Dios, más bien tengo que impresionarme con él.*** La vida cristiana se trata de, con el evangelio como filtro, mirar la gloria de Cristo y, al quedar fascinado con él, anhelar que él sea glorificado. ¿Puedes verlo? ***Solo puedo honrarlo cuando lo estoy disfrutando***. La clave no es enfocarme en lo que yo tengo que hacer por él, sino que me impacte lo que él ha hecho por mí. Cuando esto suceda, y solo cuando verdaderamente suceda, estaré lleno del Espíritu y tendré el poder para hacer lo que antes no podía; glorificarle.

Tú y yo solemos creer erróneamente que podemos glorificar a Dios. Iré a las misiones. Compartiré el evangelio. Leeré más la Biblia. Dejaré de pecar. Sin embargo, si has llegado a conocer un poco más tu propio corazón a través de los primeros capítulos de este libro, sabes que nada de lo que hacemos para Dios está exento de motivaciones autocentradas y egoístas. De hecho, si lo piensas un momento, ¡el mismo hecho de querer impresionar a Dios es un acto autocentrado! Muchas veces, vivimos para intentar que Dios diga: "Mira que buen hijo/a". Cuando la realidad debería ser que tú y yo lleguemos a concluir: "¡Mira que buen Padre!"

Hace ya varios años, estaba guiando un retiro espiritual con algunos líderes y me tocó compartir el famoso pasaje de Juan 13:1-15, donde Jesús le lava los pies a los discípulos. Al hacerlo, expliqué brevemente los primeros versículos y enfoqué toda mi atención en qué quería decir Jesús en el versículo 15 cuando afirma: "*Porque os he dado ejemplo, para que como yo os he hecho, vosotros también hagáis*". El punto central de lo que compartí se podría resumir de la siguiente manera: "Lavarle los pies a otros significa estar dispuesto a hacer por una persona, lo que nadie más estaría dispuesto a hacer por él o ella". Es decir, ninguno de los discípulos estuvo dispuesto a lavarle los pies al resto, Jesús sí. Como dice el verso 15, nuestra tarea es imitarlo. De esta forma, pasé cuarenta minutos explicando este principio en detalle y dando ejemplos prácticos de cómo vivirlo (como lavar el baño cuando nadie tiene ganas de hacerlo y cosas por el estilo). Al terminar la charla se me acercó un pastor y, con mucho respeto, me dijo algo así: "No estoy de acuerdo con lo que has compartido. No creo que hayas enseñado el punto central del pasaje." Yo me quedé estupefacto, puesto que realmente estaba convencido que mi exégesis era correcta y que había interpretado acertadamente el texto. Entonces me dijo: "Después de escucharte hablar me voy de este retiro mirando mi propio ombligo, enfocado en lo que yo tengo que hacer, cuando debería suceder exactamente lo opuesto. ***Yo debería salir de este retiro mirando a Cristo; fascinado con lo que él ha hecho***; maravillado de que el Dios del universo se hizo hombre y está dispuesto a lavar mis pies [es decir, la peor podredumbre de mi corazón] todos los días. Cuando disfrute de esta realidad, imitaré su ejemplo y haré todo lo que tú has dicho". No podía estar más acertado.

Tu mayor esfuerzo no debe estar centrado en vivir para él, sino en dejar que él viva por ti. Tu enfoque primario no debe ser intentar darle gloria, sino buscar disfrutar de su gloria. ¿Por qué? Porque cuando disfrutes de todo lo grandioso y bueno que él es, ¡entonces le estarás glorificando! John Piper lo diría de esta forma: "Dios se glorifica más en nosotros, cuando más satisfechos estamos nosotros en él".[75]

La vida cristiana se vive por medio de su gloria, para su gloria. Aunque solemos concentrarnos en el segundo aspecto, el más importante es el primero. Si estoy disfrutando de la gloria de Dios, voy a tomar decisiones y a vivir la vida *para* la gloria de Dios. De hecho, como dice Piper, ¡ya lo estoy haciendo! Al disfrutar la gloria de Dios ya estoy viviendo para la gloria de Dios. No solo esto sino que, además, hay un proceso de retroalimentación en esta cadena. Cuánto más disfruto de la gloria Dios, más anhelo tengo de vivir para esta.

Mi profesor tenía razón, "Dios solo se impresiona con su Hijo". En Juan 15, tres veces en el mismo pasaje Jesús afirma que el deseo de Dios es producir en el creyente "mucho fruto" (Juan 15:2; 5; 8). ¿Por qué el fruto es tan importante para Dios? La respuesta está en el verso 8. Porque cuando nosotros producimos "mucho" fruto, Dios recibe "mucha" gloria. Esta respuesta demanda una nueva pregunta: ¿Cómo es glorificado Dios cuando nosotros producimos mucho fruto? La respuesta está en el verso 5, Dios es glorificado porque no fuimos nosotros los que produjimos el fruto. ¡Fue Cristo en nosotros! (Juan 15:5). ¡Es su gloria porque es su fruto, no el nuestro! Comprender y vivir este concepto es absolutamente esencial porque *involucra todo* lo que hacemos: orar, servir, predicar, evangelizar, discipular, aconsejar, comer, jugar, trabajar, ir de vacaciones y todo el resto de cosas que podamos pensar. Si realmente deseamos producir fruto y glorificar al Padre, TODO tiene que ser hecho por medio del Hijo. Como ilustra magistralmente John Piper:

> En Juan 14:13 Jesús dice: "*Y todo lo que pidáis en mi nombre, lo haré, para que el Padre sea glorificado en el Hijo.*" Imaginemos que te encuentras completamente paralizado y no puedes hacer nada por ti mismo más que hablar. Supongamos que un amigo de toda la vida que te ama

> profundamente se compromete a vivir contigo y hacer todo lo que tú necesites. ¿Cómo podrías glorificar a este amigo si un extraño viniera a visitarte? Pues podrías decir lo siguiente: "Amigo, por favor, levántame y pon un almohadón detrás del mío así puedo mirar a mi invitado. ¿Podrías también ponerme los anteojos?" De esta forma, el invitado podría ver, por un lado, cómo tus pedidos muestran tu incapacidad de hacer algo por ti mismo y; por el otro, mostrarán que tienes un amigo fuerte y bueno. Tu amigo es glorificado cuando tú lo necesitas y le pides que continuamente haga todo por ti.[76]

Piper está en lo correcto. Para darle gloria al Padre hay que vivir en dependencia del Hijo. Para necesitar el poder de Otro, hay que verse como un inválido. Para recibir gracia, hay que ser débil (2 Corintios 12:9,10). Por eso, no se trata de lo que nosotros podemos hacer por Cristo, sino de lo que él puede hacer en y por nosotros; para que, cada vez que él lo haga, él reciba gloria. Esta es la razón por la cual el primer paso en vivir *para* su gloria es vivir *por medio* de su gloria. ¿Ahora puedes verlo? Esta cadena es indivisible. Su orden no se puede cambiar. Para darle gloria a Dios, primero necesito disfrutar de él.

2. La gloria de Dios como objetivo de mi vida. Vivir para disfrutarle

La gloria de Dios es el medio para el cambio, pero, la gloria de Dios también es nuestro gran objetivo de vida. Cada vez que mi esposa y yo planeamos nuestras vacaciones lo primero que hacemos es ver si habrá castillos cerca de la ciudad donde iremos a descansar. Hemos probado su gloria y queremos seguir disfrutándola. Todos hacemos eso con aquello que adoramos. Sea el sexo, el futbol, el arte, el dinero o los castillos; la realidad es que, tal y como sucede con una droga, querrás repetir cualquier experiencia que hayas probado y te haya causado placer.

Cada vez que visito un castillo sucede lo mismo; me quedo contemplándolo. Si lo piensas un momento, la verdad es que todos los castillos son bastante parecidos. No hay mucho más que murallas, torres y puertas de madera, pero, por alguna razón digna de análisis, ¡yo los sigo contemplando! ¿Piensas que estoy loco u obsesionado? Piensa en el sexo. ¿Acaso no sucede algo similar? Un chico que tiene luchas con la lujuria, ¿le basta una sola mirada? ¿Se conforma con una sola chica?

Sin embargo, ¿no son todos los cuerpos de las modelos bastantes parecidos? ¿Por qué la compulsión? ¿Y qué de los automóviles? ¿No tienen todos cuatro ruedas y un volante? ¿Realmente impresiona tanto el tipo de escudo que lleva delante o la forma y diseño particular que tengan? ¿Qué me dices de la ropa? ¿Es verdad que hay tanta diferencia entre un modelo y otro? ¿Y los zapatos? ¿Realmente es tan distinto el azul oscuro del negro? (Mi esposa dice que sí, pero yo sinceramente no puedo verlo). Todos, absolutamente todos, nos ponemos enormemente meticulosos e inquisitivos con aquello que nos atrae y tiene valor para nosotros. Aunque lo conocemos; igualmente lo analizamos, estudiamos y examinamos. (Para probar este punto basta con que mires tu historial de Internet y analices tus búsquedas. Allí descubrirás lo que realmente te atrae y tiene verdadero valor para ti). Como veremos en detalle en el capítulo doce, mi tarea más importante en la vida es estudiar, meditar y contemplar la gloria de Dios; para que, como resultado de admirarle, comience a disfrutarle.

Escribe Tim Chester, "Si hacemos un resumen de las razones para un cambio, podríamos decir que es para disfrutar de estar libres del pecado y gozarnos en una relación con Jesús".[77] Esta frase me hace pensar en la sensación de impotencia y desesperación que tienen los familiares y amigos de un adicto (sea alcohólico o drogadicto). Quieres que quede libre de su adicción para que pueda disfrutar de lo que en verdad es vida. ¡Esta es la sensación que Dios tiene con nosotros! (Juan 15:11). Pero, sigue diciendo Chester, "Renunciamos a lo que tan solo es ***apariencia***, para gozar de lo ***auténtico*** [...] ***La auténtica santidad es reconocer que los placeres del pecado son ficticios y pasajeros.*** Dios nos invita a una vida de genuina realización, disfrutando de algo que es para siempre".[78] ¿Cuál es tú droga? ¿Qué te hace suspirar? ¿Qué es lo que atrapa tus fantasías y te hace soñar? ¿Qué es aquello que tú encuentras virtuoso y digno de adoración? ***El secreto para el cambio se encuentra en estar convencido que la gloria de Dios es la verdadera fuente de felicidad.***

3. La gloria de Dios como propósito de mi vida. Vivir para honrarle

Cuando estoy en Cristo, el Espíritu Santo cambia mis deseos y modifica mis metas. Lo que antes no podía hacer (glorificarle), ahora no solo *puedo* hacerlo sino que además *deseo* hacerlo. Tener la gloria de Dios como propósito de vida implica dos aspectos: honrar a Dios y buscar que otros le honren.

Un doble propósito de vida	*¿Qué busco?*	*¿Cuáles son los medios visibles para hacerlo?*
Honrar a Dios	*Que Dios quede bien por causa de mí*	*Cantar alabanzas, mi forma de vivir y mi servicio a Dios*
Buscar que otros le honren	*Que Dios sea conocido por causa de mí*	*Involucrarme en la evangelización, en el discipulado y en las misiones*

Ver, es querer adorar

¿Alguna vez te has preguntado por qué la gente canta en los estadios de fútbol o por qué el público aplaude después de ver un espectáculo artístico maravilloso? La respuesta no es compleja, todo acto de disfrute produce adoración, halago y alabanza espontánea. C. S. Lewis dijo: "***Creo que nos deleitamos en alabar lo que disfrutamos porque la alabanza no simplemente expresa sino que completa el deleite***".[79] Es decir, la alabanza es la consumación de la experiencia de placer. Como un chico y una chica enamorados que constantemente se dicen el uno al otro que se aman. Ya se aman, pero expresarlo verbalmente aumenta y completa la experiencia. Cantar a Dios es una forma maravillosa de traerle honra. ¿Por qué? Porque bíblicamente hablando, cantar es el ***resultado*** de estar disfrutando a Dios. Dice Santiago 5:13b "*¿Está alguno alegre? Que cante alabanzas*". ¿Puede la alabanza *producir* alegría y ser la *causa* de ella? Sí, puede. Pero no debería ser la experiencia normal. La alabanza debería ser el *resultado* de estar alegre, la consecuencia de ello (como aplaudir es la consecuencia de haber visto un gran espectáculo). El ideal bíblico es venir al momento de alabanza a alabar. Es decir, a honrar a Dios porque estoy apasionadamente enamorado de él y quiero expresarlo. ¿Puede usar Dios el momento de alabanza para suavizar mi corazón duro y cambiarme? Claro que puede. Pero ese no es su primer objetivo. Hace un tiempo atrás, mi hija de diez años y yo estábamos pasando un tiempo con Dios juntos escuchando canciones de alabanza. Mientras lo hacíamos, ella, que estaba recostada en un sillón, comenzó a jugar con sus piernas y a hacer la "bicicleta". Al rato, comenzó a cantar la canción con desgano mientras iba deslizando su espalda lentamente por el sillón hasta tocar el suelo. Es pequeña, lo entiendo. A mí no me molesta para nada que ella juegue o se distraiga un poco, siempre y cuando mantenga una medida de conciencia de lo que estamos haciendo. Finalmente detuve la canción y le dije: "Hijita. ¿Qué es alabar a alguien?". Ella respondió.

"Decir cosas bonitas de alguien, cantarle". Entonces, con una exageradísima voz de desgano yo le dije: "Que linda camisa tienes". Ella me miró con cara de no sentirse muy halagada. "Te he dicho algo bonito, ¿verdad?". "Sí, pero no lo sentías". "Exacto, mi amor. Alabar no es simplemente decir cosas bonitas de alguien o cantar. ***Alabar en sentir cosas bonitas por alguien***". Lo que intenté explicarle a mi hija es lo que estoy intentando explicar aquí. Decir algo lindo de alguien, debe ser ***consecuencia*** de sentir algo lindo por alguien.

Lo reconozco. No soy un gran apasionado de la música. Sé que las emociones (y no los afectos) son fácilmente manipulables por ella. Es muy común creer que estoy alabando a Dios porque una canción me ha emocionado y, en realidad, sin que sea consciente de ello; todo lo que la canción está produciendo es un efecto emocional en el corazón como el que podría originar una película dramática que me hace llorar aunque sé perfectamente que se trata de una ficción. Sin embargo, también seré rápido en admitir su relevancia y enorme valor. Muchos de mis momentos más especiales con Dios los he pasado solo, en mi oficina, escuchando una canción de alabanza y llorando como un niño en adoración a él. Bíblicamente hablando, ¡la música es importantísima! Después de todo, los Salmos, el libro más largo de toda la Biblia, ¡es un himnario musical! No diré mucho más que esto, pero alabar a Dios, sea de manera corporal en la iglesia o de manera individual a solas en casa, es unirnos anticipadamente a una de las experiencias más hermosas y satisfactorias que viviremos en el cielo (Apocalipsis 21:23-27). No solo esto sino que, como he dicho varias veces, las emociones son muy importantes para Dios y es necesario y sano expresarlas (Mateo 22:37,38). Como dice Salmos 47:7 (RV1960), poder cantar "*con inteligencia*" (es decir, con reflexión y conciencia) lo que verdaderamente siento por Dios, es uno de sus más preciosos regalos.

Obediencia hoy, gloria hoy; pero también gloria futura

Vivir para la gloria de Dios, es vivir para que el carácter de Dios sea visible a otros. La Biblia es muy clara cuando afirma que nuestra forma de vivir tiene la capacidad de traerle honra a Dios. Mateo 5:16 dice: "*Así brille vuestra luz delante de los hombres, para que vean vuestras buenas acciones y glorifiquen a vuestro Padre que está en los cielos*". En este sentido, nuestra forma de vivir es tan *anormal*, que llama la atención de nuestros amigos y vecinos que no conocen a Dios de tal forma que ellos llegan a concluir algo así: "Nunca he visto a alguien amar de la forma que tú lo haces. Esto no es normal. ¿Qué hace que puedas vivir así?". Cuando esto sucede, Dios es glorificado. Vivir esta clase de vida no es una responsabilidad de algunos pocos elegidos, es un mandato que todos debemos vivir; pero no en la iglesia, ¡sino fuera de ella! En casa, en el trabajo y en todos los detalles más pequeños de la vida cotidiana. Como dice Pablo en 1 Corintios 10:31: "*Entonces, ya sea que comáis, que bebáis, o que hagáis cualquier otra cosa, hacedlo todo para la gloria de Dios*".

Recuerdo que hace tiempo, le pregunté a un joven que había discipulado por varios años qué había sido lo que más le había impactado de las múltiples experiencias y momentos que habíamos vivido juntos. Para que entiendas un poco mejor el contexto, él vivió en casa por un tiempo, hizo viajes misioneros conmigo, me escuchó predicar cantidad de veces, evangelizamos juntos, confesamos mutuamente nuestros pecados, le aconsejé incontables veces y muchas cosas más. Su respuesta a mi pregunta fue toda una sorpresa. Yo esperaba que me dijera que lo que más le había impactado había sido algún mensaje o consejo sabio; pero no fue así. Él dijo: "Lo que más me impactó fue aquella vez que estábamos en una estación de servicio y la persona que nos atendía rompió sin querer tu limpiaparabrisas y tú, te ofreciste a pagarlo por él. Nadie hace ese tipo de cosas cuando sufre un agravio". ¿Puedes verlo? ¡Un detalle! Algo "normal" pero "anormal" y, a la vez, cotidiano. Sinceramente, yo ni me acordaba de esta situación hasta que él volvió a mencionarla. No tenía idea que él estaba mirando. Sin embargo, en un pequeño acto sencillo, él vio la gloria de Dios y le quedó marcado.

Como he dicho antes, "el poder" para vivir de esta forma, no es el resultado de esforzarme por hacerlo; sino, más bien, es el resultado natural de estar disfrutando de la gloria de Dios a través del evangelio. *Cuando* esto sucede, y solo cuando esto sucede *primero*, "automáticamente" comenzamos a ***vincular nuestro gozo con que Dios obtenga gloria***. ¿Qué quiero decir con esta frase? Déjame explicártelo por medio de un ejemplo. Hace unos años estaba discutiendo con un amigo cercano acerca de quién era el mejor jugador de fútbol de la historia. Él decía que era Cristiano Ronaldo, yo decía que era Messi. (Lógicamente, cualquier persona que sabe de fútbol reconocerá que yo tenía razón). ¿Por qué estaba defendiendo tanto a Messi? Porque, aunque no sea fácil verlo, yo vinculo mi gozo y felicidad con sus triunfos. Es decir, en cierta forma, cuando él gana, yo gano. Cuando él mete un gol, yo meto un gol. Cuando él recibe gloria, ¡yo me pongo feliz! ¡Qué gran paradoja, jamás he visto a Messi! No lo conozco personalmente. Nunca he estrechado su mano. Pero, sin embargo, ***que él reciba gloria y reconocimiento, ¡me pone feliz! ¡Su gloria es mi gozo!*** Esto es a lo que Dios quiere que lleguemos. No a un esfuerzo obligado y consciente de que tengo que hacer cosas que no quiero. Sino a una pasión desbordante que no puedo controlar. Esto es exactamente lo que a mí me sucede cuando hablo de Messi. ***Lo aprecio tanto, ¡que quiero que otros también lo aprecien!*** ¿Me tengo que esforzar por hacerlo? ¡Claro que no! ¡Me tienen que callar para que deje de hablar de él! (No me tildes apresuradamente de fanático. Lo mismo te sucede a ti con cualquier otra cosa que te causa pasión).

Por otra parte, vivir para la gloria de Dios no solo le trae honra a Dios *hoy*, sino que, en cierta forma, "acumula" gloria para Dios para el gran "*día de Cristo*" *mañana*. Mira lo que escribe Pablo: "*Y esto pido en oración: que vuestro amor abunde aún más y más en conocimiento verdadero y en todo discernimiento, a fin de que escojáis lo mejor, para que seáis puros e irreprensibles para el día de Cristo; llenos del fruto de justicia que es por medio de Jesucristo, para la gloria y alabanza de Dios*" (Filipenses 1:9-11). Aunque este pasaje es muy rico y me siento tentado a explicarlo por completo, déjame limitarme a desglosar un aspecto clave que quiero resaltar. Pablo dice que cuando nosotros aprendemos a amar mejor, escogemos mejor y, así, vamos acumulando una "mayor cantidad de fruto" para el día que estemos delante de la presencia de Dios. ¿Cuál es el resultado de esto? ¡Dios recibirá gloria! (¿Por qué Dios y no nosotros? Porque si notas en el mismo pasaje esos frutos fueron hechos "*por medio de Jesucristo*"). Yo sé que suena medio extraño lo que Pablo está diciendo, pero solo es extraño hasta que lo actualizas con un ejemplo contemporáneo. Si lo piensas un momento, todos hacemos esto. Todos hacemos cosas en el *presente* que las hacemos porque sabemos que tienen un efecto muy valioso en el *futuro*. Un buen ejemplo, que también Pablo utiliza en 1 Corintios, son los deportistas. Dice 1 Corintios 9:24,25 (TLA): "*Ustedes saben que, en una carrera, no todos ganan el premio, sino uno solo. Pues nuestra vida como seguidores de Cristo es como una carrera, así que vivamos bien para llevarnos el premio. Los que se preparan para competir en un deporte, dejan de hacer todo lo que pueda perjudicarlos. ¡Y lo hacen para ganarse un premio que no dura mucho! Nosotros, en cambio, lo hacemos para recibir un premio que dura para siempre*". Una carrera de cien metros llanos dura apenas diez segundos. Un partido de fútbol dura noventa minutos. Una maratón dura algunas horas. La mayor parte del resto de sus vidas, todos los deportistas están viviendo "para la gloria futura". Hacen cosas hoy, para obtener algo mañana. La mayor parte de su día se la pasan ejercitando y practicando; cuidando su cuerpo y haciendo ejercicio. ¿Por qué? Por la gloria que les espera. Vivir para la gloria de Dios es unirme a este gran propósito. Es apasionarme por ese momento. Es traer más a menudo a mi mente, que muy pronto, cuando llegue "el gran día", ***alguien que amo con todo mi corazón será***

coronado.[c] (Si eres padre o madre estoy describiendo un sentimiento similar al que experimentas cuando tu hijo se destaca practicando deporte o cuando termina una carrera. Anticipar que él será coronado te motiva a hacer grandes esfuerzos personales para aquel día. ¿Por qué? Porque su gloria es tu gozo).

Ver, es querer compartir

Cuando mi esposa y yo recién nos casamos y vivíamos en Argentina, una de las cosas que más disfrutábamos hacer era recorrer en automóvil un conocido y muy exclusivo balneario de la costa atlántica llamado Cariló. Jamás fuimos de vacaciones allí. Era imposible costearlo. Sin embargo, tampoco nos moríamos por hacerlo. Lo que a mi esposa y a mí nos gustaba, era ir a ver sus fabulosas casas. Tal como nos sucede hoy con los castillos, disfrutábamos enormemente admirando su arquitectura. Imagina la situación. Yo dibujaba una especie de cuadrícula mental de todas las calles de Cariló y cada día recorríamos en automóvil una porción distinta de este hermosísimo pueblo. Calles de arena, enormes pinos de distintos tamaños y colores y un sinfín de increíbles casas de "ricos y famosos". Ni mi esposa ni yo queríamos ir de vacaciones allí; mucho menos vivir allí. Solo nos alcanzaba con ver las casas. Como solíamos decir: "Nos encanta disfrutar de las riquezas de otros". La cuestión es que, si hubieras estado con nosotros dentro del automóvil, hubieras escuchado una palabra que se repetía una y otra vez cada vez que hacíamos un nuevo recorrido. "¡Mira! ¡Mira esa casa! ¡Mira esta otra! ¡Mira ese jardín! ¡Mira cómo lo han decorado! ¡Mira qué belleza! ¡Mira! ¡Mira! ¡Mira!". Todo acto de disfrute produce deseos de ser compartido. Todos hablamos de aquello que disfrutamos, no podemos no compartirlo. Es imposible quedarnos callados. ¿Qué sucede cuando vuelves de vacaciones, cuando te compras ropa o cuando gana tu equipo de fútbol favorito? ¡Quieres hablar de ello! De hecho, ¡no puedes parar de hacerlo! ¿Qué hace la mayoría de la gente cuando se fotografía en un lugar bonito? La comparte en Facebook. Todos queremos compartir aquello que es valioso y especial para nosotros.

Ver, es querer compartir. En nuestro caso, compartir todo lo fantástico que Dios es para nosotros se ve expresado en tres formas prácticas: las ***misiones***, la ***evangelización*** y el ***discipulado***. Me parece fascinante la declaración de propósito de la iglesia *Bethlehem Baptist Church* que pastorea John Piper.

[c] El mismo principio se aplica al servicio. Cuando sirvo a Dios en Cristo, le traigo gloria a Cristo. "*El que habla, que hable conforme a las palabras de Dios; el que sirve, que lo haga por la fortaleza que Dios da, para que en todo Dios sea glorificado mediante Jesucristo, a quien pertenecen la gloria y el dominio por los siglos de los siglos. Amén*". La razón por la que no he desarrollado esta idea aquí, es porque la veremos en detalle en el capítulo once.

Cuando tienen que definir cuál es su razón de ser cómo iglesia lo hacen con esta precisa y preciosa frase: "***Existimos para extender la pasión por la supremacía de Dios en todas las cosas, para el gozo de todas las naciones***".[80] ¡Qué buen resumen de por qué estamos todos aquí! ¿Cómo se logra esto de manera práctica y concreta? Involucrándonos de forma regular en la evangelización personal, en el discipulado de otros creyentes y en el apoyo en oración y financiero de las misiones. ***Nadie*** que sea un cristiano verdadero puede dejar de estar involucrado en estas tres tareas. Si yo afirmo que Dios es mi mayor tesoro y no tengo pasión por ese tesoro, ¡algo anda mal! ***Experimentar la gloria de Dios es querer compartirla. Dicho de manera negativa, si no tengo deseos de hablar de Dios o que otros le conozcan, es simplemente porque no lo estoy disfrutando.*** Es porque no estoy viendo ni apreciando su valor y belleza ¿Qué tengo que hacer si este es mi caso? ¿Obligarme a evangelizar? ¿Obligarme a cantar? ¿Obligarme a servir? No, no lo creo. Como veremos en el próximo capítulo, ese no es el *primer* paso. Lo que necesito es volver a la pregunta del millón, ¿por qué? ¿Por qué no tengo pasión por Dios? ¿Cuál es mi objetivo de vida hoy? ¿A qué le estoy entregando mi corazón ahora? ¿Qué me tiene cautivado? ¿Qué cosa está compitiendo con Dios? ¿Qué es glorioso para mí y me impide ver la gloria de Cristo? El cambio comienza cuando hago un diagnóstico correcto y aplico una medicina correcta. Cuando vea qué me tiene atrapado, podré ir a Cristo en busca de rescate.

> Si usted no siente un poderoso deseo de que se manifieste la gloria de Dios, no es porque haya bebido y se haya saciado. Es porque ha estado picoteando demasiado de la mesa del mundo. Tiene un alma llena de pequeñas cosas, que no dejan espacio para las importantes.[81]

¿Cómo puedo saber si estoy glorificando a Dios?

Creo que la respuesta a esta pregunta se puede resumir con una sola palabra: contentamiento. ¿Cómo puedo saber si ahora mismo estoy viviendo para la gloria de Dios? Creo que la mejor forma de saberlo es si veo que mi corazón está lleno, si tengo gozo, si su gloria me satisface y me es suficiente. ¿Qué es el contentamiento? El contentamiento es el estado del corazón en el que uno se encuentra pleno, sin grandes deseos insatisfechos y con sus necesidades básicas cubiertas. Según la Biblia, ese estado de satisfacción interna solo se produce cuando bebo del "agua" que realmente satisface. (Isaías 55:1-3; Juan 4:13,14).

Considera conmigo un pasaje que confirma esta idea. Filipenses 4:13 dice: "*Todo lo puedo en Cristo que me fortalece*". En algunos círculos, este versículo se interpreta de esta forma. "***Cristo me da la fuerza para hacer cualquier cosa***". Si esta interpretación es correcta, y no lo es, lo que Pablo estaría diciendo aquí es que Cristo me transforma en una especie de Superman. Es decir, que, siguiendo esta interpretación, Jesús es capaz de darme la fuerza física para levantar un automóvil, para parar un tren o volar como un avión. El texto dice "todo", así que "todo" incluye fuerzas para hacer cualquier cosa. Aunque son ejemplos deliberadamente exagerados, considera lo erróneo de esta interpretación. ¿Alguna vez has conocido cristianos que luego de orar o pasar tiempo con Dios tienen más fuerza física que otros y son una especie de Superman? La respuesta es obvia: no. Pues bien, una segunda interpretación más sana afirma que se trata de algo espiritual y no de algo físico. En este caso, Filipenses 4:13 quiere decir que: "***Cristo me da el poder espiritual para soportar cualquier cosa***". Si miramos el contexto del pasaje, Pablo les está escribiendo a los filipenses agradeciéndoles por una ofrenda económica que ellos le habían mandado. En los versos 11 y 12, él dice que ha aprendido a no tener dinero para comer y también que ha aprendido a tener dinero en abundancia. En ambas situaciones, Cristo lo fortalece. Es decir, según esta interpretación, Jesús le da a Pablo el poder espiritual para tolerar o saber manejar tanto una situación de escasez como una de prosperidad. Todo lo puede en él. (Reconozco que esta era mi interpretación hasta hace solo unas semanas cuando volví a meditar profundamente en el texto). Creo que esta forma de ver el texto es, cuanto menos, incompleta. Para entender correctamente el pasaje es necesario definir ciertos puntos claves. En primer lugar, Pablo está claramente hablando de algo espiritual y no de algo físico. Pablo no está hablando del estómago, Pablo está trazando una analogía. Él no está diciendo: "Una persona no cristiana puede aguantar sin comer cuarenta días como máximo. Con Cristo esa misma persona podría aguantar ochenta". No, esa no es la enseñanza. ¡Pablo está hablando del corazón, no del estómago! Quizás, una paráfrasis más correcta del pasaje sería, "***Cristo me da la capacidad de estar plenamente satisfecho cualquiera que sea mi circunstancia***". Sé que esta interpretación se parece mucho a la anterior, pero si la consideras detenidamente, te darás cuenta que hay una gran diferencia. Pablo dice algo más que simplemente "Cristo me da las fuerzas para soportar cualquier cosa". Pablo dice que ***con Cristo ¡está absolutamente contento, lleno, satisfecho y plenamente feliz***! Lo que Pablo está diciendo es que ha llegado a descubrir el secreto de que con él tiene todo lo que necesita. Si lo piensas un momento, Pablo está repitiendo lo que ya dijo en el capítulo uno y en el capítulo tres. "*Para mí el vivir es Cristo*" (Filipenses 1:21) y "*yo estimo como pérdida todas las cosas en vista del incomparable valor de conocer a Cristo Jesús, mi Señor, por quien lo he perdido todo, y lo considero como basura...*" (Filipenses 3:8). ¿Puedes verlo? Es mucho más que simplemente poder manejar bien una situación de abundancia y de necesidad. Tengo algunos amigos no cristianos que pueden hacer esto muy bien. Pablo está hablando de algo mucho más profundo y abarcador. Pablo está hablando de un cambio radical en aquello que es mi propósito de vida y fuente de vida.

Ahora, déjame preguntarte algo. ¿Cómo aprendió Pablo a vivir así? La respuesta está en el versículo 12. Nota lo que dice ese versículo: "*en todo y por todo he sido enseñado*". Esto quiere decir que distintas circunstancias de su vida le han mostrado y le han enseñado a vivir de esta forma. Es decir, es algo aprendido. ¡No es algo natural! Las circunstancias buenas y malas han sido maestros en su vida espiritual para aprender el gran secreto de que Cristo es lo único que puede contentarle. Pero presta atención que no solo las circunstancias difíciles o de escasez le ayudan a entender esto, ¡también le han enseñado eso los momentos de mayor bienestar! Si soy franco, para mí, los momentos de menor contentamiento han sido los momentos de mayor abundancia. Sí, has leído bien. Déjame darte un ejemplo práctico. Hace varios años comenzamos en nuestra familia una especie de tradición a la que llamamos "tiempo especial con papá". Durante el "tiempo especial con papá" mis hijos y yo hacemos juntos algo original y divertido. A veces lo hacemos por turno, a veces llevo a los tres niños juntos. Al poco tiempo de empezar esta rutina, decidí comprar bicicletas para todos y salir a andar con ellos los sábados por la mañana. Mi intención original era, por un lado, pasar un tiempo a solas con ellos; y, por el otro, darle a mi esposa un tiempo sola en casa sin ruido y sin niños. Puesto que yo no había andado en bicicleta por veinte años o más, para todos fue algo muy novedoso. El primer día que lo hicimos fue simplemente asombroso. (Para mí fue una experiencia casi tan gloriosa como visitar un castillo). Me dije a mí mismo, ¡esto es fabuloso! Puesto que hacía poco tiempo que nos habíamos mudado a España y vivíamos cerca del mar, el paisaje que veíamos mientras andábamos en bicicleta era tan novedoso como atractivo. El sol, la playa, las palmeras, las montañas, ¡para mí andar en bici con ellos no tenía precio! Constantemente les decía a los niños: "¡Esto es la gloria!" Sin embargo, con el correr de las semanas empecé a detectar un cambio de humor dentro mío cada vez que salíamos. La cuestión se centraba en que uno de mis hijos se cansaba demasiado rápido y no quería andar tanto tiempo en bicicleta. Recuerdo que constantemente le decía: "Un poco más hijito. Un poco más. Recién hemos salido". Sin embargo, a los pocos minutos, él insistía. Después de comenzar a irritarme internamente por su insistencia, ideé una estrategia para sacarme el problema de encima. Les dije a los tres que le compraría un helado cuando llegáramos a un lugar que estaba cerca de dónde nos dirigíamos. Lógicamente, su actitud cambió. Sin embargo, después hubo que regresar. ¿Qué sucedió? Mi hijo volvió a sentirse cansado. (Lo cual confirma lo obvio. El soborno no es un buen motivador para el cambio). Después de varias quejas más, yo exploté. Le dije: "¡Basta hijo! ¡Vas a estar callado hasta que lleguemos!" ¿Puedes ver lo que sucedió? Lo que había comenzado con un deseo de amar a mi esposa y a mis hijos, se había transformado en una forma de adoración insana. Mi corazón mutó. Intercambié mi deseo. Ya no estaba allí para amar a mi esposa y a mis hijos, estaba allí para amarme a mí. ¿Resultado? Dejé de tener un corazón satisfecho, le hablé de forma hiriente a mi hijo y terminé el viaje en bicicleta amargado. ¿Por qué? Porque cambié la adoración a Dios, por la adoración a la creación. ¿Qué me enseño esta experiencia? Que nada de lo creado tiene el poder para llenar el corazón. ¿Puedes verlo? ***Las circunstancias pueden ser valiosos maestros que me recuerdan que la verdadera vida no está en hacer lo que quiero, sino que la verdadera vida está escondida en Cristo*** (Colosenses 3:1-3). Este es el gran secreto que aprendió Pablo: vivir para algo que las circunstancias no pueden tocar. No simplemente tener el poder de <u>soportar</u> circunstancias difíciles, sino ***<u>que Cristo sea mi perla de gran precio</u> en las circunstancias del día a día***. Nada ni nadie tiene el poder para robarte tu gozo si tu gozo se encuentra en la persona de Jesús. Cuando lo tengo a él, lo tengo todo; sin él, teniéndolo todo, no tengo nada.

La libertad de no necesitar que cambien las circunstancias

El contentamiento es un <u>resultado</u>. Ni tú ni yo podemos forzarlo. Tú no puedes obligarme a estar contento; yo lo estoy o no lo estoy. Tú puedes intentar cambiar las circunstancias para que yo me ponga contento, pero no puedes forzarme a sentirme así. Si a mi hijo lo atropella un automóvil, tú puedes intentar consolarme, darme un abrazo, acompañarme en mi momento de dolor, pero no puedes obligarme a estar contento. Como dijimos al comienzo del libro, si a mí no me gusta el ballet, tú puedes forzarme a ir a un concierto contigo, pero no puedes obligarme a encontrar placer en ello y a sentirme plenamente satisfecho y contento dentro de mi corazón. Lo mismo sucede con la gloria de Dios. ¿Cómo puedo saber si estoy glorificando a Dios? La respuesta es muy simple, si examino mi corazón y lo encuentro libre de otras pasiones; es decir, si el aprecio de la gloria de Dios me es suficiente y me llena. En una palabra, si estoy experimentando contentamiento.

Si hoy este no es tu caso, déjame alentarte completando una de las enseñanzas que nos hace el pasaje de Filipenses 4. Dice Pablo en el verso 12 que "*en todo y por todo he sido enseñado*". ¿Qué implica esto? Que cambiar es un proceso. Experimentar contentamiento en Cristo es algo que se aprende. Como hemos dicho, Dios está utilizando tus circunstancias actuales, aún tus luchas y falta de gozo y aprecio de Dios, como un medio para cambiarte de manera profunda y llenarte de él. Uno de los ejemplos bíblicos más vívidos y claros de cómo Dios usa nuestras circunstancias para llevarnos a él, es la vida de Ana. En 1 Samuel 1:5 encontramos que Ana era una mujer estéril. Pocas cosas, en aquel entonces, eran más vergonzosas y terribles para una mujer que no poder tener bebés. (Algo similar a lo que hoy, en algunos círculos, sería cumplir una determinada cantidad de años sin tener novio/a, un trabajo estable o un título universitario). El corazón de Ana estaba completamente insatisfecho. Si lees 1 Samuel 1:5-8 notarás que vivía amargada, irritada, con envidia, lloraba, no comía, y, estaba tan vacía, que era incapaz de disfrutar del sincero amor de su marido. Sin embargo, Ana hace algo que te aliento que imites; ora. Derrama su corazón delante de Dios expresándole cuán desesperada estaba por satisfacer su deseo. ¡Dame un hijo o me muero! (Ana es la imagen viva de cómo un deseo puede transformarse en un ídolo). ¿Qué hizo Dios? Contrario a lo que uno esperaría, ¡le dio lo que tanto anhelaba! ¿Por qué Dios hace esto? Parece que él está haciendo todo lo contrario a lo que hemos visto en este capítulo. Parece, pero no lo es. Dios usa el deseo insatisfecho de Ana para llevarla a él, para mostrarle (a ella y a nosotros) que estamos viviendo para algo incorrecto. En una forma muy vívida, el caso de Ana, es un ejemplo perfecto de cómo el Espíritu intercede por nosotros y "transforma" nuestras oraciones en algo mejor. "*Y de la misma manera, también el Espíritu nos ayuda en nuestra debilidad; porque no sabemos orar como debiéramos, pero el Espíritu mismo intercede por nosotros con gemidos indecibles; y aquel que escudriña los corazones sabe cuál es el sentir del Espíritu, porque El intercede por los santos conforme a la voluntad de Dios. [Es decir, nos da lo que Dios quiere darnos]. Y sabemos que para los que aman a Dios, todas las cosas cooperan para bien, esto es, para los que son llamados conforme a su propósito*" (Romanos 8:26-28). Ana ora por un bebé y sí, es verdad, Dios le da un hijo, pero Dios le da algo mejor, algo ***mucho*** mejor, ***Dios le regala estar satisfecha con él.*** Dice 1 Samuel 1:18 que después de orar: "*la mujer se puso en camino, comió y ya no estaba triste su semblante.*"

¿Cuándo dejó de estar triste? ¿Cuándo obtuvo lo que quiso? ¡Claro que no! Ella no podía saber si iba a tener un hijo o no. Sin embargo, dice el verso siguiente: "*Y se levantaron de mañana, adoraron delante del Señor y regresaron de nuevo a su casa en Ramá. Y Elcana se llegó a Ana su mujer, y el Señor se acordó de ella. Y a su debido tiempo, después de haber concebido, Ana dio a luz un hijo, y le puso por nombre Samuel, diciendo: Porque se lo he pedido al Señor*". ¿Cuál es la gran evidencia que su corazón realmente encontró contentamiento en Dios? La prueba está que cuando fue el momento de entregarlo, pudo soltarlo. De hecho, si prestas atención al texto, notarás que no lo hizo a regañadientes, sino con un *inexplicable* sentido de gozo y alegría. Dice 1 Samuel 2:21-28: "*Subió el varón Elcana con toda su casa a ofrecer al Señor el sacrificio anual y a pagar su voto, pero Ana no subió, pues dijo a su marido: No subiré hasta que el niño sea destetado; entonces lo llevaré para que se presente delante del Señor y se quede allí para siempre. Y Elcana su marido le dijo: Haz lo que mejor te parezca. Quédate hasta que lo hayas destetado; solamente confirme el Señor su palabra. La mujer se quedó y crio a su hijo hasta que lo destetó. [¡Piensa en cuán poco tiempo lo tuvo con ella!] Después de haberlo destetado, lo llevó consigo, con un novillo de tres años, un efa de harina y un odre de vino, y lo trajo a la casa del Señor en Silo, aunque el niño era pequeño. Entonces sacrificaron el novillo, y trajeron el niño a Elí. Y ella dijo: ¡Oh señor mío! Vive tu alma, señor mío, yo soy la mujer que estuvo aquí junto a ti orando al Señor. Por este niño oraba, y el Señor me ha concedido la petición que le hice. Por lo cual yo también lo he dedicado al Señor; todos los días de su vida estará dedicado al Señor. Y adoró allí al Señor*". ¿Quieres saber de qué trata el capítulo dos de 1 Samuel (es decir, el versículo siguiente al que acabas de leer)? Es uno de los cantos de adoración a Dios más maravillosos que un ser humano haya compuesto a lo largo de toda la historia. ¡Pero piénsalo bien! Este cántico fue escrito inmediatamente después de dejar a su único hijo (¡a su niño pequeño!) en la casa de un desconocido. ¿Puedes verlo, ahora? ¿Dónde estaba su mayor gozo? ¿Qué llenaba su corazón? ¿Dónde obtuvo esta mujer semejante contentamiento? (Ya sabes la respuesta). Sin embargo, si lo piensas un momento, hay otra pregunta mucho más llamativa y sorprendente que podríamos hacerle al texto. ¿Qué pasó con esa mujer depresiva, egocéntrica y amargada? ¿Dónde fue a parar esa persona tan vacía e insatisfecha? La respuesta es simple; fue cambiada por un encuentro con Dios. No te desanimes. Hay esperanza. Dios anhela que aprecies su gloria más de lo que tú anhelas apreciarla. Pero no solo eso, él está usando cada circunstancia de tu vida (aún tus deseos insatisfechos) para que puedas admirarla.

Conclusión

Toda la gloria que este mundo puede anhelar, sentir y ofrecer (todos los balones de oro, todos los *Oscar*, todos los *Emmy*, todas las promociones laborales, todos los aumentos de sueldo, todas las vacaciones, todos los automóviles, todas las casas, todos los novios/as, todos los hijos, todos los castillos) TODO junto y mucho, mucho más, es la clase de gloria que Dios tiene y quiere compartir contigo. Esta gloria, que está disponible para ti por causa de Cristo, es la gloria que Dios quiere que comiences a conocer y disfrutar. Esta es, quizás, la mejor parte de tu herencia. ¿Por qué? Porque Dios es su mejor regalo. No hay nada ni nadie mejor que él.

> Nuestra recompensa es Jesús mismo, nada menos, y todo lo que Dios es para nosotros en él [...] La salvación no consiste principalmente en el perdón de los pecados, sino en la comunión con Jesús (1 Corintios 1:9). Lo que hace el perdón es quitarlo todo de en medio para que sea posible esa comunión. Si la comunión no nos satisface por completo, entonces la salvación no es nada del otro mundo. Si Cristo fuera una persona triste, o incluso alguien calmadamente estoico, la eternidad sería un suspiro muy, muy largo.[82]

Dios te creó, te salvó y te está santificando para que lo disfrutes. Un día ese gozo será completo, pero, hasta entonces, recuerda las palabras de Jesús: "*Estas cosas os he hablado, para que <u>mi gozo</u> esté en vosotros, y vuestro gozo sea perfecto*" (Juan 15:11). ¿Quién nos puede ofrecer algo mejor?

Al único que ofrece un placer sin igual... Al único que satisface por completo... Al único que merece todo nuestro corazón... "*Al único y sabio Dios, por medio de Jesucristo, sea la gloria para siempre. Amen*" (Romanos 16:27).

BREVE RESUMEN

<u>¿Qué significa glorificar a Dios?</u> *Es poder apreciar su belleza; es amar sus virtudes, es llegar a encontrar un creciente disfrute en todo lo que él es y en todo lo que él ha hecho en Cristo por ti.*

<u>¿Qué hace falta para glorificar a Dios?</u> *Solo podemos vivir para la gloria de Dios cuando, primero, hemos tenido un encuentro personal con Dios (a través del evan-*

gelio) donde le hemos vuelto a ver "atractivo". Para glorificar algo de corazón es necesario primero disfrutarlo y apreciar su valor. Mi enfoque no debe estar en tratar de impresionar a Dios, sino más bien, en vivir impresionado de él.

¿Cómo hacemos para traerle gloria a Dios? *Solo podemos honrar a Dios si estamos viviendo nuestra vida llenos del Espíritu de Cristo. Cualquier otro acto hecho sin él, por más bueno que sea, es incapaz de rendirle honor a él.*

¿Cómo puedo saber si le estoy dando gloria a Dios? *En primer lugar, si con él alcanza. Si mi corazón encuentra su belleza cada vez más satisfactoria. En segundo lugar, si estoy deseando compartir mi experiencia con otros. Es decir, si naturalmente estoy comenzando a evangelizar, discipular y a involucrarme en las misiones.*

PARA REFLEXIONAR O DIALOGAR EN GRUPOS PEQUEÑOS

1. *¿De qué forma este capítulo ha cambiado o confirmado tu forma de entender cómo se producen los cambios?*
2. *Resume en una o dos oraciones los conceptos que más te hayan impactado de este capítulo.*
3. *¿Cómo definirías con tus propias palabras qué es la gloria de Dios? ¿Qué quiere decir que la gloria de Dios es el medio, el objetivo y el propósito de la vida cristiana?*
4. *¿Por qué una persona no puede glorificar a Dios por sus propios medios? ¿En qué áreas de tu vida te resulta "natural" intentar hacer esto? ¿Por qué piensas que tiendes a caer en ello?*
5. *¿Con qué cosas sueles vincular tu placer? ¿Por qué crees que esto es tan valioso para ti?*
6. *¿Estás hoy apasionado por hablar de Jesús a otros? ¿Por qué sí? ¿Por qué no? ¿Cuál es la solución para comenzar a hacerlo? ¿Te gustaría pensar en un amigo, familiar o compañero de trabajo no cristiano, comenzar a orar por su salvación y estar atento a la posibilidad de compartirle el evangelio?*
7. *¿Estás involucrado en discipular a alguien? ¿Cómo definirías el discipulado a la luz de lo que has leído en este capítulo? ¿Te gustaría comenzar a juntarte una vez por semana con alguien para ayudarlo a crecer en su vida espiritual? (Quizás podrían leer juntos este u otro libro y dialogarlo cada vez que se junten).*

CAPÍTULO 10

Una nueva capacidad para obedecer

Experimentar un cambio profundo produce dos grandes resultados en la vida de todo creyente. Por un lado me da una ***nueva motivación*** para obedecer y, por el otro, me otorga un ***nuevo poder*** para hacerlo. Miremos cada uno de estos aspectos detenidamente.

Una nueva motivación para obedecer: Permanecer en su amor

¿Qué es la obediencia? ***La obediencia es un resultado.*** Esta es la verdad más importante que aprenderás en este capítulo. Esta verdad debe imprimirse en tu cerebro y grabarse en tu corazón. Medita en ella, porque es absolutamente crucial entenderla plenamente para producir cualquier tipo de cambio real.

Como hemos enfatizado a lo largo de todo el libro, ***lo que tú haces es resultado de lo que tú amas***. Ves la televisión porque *lo disfrutas*; sales de compras porque *te causa placer*; eliges tener una novia porque esa chica *te gusta*. Tus acciones son el resultado de aquello que tú encuentras atractivo, valioso y digno de tu amor. Por lo tanto, ***la obediencia verdadera es el resultado de disfrutar a Cristo.***[a]

[a] De hecho, si lo meditas un momento, la ***desobediencia*** también es un resultado. Es el ***resultado*** de que tu corazón ama el pecado más que a Dios y, por eso, elige desobedecer. La desobediencia es un *fruto*, un *efecto*, una *consecuencia* de lo que ama tu corazón. Por ejemplo, si tu corazón ama el prestigio, ***como resultado*** de eso, desobedecerás a Dios exagerando, mintiendo, destacando tus virtudes, minimizando tus defectos, justificándote, poniendo excusas, culpando a otros, etc.

Dijo Jesús: *"El reino de los cielos también es semejante a un mercader que busca perlas finas, y al encontrar una perla de gran valor, fue y vendió todo lo que tenía y la compró"* (Mateo 13:44,45). Como dijimos en el capítulo anterior, la conversión verdadera no es simplemente creer, la conversión verdadera es encontrar una perla preciosa. Es encontrar el tesoro más grande por el cual merece la pena dejar de lado todo lo demás. Dicho de otra forma, la conversión es *comenzar* a atesorar o amar a Jesús. ¡La santificación es *aumentar* ese amor! Observa bien el texto. Dejarlo todo y "vender todo lo que tenía" es la ***consecuencia*** de que Cristo llegue a ser su perla de gran precio. Es decir, primero él debe ser tu todo, tu mayor deleite y tu más grande amor; y después, ***como resultado*** de ello, cambia tu forma de vivir, cambian tus decisiones y cambian tus prioridades. Este aprecio de Jesús que sucede por primera vez en el momento de tu conversión, es la experiencia que deberíamos anhelar vivir nuevamente todos los días. Esa es la razón por la cual tienes un tiempo devocional cada día.[b] Esa es la razón por la cual vas todos los domingos a la iglesia. Esa es la razón por la cual formas parte de un grupo pequeño. El objetivo más alto que tienes al hacerlo es que puedas volver a admirar y a asombrarte del amor de Cristo como lo hiciste el primer día. Como lo diría el mismo Jesús, el propósito de cada una de estas actividades es recuperar *"tu primer amor"* o incrementarlo (Apocalipsis 2:4; 1 Timoteo 1:5).

Déjame darte un claro ejemplo bíblico de cómo funciona la obediencia. Hechos 1:15-16 dice: *"Por aquel tiempo Pedro se puso de pie en medio de los hermanos (un grupo como de ciento veinte personas estaba reunido allí), y dijo: Hermanos, tenía que cumplirse la Escritura en que por boca de David el Espíritu Santo predijo acerca de Judas, el que se hizo guía de los que prendieron a Jesús"*. En este pasaje, Pedro dice dos cosas absolutamente preciosas acerca del carácter de Dios. Primero, dice que Dios es fiel. Es decir, cuando Dios dice que va a hacer algo, siempre lo hace. Si él (en la Escritura) predice que va a hacer algo, siempre y en toda situación, lo cumple. Piensa en ti mismo por un instante. ¿Qué ves cuando miras tu corazón? Te confieso lo que yo veo en el mío. Veo un corazón dividido (que es lo opuesto a la fidelidad). Veo un corazón adúltero. Veo a alguien que un momento ama a Dios y, a los cinco minutos, se ama a sí mismo. Ahora, ¿qué ves cuando ves el corazón de Dios? Amor que no cambia. Incondicionalidad. Fidelidad. Constancia. Pedro dice: "Hermanos, cuando examinamos a Dios no quedan dudas. Él es diferente a nosotros. Él cumple".

[b] Nota que, al hablar de un tiempo "devocional", la misma palabra "devoción" indica que hay una profunda pasión en el acto. La devoción es un sentimiento de profunda admiración inspirado por la dignidad, la virtud o los méritos de una persona, una institución o una causa.

Fiel es aquel que tiene un compromiso con otra persona y que, motivado por su propio carácter, y no por la respuesta del otro, nunca deja de amarle y siempre cumple con lo que promete. Pedro es claro. "*Tenía*" que cumplirse lo que Dios había prometido. Pues bien, hasta aquí, no he escrito nada demasiado novedoso o llamativo. Sin embargo, sigue observando el texto. ¿Qué es lo que Dios había planeado desde antes de la fundación del mundo? ¿Qué es lo que "*tenía*" que cumplirse? Que Judas entregara a Cristo. Esto quiere decir que ***Dios ha diseñado toda la historia de la humanidad de modo que todos los acontecimientos de la misma lleven a un clímax: su propia muerte.*** (Es decir, todo lo que pasó desde Génesis 1 hasta Hechos 1 fue dirigido, controlado y planeado por Dios para que se cumpla esa porción de la Escritura). Piensa en lo que Dios hizo por unos instantes. Todos hacemos planes. Todos planeamos cantidad de cosas. A mí me gusta planear cómo voy a organizar mi día, qué vamos a hacer como familia el fin de semana; dónde iremos de vacaciones. Tú y yo también hacemos planes laborales, planes ministeriales, planeamos cumpleaños, planeamos ir al cine y mil cosas más. Todos planeamos, todo el tiempo. Sin embargo, ***nadie planea cómo sufrir por otros.*** Pedro dice que ***Dios organizó la historia de tal forma que sería entregado por uno de sus amigos***. En ese preciso momento, es decir, después de recordar esta preciosa verdad acerca del carácter de Dios, Pedro dice en Hechos 1:21: "*Por tanto es necesario que [elijamos uno] de los hombres que nos han acompañado todo el tiempo que el Señor Jesús vivió entre nosotros*". Nota el "*por tanto*". ¿Qué está queriendo indicar Pedro con esa conjunción? Te lo traduzco en una frase: "Puesto que Dios ha mostrado su amor en la cruz planeando su propia vida para ser entregado y, producto de que observamos las Escrituras y entendemos que él quiere que elijamos un sustituto, *por tanto, por eso, como consecuencia, como resultado*; obedezcamos y elijamos un sustituto para Judas". ¿Cómo funciona la obediencia cristiana? La obediencia cristiana funciona así: Dios muestra su increíble fidelidad y amor y, POR TANTO, (es decir, como resultado de ello) yo lo encuentro a él digno de todo mi amor, confianza y entrega; y le obedezco. ¿Qué es la obediencia? ***La obediencia es el resultado de tener los ojos abiertos a lo que Dios ha hecho, hace y hará. La obediencia es la consecuencia de ver su bondad.***[c]

---

[c] La misma dinámica vemos en el famoso pasaje de Romanos 12:1 (RV1060): "*Así que, hermanos, os ruego por las misericordias de Dios, que presentéis vuestros cuerpos en sacrificio vivo, santo, agradable a Dios…*". La conjunción "así que" (que en BA se traduce como "por consiguiente"), funciona como el "*por tanto*" de Hechos 1:21. ¿Qué dice Pablo en este pasaje? Lo mismo que he explicado arriba. "Puesto que" hemos experimentado la misericordia de Dios (el evangelio); puesto que hemos saboreado su misericordia y puesto que hemos percibido su realidad, ***ENTONCES*** entreguemos nuestras vidas como un sacrificio vivo, santo y agradable a Dios. Pablo es claro. La entrega es un ***resultado***, una consecuencia, un fruto, de haber sido recipientes de la misericordia de Dios.

La obediencia es el resultado de que Cristo sea suficiente

Si analizas tu comportamiento concienzudamente te darás cuenta de una verdad que está repleta de significado: ***la obediencia es el resultado de estar lleno y, la desobediencia, el resultado de estar vacío***. Piensa en un padre que está viendo televisión después de un largo día de trabajo y sus dos hijos pequeños se empiezan a pelear. ¿Qué hace el padre? Les grita con un enorme enfado: "¡Basta de pelear! ¡No os aguanto más! ¡Sois unos desconsiderados!". ¿Qué acaba de hacer este hombre? Acaba de desobedecer la ley de Dios. La Biblia claramente nos dice que no debemos gritar o hablar de manera hiriente a otros (Mateo 5:22; Efesios 4:31). Pero, ¿por qué este padre hizo lo que hizo? A esta altura creo que sabes la respuesta. Sin embargo, déjame expresártela de una forma diferente. Este padre ha gritado a sus hijos porque estaba ***vacío***. ¿Qué quiero decir? Que, ante sus ojos, este padre "necesitaba" descansar y, a través de ver la televisión, estaba intentando ***llenar*** esa necesidad de descanso. ¿Por qué reaccionó pecando y desobedeciendo a Dios? Porque los niños interrumpieron su "***recarga***" de energía emocional y espiritual.

¿Qué es lo que hace una persona con un tesoro? Lo esconde, lo guarda, lo protege. Si es dinero, lo pone en un banco dentro de una caja de seguridad. Si es una casa, le coloca una alarma y la cierra con llave. Si es un automóvil, se asegura de guardarlo en el garaje. Si es su reputación, se asegura de reprimir sus impulsos en público para no ser ridiculizado. Si es su descanso después de trabajar, se enfada y grita para proteger ese momento. ¿Por qué hacemos esto? Porque amamos nuestros tesoros. Porque no queremos perderlos. Porque no queremos que nadie los toque.

Imagínate la siguiente situación: vamos a decir que heredas cien millones de euros. ¿Qué haces con el dinero? Lo pones en un banco a plazo fijo y decides vivir el resto de tu vida de intereses. Digamos que una noche sales a cenar con tu pareja y, después de pagar la cena en efectivo, el camarero te devuelve diez euros. Acto seguido, dejas cinco euros de propina y te pones cinco euros en el bolsillo derecho de tu chaqueta. Cuando sales del restaurante, un chico pasa corriendo, choca contra ti y, sin que te des cuenta, mete su mano en tu bolsillo derecho y te roba los cinco euros. A los pocos minutos te das cuenta de lo que ha sucedido. ¿Cuál es tu reacción? ¿Llamas exasperadamente a la policía? ¿Comienzas a gritar como un loco? ¿Te angustias con desesperación? Lo dudo. ¿Por qué? Porque si bien ese chico te ha quitado algo de valor, ¡no ha tocado tu mayor tesoro! Tus cien millones de euros están seguros en un banco de Suiza. ¡Enhorabuena! ¡No has gritado! ¡No te has enfadado! ¡No te has angustiado! ¿Por qué? La respuesta es obvia. Nadie ha tocado tu tesoro. Nadie ha tocado aquello que tú realmente amas. Es decir, tu respuesta no pecaminosa es el resultado de que todavía eres millonario. Respondes bien porque estás "satisfecho", "lleno", tienes todo lo que necesitas y más. Tu tesoro está intacto. Pero, ¿qué pasaría si vuelves a tu casa y, al intentar acceder a tu cuenta bancaria por internet, tu balance está en cero? ¿Cuál sería ahora tu reacción? ¿Llamarías a la policía? ¿Comenzarías a gritar? ¿Te angustiarías? ¿Hace falta que responda? ¿Por qué? Porque ahora sí te han quitado lo más precioso que tenías. ***Cada vez que nosotros pecamos estamos diciendo que otra cosa y no Cristo es nuestro mayor tesoro.*** Si un padre grita a sus hijos porque ellos interrumpen su descanso, lo que este padre está mostrando es que sus hijos han tocado su "tesoro". Al menos en ese momento, su razón de vivir y su mayor anhelo es la televisión; su tesoro es relajarse y descansar. ¿Desobedeció este hombre la ley de Dios? Sí. ¿Debe este hombre dejar de gritar a sus hijos? Sí. Pero, la pregunta más importante es, ¿**CÓMO** hace este hombre para obedecer a Dios? ¿Con dominio propio? ¿Apagando la tele cada vez que vuelve a su casa? ¿Contando hasta diez antes de hablar? La clave para obedecer es darme cuenta que ***mi respuesta (buena o mala) es un resultado de aquello que me "llena"***; de aquello que en este preciso instante es mi "mayor tesoro"; de aquello que es mi "perla de gran precio". La clave para obedecer es darme cuenta que he cambiado a Cristo por las noticias de las ocho. Que él ha dejado de ser mi fuente de vida. Como dice John Piper: "***El pecado es lo que uno hace cuando el corazón no está satisfecho con Dios***".[83] Sí, tus niños han interrumpido tu momento de descanso. Pero la clave está en darte cuenta que el problema no son los niños ni el descanso. El problema es que has cambiado de tesoro. Si Cristo fuese para ti como cien millones de euros, si él *realmente* tuviera ese *valor* dentro de tu corazón, la interrupción de tus hijos sería el equivalente a los cinco euros que el chico te robó al salir del restaurante. Si algo tan insignificante como perderme dos minutos de las noticias genera una reacción tan grande y desmedida, ¿qué es lo que acabas de comprobar? Pues que, en ese momento, Cristo no era lo que tú más amabas. ***Pecar es cualquier cosa que haces que refleja que Cristo no es tu tesoro.*** Es, como dice Romanos 1:23, cambiar la gloria de Dios por la gloria de lo creado. ¿Cuál es la solución? ¿Morderme la lengua cuando los niños me molesten? ¡No! ***¡La solución es darme cuenta que tengo que recuperar mi primer amor!*** ¿Llegas a verlo? Este hombre **YA ESTABA VACÍO ANTES** de que los niños interrumpieran. Siempre y en toda ocasión, estamos "vacíos" antes de desobedecer. ¿Por qué? Porque la desobediencia es un intento de "llenarte". (¿O acaso no es eso lo que el padre estaba buscando al ver televisión?). Como aprendimos en el capítulo cuatro, pecamos porque el pecado nos ofrece alguna promesa de felicidad. Toda tentación es una alternativa; una oferta de bienestar; una solución incorrecta a tu necesidad (¿recuerdas Jeremías 2:13?). ¿Qué debemos hacer? Volver a nuestro primer amor a través del evangelio. Solo cuando vuelvas a disfrutar a Cristo como si él fuera tan valioso como cien millones de euros, podrás, sin mayor inconveniente, permitir con gusto que te roben cinco. Quizás ahora puedas verlo: la obediencia es el resultado de estar lleno y, la desobediencia, el resultado de estar vacío.

Obedecer es el resultado de amar

Dice Juan 14:15: "*Si me amáis, guardad mis mandamientos*". Por muchos años interpreté incorrectamente este pasaje. Para mí, amar a Jesus era lo mismo que obedecer a Jesús. Mi paráfrasis del texto era: "Amar a Jesús es guardar los mandamientos." Sin embargo, lee atentamente el texto. Eso no es lo que Jesús dice. Obedecer a Cristo no es lo mismo que a amar Cristo. Jesús dice que primero viene el amor, después la obediencia. Se puede perfectamente obedecer sin amar. ¡Los fariseos son el mejor ejemplo! Obedecer a Jesús es el efecto, es el resultado, es la consecuencia de estar enamorado de Jesús.

> Rechazo el concepto de que amor por Cristo es lo mismo que acciones mentales hechas en obediencia a su Palabra. Cuando Jesús dijo: "*Si me amáis, guardad mis mandamientos*" (Jn.14:15), él estaba describiendo el ***efecto*** del amor, no la esencia del amor. ***Primero*** hay amor, luego está el efecto: La obediencia. La obediencia no es lo mismo que el amor.[84]

Juan 3:19 hace una afirmación digna de consideración. El apóstol escribe: "*Y este es el juicio: que la luz vino al mundo [es decir, que Jesús vino al mundo], y los hombres* ***amaron*** *más las tinieblas que la luz, [es decir, que a Jesús], pues sus acciones eran malas*". Juan dice algo muy revelador. Él dice que el "juicio" de Dios, su forma de evaluar a la gente, la vara que él utiliza para medir el corazón del ser humano es evaluar ***qué amo y que odio***. No las acciones, sino aquello que ama el corazón. ¿Cómo sabemos qué es lo que ama una persona? El texto también lo responde. Por medio de sus acciones. ¡Sus acciones eran malas ***porque*** amaban las tinieblas! Su corazón estaba en el lugar equivocado y, por eso, rechazaron a Jesús. ¿Qué tiene que suceder para que realmente una persona obedezca? Tiene que cambiar lo que esta persona ama. Debe dejar de amar las tinieblas (las ofertas incorrectas e insatisfactorias del mundo) y comenzar a amar la luz (a Cristo). ¿Qué es cambiar? Es comenzar a amar algo que antes odiaba (la luz/Cristo), y comenzar a odiar algo que antes amaba (la vida fuera de él). ***La santificación es el proceso de encontrar más y más placer en el objeto correcto; Cristo.***

Un cambio de perspectiva

Jamás olvidaré mi primer día como alumno en el Seminario Teológico de Dallas. Estaba en un país nuevo, con gente que no conocía, rodeado de cientos de personas de distintas partes del mundo que, como yo, habían ido a capacitarse y aprender más de la Biblia. Para mí todo era maravilloso. No podía estar más feliz. Estaba cumpliendo mi gran sueño de estudiar en uno de los seminarios más reconocidos del mundo. Aun escribiendo estas palabras puedo volver a sentir un remanente de las mismas emociones que sentí en ese momento. Aquel día, la capilla del seminario estaba repleta de profesores y alumnos. Yo estaba con mi Biblia abierta y un cuaderno recién comprado listo para tomar nota y comenzar a apuntar cualquier cosa relevante que alguien dijera. Cuando fue el momento de la predicación, el presidente del seminario se puso en pie y leyó desde el púlpito 1 Timoteo 1:5. Para mí fue suficiente. Después de que él leyó este versículo, yo simplemente "desconecté". Me impactó tanto lo que Pablo decía en este pasaje que no pude prestar más atención. No recuerdo ni una sola palabra de lo que este hombre dijo durante todo su mensaje. 1 Timoteo 1:5 dice así: "*El propósito de nuestra instrucción es el amor nacido de un corazón puro, de una buena conciencia y de una fe no fingida*". ¿Te das cuenta lo que está diciendo Pablo? Pablo está describiendo la razón por la cual, un joven como yo, va a un seminario (¡y no era la razón por la cual yo estaba allí!). Pablo está diciendo que ***el propósito de nuestra instrucción*** (es decir, el propósito para estudiar la Biblia, el propósito para ir a un seminario, para tener un tiempo devocional, para participar de un estudio bíblico, para ir todos los domingos a la iglesia, aun el propósito para leer este libro) ***es ser un mejor amante***. Yo había ido al seminario para aprender la Biblia, ¡no para aprender a amar! (Estaba muy errado). Pero presta atención una vez más a lo que dice el resto del pasaje. El texto no habla de tres cosas distintas. Pablo *no* dice que el propósito de nuestra instrucción es el amor nacido de un corazón puro "*y tener*" una buena conciencia "*y tener*" una fe no fingida; como si fueran tres cosas diferentes. Lee bien el versículo. Pablo dice: "*El propósito de nuestra instrucción es el amor* ***nacido de*** *un corazón puro,* ***de*** *una buena conciencia y* ***de*** *una fe* *no fingida*." "Corazón puro", "buena conciencia" y "fe no fingida"; ¡están modificando a la palabra amor! Es decir, que la razón por la cual busco ser instruido es para crecer en esos tres aspectos del amor. Para que mi amor brote de estas tres realidades internas e invisibles (lo que nosotros conocemos como la parte inferior del iceberg). Es decir, recibimos instrucción para aprender a amar (a Dios y a otros), ¡con un corazón que tiene motivaciones cada vez más puras (un corazón puro), libre de malos pensamientos (una buena conciencia) y que verdaderamente deposita su confianza en la obra de Otro para hacerlo (una fe no fingida)! El gran objetivo de Dios es que cambie mi forma de amar.[d]

Cuando tú y yo pensamos en el cambio normalmente lo asociamos con alterar o modificar algún tipo de comportamiento. Antes solía gritar cada noche a mis hijos, ahora ya no lo hago de forma tan frecuente. Antes solía caer en masturbación, ahora ya no es una lucha tan fuerte. Antes solía mentir en mis impuestos, ahora digo la verdad. Sin embargo, desde un punto de vista bíblico, el cambio, aunque trae como resultado cambios de comportamientos, ¡es mucho más que eso! El cambio profundo, ***el cambio que Dios hace, es hacer maravilloso el evangelio***; es hacer atractivo a Cristo; es un cambio donde somos seducidos por la belleza de todo lo que Dios es para nosotros en Cristo.

¿Cuál es el gran mandamiento? ¿Con qué frase se puede resumir todo lo que enseña la Biblia? ¿*Obedecerás* al Señor tu Dios con todo tu corazón, con toda tu alma y con toda tu fuerza? ¡Claro que no! El gran mandamiento es amarlo. Es encontrarlo a él más precioso que nada de lo que el mundo pueda ofrecerme. Piensa en lo siguiente. ¿Qué significa engrandecer a Jesús? ¿Qué quiere decir exaltarlo? Dejaré que Pablo responda por mí: "*Conforme a mi anhelo y esperanza de que en nada seré avergonzado, sino que con toda confianza, aun ahora, como siempre, Cristo será exaltado en mi cuerpo, ya sea por vida o por muerte. Pues para mí, el vivir es Cristo y el morir es ganancia*" (Filipenses 1:20,21). ¿Qué es "exaltar" a Cristo? ¿Qué significa "hacer grande" a Cristo? En Palabras de Pablo, que todo el resto de cosas que el mundo pueda ofrecerme sean vistas como basura comparadas con él. (Esto incluye los castillos, el sexo, el dinero, el descanso, la televisión, el cine, el arte, las vacaciones, tu novio/a, tu automóvil, tu familia y aún tu propia vida. Si no lo ves así, mira Lucas 14:26). ¿Por qué dice Pablo que "el morir es ganancia"? Porque estarás

[d] Si miras las cartas de Pablo, notarás que el apóstol suele orar exactamente lo mismo por las iglesias a las que escribe. "*Y que el Señor os haga crecer y abundar en amor unos para con otros, y para con todos, como también nosotros lo hacemos para con vosotros*" (1 Tesalonicenses 3:12). "*Y esto pido en oración: que vuestro amor abunde aún más y más en conocimiento verdadero y en todo discernimiento, a fin de que escojáis lo mejor, para que seáis puros e irreprensibles para el día de Cristo; llenos del fruto de justicia que es por medio de Jesucristo, para la gloria y alabanza de Dios*" (Filipenses 1:9-11).

cara a cara con Cristo. Porque podrás verle sin estorbo. Porque podrás disfrutarle en plenitud. Por supuesto, perderás cantidad de cosas. Perderás a tu familia, a tus amigos, tu trabajo, tu casa, tu automóvil, tus vacaciones, el sexo y un sinnúmero de placeres que me es imposible enumerar. Sin embargo, es ganancia porque aunque pierdas todo eso, ¡nada se compara con Jesus! Como dice Piper, ¿qué es exaltar a Cristo? ***Es cuando Cristo es atesorado más que todo lo que la vida puede darte, y más que todo lo que la muerte puede quitarte.***[85]

Un nuevo enfoque

Déjame decírtelo de otra forma. ***No se trata de concentrarme en cambiar mi comportamiento, se trata de enfocarme en que cambie lo que anhela mi corazón.*** Este concepto debe permear toda tu vida espiritual. Lo que Dios está buscando no es simplemente que deje de mirar pornografía, lo que Dios está buscando es que *lo desee a él más* que al sexo. Lo que Dios está buscando no es simplemente que gaste menos dinero en ropa, sino que *lo ame a él por encima* de la opinión de otros. Lo que Dios está buscando no es simplemente que deje de mirar la televisión de manera compulsiva, lo que él está buscando es *que mi corazón disfrute su presencia* más que una película. ***La santificación es el proceso de cambio donde Dios, a través del Espíritu Santo, obra en mi corazón para ver a Cristo más y más hermoso y donde, como resultado de esta obra, cambian mis valores. Es decir, cambia lo que amo, cambia lo que pienso y cambia lo que hago.***

El objetivo de Dios es que lo ame. Cuando lo ame, dejaré de pecar. Como vimos en el caso de Jonás y como nos muestran claramente los fariseos, es posible no pecar (en el sentido tradicional de la palabra) y, sin embargo, no atesorar a Jesús. Si una persona se pasa largas horas diariamente mirando televisión o haciendo una estricta dieta para verse más delgada, no ha hecho nada malo. ¿Pero qué es lo que su corazón atesora? ¿En dónde está su placer? Me gusta mucho una definición de pecado que leí hace muchos años. Pecado es todo aquello que debilita tu razón, destruye la compasión de tu conciencia, obstruye tu sentido de Dios, o te roba el gusto por las cosas espirituales, eso es pecado para ti, a pesar de lo inocente que pueda resultar en sí mismo.[86]

Al mirar la vida de Jonás o pasajes como Mateo 6:1 recordamos que ***es posible obedecer a Dios sin amarle***, (es posible ofrendar, orar, ayunar, evangelizar y hacer mil cosas "espirituales" por amor a mí mismo), pero, a su vez, ***es imposible amar a Dios sin obedecerle.*** Cuando estoy apasionado, cautivado por su amor por mí, el resultado es que Cristo obra en mí. De esta forma, como dice Juan 15, comenzamos a producir "*mucho fruto*" (Juan 15:5). Es decir, experimentamos enormes cambios, internos y externos.

> *Obedecer no es hacer lo correcto, obedecer es amar lo correcto.*
> *Cuando amo lo que debo amar, hago lo que debo hacer.*
> *Puedo obedecer sin amar, pero no puedo amar sin obedecer.*

Distraído con Jesús

Déjame compartirte una experiencia personal que puede ayudarte a comprender mejor cómo funciona esta dinámica en la vida práctica; en este caso en particular, cómo aplica a un momento de prueba. (He cambiado deliberadamente varios de los detalles de esta historia para no exponer a ninguno de los involucrados). Una de mis luchas más grandes es tolerar la injusticia. Generalmente no tengo problemas con pedir perdón si realmente he hecho aquello de lo que se me acusa; pero, si alguien dice algo acerca de mí que no es verdad, mi volcán interno comienza a entrar en ebullición. Hace tiempo tuve que pasar por una experiencia donde una persona dijo cosas horrendas acerca de mí. Lo que esta persona dijo no fueron acusaciones que expresó en privado, sino todo lo contrario; fueron afirmaciones muy feas y falsas que hizo públicas delante de varias personas que presenciaron la escena y que, luego de esto, se encargó de compartir también a otros. Cuando esta persona terminó de decir todo lo que dijo, un amigo que había sido testigo de lo sucedido se acercó con lágrimas en los ojos y me dijo: "¿Cómo pudiste aguantar sin decir ni una sola palabra después de todas las mentiras y barbaridades que dijo esta persona de ti?" Mi respuesta fue: "No llores". (Literalmente mi amigo se puso a llorar de la impotencia). "Te puedo decir con toda sinceridad que este ha sido uno de los momentos más felices de mi vida". Mi amigo me miró extrañado. Entonces le dije: "En este momento estoy disfrutando tanto a Cristo, que no solo no me ha afectado todo lo que esta persona dijo de mí, sino que me he sentido sumamente gozoso cada segundo. Es la primera vez en mi vida que puedo decir que he vivido Santiago 1:2: '*Tened por sumo gozo... el que os halléis en diversas pruebas*'". Para mí, esta experiencia que acabo de describir no fue difícil, ¡fue simplemente imposible! ¿Puedes verlo? Sí, obedecí el mandato de Santiago 1:2, ¡pero no fui yo el que lo hizo, fue Cristo en mí! (Fue estar distraído con él; fue estar enfocado en él). Yo no reacciono bien cuando me confrontan mal. Yo no me quedo callado cuando me acusan injustamente.

Yo no estoy feliz y lleno de gozo en medio de una prueba. Aquí no hay lugar para el mérito humano. Esto fue un obrar sobrenatural de Dios que me dio la capacidad para responder de una forma que ***¡yo jamás podría!*** El pasaje que siempre viene a mi mente cuando recuerdo esta experiencia es Filipenses 4:7 (RV1960): "Y *la paz de Dios, que sobrepasa todo entendimiento, guardará vuestros corazones y vuestros pensamientos en Cristo Jesús*". Eso fue lo que Dios hizo por mí aquel día; hizo que mi corazón y mi mente estuvieran enfocados en Cristo Jesús. ¿Resultado? ¡Profundo gozo y paz!

Quizás tú tienes una enorme lucha con la pornografía; tal vez tu lucha es estar constantemente pendiente de lo que los demás piensan de ti. Quizás te sientes esclavo de tu pecado y piensas que no hay esperanza. Te entiendo perfectamente. Mi lucha con tolerar la injusticia (y muchas otras luchas que me daría vergüenza mencionar), son igualmente "imposibles", igualmente "insuperables" e igualmente "irrealizables". Pero quiero que tengas esperanza. No se trata de esforzarte por hacer lo que no puedes, se trata de reconocer que es imposible que obedezcas. Se trata de reconocer que eres amado a pesar de tu desobediencia. Se trata de que su increíble amor te capture y te enternezca.

Un secreto revelado

Uno de mis libros favoritos es *El secreto espiritual de Hudson Taylor*. Taylor fue el primer misionero de la historia en penetrar en el interior de China a mediados del siglo diecinueve. Vivió cincuenta y un años allí. Muchas veces fue rechazado, estuvo enfermo, incluso, en varias ocasiones, ni siquiera tenía comida para alimentarse. En una de sus cartas a un amigo escribió: "Hace demasiado frío para vivir sin cielo raso y pocas paredes y ventanas. Hay una deficiencia en la pared del cuarto mío que mide dos metros por cuatro, cerrada únicamente por una sábana, de manera que la ventilación es muy libre. Pero poco nos importan estas cosas…".[87] Hudson Taylor perdió a dos de sus hijos y a su esposa en el campo misionero (de solo pensar que eso podría sucederme a mí; me hace llorar mientras escribo). Al final de su vida, alguien le preguntó si había valido la pena. Si su entrega, dedicación y años de sacrificio habían compensado todas las dificultades que había enfrentado. Su respuesta fue, ¿sacrificio? "***Nunca he hecho un solo sacrificio***".[88] ¿Qué es lo que lleva a un hombre a hacer semejante afirmación? Dejaré que él mismo lo responda.

'Recibir al Señor Jesús es comenzar en la santidad; ***desear*** al Señor Jesús es progresar en la santidad; reconocer al Señor Jesús como quien siempre está presente sería la santidad completa...'.

'Es más santo ***quien más tiene de Cristo***, y ***se regocija más plenamente*** en la obra consumada [...]'.

"Creo que ahora puedo respaldar esta última frase de todo corazón. Permitir que mi amante Salvador obre en mí su voluntad, que es la santificación, ***para eso solo deseo vivir*** por su gracia. Estar morando en El, ***no por el esfuerzo propio*** ni luchando uno solo; ***mirándole a El***; confiando en El para el poder necesario en el presente;... descansando en el amor de un Salvador omnipresente, en el gozo de una salvación completa que lo redime a uno 'de *todo* pecado,' ***esto no es nada nuevo, sin embargo, para mí es algo nuevo***. Siento como si me hubiera amanecido la aurora de un día glorioso. Lo aclamo tembloroso, mas con fe. Me parece que estoy a la orilla apenas, pero de un mar insondable; haber gustado apenas, pero ***de aquello que satisface por completo***. Ahora me parece que Cristo es en verdad todo el poder, y el único poder para el servicio, ***la única base para un gozo inagotable***".

"¿Cómo, pues, aumentar nuestra fe? ***Solamente pensando en todo lo que es Jesús*** y todo lo que Él es para con nosotros: su vida, su muerte, su obra, Él mismo tal como está revelado en la Palabra, ***ser Él el objeto constante de nuestros pensamientos***. De nada vale el esforzarse uno para conseguir la fe... pero ***el contemplar*** a Aquel quien es fiel parece ser todo lo que necesitamos; descansar enteramente en el Amado, para el tiempo y para la eternidad".

[Dice el escritor del libro:] No sabemos exactamente cómo se produjo el milagro [de esta experiencia]; pero, "Al leer, todo lo vi claramente," escribió Hudson Taylor. "***Miré a Jesús, y cuando vi - ¡oh, que raudal de gozo!***" [...].

Fue ***la vida canjeada*** la que le había llegado – la vida que en verdad es "***no ya yo***". Seis meses antes había escrito, "Tengo que lamentarme continuamente que le siga tan de lejos y aprenda tan despacio a imitar a mi precioso Salvador." ¡***Ya no cabía la idea de imitación***! Era una realidad bendita que "***Cristo vive en mí***." ¡Y cuán grande la diferencia! En vez de servidumbre, la libertad; en lugar de fracaso, las victorias del alma; en vez de temor y flaqueza, ***una serena confianza en la suficiencia de Otro***".[89]

¿Cuál fue el secreto espiritual de Hudson Taylor? El mismo que el de Pablo en Filipenses 4:13. Su secreto fue apropiarse de las "insondables riquezas de Cristo" para satisfacer cada necesidad, temporal o espiritual.[90] Esto, es lo que tú y yo necesitamos.

Soy controlado por aquello que amo

Puesto que el amor es una respuesta, tú y yo somos controlados por aquello que más amamos. Si amamos desmedidamente nuestra reputación, seremos controlados desmedidamente por la opinión de los demás. Si amamos nuestra imagen, seremos controlados por el estado actual de nuestra belleza. Si amamos nuestro descanso, seremos controlados por aquello que nos trae satisfacción. Si amamos el placer sexual, seremos controlados por la pornografía. La lista podría seguir. ***Aquello que nos controla es nuestro dios; es nuestro amo.*** Si eres honesto contigo mismo habrás notado que tu corazón no puede decirle no a ciertas cosas. No creas que soy diferente. A veces, la mejor descripción que siento de mí mismo es que soy un esclavo, un adicto. No puedo dejar de hacer lo que sé que no debo hacer. Esta sensación es absolutamente normal (Romanos 7:15). Pero, ¿por qué es tan normal? Porque, como hemos dicho en el capítulo tres, el amor *responde* a aquello que percibe como su mayor bien. Ninguno de nosotros vive sin responder a un amo y sin ser esclavo de ese amo. Eres esclavo de tus placeres (lo cual te deja adicto, sediento y vacío) o eres esclavo de Cristo (quien es capaz de llenarte de vida y darte verdadera libertad). Dice Pablo en Romanos 6:16 (NTV): "*¿No se dan cuenta de que uno se convierte en esclavo de todo lo que decide obedecer? Uno puede ser esclavo del pecado, lo cual lleva a la muerte, o puede decidir obedecer a Dios, lo cual lleva a una vida recta*". Luego vuelve a repetir la idea al final de la epístola y dice: "*Porque los tales son esclavos, no de Cristo nuestro Señor, sino de sus propios apetitos…*" (Romanos 16:18). Todos tenemos un amo. Todos somos controlados por aquello que más amamos. Por lo tanto, ¡***la clave para comenzar a obedecer es que primero cambie lo que amo***!

Obedezco porque quiero más de su amor

Mucha gente suele hacer esta pregunta: ¿Por qué voy a obedecer a Dios si él me va a perdonar absolutamente todo lo que yo haga? Si lo piensas un momento, la persona que formula esta pregunta no hace más que exponer el estado de frialdad de su propio corazón. Sin querer hacerlo, acaba de revelar que no es un verdadero creyente o que todavía no ha llegado realmente a disfrutar a Jesús. Hacer esa pregunta es lo mismo que si alguien que ha heredado cien millones de euros preguntara, "¿por qué tengo que obedecer las reglas del banco e ir hasta el cajero para sacar dinero? ¿Por qué me imponen tener una tarjeta? ¿Por qué estoy obligado a memorizar un pin? Esos requisitos no van conmigo". Si alguien dijera algo así, seguramente le diríamos: "¿Por qué debes cumplir con los requisitos que pide el banco? ¡Para *disfrutar* del dinero! Con el dinero que saques del cajero puedes ir al cine, al teatro, de vacaciones, comprarte un automóvil, una casa, etc. ¿Es que tú no entiendes el valor de tener cien millones de euros?" Parece un planteamiento tonto, ¿verdad? Nadie en su sano juicio haría semejantes preguntas. Sin embargo, el planteamiento no es tan tonto si se lo haces a mi hijo menor. Si tú le dices a mi hijo de cuatro años si prefiere un helado o una tarjeta de débito a su nombre con cien millones de euros de saldo, ¿qué piensas que elegirá? (No hace falta que te dé la respuesta, ¿verdad?). ¿Cuál es el "problema" de mi hijo? La respuesta es simple, es una cuestión de inmadurez, de ignorancia, de ceguera, de falta de "luz". Mi hijo es ***incapaz de apreciar el valor de lo que se le ofrece***. ¿Ahora lo captas? Todos tenemos este problema. La Biblia dice que el pecado aumenta nuestra ceguera (Efesios 4:17-19; 2 Corintios 4:3,4). Nos impide apreciar el valor de Cristo. No nos deja disfrutarlo (y por eso hacemos esta clase de preguntas).

En el capítulo siete dijimos que Cristo nos dejó los mandamientos justamente ***para invertir esta ecuación***. Juan 15:10 dice: "*Si guardáis mis mandamientos, permaneceréis en mi amor, así como yo he guardado los mandamientos de mi Padre y permanezco en su amor*". ¿Recuerdas lo que enseña este pasaje? Jesús no dice: "Vive mis mandamientos y te amaré." Jesús dice: "Vive mis mandamientos y *experimentarás* mi amor". Es decir que guardar los mandamientos es ***el medio*** para poder apreciar y ***disfrutar*** lo mucho que él nos ama. Por eso, el versículo siguiente dice: "*Estas cosas os he hablado, para que mi gozo esté en vosotros, y vuestro gozo sea perfecto*". Cuando analizamos este pasaje al comienzo del libro, dijimos que las palabras que Jesús dice en este versículo son tan asombrosas que hasta parecen heréticas. ***El fruto, el resultado, el regalo de vivir como Jesús será experimentar el mismo nivel de gozo que ha experimentado el ser más feliz que ha pisado esta tierra.*** Es decir que ¡Dios quiere que tengamos el mismo nivel de felicidad que tuvo su Hijo! ¿Dónde se encuentra esta felicidad? En un solo lugar. Cerca de él. ¿Por qué obedecemos? Porque no queremos perder el aprecio de su amor. Porque queremos más de él. Porque hemos sido amados, y queremos amar a quien nos ama.

No se trata de exclusividad. Es amarlo a él primero para poder amar bien el resto de cosas

Sé que he enfatizado el amor a Dios, pero no quisiera ser malentendido. Disfrutar a Jesús, no solo cambia nuestra relación con Dios. También cambia nuestra relación con el mundo. ***Disfrutar a Jesús nos permite disfrutar también de todas las cosas que Dios nos ha dado pero sin que estas nos esclavicen.*** ¿Dice la Biblia que no puedes amar el fútbol? ¿Dice la Palabra de Dios que es incorrecto querer hacer dieta? ¿Nos condena Dios cuando disfrutamos de unas bonitas vacaciones? ¿Dice la Biblia que debemos amarle ***solo*** a él? La respuesta a cada una de estas preguntas es la misma. ¡Claro que no! Varias veces en la Biblia Dios mismo nos dice que disfrutemos de todas las cosas que él nos ha dado (1 Timoteo 6:17-19). El problema, como hemos visto, es cuando transformamos estas bendiciones de Dios en nuestra razón de vivir (en ídolos) y las amamos desmedidamente (es decir, más que a él). Cada vez que esto sucede, esa cosa o persona que amamos más que a Dios nos ofrece vida pero termina dejándonos vacíos. Sin embargo, cuando estamos disfrutando a Cristo, ya no le pedimos a estas cosas que llenen el agujero que solo Cristo puede llenar. De esta forma, por primera vez, podemos disfrutarlas sin hacernos adictos a ellas. Ahora, podemos apreciar a nuestra familia, nuestros amigos, nuestro trabajo y nuestras posesiones como regalos de un Dios que nos ama. Ahora podemos disfrutar de la creación de Dios porque estamos disfrutando del Creador. ***No vamos al mundo a buscar vida, vamos al mundo llenos de ella.***

De hecho, si lo piensas un momento, sucede lo mismo que le sucedería a una persona paralítica que es milagrosamente sanada y que ahora puede volver a caminar. ¡*Toda* su vida cambia! Esta persona no solamente puede volver a andar, sino que *toda* su vida se ve afectada. Ahora puede hacer todo el resto de actividades sin dolor, con mayor rapidez y sin depender de otros. Ahora puede correr, saltar, ir a trabajar, jugar al tenis, al baloncesto, al fútbol, dar un paseo por la playa, caminar por una montaña o conducir un automóvil sin problema. Todo cambia y su vida se revoluciona porque algo ha sido sanado. Lo mismo sucede cuando disfrutamos a Cristo y él verdaderamente sana y llena el corazón. Ahora pareciera que todo tiene otro brillo y es como si se nos agrandara el sentido del "gusto". ¡Toda nuestra vida se disfruta con mayor intensidad! Se profundiza nuestra relación con nuestro cónyuge, tenemos energía y pasión por servir a nuestros compañeros de trabajo, encontramos enorme paciencia y compasión para escuchar a otros, incluso comemos una comida deliciosa en un bonito restaurante y estamos profundamente agradecidos porque vemos quién es el Dador detrás de la dádiva. Estar llenos, permite que la vida desborde. Esta es la intención que Jesús siempre tuvo; una vida abundante (Juan 10:10).

Un nuevo poder para obedecer

Hace varios años estaba en el ático de mi casa pasando un tiempo con Dios y después de que él me hablara de una manera muy real y poderosa, bajé corriendo las escaleras extremadamente contento y, sin poder contenerme, le grité a mi esposa desde el último escalón: "¡Dios me habló! ¡Dios me habló! ¡Dios me mostró algo increíble!" Mi esposa me miró con enorme expectativa y me preguntó: "¿Qué te dijo?". Yo le respondí con una enorme alegría: "¡Qué soy un pecador!" Solamente una persona que ha intentado seriamente cambiar, y que ha fallado miserablemente, sabe que la mejor noticia que alguien podría darte es que no puedes cambiarte a ti mismo. Ninguna noticia es mejor noticia que descubrir que el cambio profundo depende de Otro.

Hazme un favor. Piensa por unos segundos en esta pregunta. ¿Qué es para ti una persona espiritual? ¿Qué viene a tu mente al reflexionar en ello? ¿Alguien leyendo la Biblia? ¿Alguien orando? ¿Alguien ayudando a los demás? ¿Alguien evangelizando? Permíteme darte una respuesta más bíblica y correcta. ***Una persona espiritual no es la que <u>hace</u> "cosas espirituales", una persona espiritual es la que está <u>llena</u> del Espíritu.*** Ser alguien espiritual no tiene que ver (principalmente) con lo que la persona hace, sino que tiene que ver con ***<u>cómo</u>*** la persona hace lo que hace. Para Dios es más importante *<u>cómo</u>* obedeces, que la obediencia en sí misma. A Dios le importa mucho más si obedeces con tus fuerzas o con las de él. ¿Por qué? ¡Porque para eso nos dejó su Espíritu! Dice Pablo en Gálatas 3:3 (TLA): *"Si para comenzar esta nueva vida necesitaron la ayuda del Espíritu de Dios, ¿por qué ahora quieren terminarla mediante sus propios esfuerzos?"*. Jonathan Edwards escribió: "La principal razón por la cual las Escrituras llaman espirituales a los cristianos y a sus virtudes es esta: El Espíritu Santo dentro de los cristianos produce resultados acordes con la naturaleza verdadera del Espíritu mismo".[91]

Recordar que soy un pecador, descubrir mi pobreza espiritual, reconocer que no tengo las fuerzas dentro de mí para cambiar, no significa entregarme al pasotismo. No significa que debo dejar de orar, que debo dejar de leer la Biblia, que no debo ayunar y que debo esperar que Dios me toque con la varita mágica y me cambie. ***Reconocer que no tengo fuerzas para cambiar <u>demanda</u>***

ir a buscar fuerzas en otro lado, requiere que dependa de quien puede dármelas. ¿Qué es la obediencia? ***La obediencia es el resultado de recibir un nuevo poder.*** Es la habilidad para hacer lo que nunca jamás podrías haber hecho. Es la consecuencia del obrar sobrenatural de Dios dentro de tu ser.

Los primeros cristianos; el mejor ejemplo

Al comienzo del libro de Hechos vemos un grupo de gente asustada, temerosa y desorientada. Si alguien alguna vez se ha sentido un rotundo fracaso a nivel espiritual, Pedro y el resto de los discípulos están al comienzo de la lista. *Todos* se quedaron dormidos cuando el Señor los necesitaba (Lucas 22:45). *Todos* corrieron asustados en el momento de su arresto (Mateo 26:56). *Todos* miraron de lejos como le asesinaban (Lucas 23:49). Sin embargo, en Hechos 1, *todos* hacen lo único que un ser humano puede hacer para cambiar; van al lugar donde pueden recibir fuerzas de Otro; van a esperar "la promesa del Padre" (Hechos 1:4). Quisiera que observes la enorme contradicción que parecieran mostrar las palabras de Jesús en este episodio. Dice Hechos 1:4-5: "*Y reuniéndolos, les mandó que no salieran de Jerusalén, sino que esperaran la promesa del Padre... el Espíritu Santo*". Ahora lee las palabras que Jesús les dijo **ANTES** de eso: "*Y les dijo: Así está escrito, que el Cristo padeciera y resucitara de entre los muertos al tercer día; y que en su nombre se predicara el arrepentimiento para el perdón de los pecados a todas las naciones, comenzando desde Jerusalén. Vosotros sois testigos de estas cosas*" (Lucas 24:46-48).[e] ¿Puedes ver lo que acaba de suceder? Jesús les dice: "Os ordeno salir por el mundo a ser mis testigos, ¡*pero no salgáis*!". "Esto es lo que quiero que hagáis, ¡*pero no lo hagáis*!". "¡*No hagáis lo que quiero*!". ¿Cuál es la enseñanza para los discípulos? ¿Cuál es la enseñanza para Teófilo, (el receptor de estos dos libros)? ¿Cuál es la enseñanza para ti y para mí? ***No puedo hacer lo que Dios me ha mandado a hacer. No tengo el poder para actuar como Dios quiere. No puedo vivir como Dios espera de mí... a menos que esté experimentando la llenura del Espíritu Santo.***

Mis múltiples intentos por quebrar mis ciclos de pecado, todos mis esfuerzos por intentar cambiar, mi empeño desesperado por dejar de ser pecador; son completamente inútiles (por eso volver a verme pecador aquel día me produjo tanta alegría). "Salir de Jerusalén" sin el Espíritu de Dios, es una receta para el fracaso. ***Ningún cambio sobrenatural, se va a producir a menos que Alguien sobrenatural esté obrando en tu vida.*** ¿Conclusión? **La tarea más**

[e] Recuerda que el libro de Hechos es el segundo tomo del evangelio de Lucas. Ambos están escritos por Lucas y ambos dirigidos a la misma persona, Teófilo. Es decir, Hechos 1 comienza donde Lucas 24 termina.

importante en la vida es (renunciar a mis propios intentos de cambio y) ***estar lleno del Espíritu***.

Antes de abandonar Hechos 1, quisiera mostrarte un detalle de este capítulo que me parece simplemente fabuloso. Hechos 1:1,2 dice: "*El primer relato que escribí, Teófilo, trató de todo lo que Jesús comenzó a hacer y a enseñar, hasta el día en que fue recibido arriba, después de que por el Espíritu Santo había dado instrucciones a los apóstoles que había escogido*". ¿Has prestado atención a la preposición? Según Lucas, es "*por el Espíritu*" que Jesús da instrucciones a sus discípulos antes de ascender a los cielos. Es decir, que el Espíritu es quien le dice a Jesús: "Esto es lo que quiero que les digas". En otras palabras, es como si el Espíritu Santo le estuviera soplando en el oído a Jesús: "Diles esto". (Piénsalo un momento: ¿Qué cosa puede ser tan importante como para que el Espíritu de Dios se tome el trabajo de darle instrucciones tan precisas a Jesús?). ¿Qué es lo que el Espíritu le dice a Jesús? "¡Diles que no salgan! ¡Diles que es mejor que tú te vayas para que yo pueda venir sobre ellos! ¡Diles que sin mi ayuda no pueden hacer nada!". Si no estoy equivocado, solo hay otro evento en todo el Nuevo Testamento donde el Espíritu Santo es tan claro y directo con Jesús como lo es este caso. Seguramente tú conoces este evento de memoria; es cuando "*es llevado por el Espíritu Santo*" al desierto para ser tentado. Quisiera que leyeras el versículo completo donde Lucas describe lo que sucedió: "*Jesús, lleno del Espíritu Santo, volvió del Jordán y fue llevado por el Espíritu en el desierto*" (Lucas 4:1). ¿Has prestado atención a las dos frases subrayadas? ¿Qué está diciendo Lucas? Justo antes del momento de prueba, justo antes de ser tentado, justo antes de que Jesús tuviera que demostrar su obediencia; Jesús necesita una cosa: ¡ser lleno del Espíritu! ***El mismísimo Dios del universo hecho hombre necesita ser lleno del Espíritu para enfrentar las tentaciones, ¿qué me hace pensar a mí que yo puedo hacerlo sin él?***

Juan 5:19 (RVR1960) dice: "*Respondió entonces Jesús, y les dijo: De cierto, de cierto os digo: No puede el Hijo hacer nada por sí mismo, sino lo que ve hacer al Padre; porque todo lo que el Padre hace, también lo hace el Hijo igualmente*". Los discípulos no pueden hacer nada por ellos mismos. El Hijo de Dios no puede hacer nada por él mismo. ¡Nosotros tampoco no podemos hacer nada por nosotros mismos! Varios comentaristas del libro de Hechos han dicho que el libro no debería llamarse "Hechos de los apóstoles" sino "Hechos del Espíritu Santo". Lo mismo debería decirte de tu vida y de la mía. Son sus hechos, no los nuestros. Como dice Juan 3:21: "*Pero el que practica la verdad viene a la luz, para que sus acciones sean manifestadas que han sido hechas en Dios".* Es decir, por él.

La llenura del Espíritu

Ser lleno del espíritu implica desear lo que el Espíritu desea. ¿Qué desea el Espíritu? No te lo diré yo, dejaré que Cristo mismo te lo diga: "*Pero cuando venga el Espíritu de verdad, él os guiará a toda la verdad; porque no hablará por su propia cuenta, sino que hablará todo lo que oyere, y os hará saber las cosas que habrán de venir. El me glorificará; porque tomará de lo mío, y os lo hará saber*" (Juan 16:13,14). ¿Qué es lo que Jesús está diciendo? Que un día (y ese día es justamente Hechos 2, el pasaje que sigue al que analizamos arriba), el Espíritu va a permitirle a los apóstoles ver cosas que antes no habían visto. ¿Qué es lo que podrán ver? Que Jesús es absolutamente glorioso. Que él es el ser más atractivo del universo. Que él es la perla de gran precio y que nada ni nadie puede comparársele. ¿Qué sucedió después que los discípulos vieron eso? Los mismos once hombres llenos de miedo y temor, cobraron un valor y un coraje tan grande que fueron capaces de enfrentar a las mismísimas autoridades que previamente habían intentado matarles (Hechos 4:12; 19,20). ¿Qué significa estar lleno del Espíritu? ***Estar llenos del Espíritu es que el Espíritu me muestre la gloria de Cristo y que esa gloria produzca nuevos deseos y anhelos dentro de mí.***

¿Por qué necesitamos estar llenos del Espíritu? La respuesta es muy simple pero muy profunda. ***Necesitamos el Espíritu porque no tenemos el poder para cambiar lo que deseamos.*** Como puedes ver claramente en el gráfico, tenemos el poder para hacer cantidad de cosas. Tenemos el poder para orar, leer, servir, predicar (y un millón de cosas más), pero no tenemos poder para cambiar lo que amamos. No tenemos la capacidad de cambiar aquello que realmente nos causa placer y nos motiva. No tenemos el poder para desear algo distinto, o mejor dicho, a Alguien distinto. No tenemos la capacidad de llegar a darnos cuenta solos que Jesús es mejor que el sexo, mejor que el dinero, mejor que las vacaciones, mejor que un novio, mejor que el prestigio y mejor que cualquier otra cosa que puede ofrecer la creación. No tenemos la capacidad de verle atractivo. Por eso, lo que el Espíritu hace es abrir nuestros ojos para que podamos ver lo que de otra forma jamás podríamos ver, la belleza y excelencia de Jesús (Efesios 1:18-19). Lo que el Espíritu hace es lo que dice Juan 16:14, "glorificarlo" a él; mostrarme a Jesús atractivo; permitirme verle por lo que él es; absolutamente fabuloso. Cuando esto sucede, cuando puedo ver el carácter de Jesús (mostrado en su forma más plena a través de la cruz) entonces, solo entonces, obedezco en el sentido pleno y bíblico de la palabra.

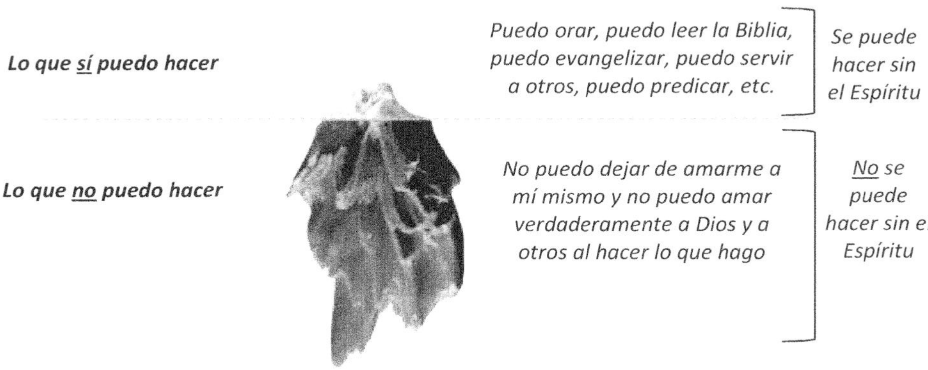

¿Qué significa, entonces, estar lleno del Espíritu? Antes de responder la pregunta, déjame confundirte por unos instantes. Creo que, muchas veces, la llenura del Espíritu Santo suele definirse de manera incorrecta. Tenemos una perspectiva tergiversada de lo que verdaderamente significa. Ser lleno del Espíritu suele estar asociado con diferentes actividades religiosas (como orar, ayunar o leer la Biblia) y también con distintas "acciones amorosas" (como ceder en un conflicto, servir a los pobres, etc.). Creo que es importante que veas que no necesariamente es el caso. Déjame darte dos ejemplos bíblicos para probarlo.

Imagínate que es sábado por la mañana y estás caminando por el centro de una ciudad. Es un día soleado, todos los restaurantes están abiertos y gran cantidad de gente camina al lado tuyo. Hazte la idea que te detienes frente a una gran catedral en medio de una plaza repleta de puestos de venta. De repente, empiezas a escuchar que algunas personas gritan y que otras se abren paso rápidamente mientras un hombre exasperado parece destruir todo lo que encuentra a su paso. ¿Qué piensas? ¡Un terrorista! Pues, no. No es un terrorista, es una persona llena del Espíritu. Dice Mateo 21:12: "*Y entró Jesús en el templo y echó fuera a todos los que compraban y vendían en el templo, y volcó las mesas de los cambistas y los asientos de los que vendían las palomas*". ¿Quién diría que en una situación así Jesús estaba lleno del Espíritu? ¿Quién asociaría ese instante con estar lleno del amor de Dios? ¿Piensas que quizás Jesús no lo estaba? No hace falta que especulemos, Juan 2:17 nos da la respuesta. La razón por la cual Jesús destrozó todo lo que tenía a su paso se resume en una frase: "*El celo por tu casa me consumirá*". En otras palabras, estaba "consumido", "lleno", "repleto" de pasión por Dios y de que otros pudieran tener esa misma experiencia. Por eso destroza los puestos.

Ahora déjame mostrarte la otra cara. Es de noche. Un grupo de soldados se acerca a Jesús. Sus mejores amigos han estado durmiendo. Él ha estado orando como nunca antes para poder afrontar lo que está a punto de suceder. Alguien que había sido su seguidor por tres años le da un beso. Uno de sus discípulos desenfunda una espada y hiere al siervo del sumo sacerdote cortándole la oreja. "*Entonces Jesús le dijo*: Vuelve tu espada a su sitio... ¿O piensas que no puedo rogar a mi Padre, y El pondría a mi disposición ahora mismo más de doce legiones de ángeles?*". Más tarde lo juzgan. Pero él se queda callado. Lo golpean, lo escupen, le quitan su ropa; y, una vez más, no vemos ninguna reacción. Los soldados se burlan de él. La gente grita con sarcasmo: "*Si eres el hijo de Dios, bájate de la cruz.... A otros salvó; a sí mismo no puede salvarse*". ¿Qué hace Jesús cuando es apresado? Nada. ¿Qué hace Jesús cuando lo insultan? Nada. ¿Qué hace Jesús cuando lo crucifican? Nada. ¿Qué persona que esté presenciando esta escena diría que este hombre tiene poder? ¿Quién concluiría que este hombre está lleno del Espíritu? Y, sin embargo, nunca antes existió ni nunca jamás existirá un ser humano que esté más lleno del Espíritu de lo que este hombre está en este momento.

Externamente, dos polos opuestos. Internamente, un mismo estado de corazón. ¿Qué significa estar llenos del Espíritu?

> *Es una influencia o control del Espíritu Santo sobre aquello que <u>amo</u>, que <u>pienso</u> y que <u>hago</u>, de tal forma que <u>deseo</u> la gloria de Dios, <u>busco</u> el reino de Dios y <u>actúo</u> con el poder de Dios.*

¿Por qué Jesús destroza los puestos del templo? Porque está consumido por la gloria de Dios. Porque eso es lo que <u>*ama*</u>; eso es lo que <u>*piensa*</u> y, por eso, <u>*hace*</u> lo que hace. ¿Por qué Jesús permite que la gente lo crucifique? Por la misma razón que en el templo hace exactamente lo opuesto. Dejaré que él lo diga por mí: "*Y alzando los ojos al cielo, dijo: Padre, la hora ha llegado; <u>glorifica a tu Hijo, para que el Hijo te glorifique a ti</u>*" (Juan 17:1). Jesús <u>*ama*</u> una sola cosa, <u>*piensa*</u> en una sola cosa, para Jesús solo una cosa define por qué <u>*hace*</u> lo que hace; la gloria de Dios. Eso es estar lleno del Espíritu.

La Biblia compara el estar lleno del Espíritu con el estar lleno de alcohol; con estar borracho. Cuando uno está dominado por el vino, se anima a hacer y decir cosas que jamás diría. Uno tiene "poder", "valentía", "coraje". Al estar dominado bajo los efectos del alcohol la persona tiene "libertad". Algo similar implica estar lleno del Espíritu. Es amar lo que tú nunca amarías (la gloria de Dios y no la tuya). Es pensar en lo que tú nunca pensarías (en el reino de Dios y no en tu propio reino). Es hacer lo que tú nunca harías (por ejemplo, confrontar cuando sueles callar o callar cuando sueles confrontar). Estar lleno del Espíritu, ¡te permite ser quien no eres! Es comenzar a *sentir*, *pensar* y *actuar* de manera opuesta a tu naturaleza. ¿Por qué? Porque estás siendo dominado e impulsado por Otro. Déjame decirlo de una manera aún más cercana a la Biblia. ¿Qué es estar lleno del Espíritu Santo? ***Estar lleno del Espíritu Santo es amar a Dios con todo mi corazón, con toda mi alma y con todas mis fuerzas y a mi prójimo como a mí mismo.***

Obedecer es encontrar placer

Cuando la mayoría de gente no cristiana piensa en la obediencia, piensa en ella en términos negativos. La mejor imagen para representar esta concepción es la de un campo de concentración nazi. En un campo de concentración tú obedeces todo lo que otro te dice que hagas. Allí, en todo momento, unos despiadados guardias te obligan a hacer cantidad de cosas que tú odias (como quitarte la ropa, vivir encerrado, caminar en fila, cavar un pozo o comer una comida completamente desagradable). Es decir, mucha gente concibe la obediencia como un horrible y rechazable acto de autonegación. En otras palabras, *obedecer es hacer lo que no quiero por alguien que no amo*. Esa no es la obediencia cristiana. La obediencia cristiana es otra cosa. La obediencia cristiana es un cambio de corazón, es un cambio de deseos, es una transformación sobrenatural de nuestros afectos y anhelos más profundos. Dios no es un guardia de un campo de concentración nazi. Tú no debes concebir a Dios de esa forma y responder a él bajo esta perspectiva. ¡Dios es el ser más bondadoso del universo! ¡Dios te ama con amor infinito! ¡Él ha dado su vida por ti! *Obedecer es hacer lo que deseo* (o estoy comenzando a desear) *por alguien que amo* (o estoy comenzando a amar). Obedecer es ver la bondad de Dios y ¡apreciar que en él está la vida! Como dice 1 Juan 5:3, cuando estoy lleno del amor de Dios, (solo cuando estoy lleno de su amor) ¡"*sus mandamientos no son gravosos*"! Es decir, no son "severos", no son "pesados", no son un "tormento". Jesús lo dice de esta forma: "*porque mi yugo [en teoría, algo muy pesado] es fácil y ligera mi carga*" (Mateo 11:28-30). ¿Cómo se produce esta paradoja? ¿Cómo lo que antes era un peso ahora causa felicidad? La respuesta es simple. Tal y como sucedió con Hudson Taylor, cuando uno está *realmente* enamorado nada de lo que hace parece ser un sacrificio o un esfuerzo. ¿Hay negación? ¡Claro que la hay! Pero todo se hace con placer y con profundo gozo y, por lo tanto, casi ni se piensa en ello. La persona enamorada, *movida* por el amor que siente por su amado, encuentra *poder* y *energía* para hacer excentricidades que otros fácilmente llamarían locuras. ¿Qué es la obediencia a Cristo? La obediencia a Cristo es el ***resultado*** de estar enamorado de él.

¿Piensas que estoy equivocado? ¿Ayudaría saber cómo obedecía Jesús? Dejemos que él hable. Dice Juan 4:34: "*Jesús les dijo*: Mi comida es hacer la voluntad del que me envió y llevar a cabo su obra*". ¿Qué está diciendo Jesús? Lo traduzco. Para Jesús obedecer a Dios no es un *deber*, para Jesús hacer la voluntad de Dios es un *deleite*. Para él hacer lo que dice Dios no es una carga; es algo que él disfruta, que le causa placer, que lo llena. ¿Recuerdas el contexto de Juan 4? Jesús tiene hambre y los discípulos van al pueblo por comida. Mientras espera, él habla con la mujer samaritana. Cuando vuelven, los discípulos "*le rogaban, diciendo: Rabí, come*" (Juan 4:31). ¿Captas lo que sucedió? Jesús disfrutaba tanto hacer la voluntad de Dios, ¡que lo dejaba sin hambre! (¿Acaso no nos sucede lo mismo cuando estamos completamente absorbidos por algo que nos atrapa – léase el trabajo, un proyecto, o algo similar? Estamos tan entregados a ello que, sin ni siquiera notarlo, ¡perdemos hasta el apetito!). No. La obediencia cristiana no es hacer lo que no quiero. La obediencia cristiana es cambiar lo que yo amo. Cuando esto suceda, y solo cuando esto suceda, haré algo completamente impensado para el hombre, diré junto a Cristo (por obra de Cristo): "*Mi comida es hacer la voluntad del que me envió y llevar a cabo su obra*".

Una pregunta final: ¿Qué hago cuando no deseo obedecer?

Es muy posible que estés pensando, estoy de acuerdo con lo que has escrito; pero vivimos en un mundo caído; ¿qué debo hacer cuando no tengo deseos de obedecer? ¿Cómo debería responder en los momentos donde no disfruto a Jesús y la llenura del Espíritu se siente como algo muy lejano? Es una pregunta muy legítima porque es una realidad que *todos* experimentamos. He escrito el Apéndice 1 para responder justamente esta inquietud. Por favor, léelo ahora y considera sus implicaciones.

BREVE RESUMEN

*¿**Qué es la obediencia**? La obediencia es el **resultado** de disfrutar el amor de Dios en Cristo. Obedecer, de manera bíblica, es algo que yo no puedo hacer a menos que el Espíritu Santo cambie mis motivaciones y me dé su poder para hacerlo.*

*¿**Por qué obedezco**? Porque he sido amado, porque quiero permanecer en su amor y porque quiero amar a quien me ama. De esta forma, la obediencia bíblica involucra tres aspectos:*

- *Una motivación que nace de estar disfrutando del amor de Dios.*
- *Un poder que nace de estar lleno del Espíritu de Dios.*
- *Un objetivo que nace de desear darle la gloria a Dios.*

*¿**Por qué desobedezco**? Porque estoy vacío y busco que algo llene mi corazón. El pecado comienza cuando dejo de estar satisfecho con Dios.*

*¿**Cuál es la clave para obedecer**? La clave para obedecer es dejar de enfocarme en cambiar mi comportamiento y comenzar a enfocarme en contemplar a Cristo. El cambio, es consecuencia de apreciarlo a él.*

*¿**Qué es la llenura del Espíritu Santo**? Es que el Espíritu tenga una influencia real en aquello que amo, que pienso y, como resultado, en aquello que hago. Es decir, que él obre en mi corazón para que anhele la gloria de Dios, priorice el reino de Dios y que utilice el poder de Dios para vivir mi día a día.*

PARA REFLEXIONAR O DIALOGAR EN GRUPOS PEQUEÑOS

1. *¿De qué forma este capítulo ha cambiado o confirmado tu forma de entender cómo se producen los cambios?*
2. *Resume en una o dos oraciones los conceptos que más te hayan impactado de este capítulo.*
3. *¿Por qué piensas que es tan importante concebir la obediencia como un resultado? ¿Qué implicaciones prácticas tiene verla de esta forma?*
4. *Vuelve a mirar el gráfico que diferencia lo que puedes hacer y lo que no. Según este gráfico no podemos cambiar lo que amamos y por eso necesitamos la obra del*

Espíritu. ¿Qué implicaciones prácticas tiene esta enseñanza en tu vida de todos los días?

5. *¿Cómo definirías con tus propias palabras qué es estar lleno del Espíritu? ¿Cómo haces para ser lleno de él?*
6. *Si tuvieras que identificar cuál es hoy el área de tu vida que más te cuesta obedecer a Dios, ¿cuál sería? (Ten en cuenta que la lucha de hoy puede ser diferente a la de ayer o a la de mañana. La idea aquí es pensar en mi lucha más actual). ¿Por qué piensas que te resulta tan difícil vivir en Cristo en esta situación?*
7. *Antes de responder esta pregunta, por favor, lee el Apéndice 1. ¿Qué es lo que más te ayuda a recuperar la pasión por Cristo cuando te sientes alejado de él? ¿Has notado algún patrón que se repite previo a tu alejamiento de Dios? Es decir, ¿qué suele causar que te alejes emocionalmente de él?*

CAPÍTULO 11

Un nuevo amor para servir

Servir es un resultado

Si has leído los capítulos anteriores, entonces no te sorprenderá leer esta frase; ***servir a Dios es un resultado de disfrutar a Dios.*** La única forma de poder servir a Dios (de la manera que él espera y desea) es apreciando su incomparable valor. ¿Recuerdas lo que hace el amor? El amor *responde* frente aquello que considera valioso y atractivo. Si eres músico (o si has observado a cualquier músico) sabes perfectamente de qué estoy hablando. Los músicos "viven" para la música. Todos los músicos, aún los más talentosos, entregan horas y horas de su tiempo a la música. Los músicos practican incansablemente, repiten una y otra vez sus escalas, cultivan minuciosamente su voz, afinan cuidadosamente sus instrumentos y realizan increíbles esfuerzos en "servicio" de la música. En pocas palabras, los músicos "dedican su vida" a la música. ¿Por qué lo hacen? La respuesta no es compleja, ¡porque *disfrutan* la música! Porque la consideran preciosa, digna y atractiva. Dicho de una forma más religiosa, "sirven" a la música porque están fascinados con la "gloria" de la música. ¿Puedes verlo? ¿Qué es necesario para "vivir para Dios"? ¿Qué hace falta para "entregar nuestra vida" a él? ¿Qué tiene que suceder para que "dedique mi vida" a su servicio? La respuesta tampoco es compleja, *antes* de poder servir a Dios, es necesario apreciarlo. Antes de entregarme a él, hace falta ver su gloria. En otras palabras, servir a Dios es el resultado de disfrutar a Dios.

> *La única forma de servir a Dios para la gloria de Dios es hacerlo como resultado de apreciar la gloria de Dios.*

Déjame ilustrar esta idea haciéndote una pregunta bastante poco común. ***¿Cuánto dinero estarías dispuesto a pagar para servir a otra persona?*** Sí, has leído bien. No cuánto dinero quieres que te paguen a ti por servir a alguien, sino qué cantidad de dinero tú estarías dispuesto a pagar por hacerlo. "¿Yo, pagar por servir? ¿Qué clase de pregunta es esa? ¿Te has vuelto loco? ¡Así no funciona la vida! Uno no paga cuando sirve, ¡es exactamente al revés! Uno recibe dinero cuando hace algo por los demás". Es verdad. Seas camarero, piloto, peluquero, taxista, arquitecto, abogado o empleado de una empresa; en el mundo real, nadie le paga a otros por hacer cosas por ellos; ¡uno recibe dinero cuando lo hace! Hace un tiempo atrás estaba leyendo un libro de un autor bastante conocido, pero sinceramente, mientras más leía este libro menos lo disfrutaba. Me parecía tedioso, reiterativo y poco relevante. Al comentarlo con mi esposa ella me decía, "¿por qué lo sigues leyendo? Cambia de libro. Lee otra cosa". Sin embargo, como no me gusta dejar las cosas por la mitad, yo seguí empecinado en terminarlo. Entonces, justo en el último capítulo cuando estaba a punto de cerrarlo y archivarlo para siempre, leí una frase que me hizo formularme una pregunta que rompió mi corazón en mil pedazos. ***¿Qué precio estás dispuesto a pagar por servir a Jesús?*** Al pensar en esta pregunta no podía contener mis lágrimas. "¿Qué precio estoy dispuesto a pagar por servir?", me repetía. "Hoy ***nadie paga por servir***. Todo lo contrario. Aún en el mundo cristiano, todos pretenden que se les pague, o al menos que se les reconozca, cuando sirven a otros". (Me siento muy tentado a escribir sobre las "ofrendas" que reciben ciertos pastores por predicar o ciertos cantantes por dar un concierto. Me limitaré a decir que estoy complemente en desacuerdo con algunas de las cifras que reciben). Medita unos instantes conmigo. ¿Pagar por servir? ¿Pagar dinero por tocar un domingo en el grupo de alabanza? ¿Pagar por ayudar con el sonido o con la proyección de las canciones? ¿Pagar por echar una mano para colocar las sillas? ¿Pagar por fregar las instalaciones de la iglesia? ¿Pagar por limpiar los baños? ¿Qué clase de loco haría eso? ¿Sabes qué fue lo que descubrí sobre mi corazón al meditar en esto? ***Descubrí que yo sí estoy dispuesto a pagar por cosas que considero "más" valiosas y "más" importantes que servir a Cristo.*** Descubrí que por esas cosas "no se paga", ¡pero por otras cosas sí! Descubrí, por ejemplo, que yo sí estoy dispuesto a pagar por la guitarra eléctrica que le quiero comprar a mi hijo. Descubrí que yo sí estoy dispuesto a pagar la hipoteca de la casa. Descubrí que yo sí estoy dispuesto a pagar la cuota mensual de mi automóvil. ¡Todos estamos dispuestos a pagar por una enorme cantidad de cosas que consideramos valiosas! Ropa, zapatos, Internet, un teléfono móvil, la televisión digital, un perfume, una entrada para ir a ver un espectáculo y un sinfín de cosas más. Vuelvo a reiterarlo. ¿Pagar por servir a Jesús? ¿Quién hace semejante locura? Al seguir meditando en esta pregunta caí a cuenta de una verdad tremendamente reveladora. ***Solo estoy dispuesto a pagar por aquello que considero valioso.*** Entonces, como dice Lucas sobre el hijo pródigo, "*volviendo en sí*", llegué a la conclusión más dolorosa. (Por favor lee con detenimiento estas palabras). Al meditar en esta frase me di cuenta que ***¡yo no valoro a Jesús!*** La triste verdad es que no lo aprecio, no lo considero valioso, ***no lo amo (o, al menos, no lo amo lo suficiente) como para que merezca la pena pagar por servirle. Y, ¿tú?***

> *Tú sirves con muchísimo gusto y con enorme sacrificio a aquello que realmente amas y encuentras atractivo.*

Todos servimos a algo. Pero no solo con nuestro dinero, sino fundamentalmente, ¡con la entrega de nuestro corazón! Como dijimos en el capítulo anterior, tú *eres esclavo* de aquello que es tu mayor tesoro y tu máximo amor. Tú *respondes* a ese amo. Quieras o no, ¡lo sirves! (Romanos 6:16). Como dice Pablo en Romanos 16:18: "*Porque los tales son esclavos, no de Cristo nuestro Señor, sino de sus propios apetitos…*". ¿Qué haces si, como yo, te apasionan los castillos? ¡Gastas tu dinero, tu tiempo y tu energía en los castillos! Te vas de vacaciones donde haya castillos. Visitas páginas webs de castillos. Compras libros de castillos. (Doy fe. Yo tengo una buena colección). Es decir, tú *sirves* a aquello que es tu máxima pasión y que consideras "glorioso". ¿Qué haces si te apasiona el fútbol? Usaré las palabras textuales que me dijo hace tiempo un amigo: "Para mí, todo mi horario semanal gira en torno a cuando juega mi equipo. Si tengo que hacer algo durante la semana, lo hago antes o lo hago después; pero jamás me pierdo un partido. Te lo advierto, Nico. Durante esas dos horas, no cuentes conmigo". ¿Qué es lo que está diciendo mi amigo? ¿Qué es lo que está sucediendo en su corazón y, como resultado, en sus decisiones prácticas del día a día? *Toda su vida está al servicio* de su equipo de fútbol. Sus decisiones, su horario y su disponibilidad están supeditados a que nada se interponga frente aquello que mi amigo considera su mayor placer.

Aunque no lo vea o se niegue a aceptarlo, ¡es un esclavo! (Antes de condenar a mi amigo, hazte la pregunta: ¿En torno a qué cosa gira tu horario?).

¿Qué es servir a Dios de corazón? ***Servir a Dios es el resultado de amarle, de encontrarle atractivo, de hallarlo especial. Servir es la consecuencia de ver a Dios digno de entregarle todo mi ser.*** (Tal y como un músico lo hace con la música, tal y como yo lo hago con los castillos, tal y como mi amigo hace con su equipo de futbol; y tal y como tú sirves a tus propias pasiones). ¡Servir a Dios es el resultado de apreciar la gloria de Dios!

Antes de darte un ejemplo bíblico para apoyar esta verdad, considera con detenimiento estas preguntas. ¿A qué persona le gustaría ser un completo fracaso ministerial? ¿Quién se ofrece voluntariamente a servir a Dios sabiendo de antemano que todo lo que haga no servirá para nada? ¿Quién es capaz de gritar *con profundo anhelo y pasión*: "¡Yo, Señor! Yo quiero ser la persona que tú escojas para que todo le vaya mal?" ¿Quién ***desea*** esto? ¿Quién ***anhela*** ser rechazado, resistido y perseguido por las mismas personas a las que servirá? Dice Isaías 6:8: "*Y oí la voz del Señor que decía: ¿A quién enviaré, y quién irá por nosotros? Entonces respondí: Heme aquí; envíame a mí*". ¿Por qué Isaías levanta la mano como un niño pequeño que quiere ser escogido gritando: "¡Yo, yo, yo!"? ¿Por qué ofrece dedicar toda su vida al Señor, cuando el mismo Señor le dice que el pueblo al que dedicará su vida no escuchará sus palabras? (Isaías 6:9,10). ¿Por qué "*responde*" de la manera que lo hace? La respuesta está en los versículos anteriores. Porque acaba de ver la gloria de Dios; porque acaba de volver a experimentar el evangelio.

Dice Isaías 6:1-7 (TLA): "*Yo, Isaías, vi a Dios sentado en un trono muy alto [...] Vi además a unos serafines que volaban por encima de Dios [...] Con fuerte voz se decían el uno al otro: «Santo, santo, santo es el Dios único de Israel, el Dios del universo; ¡toda la tierra está llena de su poder!» [...] Entonces exclamé: «¡Ahora sí voy a morir! Porque yo, que soy un hombre pecador y vivo en medio de un pueblo pecador, he visto al rey del universo, al Dios todopoderoso». En ese momento, uno de los serafines voló hacia mí. Traía en su mano unas tenazas, y en ellas llevaba una brasa que había tomado del fuego del altar. Con esa brasa me tocó los labios, y me dijo: «Esta brasa ha tocado tus labios. Con ella, Dios ha quitado tu maldad y ha perdonado tus pecados»*". ¿Qué acaba de suceder? Isaías tiene un encuentro con Dios. (Idealmente, un encuentro similar al que tú y yo deberíamos experimentar cada día). Al estar delante de Dios suceden dos cosas. En primer lugar, ve la gloria de Dios. Pero, ¿te has detenido a considerar un detalle? Isaías no es un nuevo creyente. La gloria de Dios no es algo nuevo para él. Sin embargo, ¿qué es lo que hace especial este encuentro? Que *aprecia la gloria de Dios en un nuevo nivel*. Que tiene el privilegio de admirar a Dios en una nueva dimensión. Si me permites el anacronismo, que sus ojos son abiertos para valorar a Dios por encima de los castillos, de la música, del fútbol, de la ropa, de un Mercedes Benz o de cualquier otra cosa que este mundo pueda ofrecerle. ¿Qué sucede inmediatamente después? Isaías ve su propio pecado. Pero no te apresures; vuelve a considerar la observación que hicimos antes. Isaías no es una persona no creyente. No es la primera vez que "ve" su pecado. Sin embargo, *¡sí es la primera vez que lo ve de esta forma!* Al estar frente a Dios "ve" su egoísmo, su orgullo, su autocompasión, su victimismo, su impureza, su lujuria, sus pasiones y lo podrido de sus motivaciones en una forma que nunca antes los había visto. (¿Notaste un detalle? El ministerio de un profeta es *hablar* de parte de Dios. Isaías "hablaba" de parte de Dios *desde hacía ya mucho tiempo*. Sin embargo, ¿qué parte de su cuerpo necesita ser limpiado? ¡Sus *labios*! Isaías "habla" de parte de Dios pero aún su "habla" necesita ser limpia. ¡Ni siquiera su servicio es puro!). ¿Puedes ver la paradoja? En este encuentro con Dios no hay nada nuevo; lo que hay es ***un nuevo aprecio de algo conocido***. ¿Qué sucede después? Isaías recibe el milagro del perdón. Toda su impureza le es quitada. Toda su suciedad le es removida. Todo su pecado le es perdonado. Entonces, solo entonces; solo después de ver su corazón y volver a valorar el perdón que recibe, el gozo que experimenta es tan incontenible que grita: "¡Envíame a mí!" "¡Yo quiero servirte!" "No me importa lo que haya que hacer, ¡yo *quiero* hacerlo!". ¿Qué es el servicio genuino? El servicio genuino es el resultado de volver a experimentar el evangelio. ¿Qué es el amor cristiano? ***El amor cristiano es la sobreabundancia de gozo que se comparte con otros***.

Servir es responder, servir es entregarse. Servir es estar dispuesto a hacer enormes sacrificios y, como Hudson Taylor o Isaías, no sentirlos como tales. Después de todo, piénsalo un momento, ¿quién se entristece cuando compra ropa de marca a un tercio de su precio? ¡Nadie! Sin embargo, ¿has gastado dinero? ¡Claro que sí! ¿Te ha costado? ¡Sin lugar a dudas! Entonces ¿por qué no te causa tristeza comprar ropa? De hecho, ¿por qué te causa el sentimiento exactamente opuesto? ¿Por qué te genera gozo? Porque tú ***percibes*** que lo que has obtenido (la ropa) sobrepasa el precio (o "sacrificio") que te ha costado. Miras la ropa y concluyes: "¡Valió la pena!". ¿Por qué Isaías hace lo que hace? Por la misma razón que tú gastas tu dinero en ropa, en teléfonos móviles o en cualquier cosa que te cause placer. Porque pudo "percibir", "apreciar", "ver", "admirar" la grandeza de Dios y lo fantástico de su muy necesitado perdón. Porque, cuando uno *realmente* disfruta el evangelio; cualquier sacrificio, entrega o servicio no se siente como tal. De hecho, sucede todo lo contrario, se experimenta como el mayor de los privilegios.

> *Moisés confió en Dios y, por eso, cuando ya fue hombre, no quiso seguir siendo hijo adoptivo de la hija del rey. No quiso disfrutar de lo que podía hacer y tener como egipcio, pues era pecado. Prefirió que los egipcios lo maltrataran, como lo hacían con el pueblo de Dios. En vez de disfrutar de las riquezas de Egipto, Moisés decidió que era mejor sufrir, como también iba a sufrir el Mesías, pues sabía que Dios le daría su premio. Moisés confió en Dios y, por eso no le tuvo miedo al rey ni se rindió nunca. Salió de Egipto, y actuó como si estuviera viendo a Dios, que es invisible. Moisés confió en Dios, y por eso celebró la Pascua (Hebreos 11:24-28 TLA).*

Servir es un milagro

¿Has leído con detenimiento el subtítulo de arriba? Servir a Dios (para la gloria de Dios), ¡es un milagro! Servir a Dios (amando a Dios), ¡es una obra sobrenatural! Servir a Dios (disfrutando de Dios), ¡es una obra de Dios! El servicio, entendido desde un punto de vista bíblico, es un resultado de la obra de su Espíritu, no es una consecuencia del actuar del ser humano. No es tu obra, ¡es la de él!

Permíteme compartirte un ejemplo muy simple para ilustrar lo que quiero decir. Imagínate que en el parque de tu casa tienes un árbol de peras. Vamos a decir que a ti no te gustan las peras y quieres que ese árbol comience a dar manzanas. ¿Qué es lo que deberías hacer para lograr tu objetivo? ¿Regar el árbol? ¿Abonarlo? ¿Podarle las ramas en mal estado? ¡Claro que no! Si hicieras eso, seguirías obteniendo el mismo fruto que antes. ¡Peras! Si quieres que *ese mismo* árbol comience a producir nuevos frutos, ***algo sobrenatural debe suceder en su interior***, en su "corazón", es decir, en su raíz. ¡Lo que hace falta es un milagro! De la misma forma, a menos que se produzca un cambio completamente sobrenatural dentro de nosotros, tú y yo vamos a producir "fruto" que sea de acuerdo a nuestra propia naturaleza. ¿Cómo es nuestra naturaleza? ¿Cuál es tu tendencia natural y mi tendencia natural? ¿Qué es lo que hacemos por defecto? Lo resumiré en una frase, ***usar el servicio como un medio para amarnos.*** ¿No estás seguro de que sea así? Piensa lo siguiente. ¿Por qué intentas llegar temprano al trabajo? ¿Por qué haces lo que dice tu jefe? ¿Por qué "sirves" en tu trabajo entregando una enorme cantidad de tiempo y esfuerzo? ¿Por qué, si es necesario, te quedas después de hora? ¿Porque te "sacrificas"? ¿Porque te gusta que te manden? ¿Porque te causa placer hacer lo que dice tu jefe y te encanta servirlo? Lo dudo. Haces lo que haces porque tu trabajo te da algo. (Dinero, estatus, prestigio, etc.). Haces lo que haces porque obtienes algo. Haces lo que haces, porque amas lo que el trabajo te da. Ni tú, ni yo ni nadie, podemos dejar de actuar de acuerdo a nuestra propia naturaleza. Ni siquiera en el servicio a Dios (Mateo 6:1; Filipenses 1:15). Nuestro corazón egoísta, produce fruto egoísta. Nuestro corazón orgulloso, produce fruto orgulloso. Nuestro corazón autocentrado, produce fruto autocentrado. Para cambiar esta inercia, ¡hace falta un milagro; una obra divina!

Déjame hacerte otra pregunta parecida a la que hice al comienzo de este capítulo. ***¿Cuándo fue la última vez que le rogaste a alguien que te permita servirle?*** Sí, has leído bien, ¿cuándo has *rogado* por servir? "¿Rogar por servir? ¿Quién hace eso?". Sé que mi esposa intentará convencerme de que elimine el ejemplo que estoy a punto de compartirte (ella se siente muy incómoda cuando la pongo como buen ejemplo); sin embargo, si estás leyendo estas palabras es porque -después de mucho trabajo- he logrado convencerla. En el barrio donde vivimos, vive también una abuela que todos los días saca a pasear a su perrito frente a la puerta de nuestra casa. Mi esposa Ani, desde que comenzó a verla pasar, ha sentido una carga especial por ella. Esta abuela vive sola, tiene un hombro mal curado y es muy evidente que le cuesta cada vez más valerse por sí misma. Con el paso del tiempo, Ani se ha hecho amiga de ella hasta que, hace unas semanas, le dijo con mucho cariño: "Me gustaría ir a su casa a limpiársela". La abuela le respondió: "Es que no te puedo pagar, hija". Entonces Ani le dijo con una tierna sonrisa: "No. No me entiende. No quiero que me pague. Quiero limpiarle su casa sin cobrarle nada". La mujer la miró extrañada y le dijo: "Pero, ¿por qué harías eso?". "Porque amo a Dios y también la amo a usted", le respondió mi esposa. ¿Sabes cuál fue la respuesta de la mujer? "¡Yo odio a Dios!". ¿Sabes cuál fue la respuesta de mi esposa? "No pasa nada. Aunque usted odie a Dios, yo igual le quiero limpiar su casa". Y lo hizo. (Más de una vez. ¡Y con enorme placer!). ¿Piensas que mi esposa es especial? ¿Piensas que es alguien fuera de serie? ¿Piensas que es extraordinariamente buena? No, no lo es. Su amor "extraordinario" es el resultado de un obrar "extraordinario". ¿Piensas que su caso es excepcional? Sigamos con las preguntas raras. ***¿Alguna vez has visto a alguien millonario rogándole a una persona sin medios económicos que le permita servirle?*** ¿No? ¿Nunca? Pues lee conmigo el libro de Hechos.

"Y estaba escuchando [a Pablo] cierta mujer llamada Lidia, de la ciudad de Tiatira, vendedora de telas de púrpura, que adoraba a Dios; y el Señor abrió su

corazón para que recibiera lo que Pablo decía. Cuando ella y su familia se bautizaron, nos rogó, diciendo: Si juzgáis que soy fiel al Señor, venid a mi casa y quedaos en ella. Y nos persuadió a ir". Lidia era millonaria. En aquella época, las telas de color púrpura se utilizaban, principalmente, para vestir a la realeza. Vender este tipo de tela era el equivalente actual a vestir a las grandes estrellas de Hollywood y a ser el dueño de una tienda de ropa estilo Christian Dior, Gucci o Versace. ¿Has notado los verbos que usa Lucas al narrar el episodio? Les "rogó". Les imploró: "*Venid, quedaos en mi casa*". Aparentemente, en una primera instancia, Pablo y sus acompañantes rechazaron su generosa invitación. Sin embargo, esta mujer insistió tanto que, según Lucas, terminaron siendo "*persuadidos*" por ella. Su ruego muestra su apasionado y sincero deseo por servir. Pero, ¡atención! No te dejes engañar por la frase en condicional. En el original griego, cuando Lidia dice: "*Si juzgáis que soy fiel al Señor...*"; ella no está poniendo en duda su creencia en el Señor. De hecho, está haciendo todo lo contrario, ¡la está afirmando! Los comentaristas del libro de Hechos coinciden que la mejor traducción de sus palabras sería: "*Ya que sabéis que soy una verdadera creyente en el Señor...*"[92]. O, "*puesto que soy* una verdadera creyente,[a] ¡dejadme serviros! ¡*Quiero* hacerlo! ¡Me encantaría poder ayudaros!". ¿Puedes ver lo que está sucediendo? Nadie le tiene que poner un revolver en la cabeza de Lidia para que ella sirva. ¡Todo lo contrario! ¡Hay que detenerla para que deje de hacerlo! (Te aseguro que lo mismo me pasa a mí con mi esposa. Tengo que pedirle que deje de limpiar casas de gente necesitada. ¡La casa de la abuela no es la única que limpia!). ¿Qué es lo que hace que Lidia, mi esposa o cualquier persona tenga esta clase de deseos? El mismo texto nos da la respuesta. Lucas nos dice que esta clase de servicio no es normal. No es algo natural de esta mujer (ni de mi esposa). Esta clase de servicio es el *resultado* de la obra sobrenatural de Dios en sus vidas. Dice el verso 14 que "*el Señor abrió su corazón para que recibiera lo que Pablo decía*".

[a] Si lo piensas detenidamente, en español también usamos el condicional de esta forma. Una mamá que está regañando a su hijo fácilmente le puede decir: "*Si tienes oídos*, escucha bien lo que te voy a decir ahora...". La mamá, en este caso, no está poniendo en tela de juicio si su hijo tiene oídos o no; lo presume como algo real y verdadero. Su intención al usar el condicional es hacer uso de la retórica. Todos hacemos esto todo el tiempo. Lo fantástico del idioma griego, distinto al español, es que tiene una forma gramatical especial para indicar este tipo de construcciones. Así, no hay ninguna duda acerca de cuál era la intención original del autor de la frase (en este caso, de Lidia). Lo mismo sucede, por ejemplo, en Filipenses 2:1,2 cuando Pablo dice: "*Por tanto, si hay algún estímulo en Cristo, si hay algún consuelo de amor, si hay alguna comunión del Espíritu, si algún afecto y compasión, haced completo mi gozo, siendo del mismo sentir...*". Pablo no está poniendo en duda estas cosas, ¡las está afirmando! La "mejor" traducción sería: "*Puesto que* hay estímulo en Cristo, *puesto que hay* consuelo, etc...".

> El verbo [abrió] utilizado aquí por Lucas expresa la idea de abrir algo ampliamente, ***como cuando se abre de par en par una puerta de doble hoja***. El corazón de aquella mujer fue abierto por Dios para que por esa abertura penetrara, no solo el evangelio, sino el mismo Salvador. No fue ella quien hizo aquello, ni fue Pablo con su mensaje, fue el Espíritu Santo, para que la gloria de la salvación pertenezca solo al único que salva que es Dios mismo.[93]

Lo que sucedió en el corazón de Lidia en el momento de su salvación, es lo mismo que sucede dentro nuestro corazón cada vez que experimentamos un cambio profundo. Lo que sucedió, ¡fue una obra divina! El servicio cristiano es mucho más que "ayudar a limpiar", "invitar a alguien a tu casa", "hacer buenas acciones" o "dedicarte al ministerio"; ***el servicio cristiano es un desbordar de amor sobrenatural en tu corazón***. Lo que sucedió en el corazón de Lidia es lo que Pablo dice que sucede en el corazón de todo creyente verdadero el día que se convierte: "*Porque el amor de Dios ha sido derramado en nuestros corazones por medio del Espíritu Santo que nos fue dado*" (Romanos 5:5). ¿Puedes verlo? El servicio cristiano es el resultado de que Dios te dé algo que tú no tienes: ¡amor! Pero no cualquier clase de amor: ¡amor divino! Amor similar al amor de Dios. Amor genuino, desinteresado, "otro-céntrico". El servicio cristiano es el resultado de una "operación" de corazón. Es un cambio que Dios opera (a través de su Espíritu) para que seamos libres de la inclinación natural a amarnos a nosotros mismos a través de todo lo que hacemos. Si miras detenidamente el texto de Hechos lo veras claramente. Lo que Dios hizo en Lidia no fue cambiar su *conducta*; lo que Dios hizo en ella fue cambiar su *corazón*. Por favor, presta mucha atención a las siguientes palabras. ¡Lidia ya era una persona obediente! Si lees el contexto del pasaje, te darás cuenta que cuando Pablo fue a verla, ella ya estaba obedeciendo a Dios. Según Hechos 16:13, Lidia estaba orando, cantando al Señor y guardando el día de reposo con otras mujeres (lo cual quiere decir que Lidia, una mujer no judía, se había convertido al judaísmo y guardaba fielmente las leyes del AT). Entonces, ¿qué clase de obra hizo Dios en su corazón si no fue un cambio de conducta? El texto lo responde: "*el Señor abrió su corazón para que recibiera lo que Pablo decía*". En otras palabras, ¡Dios le abrió los ojos para "recibir" el evangelio! Ahora, déjame darte un detalle importante acerca de este verbo que usa aquí Lucas, el escritor de Hechos. "Recibir" se puede traducir como "poner mucha atención" (TLA), "responder" (NVI), "entregarse a", "llegar a ser aficionado de algo", "recibir con placer". La idea del verbo, en el original griego, es como quien mira un atractivo espectáculo. Es una actitud similar a la clase de atención que tú le darías a un show del *Cirque du Solei*. Mirar semejante espectáculo genera una respuesta, una entrega gozosa, un aprecio. Es imposible *simplemente* "ver" lo que hacen los malabaristas, los contorsionistas y los equilibristas. Cuando ves lo que ellos son capaces de hacer "pones mucha atención", "respondes", "te entregas", "llegas a ser aficionado", "lo recibes con placer". Cuando ves semejante espectáculo no puedes dejar de decir: ¡Esto es bellísimo! ¡Es asombroso! ¡Es maravilloso! Esto es lo que Lucas está diciendo al usar este verbo. ***Dios "abrió" el corazón de Lidia de modo que pudo "recibir" el evangelio como la cosa más valiosa del universo.*** En otras palabras, por obra del Espíritu de Dios, Cristo llegó a ser su perla de gran precio. ¿Resultado? ¡Tiene pasión por servir! (Igual que Zaqueo, ¡quien no puede parar de dar! Lucas 19:1-10).

Déjame detenerme un momento y meterme por unos instantes en la mente de Lidia. Permíteme parafrasear la forma de pensar que ella tuvo hasta que se encontró con Pablo. El pensamiento de Lidia era algo así: "Para que Dios me acepte tengo que cumplir con las leyes del AT. Tengo que orar, cantar, obedecer y servir". Ahora, déjame parafrasear lo que Pablo le dijo: "Dios te acepta, no porque cumplas con las leyes; él te acepta sabiendo que no puedes cumplirlas. Lidia ese Dios que tú tanto respetas, ¡ha muerto en tu lugar!". Cuando su corazón fue "abierto" a esta verdad, el espectáculo que Lidia observó no fue un grupo trapecistas del *Cirque du Solei*. El espectáculo que Lidia observó (que es el mismo espectáculo que Isaías observó y que tú y yo tenemos que observar), ¡es al glorioso Dios del cielo muriendo en nuestro lugar! Lo que Lidia comprendió es lo que dice 1 Juan 4:10: "*En esto consiste el amor: no en que nosotros hayamos amado a Dios, sino en que El nos amó a nosotros y envió a su Hijo como propiciación por nuestros pecados*".[b] ¿Quieres servir como Lidia? Tú desafío y mí desafío es el mismo, ¡la clave es dejar que esta realidad nos cautive!

¿Puedes verlo? Lidia cambió. Pero ella no cambió su comportamiento, ***¡cambió su apreciación de Dios!*** Lidia pasó de creer en Dios, ¡a tener un Dios hermoso! Lidia pasó de servir a Dios, ¡a descubrir que Dios dio su vida para

---

[b] Es muy interesante que, en el evangelio de Juan, cuando Jesús evalúa el corazón de los fariseos él no dice: "El problema de vuestro corazón es que no me amáis". En Juan 5:43 Jesús dice: "*pero os conozco [es decir, conozco vuestro corazón], que no tenéis el amor de Dios en vosotros*". ¿Puedes verlo? Para Jesús, el problema que tienen ***no es que no aman a Dios***, el problema que tienen es que ***no han podido apreciar el amor que Dios tiene por ellos***. (Por eso rechazan a Cristo y su cruz. Verso 40). ¿Cuál es la consecuencia de este rechazo? Usan el servicio a Dios como un medio de reconocimiento. Dice Juan 5:44: "*¿Cómo podéis creer, cuando recibís gloria los unos de los otros, y no buscáis la gloria que viene del Dios único?*" En otras palabras, puesto que rechazan el amor de Cristo (verso 39), mendigan amor en el mundo deseando desesperadamente que otros les den gloria y los reconozcan. Usan su posición para sentirse importantes y valiosos. Se valen del ministerio para generar una buena reputación. Esto, según Jesús, es lo que apaga y anula su fe. "*¿Cómo podéis creer, cuando recibís gloria los unos de los otros…?*".

servirla a ella! Lidia pasó de obedecer a Dios, ¡a sentir el amor que Dios tenía por ella! Este amor, que experimentamos por primera vez en el momento de nuestra conversión y que Pablo dice que Dios derrama dentro todos nosotros por medio del Espíritu Santo (Romanos 5:5), ¡ese mismo amor es el que debemos volver a apreciar y atesorar para servir! Disfrutar de *este* amor, es lo que hace la gran diferencia. ***No me refiero al amor que nosotros debemos tener por Dios, ¡sino al amor que Dios tiene por nosotros!***[c]

Dice 1 Juan 4:19: "*Nosotros amamos, porque él nos amó primero*". Dicho de otra forma, no podemos amar (ni a Dios ni a otros), a menos que ***primero*** estemos experimentando el amor que Dios tiene por nosotros. Es decir, amar a otros es el ***resultado*** de disfrutar del amor incondicional que Dios nos tiene. ¿Puedes hacer actos de servicio sin experimentar ese amor? ¡Claro que puedes! Pero si miras atentamente tu corazón, llegarás a darte cuenta que lejos de servir a otros, te estarás sirviendo a ti mismo; que lejos de ofrecer amor a otros (aunque externamente los estés sirviendo), internamente estarás extendiendo tu taza para que otros la llenen y te amen.

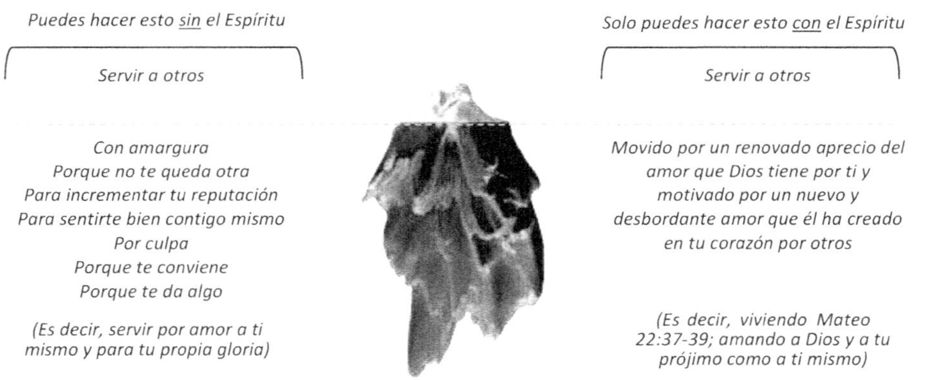

El servicio genuino es aquel que nace motivado por estar disfrutando del amor que Jesús nos tiene y que se realiza a través del amor y del poder que él mismo provee (es decir, a través de su Espíritu).

---

[c] Esta misma idea explica Pablo en 2 Corintios 5:14,15 (DHH): "*El amor de Cristo se ha apoderado de nosotros desde que comprendimos que uno murió por todos… para que los que viven ya no vivan para sí mismos, sino para él, que murió y resucitó por ellos*". Otras versiones de este pasaje dicen: El amor de Cristo "*domina nuestras vidas*" (TLA) "*nos controla*" (PDT) "*nos constriñe*" (RVR1960), "*nos apremia*" (LABA), "*nos obliga*" (NVI). La idea del verbo griego es que es el amor de Jesús lo que "nos mueve", "nos impulsa", "nos motiva" a dejar de vivir para nosotros mismos y a comenzar a vivir para él. ¿Comprendes la imagen? Su amor es el *motor* de nuestro cambio. Su amor *enciende* el deseo de vivir para él. Su amor *activa* la pasión por servir.

Tal y como lo muestra el gráfico, la diferencia entre un tipo de servicio y el otro, es enorme. Tú puedes hacer lo primero, pero ni tú ni yo ni nadie puede hacer lo segundo. Servir a Dios de esta forma, es un resultado de su obrar dentro de ti. Es un milagro. Es algo sobrenatural. Es un cambio de los afectos y de los deseos más profundos de tu corazón. Es un cambio de raíz. Es que un árbol de peras llegue a ser capaz de producir manzanas. ¿Puedes verlo? ***Nadie experimenta un cambio sobrenatural a menos que Alguien sobrenatural esté obrando en su vida.*** Sí, como el joven misionero del capítulo uno, tú puedes dejar de acostarte con mujeres los fines de semana y salir por todo el mundo a compartir el evangelio; pero a menos que Dios mismo obre en tu corazón, es imposible que cambies lo que tiene que ser cambiado: lo que ama tu corazón. Nadie realmente cambia, a menos que Dios lo cambie.

En este momento, nuestros tres hijos tienen diez, ocho y cuatro años. Para mi esposa y para mí ha sido un valor muy grande que ellos aprendieran desde pequeños la necesidad de ayudar en casa. Desde que saben caminar, han aprendido a servir de distintas maneras. Todos los días hacen su cama, recogen la mesa y ayudan con diferentes responsabilidades de la casa. (Sí, han roto una buena cantidad de platos y vasos en el proceso. Pero ha merecido la pena). Nuestros tres niños hacen lo que nosotros les decimos. Sirven, ayudan, pero poco a poco, ha comenzado a salir a la luz la verdadera condición de su corazón.

"Papá, Tomás está tardando mucho en recoger la mesa y me está dejando todo lo más pesado a mí".

"Mamá, Mica ayer no limpió su parte así que ahora le toca hacerlo a ella".

"¿Por qué tengo que recoger el plato de Manuel?".

"¡Hoy no es mi turno para pasarle el trapo a la mesa! ¡Viva!".

Mis hijos sirven, ¿pero encuentran placer en el servicio? ¿Han llegado al punto en el que se deleitan en hacer lo que hacen? ¿Nace su servicio desde la compresión del amor que papá y mamá tienen por ellos? ¿Aman a Dios al hacerlo? El libro de Deuteronomio dice que mi tarea como padre no es hacer que mis hijos obedezcan y sirvan, mi tarea como padre es que ellos se enamoren cada vez más de él. Dice Deuteronomio 6:6-9: "*<u>Amarás</u> al Señor tu Dios con todo tu corazón, con toda tu alma y con toda tu fuerza. Y <u>estas palabras</u> que yo te mando hoy [¡que ame a Dios!], estarán sobre <u>tu corazón</u>; [es decir, que primero deben ser una realidad en mi vida; yo tengo que estar enamorado de Dios] y <u>diligentemente las enseñarás a tus hijos</u>, y hablarás de ellas cuando te sientes en tu casa y cuando andes por el camino, cuando te acuestes y cuando te levantes. Y las atarás* *como una señal a tu mano, y serán por insignias entre tus ojos. Y las escribirás en los postes de tu casa y en tus puertas [lo cual quiere decir que es mi responsabilidad hacer del amor a Dios algo real y cotidiano]*". La carga que llevo como padre no es que mis hijos recojan la mesa. La carga que llevo como padre es que amen a Dios con todo su corazón, con toda su alma y con toda su fuerza. (Yo puedo hacer que ellos hagan lo primero, pero solo Dios puede hacer que ellos experimenten lo segundo). Lo que constantemente me pregunto no es si mis hijos recogen la mesa. Lo que constantemente me pregunto es: ¿Cómo hago para que mis hijos vean a Dios atractivo? ¿Cómo hago para seducirlos con la cruz? ¿Cómo hago para ser un medio para que se enamoren más de él? ¡Mi anhelo es que lo amen, no simplemente que lo sirvan!

Desafortunadamente, mucha gente ve el servicio cristiano de la misma forma que mis hijos ven sus responsabilidades en casa; como una obligación. Sin embargo, bíblicamente hablando, ***el servicio cristiano no es hacer lo que no quiero. El servicio cristiano es el resultado de que Dios cambie lo que amo.*** Dice Romanos 14:7,8: "*Porque ninguno de nosotros vive para sí mismo, y ninguno muere para sí mismo; pues si vivimos, para el Señor vivimos, y si morimos, para el Señor morimos; por tanto, ya sea que vivamos o que muramos, del Señor somos*". El servicio cristiano es mucho más que un cambio de comportamiento. ***El servicio cristiano es un cambio de aquello que le trae placer al corazón***. Vuelve a pensar en el joven misionero del capítulo uno. ¿Lo recuerdas, verdad? Antes de convertirse deseaba "ser popular y exitoso" acostándose con chicas; pero, después de "convertirse" a Cristo, comenzó a desear "ser popular y exitoso" convirtiendo almas. ¿Qué significa servir a Dios? ¿Compartir el evangelio como este joven misionero? ¡Claro que no! Es algo mucho más profundo que eso. El servicio a Cristo es que se produzca un cambio en aquello que desea mi corazón. Es, como dice Pablo en el pasaje que acabas de leer, ***dejar de vivir para mí mismo y comenzar a vivir para él***. Por supuesto que el cambio verdadero *resulta* en un cambio de comportamiento. Lógicamente que terminaré compartiendo el evangelio. Sin embargo, el verdadero cambio es un cambio de tesoros. Es una transformación de aquello que me causa placer. Es un dejar de vivir para mí y comenzar a vivir para él. Es llegar a decir lo que dijo Pablo: "*Para mí, el vivir es Cristo* [no el servicio o el ministerio]" (Filipenses 1:21).

En la famosa trilogía de J.R.R. Tolkien, *"El Señor de los Anillos"*, hay un personaje muy particular que se llama Gollum. Gollum es un horrible monstruo que lo único que desea en su vida es poseer un hermoso anillo de oro. Para él no hay nada en el mundo más valioso que este anillo. Su obsesión con el anillo es tan grande que una y otra vez lo llama "mi precioso". (En algunas traducciones al español lo llama "mi tesoro". En inglés, "my precious"). Este personaje, que antes de poseer el anillo era un hombre común y corriente, poco a poco se transforma en un ser espeluznante producto de su obsesión por su "precioso" anillo. Lo que Tolkien quiere mostrar a través de Gollum es lo que sucede en nuestro corazón cuando nos entregamos obsesivamente a nuestros "tesoros", a nuestros ídolos. Al hacerlo nos transformamos en Gollum; personas con un corazón desagradable y horrible. ¿Llegas a ver lo que estoy diciendo? ¡Aún el servicio a Dios tiene el potencial de transformarte en un monstruo! Por supuesto, externamente parecerás muy piadoso, respetable y abnegado, pero internamente tu corazón egoísta, orgulloso y autocentrado ¡se irá degenerando sin que ni siquiera puedas verlo! ¿Recuerdas Mateo 7:21? "*Muchos me dirán en aquel día: [nota la sorpresa de estos hombres]. 'Señor, Señor, ¿no profetizamos en tu nombre, y en tu nombre echamos fuera demonios, y en tu nombre hicimos muchos milagros?' [¿Qué están diciendo estos hombres? ¡Señor! ¡Nosotros te servimos!] Y entonces les declararé: 'Jamás os conocí; apartaos de mí, los que practicáis la iniquidad'*". La pregunta más importante no es, ¿estoy sirviendo a Dios? La pregunta más importante es: ***¿Ha cambiado lo que es "precioso" para mí? ¿Estoy más enamorado de Jesús hoy de lo que estaba ayer? ¿Estoy dejando de vivir para mí mismo porque estoy aprendiendo a disfrutar del amor que Dios tiene por mí?***

> *¿Soy lo suficientemente feliz en Cristo como para encontrar placer en servir?*
> *¿Percibo su amor como algo real?*
> *¿Genera su amor por mí un nuevo amor por otros?*

Mientras estaba escribiendo este capítulo, recibí un correo electrónico de un amigo no creyente de Argentina que se ofreció a ayudarme a alquilar la casa de mis padres que mi esposa y yo heredamos luego de su muerte. A día de hoy, hace casi ocho años que vivimos con mi familia en España. Sin embargo, este fue el primer correo que he recibido de mi amigo desde que nos mudamos. Su correo fue muy cordial y agradable. De hecho, si lo piensas un momento, la razón por la cual mi amigo me escribió es para "hacer algo por mí". Se está ofreciendo a "servirme". Quiere "ayudarme". Pero la pregunta del millón es la de siempre; ¿por qué lo hace? ¿Me ama a mí? La respuesta es muy obvia. No. Ama lo que puede obtener de mí. Mi amigo es igual que el joven misionero. ¿Está buscando servir? Sí. ¿Está buscando ayudar? Sin dudas.

Pero, ¿a quién está sirviendo? ¿Para quién vive? ¿Qué es "precioso" para él? Su dinero, no mi persona. No me malinterpretes. No pienses que lo estoy condenando. Esta forma de "amar", "servir" y "ayudar" ***es la forma en la que TODOS amamos, servimos y ayudamos.*** Mi amigo *usa* nuestra amistad para intentar ganar dinero; yo *uso* a mi esposa, a mis hijos, el ministerio y otras muchas cosas para intentar satisfacer mis fines egoístas. ¿Tienes dudas? Imagínate por un momento que eres un joven soltero que está buscando una chica para casarse. Piensa en esto; ¿qué clase de persona buscarías? ¿Una chica fea, desaliñada y poco atractiva? ¿Una mujer orgullosa, testaruda y caprichosa? ¿Alguien egoísta, infiel y que solo piensa en sí misma? Lo dudo. Dudo que al encontrar alguien así te sientas movido a decir: "¡En ti...! ¡En ti que eres una persona tan egoísta, desagradable y poco atractiva volcaré todo mi amor desinteresado y magnánimo durante toda mi vida!". Nadie hace esto. Todos nos casamos por egoísmo; y todos amamos, servimos y ayudamos por egoísmo. Para cambiar esta inercia no hace falta esforzarnos, para cambiar esta tendencia hace falta un milagro.

Déjame hacerte una confesión. ¿Sabes lo que he intentado hacer en este capítulo? ¿Sabes cuál ha sido mi objetivo al escribir lo que he escrito? Mi meta ha sido mostrarte la verdad más importante que alguien debe aprender para servir a Dios. ***El servicio genuino no es difícil, el servicio genuino es imposible.*** Pablo lo dice claramente en 2 Corintios 4:7: "*Pero tenemos este tesoro en vasos de barro [esto es lo que Pablo, tú y yo somos], para que la extraordinaria grandeza del poder sea de Dios y no de nosotros*". Nadie es capaz de servir a Dios, a menos que se dé cuenta que no puede hacerlo. ¿Puedes cambiar lo que amas? No. (¡El amor es una respuesta!). ¿Puedes cambiar a otros? No. (Si no puedes cambiar tus propios afectos, ¡mucho menos podrás cambiar los de los demás!). Las únicas dos cosas que el servicio genuino necesita, *amor* verdadero y *poder* para cambiar a otros, ¡son dos cosas que *nadie* tiene![d]

---

[d] Es importante aclarar que ***el servicio genuino no es un estado, es un proceso.*** Nadie sirve a Dios "lleno de Dios" siempre. Es verdad que el nuevo nacimiento produce un cambio dentro de nuestro corazón y que nos da una nueva naturaleza; sin embargo, el nuevo nacimiento ¡no elimina la vieja! (Eso sucederá en nuestra glorificación). Por esta razón, somos árboles que a veces producimos "peras" y a veces producimos "manzanas" (de hecho, la mayoría de las veces producimos una mezcla de ambas. Esto es, estamos llenos de motivaciones mixtas). Hasta el día que estemos con Cristo, habrá una guerra dentro nuestro corazón. Debemos recordar que vivimos en el "ya pero todavía no". Estamos cambiando, pero nuestro cambio completo y perfecto aún ha de consumarse. Este "mientras tanto" nos deja viviendo en una constante tensión entre lo que podemos ser en Cristo y lo que un día seremos. ¿Qué debemos hacer cuando no tenemos el gozo de Cristo para servir a Cristo? Lo mismo que debemos hacer cuando no tenemos deseos de obedecerle. ¿Recuerdas el Apéndice 1? Lo que aplica a la obediencia, también aplica al servicio. (Si no lo has leído, por favor lee el Apéndice 1).

Servir es recibir

La introducción de este libro comienza con esta frase: "Cambiando tu forma de cambiar". Este ha sido mi objetivo a lo largo de todo el libro: ayudarte a que te des cuenta que necesitas "cambiar tu forma de cambiar". Piénsalo un momento. ¿Qué es lo primero que viene a la mente cuando alguien piensa en servir a otros? La respuesta más común es que "servir es sinónimo de dar". Sí, es verdad. Servir es dar pero desde un punto de vista bíblico, ***para poder dar, primero es necesario recibir.*** Dice el apóstol Pedro que "*el que sirve debe hacerlo según la fortaleza que Dios da*". ¿Qué es más importante para Pedro, dar o recibir? Dice el apóstol Pablo: "*Pero por la gracia de Dios soy lo que soy, y su gracia para conmigo no resultó vana; antes bien he trabajado mucho más que todos ellos, aunque no yo, sino la gracia de Dios en mí*". ¿Cómo concibe Pablo el ministerio? ¿Se trata de dar o de recibir? Dice el apóstol Juan: "*Pero el que practica la verdad viene a la luz, para que sus acciones sean manifestadas que han sido hechas en Dios [es decir, por medio de Dios]*" (Juan 3:21). Dice Jesús en Juan 15:5: "*Sin mí, nada podéis hacer*". Estos versículos, y muchos otros que podría citar, indican claramente que cualquier acto de servicio debe ser hecho por medio de la energía y capacidad que Dios da. En otras palabras, ¡antes de tener algo para dar es necesario recibir! Comprender esta verdad es absolutamente esencial por varias razones. Miremos juntos algunas de ellas.

1. El amor de Dios para servir a Dios

¿Por qué *antes* de dar necesito recibir? Porque, como hemos dicho varias veces, nadie puede cambiar lo que ama. Si bien esta verdad es muy evidente, quisiera desafiarte a considerar una pregunta muy relevante. ***¿Hay algún momento en que el amor deja de ser una respuesta?*** Sí, lo hay. El amor deja de ser una ***reacción*** y se transforma en una ***acción*** solo *cuando el corazón está desbordado de amor*. En otras palabras, solo cuando uno está completamente lleno y plenamente satisfecho. Medítalo un momento. Desde un punto de vista bíblico, existe una sola persona en todo el universo que es capaz de amar así, ¡Dios! Él, por ser un Dios trino, es el único ser autosuficiente. Él es el único que no tiene necesidades. Él es distinto a todos y no necesita de nadie (solo de sí mismo) para estar completamente lleno y plenamente satisfecho. Él, desde la eternidad y por toda la eternidad, ha estado viviendo en una relación de amor perfecto que el Padre tiene por el Hijo, que el Hijo tiene por el Padre y que el Espíritu tiene por ambos (Mateo 3:17; Juan 5:20; Juan 17:24; etc.). Por esta razón, él es el único que puede amar de manera plenamente genuina. Solo alguien que no necesita de otros, puede verdaderamente *amar* a otros y *dar* sin buscar nada a cambio. ¿Qué es, entonces, lo que nosotros necesitamos para amar? Necesitamos lo que dice 1 Juan 4:13, necesitamos *primero* "recibir", "experimentar", "sentir" su amor; para luego tener algo para dar. ***Solo cuando nos apropiamos de su amor, podemos comenzar a amar como él ama***. Solo cuando estoy lleno de su amor, tengo la capacidad de dejar de "reaccionar" y comenzar a "actuar". Solo cuando estoy lleno de él, puedo amar y servir como él.[e]

El aspecto más importante del servicio no es lo que hago sino
por qué lo hago y cómo lo hago.
Es decir, con qué motivación (por amor a mí o por amor a Dios)
y con qué poder (con el mío o el del Espíritu).

2. El poder de Dios para servir a Dios

¿Por qué *antes* de dar necesito recibir? Porque no tengo el poder para cambiar a otros. Jesús define el ministerio cristiano de una forma muy particular. Para él, el servicio genuino tiene que ver con que las personas se sientan influenciadas de tal manera por nuestra forma de vivir, que nuestro vivir "no normal" los impulse a mirar hacia arriba. Dice Mateo 5:16: "*Así brille vuestra luz delante de los hombres, para que vean vuestras buenas acciones y glorifiquen a vuestro Padre que está en los cielos*". Déjame preguntarte algo. ¿Cómo haces para que la gente reciba tu amor (a través de tu servicio o de cualquier buena acción) pero que en vez de enfocarse en tu persona tengan la capacidad de "ver" al Padre en ti? Déjame elevar el problema aún más. Si prestas atención al texto, no solo se trata de que "vean" a Dios, ¡se trata de que lo encuentren "glorioso" por causa de tu acción! Se trata de que lo perciban "magnífico", "atractivo", "valioso" y

[e] Quisiera desafiarte a que te hagas la siguiente pregunta. ¿El amor de Dios es "ascendente"? Es decir, ¿nace en algo especial o bueno que ve en nosotros y eso origina su amor por ti y por mí? O, ¿es su amor "descendiente"? Es decir, ¿nace en su propia persona y nos ama a pesar de que no hay nada especial o bueno en nosotros? Contrario a lo que sucede con los seres humanos, ***el amor de Dios no es una respuesta***. Él es el único que tiene la capacidad para ofrecer esa clase de amor. Dice Isaías 43:25: "*Yo, yo soy quien borro tus rebeliones por amor de mí mismo, y no me acordaré de tus pecados*". Dice Efesios 2:5-7 afirma: "*Pero Dios, que es rico en misericordia, por su gran amor con que nos amó, aun estando nosotros muertos en pecados, nos dio vida juntamente con Cristo (por gracia sois salvos), y juntamente con él nos resucitó, y asimismo nos hizo sentar en los lugares celestiales con Cristo Jesús, para mostrar en los siglos venideros las abundantes riquezas de su gracia en su bondad para con nosotros en Cristo Jesús*". ¿Por qué me ama Dios? No es por mí, sino por él. No es porque yo soy digno de amor, sino porque él es grande en amor. Dijo Lutero en las Disputaciones del Heidelberg: "Nuestro Dios no se mueve hacia aquello que le resulta agradable para entonces amarlo; sino que él decide amar lo que no le resulta atractivo para comenzar a trabajar en él y hacerlo agradable".
Cita tomada de https://www.sermonaudio.com/saplayer/playpopup.asp?SID=11717102116[3].

"digno de admiración". Se trata de que tus compañeros de trabajo o de estudio vean un estilo de vida cuya única explicación sobre ti sea: "Esta persona tiene un Dios real y fabuloso". ¿Te has dado cuenta el mandato de Jesús? A través de mi vida, la gente debe ¡desear amar a Dios! Esto no es difícil, ¡esto es imposible!

Hace unos días mi esposa y yo estábamos hablando sobre un predicador bastante conocido que a ella suele ministrarle mucho (debo admitirlo, la verdad es que a mí no me atrapa demasiado). Al dialogar sobre él, comenzamos a dar nuestra opinión sobre sus fortalezas y debilidades. Mientras dialogábamos, me di cuenta que, si bien estábamos hablando de otra persona, la cuestión, por debajo, estaba indirectamente dirigida hacia mí. Puesto que esto se hizo muy obvio, le pregunté abiertamente: "Amor, ¿qué ves cuando me ves a mí predicar?" Entonces ella dijo con mucho cariño: "Veo un gran maestro". No, no te confundas. No me estaba halagando, me estaba criticando. Lo que mi esposa estaba diciendo fue: "Veo *solo* un gran maestro". Lo que quiso decir fue: "Eres muy buen comunicador, ¡pero te falta poder!". Que es otra forma de decir, "no veo al Espíritu Santo obrando, te veo a ti". Mi respuesta fue: "Posiblemente tengas razón, gracias. Está muy claro que necesito más de él y menos de mí. Ora por mí, por favor". ¿Le dolió a mi ego lo que dijo mi esposa? Sí, un poco. Pero la verdad es que no podía estar más acertada. Para ministrar no necesitas ser un gran orador, necesitas tener un gran Dios obrando a través tuyo. Dice Pablo en 1 Corintios 2:1-5: "*Cuando fui a vosotros, hermanos, proclamándoos el testimonio de Dios, no fui con superioridad de palabra o de sabiduría, pues nada me propuse saber entre vosotros, excepto a Jesucristo, y este crucificado. Y estuve entre vosotros con debilidad, y con temor y mucho temblor. Y ni mi mensaje ni mi predicación fueron con palabras persuasivas de sabiduría, sino con demostración del Espíritu y de poder, para que vuestra fe no descanse en la sabiduría de los hombres, sino en el poder de Dios*" (mi esposa suele decirme que ora este versículo por mí). ¿Quiere decir esto que debemos ser malos oradores y no preparar nuestros mensajes de la mejor manera posible? No. Pablo también hacía uso de la retórica y modificaba su discurso según con quien hablaba. (Hechos 17:16-34; 1 Corintos 9:19-23). Lo que quiere decir es que, a menos que Dios obre por medio de nuestras palabras, de nuestro servicio, o de nuestros actos de amor; ninguno de nuestros esfuerzos tendrá el poder para lograr el objetivo que (al menos en teoría) estamos buscando: ¡que la gente encuentre a Dios atractivo! ¡Que glorifiquen al Padre que está en los cielos!

Como dice el Salmo 127:1: "*Si el Señor no edifica la casa, en vano trabajan los que la edifican; si el Señor no guarda la ciudad, en vano vela la guardia*".[f]

¿A dónde quiero llevarte con esto? De vuelta a tu necesidad de Jesús. Todos ministramos por gracia. Todos somos vasijas de barro. Todos necesitamos lo que no tenemos (2 Corintios 4:7).

3. La gracia de Dios para servir a Dios

¿Por qué *antes* de dar necesito recibir? Porque contrario a lo que normalmente pensamos, servir a Dios aumenta nuestra deuda con él. ¿Has leído bien la última oración? Si es verdad que Dios, por medio de su Espíritu, es quien obra en nosotros para que podamos amar y servir; ***cada vez que servimos a Dios no le estamos "devolviendo" o "pagando" a Dios por lo que él ha hecho por nosotros, cada vez que le servimos (o hacemos su voluntad) ¡estamos recibiendo más gracia de parte de él!*** Piensa en lo siguiente: ¿Quién nos está cambiando? ¿Quién transforma nuestro corazón egoísta en un corazón que encuentra placer en amar a otros? ¿Quién nos da poder para obedecerle? ¿Quién responde nuestras oraciones cuando lo necesitamos? ¿Quién está *con* y *en* nosotros cuando evangelizamos? ¿Quién nos da gozo y llenura espiritual cuando le servirnos? ¿Quién nos capacita con dones sobrenaturales? ¿Quién nos da su Espíritu? Debemos mirar la vida con los lentes correctos. Vivir día a día en Cristo *por su Espíritu* nos hace cada vez más deudores; ¡mucho más que el día en que nos convertimos! Cuando hacemos algo que jamás hubiéramos podido hacer con nuestras propias fuerzas, ¡estamos recibiendo más gracia de parte de él! Servir a Dios no es una forma de devolverle a Dios por lo que él ha hecho, servir es una forma de recibir más gracia de parte de él. No; ***la vida cristiana no se trata de lo que nosotros podemos hacer por Dios, sino de lo que él puede hacer en y por nosotros.*** Ha escrito John Piper: "Cualquier cosa que le retribuyamos a Dios por su bondad pasada con nosotros, lo hacemos apoyándonos en su gracia venidera. La única deuda que la gracia produce es la ´deuda´ de apoyarnos más en la gracia para todo lo que Dios nos llama a ser y hacer".[94] Debemos reconocerlo. ***La justificación genera una deuda que no podemos pagar, la santificación la agranda; ¡y el servicio también!*** ¿Cuál es el resultado de

[f] Dijo Pedro después de ser usado por Dios (¡para sanar un cojo!): "*Varones israelitas, ¿por qué os maravilláis de esto, o por qué nos miráis así, como si por nuestro propio poder o piedad le hubiéramos hecho andar?*" (Hechos 3:12). ¿Qué es lo que está diciendo Pedro? No soy una persona especial. No se trata de mi *poder* ni se trata de mi *obediencia*, se trata de *la influencia de Jesús* a través de lo que hago. Dios no me usa *por causa* de mis capacidades ni *por causa* de mi obediencia. Dios me usa *a pesar* de mi desobediencia y por medio de sus dones… es decir, ¡por gracia! Sí, es verdad que muchas veces usa mis habilidades como un medio para ser usado por él, pero muchas otras veces utiliza mi falta de habilidad para hacerlo.

esta forma de servir? Recibe gloria quién *hace* la obra y quien *merece* la gloria, no nosotros, sino él.[g] Como dice Pedro: "*El que habla, que hable conforme a las palabras de Dios; el que sirve, que lo haga por la fortaleza que Dios da, para que en todo Dios sea glorificado mediante Jesucristo, a quien pertenecen la gloria y el dominio por los siglos de los siglos. Amén*" (1 Pedro 4:11).

Servir produce gozo

Quisiera hacer una aclaración importante. ***Servir a otros es el resultado de tener gozo, pero servir a otros también produce gozo.*** Cristo dijo: "*Más bienaventurado es dar que recibir*" (Hechos 20:35). Esto quiere decir que el servicio genuino *es causado por* el gozo que ya tengo en Cristo, pero, también quiere decir que el servicio genuino *es causante* o generador de gozo. Ambos aspectos son dos caras de una misma realidad. Es imposible negarlo. Dios nos ha creado para servir. Como ha dicho la Madre Teresa de Calcuta: "El que no vive para servir, no sirve para vivir". Como Génesis 1:28-31 nos informa, el servicio y el trabajo no son parte de la caída, son parte integral del plan original de Dios. Esto nos lleva a un último punto que quisiera considerar antes de terminar este capítulo.

Servir a Dios no es una acción, servir a Dios es una identidad

Si alguien le pregunta a un cristiano, "¿dónde sirves a Dios?" ¿Sabes cuál sería la respuesta más típica? En la iglesia. Esta respuesta es tan normal como incorrecta. Tú *no* sirves a Dios en la iglesia, tú sirves a Dios en todos lados o, bíblicamente hablando, no estás sirviendo a Dios, (sin que puedas verlo) ¡te estás sirviendo a ti mismo! Colosenses 3:23,24 dice: "*Y todo lo que hagáis, hacedlo de corazón, como para el Señor y no para los hombres, sabiendo que del Señor recibiréis la recompensa de la herencia. Es a Cristo el Señor a quien servís*". Este pasaje nos da una lección muy importante. Una persona que sirve a Cristo tiene la visión de hacer *todo* para Cristo. Una persona que sirve a Cristo no diferencia entre lo religioso (lo que hace en la iglesia) y lo secular (lo que hace fuera de ella). Una persona que sirve a Cristo hace *todo* para él. Lo que determina si el servicio es hecho para Dios o si no es hecho para él, no está definido con la actividad en sí; está determinado por la *motivación* con que se hace. Puedo servir dentro la iglesia para mi propia gloria y beneficio; o puedo servir fuera de la iglesia para la gloria de Dios y el beneficio de su reino. El lugar y la actividad, ¡es lo menos importante!

---

[g] Si quieres investigar más sobre este concepto (que Piper ha denominado "la ética del deudor"), te aliento a que leas el capítulo uno del libro *Gracia Venidera*, escrito por John Piper.

Creo que la Biblia nos desafía a plantear un cambio de paradigma. ***Servir no es algo que hago, servir es algo que soy.*** El objetivo no es llegar a hacer cosas por otros, el objetivo es llegar a ser alguien que no soy; un siervo. ¡Una persona que disfruta servir! Tengo que cambiar mi forma de ver el servicio.

> ***¿Soy un siervo o actúo como un siervo?***
> *(cuando de alguna forma me beneficia)*

El objetivo del verdadero creyente no es servir en un ministerio (aunque todos deberíamos hacerlo), el objetivo del verdadero creyente es mucho más ambicioso. ¡Es un objetivo mucho más alto y sobrenatural! El objetivo de un verdadero creyente es llegar a servir a los demás desde el amor real de querer beneficiarlos, desde el deseo sincero de buscar su mayor bien, desde la ambición santificada de anhelar su interés y beneficio (Filipenses 2:4). El objetivo es llegar a ser, contrario a mi amigo de Argentina, un agente inmobiliario para la gloria de Dios y el beneficio de mi prójimo, no para ganar dinero. El objetivo es llegar a ser, contrario a la inercia de mi corazón, un esposo que encuentra más placer en servir a su esposa que en ser servido por ella. El objetivo es llegar a ser, contrario a las pasiones de tu propio corazón, una persona que usa su trabajo (o sus estudios) para el beneficio del mundo donde Dios lo ha puesto; y no para el beneficio de su propio bolsillo y bienestar. ¿Recuerdas las palabras de Jesús en Juan 15:11? "*Estas cosas os he hablado, para que mi gozo esté en vosotros, y vuestro gozo sea perfecto*". ¡Qué fantástico! ¡Experimentar el mismo nivel de gozo que experimentó Jesús! Pero, ¿dónde? ¿Cuándo? ¿Solamente una hora y media una vez por semana cuando vamos los domingos a la iglesia? ¡Claro que no! El gozo de Cristo tiene que hacerse presente el miércoles a las diez de la mañana en medio de una reunión de empresarios. El lunes a las tres de la tarde atendiendo pacientes en un hospital. El viernes al mediodía dando clase a niños de cuarto grado. El sábado a las doce y media de la noche cambiando un pañal. Si en esas situaciones no tengo un corazón lleno de gozo para servir a otros (y, para peor, pienso que estoy sirviendo a Dios porque sirvo en algún ministerio de la iglesia); ¡estoy viviendo engañado pensando que soy alguien que realmente no soy!

Tú no puedes limitar tu servicio a Dios a lo que haces en la iglesia. No puedes dividir lo que haces para Dios y lo que haces para ti mismo. Eso sería divorciar de tu vida espiritual las cuarenta o cincuenta horas por semana en las que te encuentras trabajando. Si lo haces, ¡estarás dedicando un setenta por ciento de tu tiempo a otra cosa que no es glorificar a Dios! ***En tu trabajo, en tu casa y en la calle, es el lugar donde tú sirves a Dios y a otros (o donde no lo haces).*** ¿Estoy diciendo que no debes servir en la iglesia? ¡Claro que no! Lo que estoy diciendo es que si solo sirves en la iglesia es porque no eres un siervo, simplemente actúas como tal.

Piénsalo un momento, ¿cuáles son los requisitos bíblicos para servir como líder en la iglesia? ¡Haber primero servido en casa! ¡A mi pareja! ¡A mis hijos! ¡En mi barrio! ¡En mi trabajo! Dice 1 Timoteo 3:1-7 (PDT): "*Es necesario que un dirigente lleve una vida que nadie tenga por qué criticar y que muestre las siguientes cualidades: ser sensato, respetable, fiel a su esposa, tener domino propio, estar dispuesto a recibir en su hogar a los necesitados y ser capaz de instruir a otros en la fe. Un dirigente no debe emborracharse ni pelear, sino ser amable, pacífico y no amar el dinero. Debe dirigir bien a su propia familia, es decir, que sus hijos les obedezca y siempre los respete. Si un hombre no sabe dirigir a su propia familia, entonces tampoco podrá cuidar de la iglesia de Dios. No debe ser nuevo creyente para que no se enorgullezca y no caiga en la misma condenación en que cayó el diablo. Además, debe tener el respeto de la gente que no es de la iglesia. De esa manera evitará críticas y no caerá en las trampas que el diablo tratará de ponerle*". ¿Has notado cuántas de estas características se ponen en evidencia en la iglesia? Responderé por ti. Solo una; "*ser capaz de instruir a otros en la fe*". Todo el resto de cosas se vive en el día a día. En tu casa, en el trabajo, con tus vecinos y con tus amigos.

> *Todo lo que tú haces es un acto de servicio a Cristo o es un acto de servicio a ti mismo.*

Tú corazón está vendido a algo. A Cristo o a tus propios deseos egoístas (Romanos 16:18). Tú *corazón* es el que está vendido, ¡no tus acciones! Tus acciones pueden ser muy buenas, respetuosas y serviciales (como las de mi amigo que me mandó el correo electrónico), pero aquello que tu corazón realmente ama es aquello a lo que tú verdaderamente sirves. ¿Cómo puedo saber si estoy sirviendo a Cristo o si me estoy sirviendo mí mismo? Cuando no divido ni compartimento mi servir. Cuando no pienso "aquí sí" y "aquí no" (aquí vengo a "descansar" o aquí vengo a "trabajar"). Cuando el servicio es cada vez menos algo que *hago* y es cada vez más algo que *soy*.

Permíteme darte un consejo práctico que está siendo de gran ayuda para evaluar cómo vivo mi propia vida laboral. ¿Cómo se sienten la mayoría de las personas cuando vuelven a su casa después de un largo día de trabajo? Cansados. Esto es perfectamente normal. Pero la pregunta más profunda es esta: ¿Es correcto sentir este cansancio? Si lo que siento es cansancio físico, entonces sí, probablemente es correcto. Pero si lo que siento es cansancio "emocional" (aunque quizás lo más correcto sería llamarlo cansancio "espiritual"), lo más probable es que no. Piensa lo siguiente. ¿Qué está diciendo este cansancio acerca de cómo he vivido mi día? ¿He vivido mi día en la carne (con mis fuerzas para lograr mis objetivos) o lo he vivido en el Espíritu (con sus fuerzas para lograr objetivos más altos)? Piénsalo bien. Si yo *realmente* he vivido mi día *en* Cristo y *para* Cristo, ¿por qué me siento así? Si necesito "desconectar", mirando televisión, leyendo una revista o haciendo cualquier otra cosa que "me cause placer", ***¿qué estoy evidenciando acerca del "nivel de placer" que Cristo me causa cuando estoy trabajando?***[h] ¡Que es cercano a nulo! En otras palabras, he vivido mi día laboral como una persona no creyente. Ansioso, cargado, preocupado, llevando sobre mis hombros el peso de las responsabilidades y de las presiones que todos, creyentes y no creyentes, enfrentamos. Que he vivido en un estado de inseguridad, de incertidumbre y de necesidad de estar en control. Que estoy amargado y contrariado por las circunstancias que me han tocado vivir, ¡y Cristo no ha tenido ninguna injerencia en esta realidad que me ha tocado enfrentar! Él ha sido puesto de lado. No ha interferido. Ha quedado completamente anulado. ¿Te sientes identificado? ¡Estupendo! Siéntete identificado, pero no te sientas condenado. La solución para el cambio profundo no es cambiar tu forma actuar, la solución para el cambio profundo es evaluar tus motivaciones (identificando el "tesoro" que te impulsa a vivir de esta forma) y recuperar el gozo de Cristo (recordando que él te ama y te quiere transformar).

Vivir bien mi día es disfrutar el amor de Dios para que esto impacte cada cosa que hago.

[h] ¿Estoy diciendo que está mal ver televisión o leer cuando vuelves a casa después de trabajar? ¡Claro que no! Yo mismo lo hago muchas veces. Lo que estoy diciendo es algo más profundo. Lo que quiero decir es que quizás no deberías experimentar ese nivel de cansancio espiritual si verdaderamente el Espíritu de Cristo ha sido tu fuente de poder y gozo a lo largo del día.

Trabajo duramente	*Trabajo duramente*
Estoy vacío	*Estoy lleno*
Voy a trabajar para recibir no para dar	*Voy a trabajar para dar no para recibir*
Cristo está desconectado de mi día a día y, por eso, uso mis dones y talentos para obtener del mundo aquello que no obtengo de él	*Cristo es suficiente. Siento su amor, su presencia y su cuidado; por eso, uso mis dones y talentos para servir al mundo en el que Dios me ha puesto*
Uso a los demás	*Sirvo a cualquiera*
Solo quiero seguridad, estabilidad, éxito, estatus social y tener dinero para mis gustos	*Quiero seguridad, estabilidad, éxito, estatus social y tener dinero para mis gustos; ¡pero quiero más a Cristo! Y, poco a poco, también estoy comenzando a querer servir a los demás*
¿Resultado? *Cansancio emocional y espiritual*	*¿Resultado?* *Tengo paz y nueva "energía" al volver a casa*

Conclusión

¿Recuerdas cómo comencé este capítulo? Nadie está dispuesto a *pagar* por servir. No, no es cierto. Hay alguien que sí ha estado dispuesto a hacerlo. Marcos 8:35 dice que: "*Hijo del Hombre no vino para ser servido, sino para servir, y para dar su vida en rescate por muchos*". Cristo vino a servir y, al hacerlo, no pagó con dinero; pagó con el costo más alto que podría pagarse; pagó su servicio por ti y por mí con su propia vida. Si había alguien indigno de ser servido de esta forma, tú y yo encabezamos el listado. "*Pero Dios demuestra su amor para con nosotros, en que siendo aún pecadores, [¡indignos de semejante acto de servicio!] Cristo murió por nosotros*" (Romanos 5:8). ¿Qué espera él de nosotros? ¿Que le "devolvamos" el favor y le paguemos con nuestro servicio? No. Espera que nos *asombremos* de lo que él ha hecho. Pero, tranquilo. Cuando tu corazón se quiebre en mil pedazos al pensar en esta verdad; cuando te quebrantes al ver su servicio; tú también servirás como él... ¡Con gozo! "*Puestos los ojos en Jesús, el autor y consumador de la fe, quien por el gozo puesto delante de El soportó la cruz, menospreciando la vergüenza, y se ha sentado a la diestra del trono de Dios. Considerad, pues, a aquel que soportó tal hostilidad de los pecadores contra sí mismo, para que no os canséis ni os desaniméis en vuestro corazón*" (Hebreos 12:2,3).

BREVE RESUMEN

Servir es un resultado: *Solo cuando disfruto a Dios puedo servir con verdadero gozo.*

Servir es un milagro: *Solo cuando experimento su amor extraordinario, comienzo a desarrollar un extraordinario amor por los demás. El servicio cristiano no se resume en realizar actos de servicio por los demás. El servicio cristiano implica experimentar un cambio en aquello que le trae placer al corazón. Es comenzar a sentir la realidad que "es más bienaventurado dar que recibir".*

Servir es recibir: *Solo cuando estoy lleno del Espíritu de Dios puedo servir como él espera de mí (con su poder y para su gloria). El servicio, lejos de pagarle a Dios por lo que él ha hecho por mí, aumenta mi deuda con él.*

Servir es una identidad: *Más que algo que hago, es alguien que soy.*

PARA REFLEXIONAR O DIALOGAR EN GRUPOS PEQUEÑOS

1. *Resume en una o dos oraciones los conceptos que más te hayan impactado de este capítulo.*
2. *¿Qué quiere decir que el servicio es un resultado? Explícalo con tus propias palabras.*
3. *¿Cómo definirías el servicio genuino? ¿Qué sería servir de manera no genuina?*
4. *¿Qué debe hacer una persona que anhela servir más?*
5. *¿Cómo explicarías la diferencia entre "servir en la carne" y "servir en el Espíritu"? ¿Cómo hace una persona para servir con el poder del Espíritu?*
6. *¿Eres un siervo en tu espacio de trabajo (o estudio)? ¿Sirves en casa? Si la respuesta es no, ¿por qué crees que te cuesta tanto hacerlo? ¿Cuál es tu mayor deseo o meta cuando te encuentras en estos dos ámbitos?*

CAPÍTULO 12

Una nueva motivación para buscar a Dios

Buscar a Dios; ¿resultado u objetivo? ¡Ambos!

Me encanta ir al cine. Me genera mucho entusiasmo y expectativa poder disfrutar con mi esposa de una buena película. Pero, déjame hacerte una pregunta. ¿Voy al cine *porque* he disfrutado de una buena película o voy al cine *para* disfrutar de una buena película? No te apresures en responder. Si lo piensas un momento, te darás cuenta que la respuesta a esta pregunta es ¡ambas! ¿Qué quiero decir? Que la *razón* que me mueve a ir al cine es que previamente, en algún otro momento de mi vida, yo ya he tenido la posibilidad de ir al cine y he disfrutado la experiencia. En otras palabras, la causa o el motor para ir a ver una película es que ya he experimentado el placer que produce ver una película. Sin embargo, por otro lado, también voy al cine *para* disfrutar del placer que el cine ofrece. Es decir, el *objetivo* para ir al cine es volver a experimentar el placer que un día sentí. Lo mismo sucede con Dios. ***Buscar a Dios es un resultado de haber encontrado a Dios y también es un medio para encontrarlo.*** Como dice 1 Pedro 2:2-3 (NTV): "*Como bebés recién nacidos, deseen con ganas la leche espiritual pura para que crezcan a una experiencia plena de la salvación. Pidan a gritos ese alimento nutritivo ahora que han probado la bondad del Señor*". ¿Puedes ver la doble dinámica? Deseamos buscar a Dios (ese es nuestro objetivo), como resultado de que hemos probado su bondad (esa es la razón).

¿Por qué es importante diferenciar y considerar ambas realidades? Por la muy sutil e inconsciente tendencia del corazón que nos plantea Mateo 6:1. ¿Recuerdas lo que hablamos en los primeros capítulos? Aún el buscar a Dios; aún el practicar las disciplinas espirituales; aún el ayuno, la oración y la ofrenda pueden ser medios que, de manera inconsciente, utilizo para amarme. ***Todos*** (sí; tú y yo también) ***tenemos la inclinación de buscar a Dios para intentar ser aceptados por él, para sentirnos bien con nosotros mismos o probar nuestro valor.*** ¿Recuerdas las palabras de D. Martyn Lloyd-Jones acerca de qué es el pecado?

> Para formarnos una idea exacta del mismo y comprenderlo, debemos imaginarnos a algún gran santo, a algún hombre fuera de lo corriente en su devoción y dedicación a Dios mirémoslo ahí de rodillas, en la presencia misma de Dios. Aún en esas circunstancias el "yo" lo está asediando, y la tentación para él consiste en pensar bien de sí mismo y adorarse a sí mismo en vez de adorar a Dios. Esa, y no otra, es la verdadera imagen del pecado...[95]

Nunca olvidaré las palabras que un amigo me dijo hace muchos años. Yo le pregunté qué era lo que él estaba aprendiendo en su tiempo a solas con Dios y su respuesta fue: "Estoy aprendiendo a orar menos". Al principio me sacudió lo que dijo. ¿Aprender a orar menos? Sin embargo, una vez que comprendí lo que quiso decir, no pude dejar de pensar en ello por semanas. Su afirmación fue simplemente fabulosa. ¿Qué quiso decir? Déjame darte un ejemplo personal para explicártelo. Hace más de quince años que soy misionero. ¿Qué se supone que debe hacer un misionero cuando se levanta por las mañanas? ¡Orar! Sin embargo, ¿qué sucede si yo busco a Dios y no lo encuentro? ¿Qué pasa cuando intento orar y mis oraciones no pasan del techo? ¿Cómo me siento? ¿Exultante? ¿Feliz? ¿Aceptado? ¿Amado con el mismo amor infinito que el Padre tiene por el Hijo? (Juan 15:9). ¡No! Me siento desanimado. Me siento triste. Me siento un fracaso. ¿Por qué? Por causa del problema que acabo de plantearte. Porque me acerco a Dios para *ganar* su amor, no me acerco a él como *resultado* de sentirme amado por él. Porque me acerco a Dios para *dar*, no me acerco a él para *recibir*. Porque tengo la tendencia a acercarme a Dios para *cumplir*, para sentirme bien conmigo mismo o para aplacar el sentimiento de culpa que deviene de no orar. No me resulta natural acercarme a Dios como consecuencia de un deleite que simplemente anhelo perpetuar.

¿Sabes cuáles son algunos de los pensamientos que pasan por mi cabeza? (seguramente pasarán también por la tuya aunque no seas misionero/a). ¿Qué clase de cristiano debo ser si me cuesta tanto encontrarme con Dios cada mañana? ¿Cómo puede usarme Dios si, después de tantos años de ser creyente, no soy capaz de estar media hora enfocado plenamente en él? ¿Qué clase de poder espero tener para servirle hoy si no oro? ¿Cuántas biografías de grandes misioneros he leído que solían levantarse a las cuatro de la mañana para orar? Pero yo... Yo... Yo... Yo... ¿Lo has notado? ¿Qué está sucediendo? ¿En quién está el enfoque? ¿En el carácter de Dios o en el mío? ¿En el amor que él tiene por mí o en el amor que yo tengo por él? Sí, me estoy acercando a Dios, pero ***¿me estoy acercando a Dios <u>como resultado de que soy amado</u> por Dios o me estoy acercando a Dios <u>para ser amado por él</u>?***

Mi amigo tenía razón, debo aprender a orar menos. Ese es el primer paso para buscar a Dios. Debo aprender la fantástica verdad que no tengo que "impresionar" a Dios, que no necesito "comprar" su amor, que no tengo que "traer mis sacrificios" para convencerlo de lo bueno que soy de modo que él bendiga mi vida o ministerio. Lo que mi amigo me dijo hace unos años es lo mismo que Jesús dice en Mateo 6:7,8: "*Y al orar, no uséis repeticiones sin sentido, como los gentiles, porque ellos <u>se imaginan</u> que serán oídos por su palabrería. Por tanto, no os hagáis semejantes a ellos; porque <u>vuestro Padre sabe</u> lo que necesitáis antes que vosotros le pidáis*". ¿A quién le está hablando Jesús? ¡A creyentes! ¡Vosotros (creyentes) al orar, no debéis ser como ellos (los gentiles o paganos)! Vosotros no debéis tener el pensamiento que tienen los no creyentes. Lo que mi amigo y Jesús quieren decir es que hay un pensamiento interno (en *<u>todos</u>* nosotros) que nos mueve a ***practicar las disciplinas espirituales como medios para "ganar puntos" delante de Dios***. El pensamiento es el siguiente: "Sé que debo orar. No tengo muchos deseos de hacerlo. Pero me siento culpable o poco espiritual si oro poco tiempo". ¿Resultado? Uso "vanas repeticiones." ¿Qué significa esto? Que oro más de lo que debo. Pero la clave para entender esta dinámica es reflexionar en por qué lo hago. Jesús nos da la respuesta. ***La razón para "orar de más" es no conocer el corazón del Padre***. Es tener un Dios pagano. Es creer que al Dios de la Biblia hay que "comprarlo". Es pensar que al Padre celestial hay que "ganarlo". Es relacionarme con Dios como si hubiera que "apaciguarlo". Presta mucha atención a lo que Jesús está diciendo; ¡Dios no es como nosotros nos lo "*<u>imaginamos</u>*"! (el verbo aquí se puede traducir como "piensan" incorrectamente, "consideran" erróneamente; "suponen" que Dios es de una forma que él no es). Medita unos momentos en el carácter del Dios que describe Jesús. Él dice: "*vuestro Padre <u>sabe</u>*". ¿Qué quiere decir que Dios "*sabe*" lo que necesitas antes de que se lo pidas? ¡Que él está atento a *todo* lo que te pasa! ¡Que él se interesa por *todo* lo que te pasa! ¡Que a él le importa *cada cosa* que te sucede! Que quiere intervenir en tus circunstancias y que su intervención (o su falta de ella) está plenamente condicionada a lo que "*él sabe*" que es mejor para ti. ¿Puedes verlo? ***Su atención demuestra su amor.***

¿Has notado un detalle? Es muy interesante que el texto no dice: el Padre sabe *lo que vais a decir* (aunque lo sabe). El texto dice "*porque el Padre sabe lo que necesitáis*". El énfasis está puesto en que Dios *conoce*, *entiende* y *comprende* nuestras necesidades. Como un padre con un niño pequeño. Mi hijo Manuel, que hoy tiene cuatro años, no necesita decirme que le prepare el desayuno cada mañana. Él no tiene que pedirme que le ponga el cinturón de seguridad cuando nos subimos al automóvil. No hace falta que me recuerde que debo taparlo con una manta en invierno. ¡Yo ya sé estas cosas! Yo conozco sus necesidades. Estoy implicado en su vida. Percibo y suplo estas necesidades ¡mucho antes que él me las pida! (casi cada noche de invierno me despierto a tapar a "mis tres piojitos" – como los llamo cariñosamente – porque, cada noche a las tres de la mañana, suelen estar complemente destapados. ¡Velo por ellos!) ¡Los amo! ¡*Siempre* busco su bienestar! No. El Dios de la Biblia es distinto. Él es mucho mejor padre que tú o que yo. Como dice el mismo Jesus: "*Pues si vosotros, siendo malos, sabéis dar buenas dádivas a vuestros hijos, ¿cuánto más vuestro Padre que está en los cielos dará cosas buenas a los que le piden?*" (Mateo 7:11). Mi amigo tenía razón; tengo que aprender a orar menos. ¿Por qué? ¿Por qué orar mucho es incorrecto? ¡Claro que no! La Biblia aplaude la insistencia.[a] Aprender a "orar menos" no significa pasar menos tiempo con Dios, aprender a "orar menos" significa que ***tengo que aprender a buscar a Dios no como un medio para obtener su amor, sino como un resultado de conocer su increíble incondicionalidad***.

Déjame darte un indicador práctico que puede ayudarte a identificar si estás buscando a Dios por la razón correcta. Después de terminar tu tiempo devocional, ¿qué te hace sentir satisfecho? ¿Te sientes bien porque has pasado un tiempo con Dios o porque has podido apreciar el amor de Dios? Es decir,

[a] Es importante no confundir la ***insistencia*** (que es alabada y alentada en la Biblia) con la ***vana repetición***. Lo primero expresa una carga del corazón; es decir, repito la misma petición porque realmente la quiero. Lo segundo expresa una desconexión con el corazón. Repito la misma oración "como un loro", sin pensarla demasiado y sin un involucramiento real de mi persona. Es decir, lo hago para cumplir; como un medio para sentirme bien por haberme esforzado o para convencer a Dios de que mi "bondad" y "sacrificio" en oración merece su respuesta. Dice Eclesiastés 5:1,2: "*Guarda tus pasos cuando vas a la casa de Dios, y acércate a escuchar en vez de ofrecer el sacrificio de los necios [es decir, ¡de los que no piensan o desconectan el corazón al orar!] porque estos no saben que hacen el mal. No te des prisa en hablar, ni se apresure tu corazón a proferir palabra delante de Dios. Porque Dios está en el cielo y tú en la tierra; por tanto sean pocas tus palabras*".

¿te sientes bien por haber cumplido (lo cual indica que el enfoque está en ti) o te sientes bien porque, aunque lo "encuentres" o "no lo encuentres", igualmente él te ama (lo cual indica que el enfoque está en él)?

¿Estás contento cuando buscas a Dios o estás contento cuando percibes su amor por ti?

¿Por qué, oh Señor, es tan difícil para mí mantener mi corazón dirigido hacia ti? ¿Por qué ocupan mi mente, continuamente, las muchas pequeñas cosas que quiero hacer, y mucha gente de la que conozco, incluso durante las horas en que estoy totalmente libre para estar contigo y nada más que contigo? ¿Por qué mi mente vaga en tantas direcciones y por qué mi corazón desea las cosas que hacen que me desvíe? ¿No eres suficiente para mí? ¿Sigo dudando de tu amor y solicitud, de tu misericordia y de tu gracia? ¿Sigo preguntándome dentro de mi ser, si me darás todo lo que necesito si solo mantengo mis ojos en ti?

Por favor, acepta mis distracciones, mi fatiga, mis irritaciones, y mis vagabundeos sin fe. Me conoces más profundamente de lo que yo me conozco. Me amas con un amor más grande que aquel con el que yo puedo amarme. Hasta me ofreces más de lo que puedo desear. Mírame, obsérvame en toda mi aflicción y confusión interna, y permíteme sentir tu presencia en medio de mi agitación. Sin embargo, tengo miedo a hacerlo. Temo que me rechaces. Pero sé -con el conocimiento de la fe- que Tú deseas darme tu amor. ***Lo único que me pides es que no me esconda de ti, que no escape por desesperación, que no actúe como si fueses un déspota impío***.[96]

Los medios que Dios usa para cambiarme

Tú, yo tenemos un mismo objetivo de vida. ***Nuestra razón de vivir es satisfacer la sed de nuestro corazón***. Sí, uno usa castillos, otro usa la televisión. Uno usa el fútbol, otro usa el trabajo. Uno usa las vacaciones, otro usa la ropa o la belleza física. Pero, cuando miramos debajo de la superficie, tú, yo y todos los seres humanos estamos buscando lo mismo, llenar el corazón. En relación a esto, John Piper hace la siguiente pregunta:

¿Cuánto confías en la afirmación "YO SOY LA SATISFACCIÓN DE TU ALMA"? Debemos confiar en Cristo para lo que Él nos dice que debemos confiar en Él, esto es, sus dones y promesas. ¿Y cuáles son? ***El mejor de los dones adquiridos y prometidos es el don de Dios mismo***, revelado en Cristo y ofrecido a nosotros para nuestro regocijo. ¿Qué significa confiar en una persona que dice: "*...el que cree en mí, no tendrá sed jamás* (Jn. 6:35)? O, para decirlo de forma diferente, ¿qué significa confiar en una persona que dice: "Mi hermosura y mi gloria son la más profunda satisfacción de tu alma"? Significa que la confianza debe probar y abrazar esa satisfacción.[97]

Las disciplinas espirituales
1. La meditación
2. La lectura diaria de la Biblia
3. La lectura de libros cristianos
4. La oración personal
5. El ayuno
6. Escuchar predicaciones
7. La confesión
8. El evangelismo
9. El retiro
10. El servicio
11. La adoración
12. La sencillez
13. La memorización de la Biblia
14. Llevar un diario espiritual
15. La edificación mutua entre creyentes

¿Por qué buscamos a Dios? ¡Porque él *es* la vida! ¡Porque *en* él está la vida! ¡Porque *verle* a él nos satisface y nos transforma! (2 Corintios 3:18). Como veremos en lo que resta de este capítulo, Dios nos ha dejado distintos medios para que profundicemos nuestra relación con él y nos apropiemos de esta fantástica realidad. Estos medios, que suelen ser llamados disciplinas espirituales, son herramientas que Dios utiliza para revelarse y cambiarnos. Pero, antes de enfocarnos en algunos de ellos, es muy importante comprender una verdad que parece contradictoria pero que en realidad no lo es. ***Nadie cambia por causa de las disciplinas espirituales, pero nadie cambia sin hacer uso de ellas.*** ¿Qué quiero decir? La mejor forma de explicarlo es por medio de una historia tragicómica que probablemente conozcas. Un hombre ha naufragado y se encuentra flotando con un salvavidas en el medio del océano. El hombre ora y le pide a Dios: "¡Señor, sálvame!". Entonces Dios envía un barco pero, cuando le tiran una soga para subirlo, el hombre se niega a aferrase a la soga. Otra vez ora: "¡Señor, sálvame!" Entonces, Dios envía un helicóptero y nuevamente el hombre rechaza la ayuda. Así, varias veces, hasta que muere. Cuando llega al cielo el hombre está enfadado con Dios y lo increpa por no haberse tomado el trabajo de ayudarlo. La moraleja es muy obvia, ¿verdad? ¡Dios usa medios! Para *salvarnos*, Dios usa la predicación ("*¿cómo oirán sin haber quien les predique?*" Romanos 10:14). Para *cambiarnos*, Dios usa las disciplinas espirituales. ¿Puede Dios hacer el milagro de salvarnos sin que nadie nos predique? ¡Claro que puede! ¿Puede Dios hacer el milagro de cambiarnos sin que tengamos acceso a su Palabra o a cualquiera de los medios que él suele utilizar? ¡Claro que puede! Pero no es la forma en la que él normalmente lo hace. Dios no nos toca con una varita mágica y nos cambia. Dios utiliza medios para hacerlo. De hecho, Dios nos involucra a nosotros en el proceso de transformación. ¿Cómo? Haciéndonos responsables por utilizar esos medios. Tú no puedes gritar: "¡Señor, cámbiame!" y esperar que él te toque con una varita y mágicamente te libere de tus luchas. Si yo no me levanto temprano para orar y leer la Biblia; si me escondo y me resisto a compartir mis luchas con alguien maduro; si me quedo mirando la televisión cuando se reúne mi grupo pequeño, estoy teniendo la misma actitud infantil e ilusoria que el hombre que se está ahogando en el medio del mar. En realidad no quiero cambiar, ¡quiero que un mago me toque con su varita!

> *¡Tú eres responsable por cambiar!*
> *Sí, tú no puedes cambiar lo que amas, pero tú sí puedes exponer tu corazón a Aquel que puede hacerlo.*

Puesto que a lo largo de todo el libro he enfatizado una y otra vez que no puedes cambiarte a ti mismo y puede parecer que me estoy contradiciendo; déjame utilizar otro ejemplo para ilustrar cómo funciona esta dinámica. Vamos a decir que Dios te da un mandamiento un tanto raro que dice: "Mójate con agua de lluvia". Una vez que tú escuchas este mandato, ¿qué tienes que hacer? Si lo piensas detenidamente, en cierto sentido *no hay nada que puedas hacer* (¡no puedes hacer que llueva!); pero, por otro lado, *hay algo que sí puedes hacer*. Si estás dentro de tu casa, ¡puedes salir fuera! Si te encuentras en una región desértica, puedes ir a un lugar donde suela llover más. ¿Puedes hacer que llueva? ¡Claro que no! Pero si te quedas dentro de tu casa bajo techo, ¡jamás te mojarás! ¿Quieres cambiar? ¡Tu responsabilidad es exponerte! No, no puedes cambiarte a ti mismo. No puedes cambiar lo que amas. Pero sí puedes usar los medios que él te ha dado para que, descansando en su soberanía, Dios utilice esos medios y te transforme. ¿Puedes verlo, ahora? Nadie cambia por causa de las disciplinas espirituales, pero nadie cambia sin hacer uso de ellas.

> *Las disciplinas espirituales son el medio que Dios utiliza para recuperar, renovar y aumentar el gozo y el aprecio de Cristo.*

Déjame cambiar la analogía. Vamos a decir que quieres broncearte. ¿Qué es lo que tienes que hacer? La respuesta es muy obvia; exponerte al sol. Pues bien, vamos a decir que sales afuera y lo haces. ¿Es suficiente? ¿Alcanza? Si solo te expones al sol un día o dos, ¿qué sucederá con tu bronceado? Poco a poco se irá desvaneciendo. Lo mismo sucede con tu corazón. ¡Un sermón por semana no es suficiente para "calentar" tu corazón caído! Lo que necesitas (si *realmente* quieres enamorarte de Jesús) es comprometerte a exponer *constantemente* tu corazón a él. ¿Recuerdas lo que dice Proverbios 4:23 (NVI)? "*Por sobre todas las cosas cuida tu corazón, porque de él mana la vida*". Nada en la vida debería ocupar mayor tiempo, energía, creatividad y esfuerzo que cuidar tu propio corazón. ¿Has notado la radicalidad de la primera frase? Cuidar tu corazón es más importante que ganar dinero, que ir a trabajar, que tu entretenimiento o ¡aún que tu propia familia! El texto literalmente dice que debe tener prioridad "sobre toda cosa que aprecies"; sobre todo "tesoro" o sobre "cualquier otra cosa que valores". ¿Por qué la Biblia hace una afirmación tan radical? Porque **TODO** lo que tú haces (sea tu trabajo, tu descanso o el trato a tu familia) está influenciado por aquello que tu corazón más ama. Una de las cosas que Dios me ha estado enseñando esta misma semana es cómo *uso* a mi familia. Ayer mi hija me preguntó: "Papá, ¿por qué juegas tanto tiempo al fútbol con los varones y conmigo juegas tan poquito?". ¿Qué piensas? ¿Será por qué los amo más a ellos que a mi hija? ¡Claro que no! ¡La razón es que me amo más a mí que a los tres! La triste y dolorosa realidad es que juego más con los niños porque disfruto más las actividades de varones que las actividades de mujeres. ¿Puedes verlo? *Todo* lo que hacemos, aún las ocupaciones más cotidianas e "inocentes" de la vida, están influenciadas por aquello que cautiva nuestro corazón (en mi caso, maximizar mi diversión y minimizar mi aburrimiento). ¿Qué dice la Biblia que debemos hacer? Cuidar nuestro corazón. ¿Cómo lo hacemos? De dos maneras. Exponiendo nuestro corazón a aquello que nos pueda motivar a renovar nuestro amor por Dios (y por otros) y protegiendo nuestro corazón de todo aquello que lo pueda seducir a vivir para sí mismo.

> *Mi deber más importante es **proteger** mi corazón de todo aquello que pueda mitigar mi apetito por Dios y **exponer** mi corazón a todo aquello que pueda aumentar mi hambre por él.*

Protegiendo el corazón

En Mateo 5:29,30 Jesús enseña un principio absolutamente crucial para proteger el corazón. "*Y si tu ojo derecho te es ocasión de pecar, arráncalo y échalo de ti... Y si tu mano derecha te es ocasión de pecar, córtala y échala de ti...*". Sé que conoces el versículo pero, ¿has prestado atención a un detalle? Jesús no está respondiendo a la pregunta: ¿qué debo hacer *cuando* estoy siendo tentado? Es decir, cuál debe ser mi respuesta ***durante*** la tentación. (La Biblia dice que cuando estoy siendo tentado ¡debo ***huir***! como José con la mujer de Potifar en Génesis 39:12 o como Pablo le indica a Timoteo en 2 Timoteo 2:22: "*Huye, pues, de las pasiones juveniles...*"). En este contexto, Jesús está respondiendo a la pregunta: ¿qué debo hacer para ***prevenir*** la caída? Es decir, cuál debe ser mi forma de actuar ***antes*** de que se produzca la tentación. El mandato de Jesús es muy claro, debo ***eliminar cualquier cosa que me pueda llevar a caer***. (¿Puedes verlo? Jesús está hablando de una situación hipotética; de algo futuro). Pero presta atención a sus palabras. Según él, hay dos cosas que debo hacer. Por un lado, debo "*arrancar*" o "*cortar*" aquellas actividades, personas o hábitos buenos (¡sí, buenos!) que hoy estoy practicando y que me seducen y me tientan a pecar. Es decir, debo identificar cuáles son y dejar de practicarlos. Algunos ejemplos pueden ser la televisión, Facebook, el teléfono móvil, salir de fiesta, una relación que sé que es de mala influencia, un novio/a, etc.; las alternativas son infinitas. (La imagen que Jesús usa es muy fuerte. ¡Hay que "amputarlos"! Es decir, el dolor que se siente al dejarlos ¡es como si te cortaran un miembro de tu cuerpo! ¡Duele y mucho!) Y, por otro lado, Jesús dice que debo "*echarlos de mí*"; es decir, debo mantenerlos lo más lejos posible. En otras palabras, debo tomar las medidas necesarias para no volver a estar cerca de ellos y así exponer mi corazón a volver a caer. [b]

Recuerdo que cuando era soltero y vivía en los Estado Unidos, todo el grupo de jóvenes de mi iglesia participó de un gran baile tejano. Cuando le pregunté a un amigo si quería venir conmigo su respuesta fue: "Quiero ir, pero sé que no debo hacerlo. Si voy, cuando vuelva a casa me pasaré toda la noche pensando en cosas que no debo". Su respuesta fue una encarnación de Mateo 5:29. Conociendo la debilidad de su propio corazón, mi amigo tomó una decisión radical. "Cortar" la ocasión de caer y "echarla lejos". ¿Por qué no fue a la fiesta? ¿Para intentar ganar el amor de Dios? ¡Claro que no! Mi amigo no estaba intentado ganar el amor de Dios, mi amigo estaba intentando *proteger* su amor por Dios. Mi amigo estaba haciendo lo que dice Proverbios 4:23; conociendo la fragilidad de su corazón, ¡estaba tratando de cuidarlo![c]

En este sentido resulta determinante hacer una importante salvedad. ***No todos nos sentimos tentados por las mismas cosas, ni todos necesitamos poner "barreras" a las mismas cosas.*** O, para decirlo de otra forma, lo que puede ser ocasión de caer para mí puede no serlo para ti y viceversa (1 Corintios 6:12).

[b] Si prestas atención al texto te darás cuenta que, sin ningún lugar a dudas, Jesús está hablando de cosas buenas o, como mínimo, de cosas neutras. El ojo ¡no es malo! Nuestras manos, ¡tampoco! El problema es que pueden ser ***ocasión*** de pecar. Es decir, no son pecaminosos en sí mismos, pero sí pueden tentarme a caer en pecado. Evidentemente los "ojos" y las "manos" representan "cualquier cosa" que para ti sea ocasión de caer. Llevar un milimétrico presupuesto de tus gastos puede ser ocasión de caer en controlar tu vida. Ver una serie de televisión puede ser ocasión para caer en masturbación. Salir con tus amigos no creyentes puede ser ocasión para caer en emborracharte. ¿Es malo llevar un presupuesto, ver la televisión o salir con tus amigos? No necesariamente. ¡El punto es discernir si es malo ***para mí***! La cuestión si cualquiera de estas cosas me lleva a alejarme de Dios y a vender mi corazón a algo que sí es malo para mi vida espiritual. Dice Pablo en 1 Corintios 6:12: "*Todas las cosas me son lícitas, pero no todas son de provecho. Todas las cosas me son lícitas, pero yo no me dejaré dominar por ninguna*". La clave para discernir si algo es piedra de tropiezo es ser honesto conmigo mismo y hacerme dos preguntas. En primer lugar, ¿es esto de provecho? Es decir, ***¿me está acercando a Dios o me está alejando de él?*** En segundo lugar, ***¿me está dominando?*** Como si fuera una droga, una de las cosas que más nos cuesta es admitir que, aunque lo neguemos, estamos dominados por ciertas prácticas, hábitos y/o relaciones que no son malas en sí mismas pero que nos controlan y dominan. Se honesto contigo mismo. No es malo pero, ¿te domina? Como pregunta el hombre más sabio que ha vivido en este planeta: "*¿Puede caminar un hombre sobre carbones encendidos sin que se quemen sus pies?*" (Proverbios 6:28). (En el próximo capítulo analizaremos en detalle la diferencia entre la *ocasión* de pecado y la *causa* del pecado. Al hacerlo verás que hay una gran diferencia entre ambos y varios conceptos quedarán más claros).

[c] Otro ejemplo similar a la decisión que tomó mi amigo son los filtros digitales que uno le puede poner a su teléfono móvil o tableta. Los filtros no pueden ***cambiar*** tu corazón, ¡pero sí pueden ***protegerlo***! Si tú piensas que has vencido tu lucha con la pornografía porque ahora tienes un filtro y ya no caes en ella, estás ***equivocado*** (Mateo 5:28 dice que ¡la lucha está en tu corazón no en tu teléfono móvil o tableta!). Por otra parte, si piensas que eres lo suficientemente fuerte como para no necesitar un filtro estás ***engañado***. ("*Por tanto, el que cree que está firme, tenga cuidado, no sea que caiga.*" 1 Corintos 13:12). Tienes un corazón caído y vives en un mundo caído; ¡necesitas ayuda! ¿Por qué usamos esta clase de "barreras"? Porque reconocemos nuestra propia fragilidad. Porque somos conscientes de nuestra propia debilidad. Porque admitimos lo fácil que nos resulta entregarnos al pecado. Y, en última instancia, lo hacemos porque hemos saboreado del amor de Cristo y no queremos "apagar" al Espíritu que nos permite apreciar y disfrutar de su persona.

¿Recuerdas lo que dijimos en el capítulo diez? Pecado es aquello que debilita tu razón, destruye la compasión de tu conciencia, obstruye tu sentido de Dios, o te roba el gusto por las cosas espirituales, eso es pecado para ti, a pesar de lo inocente que pueda resultar en sí mismo. ¿Qué encaja dentro de esta categoría? ¡Cualquier cosa! Las series de televisión, la consola de videojuegos, el hacer dieta, un novio/a, tu pasión por el fútbol, comprar algo que deseas mucho, el ahorrar compulsivamente y un sinfín de cosas más. La cuestión es tomar en serio el mandamiento de Jesús y considerar, ***¿qué es lo que hoy apaga mi pasión por Dios y, por ende, debo eliminar de mi vida?***[d]

*¿Qué actividades, lugares, personas, o hábitos **ahogan** mi hambre de Dios y **despiertan** mi apetito por el mundo?* *¿Qué tendría que hacer para "cortarlos" y "echarlos" lejos?*

Cómo funciona la vida: la ley de la siembra y la cosecha

Quisiera analizar brevemente uno de los pasajes más malinterpretados y mal enseñados de todo el Nuevo Testamento. Dice Gálatas 6:6-10 (NVI):

> *Y al que se le enseña la palabra, que comparta toda cosa buena con el que le enseña. No os dejéis engañar, de Dios nadie se burla; pues todo lo que el hombre siembre, eso también segará. Porque el que siembra para su propia carne, de la carne segará corrupción, pero el que siembra para el Espíritu, del Espíritu segará vida eterna. Y no nos cansemos de hacer el bien, pues a su tiempo, si no nos cansamos, segaremos. Así que entonces, hagamos bien a todos según tengamos oportunidad, y especialmente a los de la familia de la fe.*

---

[d] ¿Existe la posibilidad de eliminar o "cortar" algo temporalmente? ¡Claro que sí! Es posible, por ejemplo, que en un tiempo particular de tu vida no sea idóneo tener novio/a (quizás porque estás tratando de llenar tu corazón con él/ella, porque acabas de terminar otra relación, porque necesitas madurar espiritualmente, etc.). Sin embargo, eso no quiere decir que debes quedarte soltero/a toda la vida. Lo mismo se podría decir de leer tu Facebook, jugar con tu consola de video juegos, ver la televisión por las noches o cualquier otra cosa. La clave es detectar si el corazón es esclavo o no de estas cosas y si está lo suficientemente satisfecho del amor de Cristo como para no sentirse tentado a "venderse" nuevamente a ellas. La imagen que viene a mi mente es la de una taza de porcelana en contraste con un vaso de plástico. ¿Qué hago con una taza de porcelana? La cubro, la protejo, la manejo con un cuidado especial. ¿Por qué? Porque soy muy consciente de su valor y de su fragilidad. Cualquier golpe o caída le puede producir un daño considerable. ¿Qué hago con un vaso de plástico? Lo trato sin mayor cuidado o precaución. ¡Se lo doy a mis hijos! ¿Por qué? Porque si lo tiran al suelo, si se les cae o si lo golpean; el vaso de plástico es lo suficientemente fuerte como para soportarlo sin problema. Lo mismo aplica al corazón. Hay áreas en las que puedo ir sin mayor cuidado. (Para mí un ejemplo sería robar. No es una lucha seria). Pero, hay muchas otras áreas en las que necesito tratar a mi corazón como una porcelana. Cuando conoces la debilidad de tu propio corazón te das cuenta que Jesús tiene razón, hay batallas que debo ganarlas ANTES de enfrentarme a ellas.

Si prestas atención, te darás cuenta que este pasaje comienza y termina igual, con un mandamiento. Yo resumiría este mandamiento de esta forma: "Sed generosos en compartir vuestros bienes o vuestro dinero para hacer bien a los demás". En el versículo seis Pablo afirma que debemos compartir "*toda cosa buena*" (es decir, nuestros bienes) con aquellos que nos enseñan, mientras que en el versículo diez debemos hacerlo con todos (sean creyentes o no). Es decir, el texto empieza y termina de la misma forma; con una acción externa. Sin embargo, si leemos los versículos siete al nueve, nos daremos cuenta que cumplir este mandamiento es una *consecuencia* de algo mucho más profundo. Es el *resultado* de una obra interna que está sucediendo en el corazón de la persona generosa.

Leído rápidamente, este pasaje pareciera decir: "Si te portas bien, te va a ir bien; pero, si te portas mal, te irá muy mal y terminarás en el infierno". (O aún peor: "Cuanto más dinero des a otros, más dinero Dios te dará a ti. Y cuanto menos dinero des a otros, menos dinero recibirás"). No. No es esto lo que Pablo está diciendo. Este pasaje ***está hablando de cuáles son las consecuencias de vivir por y para la carne y de cuáles son las consecuencias de vivir por y para el Espíritu***. En pocas palabras, *la consecuencia de vivir para la carne, es no desear compartir* todas las cosas buenas que Dios me ha dado con otros (es decir, ser un egoísta y, como consecuencia, un miserable). Mientras que *la consecuencia de vivir para el Espíritu, es ser transformado en una persona que disfruta dar y darse* (es decir, llegar a ser más generoso y servicial y, como consecuencia, hallar verdadera vida).

Permíteme darte una ilustración para aclarar lo que quiero decir. Vamos a decir que es tu cumpleaños y quieres hacer una fiesta muy especial. Esta vez has decido no reparar en gastos y contratas al mejor chef del mundo para que prepare una enorme tarta de chocolate para todos tus invitados. Como quieres estar en cada detalle, decides visitar al famoso chef y ver cómo prepara tu tarta. Al entrar en su cocina, todo es increíble. Su mobiliario es de lujo, cada artefacto está en perfectas condiciones, los ingredientes son de la mejor calidad y todo parece relucir. Mientras observas como el chef prepara tu anhelada tarta, comienzas a imaginarte cómo se verá cuando él la haya terminado. Sin embargo, mientras él mezcla los últimos ingredientes, tú sales corriendo hacia el otro lado de la cocina y le dices: "Espera un momento". Entonces traes un puñado de aceitunas y le dices: "Ponle esto". El cocinero te detiene con su mano y te mira con cara extrañada diciéndote: "¿Qué haces?". Entonces sales corriendo nuevamente, cortas un pedazo de jamón cocido e intentas agregárselo a la tarta. De nuevo él te detiene y te dice: "¿Estás loco? ¿Qué estás haciendo? No puedes ponerle eso a una tarta de chocolate". Entonces tú le dices: "Un momento. Las aceitunas son riquísimas, ¿verdad? El jamón cocido es una delicia, ¿no es cierto? Tú eres chef. Tú deberías saber eso". "Sí", responde él. "Ambas cosas son muy buenas, pero no puedes ponerlas aquí. Vas a arruinar toda la tarta de chocolate". Entonces tú le dices: "Es mi cumpleaños. Es mi tarta de chocolate. ***Yo hago lo que quiero***". ¿Resultado? O, mejor dicho, ¿consecuencia? Un desastre. Terminas arruinando tu tarta de chocolate. Tú no puedes pretender "cosechar" un buen resultado si has insistido en "sembrar" esa clase de ingredientes. ¿Qué enseña el pasaje de Gálatas? Exactamente lo mismo.

"Sembrar para mi propia carne" significa utilizar todos los recursos que tengo a mi disposición para encontrar vida y satisfacción fuera de Cristo creyendo erróneamente que esto me traerá felicidad. Es tomar el control de mi vida. Es hacer lo que yo quiero para hacerme feliz. Es tomar todas mis decisiones y utilizar todos mis recursos (dinero, esfuerzo, creatividad, entrega de mi tiempo, fantasías, etc.) para obtener aquello que promete hacerme feliz. Es dedicar horas y horas a la televisión, a la consola, a las rebajas, a trabajar de más y cualquier otra actividad (buena o mala) que quite mi apetito por Dios. ¿Cuál es la consecuencia de sembrar para la carne? ¿Cuál es la "cosecha" de vivir así? La misma que mezclar una tarta de chocolate con jamón o aceitunas. ¡Vas a arruinar tu corazón! La consecuencia de sembrar para la carne es que ***cada vez me transformo en una persona más desagradable***. La consecuencia según en palabras de Pablo es la "*corrupción*" del corazón (mira el verso ocho). La consecuencia es que cada vez soy más egoísta, más orgulloso, más centrado en mí mismo, más inseguro, más caprichoso, más necesitado, más y más sensible a mis "dolores" y mis "necesidades" personales; y, por el contrario, menos y menos sensible al dolor y necesidades de los demás. En otras palabras, me trasformo en la clase de persona que soy sin la presencia de Dios en mi vida. Como dice John Stott:

> Sembrar para la naturaleza pecaminosa es complacerla, mimarla, abrazarla y acariciarla en lugar de crucificarla. Las semillas que sembramos son principalmente pensamientos y hechos. Cada vez que permitimos que nuestra mente abrigue un rencor, alimente una queja, albergue una fantasía impura, o se revuelque en la autocompasión, estamos sembrando para la carne. Cada vez que nos entretenemos con mala compañía sabiendo que no podemos resistir su insidiosa influencia, cada vez que

> nos quedamos en cama sabiendo que deberíamos levantarnos a orar, cada vez que leemos literatura pornográfica, cada vez que tomamos un riesgo que fuerza los límites de nuestro propio control, estamos sembrando y sembrando y sembrando para la carne. Algunos cristianos siembran para la carne todos los días y aun se preguntan por qué no cosechan santidad. La santidad es una *cosecha*; que recojamos o no depende casi enteramente de lo que sembramos y dónde sembramos.[98]

¿Qué significa sembrar para el Espíritu? Exactamente lo opuesto. ***"Sembrar para el Espíritu" significa aprovechar y utilizar todos los medios que Dios ha provisto para que pueda recibir de su gracia y ser lleno de él.*** Es utilizar toda mi creatividad, esfuerzo, dinero, energía y pensamientos en buscar que Cristo llegue a ser el mayor placer en mi vida. Significa exponer mi corazón a todos los recursos que tengo a mi disposición para encontrar vida y satisfacción en la persona de Jesús. En pocas palabras, es llevar un estilo de vida donde constantemente estoy exponiendo mi corazón a aquello que puede cambiarlo.[e]

"Sembrar para la carne" es decirle "sí" a cualquier cosa que apaga o disminuye mi hambre por Dios.
"Sembrar para el Espíritu" es decirle "sí" a todo aquello que fortalece o aumenta mi hambre por Dios.

Una conclusión ineludible: Necesito desarrollar nuevos hábitos

Luego de examinar Gálatas 6 tendrá mucho más sentido lo que escribiré a continuación. Hay pocas cosas más importantes en tu vida que tus hábitos. Dice el famoso adagio: "Siembra un pensamiento, cosecharás una acción. Siembra una acción, cosecharás un hábito. Siembra un hábito, cosecharás un carácter. Siembra un carácter cosecharás un destino". (¿Notas la similitud en-

[e] ¿Debo buscar a Dios cuando no tengo ganas o deseos de hacerlo? Aunque los mismos principios que aplican a la obediencia aplican también a esta pregunta (mira el Apéndice 1), déjame responderte de manera corta y concisa. ¡Por supuesto que sí! No debes "obligarte" a buscar a Dios por temor a Dios; es decir, por miedo a perder su amor o bendición sobre tu vida, pero si debes "obligarte" a buscar a Dios para recuperar el aprecio perdido. La motivación es la clave. Esta determina si estás teniendo una actitud legalista y estás intentando "comprar" el amor o el favor de Dios, o si estás desesperado por eliminar tu amnesia y ceguera espiritual y "mojarte" con la lluvia de su gracia. Como dice Pablo, hay momentos donde debo golpear mi cuerpo y hacerlo mi esclavo (1 Corintios 9:27). Después de todo, ¿cuántas veces nos levantamos sin ganas de buscar a Dios y, luego de hacerlo, tenemos un encuentro real con él y recuperamos nuestra pasión por su persona?

tre este dicho y el pasaje de Gálatas 6 que acabamos de analizar?). ¿Quieres saber qué clase de persona serás en unos años? La respuesta está íntimamente ligada a los hábitos que tengas hoy. ¿Buscas a Dios con *regularidad*? ¿Te expones al sol *cada día*? ¿Es encontrarte con él *parte de tu rutina diaria*? El mundo físico y espiritual comparten muchas similitudes. Si no desarrollo el hábito de lavarme los dientes, terminaré con caries y dientes amarillos. Si no hago ejercicio con regularidad, terminaré acumulando grasas que resultarán en inconvenientes circulatorios y cardíacos. Si tengo una dieta a base de hamburguesas, Coca Cola y helado; ¡no puedo pretender tener buena salud! Lo buenos hábitos te darán buena salud; los malos hábitos te la quitarán. Es fácil ver la ley de la siembra y la cosecha en el mundo físico, ¿verdad? La clave para cambiar es aplicar el mismo principio a la vida espiritual.

Tus hábitos no te pueden cambiar, pero sí te exponen a Aquel que puede cambiarte.

El mayor enemigo del hambre de Dios no es el veneno, sino la tarta de chocolate. Lo que apacigua nuestro apetito por el cielo no es el banquete de los malvados, sino el constante picoteo entre horas a la mesa del mundo. No es esa película para adultos, sino los constantes sorbos de trivialidad que ingerimos cada noche. A pesar de todo lo malo que puede hacer Satanás, cuando Dios describe lo que nos aparta de la mesa del banquete de su amor, siempre acaba siendo una porción de terreno, una yunta de bueyes, una esposa (Lc. 14: 18-20); cosas del día a día. El mayor adversario del amor de Dios no radica en sus enemigos, sino en sus dones. Y los apetitos más mortíferos no son el tóxico del veneno, sino lo que sentimos por los sencillos placeres de este mundo. Porque cuando sustituimos a Dios por un apetito, apenas si logramos discernir la idolatría, que además es casi incurable.

Jesús dijo que hay personas que escuchan la palabra de Dios y se despierta en su corazón el deseo de conocerle. Pero entonces, "*yéndose, son ahogados por los afanes y las riquezas y los placeres de la vida*" (Lc. 8:14). En otro momento dijo, "*las codicias de otras cosas, entran y ahogan la palabra, y se hace infructuosa*" (Mr. 4:19). "Los placeres de la vida y las codicias de otras cosas" no son malas en sí mismas. No se trata de vicios. Son dones de Dios. Son tu alimento básico de carne con patatas, el café, la jardinería, la lectura, la decoración, los viajes, las inversiones, ver la tele, navegar por Internet, ir de compras, hacer deporte, ahorrar y charlar. Y todo esto puede convertirse en un mortífero sustituto de Dios.[99]

¿Cómo hago para arruinar mi apetito por Dios? *Manteniendo hábitos que me alejan de él.* *¿Cómo hago para aumentar mi hambre por Dios?* *Desarrollando hábitos que me acerquen a él.*

Exponiendo el corazón

En contraste con lo que he buscado enfatizar en este libro, ***las disciplinas espirituales no son actitudes del corazón; ¡son actividades!*** Son acciones o hábitos santos que buscan exponer el corazón a Aquel que puede cambiarlo. Son maneras de ponerme debajo de la "lluvia". Son distintas formas de "broncearme".[f] Donald Whitney las define de esta forma:

> Son medios ordenados por Dios a través de los cuales nos traemos a nosotros mismos delante de Dios, para experimentarle a Él y ser transformados a la imagen de Cristo [...] Si el Señor pudiera ser comparado con un río puro de agua de vida, las disciplinas espirituales serían las maneras por las cuales venimos a ese río a beber de Él, sumergirnos en Él, nadar en Él, alimentarnos de Él, bañarnos en Él e irrigarnos con Él.[100]

En 1 Timoteo 4:7 Pablo le escribe a Timoteo: "*Disciplínate* a ti mismo para la piedad". La idea que el apóstol quiere comunicarle a su discípulo es que para llegar a ser "piadoso" o "espiritual" es necesario ser disciplinado. Necesito generar nuevos hábitos. ¿Por qué? ¡Porque mi aprecio de Dios está en juego!

---

[f] Aunque te resulte chocante leerlo, las disciplinas espirituales no son parte del fruto del Espíritu Santo. (El fruto del Espíritu es amor, gozo, paz, paciencia, etc... El fruto del Espíritu no es la oración, el ayuno, la lectura de la Biblia, etc.). Con esto no quiero decir que no deban ser **motivadas** por el Espíritu Santo (he enfatizado esta necesidad a lo largo de todo el libro); lo que quiero decir es que las disciplinas espirituales son el fruto de una decisión personal. Son el resultado de "*golpear mi cuerpo y hacerlo mi esclavo*" (1 Corintios 9:27). En otras palabras, son acciones y, por esto, el énfasis bíblico es ejercer dominio propio y disciplinarme para practicarlas. ¿Deben nacer de apreciar el amor de Dios? ¡Claro que sí! Es lo que he explicado al comienzo de este capítulo. Pero es mi responsabilidad ser diligente en ponerlas en práctica. Alguien le preguntó a un reconocido teólogo: "Pastor, ¿usted ora para levantarse temprano y buscar a Dios?" "No. Yo pongo el despertador y me levanto".

> La cuestión [al practicar las disciplinas espirituales] no consiste en *ganar*, *merecer* o *forzar* los dones de Dios. [Es decir, no se trata de que Dios nos bendiga porque las hemos practicado]. La cuestión es: habiendo probado la bondad de Dios en el evangelio, ***¿cómo puedo maximizar mi disfrute de Él, cuando a cada momento de mi vida siento la tentación a convertir en dioses sus dones beneficiosos?*** [Es decir, el dinero, las vacaciones, la familia, el trabajo, la ropa, la televisión, etc.]. ¿Con qué armas libraré el combate de la fe, protegiendo mi corazón de los afectos ajenos y los apetitos traicioneros?[101]

La respuesta a esta pregunta son las disciplinas espirituales. Ellas son las "armas" que Dios me ha dejado para pelear una batalla que solo puedo ganar en dependencia de él. Miremos brevemente algunas de ellas.[g]

1. La meditación

Lo reconozco. Lo he hecho adrede. Seguramente te sorprenderá que no haya empezado con la lectura diaria de la Biblia y que no le haya dado prioridad a la Palabra de Dios. Lo he hecho con plena intencionalidad. Mi intención no es menoscabar la importancia de la Palabra, mi intención es "sacudirte" y "molestarte" un poco de modo que reflexiones y "pelees" con la idea de por qué la práctica de esta disciplina podría tener tanto valor. Dice Paul Tripp:

> "Nadie es más influyente en tu vida que tú porque nadie te habla más que tú". Ya sea que te des cuenta de esto o no, estás en una conversación contigo mismo que no tiene fin y las cosas que te dices acerca de ti le dan forma a la manera en la que vives. Constantemente te estás hablando de tu identidad, de tu espiritualidad, de tu funcionalidad, de tu emotividad, de tu mentalidad, de tu personalidad, de tus relaciones, etc. Constantemente te estás predicando alguna clase de evangelio. Te predicas un anti evangelio de tu propia justicia, poder y sabiduría o te

[g] Dos aclaraciones. En primer lugar, en este capítulo no examinaremos todas las disciplinas espirituales. Creo que se ha escrito muy buena literatura al respecto y, por eso, solo me limitaré a mencionar algunos aspectos claves que posiblemente no leerás en otros libros. En segundo lugar, entre los escritores cristianos no existe unanimidad de pensamiento respecto a cuáles deberían ser consideradas disciplinas espirituales y cuáles no. Yo he confeccionado mi propio listado combinando las disciplinas tradicionales más aceptadas y agregando algunas disciplinas más contemporáneas que he aplicado en mi propia vida espiritual y que me han sido de gran edificación. Como nos alienta el apóstol Pablo, examina todo y retén lo que consideres conveniente. Si quieres leer más sobre el tema te recomiendo "Disciplinas espirituales para la vida cristiana" de Donald Whitney y "Alabanza a la disciplina" de Richard Foster. (Puede que difieras con algunos puntos del libro de Foster pero, como dije previamente, usa tu discernimiento para retener lo bueno).

> predicas el verdadero evangelio de una profunda necesidad espiritual y gracia suficiente. Te predicas un anti evangelio de soledad e incapacidad o te predicas el verdadero evangelio de la presencia, provisión y poder de un Cristo omnipresente.[102]

¿Qué es la meditación cristiana? Es entrar en un diálogo interno con las verdades de Dios que ya conoces. Es generar el hábito de "fantasear" acerca de la grandeza de Dios y de todo lo que nos ha dicho. No. No estoy hablando de poner tu mente en blanco y pensar en cualquier cosa que se te ocurra, estoy hablando de ***meditar en las implicaciones de realmente creer lo que dices creer***; de que el *conocimiento* que tienes de Dios se convierta en un *disfrutar* de Dios. Déjame darte un ejemplo gráfico para ilustrar lo que quiero decir. Si estás en un concurso televisivo y el presentador te dice: "¡Has ganado un millón de euros!"; *inmediatamente* tu corazón empezará a latir a otra velocidad y tu mente comenzará a "fantasear" o "soñar" despierto sobre las miles de implicaciones que esta verdad tiene sobre tu vida. Si tu hijo necesitaba ser operado y no tenías dinero para cubrir esa operación, comenzarás a llorar de alegría. Si te querías ir de vacaciones al Caribe, comenzarás a pensar en la arena blanca y el agua cristalina. Si querías jubilarte y no tenías la posibilidad de hacerlo, te imaginarás el momento en que abraces a tu esposa, a tus hijos y a tus nietos y les digas con lágrimas en los ojos que finalmente podrás hacerlo. Cuando el corazón cree una verdad, cuando *realmente* cree una verdad, no puede dejar de pensar en esa verdad y en todas sus implicaciones. Si yo te digo a ti que Dios murió por ti (¡murió!; ¡Dios fue asesinado!); que quiere ser tu Padre (¡el Creador de dos mil millones de galaxias y *todo* lo que hay dentro de ellas!); que anhela ser tu Consejero (¡el único que conoce *todo* el pasado, *todo* el presente y *todo* el futuro!) y estas verdades (y muchas otras) no te elevan a ***meditar en su poder, ni tampoco a considerar sus increíbles consecuencias, ramificaciones e implicaciones personales***, ¿qué piensas que está sucediendo? La respuesta es simple. Estoy afirmando la verdad, pero en verdad no la creo. (Es como si yo te dijera ahora mismo que has ganado un millón de euros. ¡No te afecta porque no me crees!) Contrario a lo que pasa en un concurso televiso, lo que muchas veces sucede dentro nuestro es que la "intensidad" o el "nivel" de realidad que las verdades de Dios tienen en nuestro corazón es muy pobre o prácticamente nulo. ¿Cuál es la causa de este problema? Que el pecado nubla nuestra visión espiritual (Efesios 4:18). ¿Cuál es la solución a este problema? (¡Problema que *todos* tenemos!) La disciplina de la meditación. La meditación no busca ingresar nueva información, la meditación busca que, a través de la ayuda del Espíritu, seamos capaces de apropiarnos de manera más profunda de la información que ya tenemos. Este es, justamente, el motivo de oración que Pablo hace por los creyentes de Éfeso:

> *Por esta causa, pues, doblo mis rodillas ante el Padre de nuestro Señor Jesucristo [...] que os conceda, conforme a las riquezas de su gloria, ser fortalecidos con poder por su Espíritu en el hombre interior; de manera que Cristo more por la fe en vuestros corazones; y que arraigados y cimentados en amor, seáis capaces de comprender con todos los santos cuál es la anchura, la longitud, la altura y la profundidad, y de conocer el amor de Cristo que sobrepasa el conocimiento, para que seáis llenos hasta la medida de toda la plenitud de Dios (Efesios 3:14-19).*

¿Notas lo que ora Pablo? Que comprendan lo que ya comprenden. Que conozcan lo que ya conocen. ¿Por qué? ¡Porque el Espíritu es capaz de llevar las verdades que ya sabemos a un nivel de plenitud que no podemos si quiera imaginar!

Aunque no lo creas, tú ya sabes meditar. Lo has estado haciendo casi desde el día que naciste. Aunque pienses que no es así, ¡todos meditamos todo el tiempo! El problema es que meditamos en el objeto incorrecto. ¿Quién no fantasea con el sexo? ¿Quién no se imagina a sí mismo/a cambiando alguna parte de su cuerpo que no encuentra atractiva? ¿Quién no pondera en el automóvil que se quiere comprar o en las vacaciones que quiere disfrutar? ¿Quién no da vueltas en su cama considerando sus opciones (o falta de ellas) para comprar una casa o cambiar de trabajo? ¡Todos fantaseamos! ¡Todos meditamos! Lo que tiene que cambiar es el objeto de nuestra meditación. ¡Esta es la disciplina! Un ejercicio muy simple que me ha ayudado a poner en práctica esta disciplina es utilizar las dos grandes verdades del evangelio (soy un gran pecador y Dios es un gran Salvador) como filtro meditativo para leer las circunstancias diarias de mi vida. A lo largo del día suelo pensar, ¿cómo revela esta situación que estoy viviendo para satisfacer mis placeres? (Esta pregunta suele ser de gran ayuda cuando las cosas no salen como yo quiero). Por otro lado, ¿cómo esta reacción me hace acordar que Dios es distinto a mí, de hecho, que él es todo lo opuesto a mí; y que lejos de condenarme quiere abrazarme con su interminable amor? ¿Puedes verlo? Intento meditar en la oscuridad de mi corazón y, enseguida, busco ser nuevamente cautivado por el indescriptible carácter de Dios.

> *El objetivo de la meditación es asombrarme de la profundidad de mi pecado y de la grandeza de la gracia de Dios.*

¿Dónde debo meditar? ¿Cuándo debo meditar? El salmista dice: *"¡Cuán bienaventurado es el hombre que…en la ley del Señor está su deleite, y en su ley medita de día y de noche!"*. ¿Respuesta? Todo el día. ¡Por eso es una *disciplina*! Es un hábito que debo incorporar. Es una práctica que debo comenzar a incluir en todas las situaciones de mi vida; aún las más simples y cotidianas. ¿No tengo suficiente dinero? ¿Qué implica que Dios lo sabe y quiere cuidarme? (¡Háblale a tu corazón sobre ello!). ¿Estoy enfrentando una enfermedad? ¿Tengo un examen? ¿Siento temor? ¿Qué diferencia hace que el creador del universo afirma tener contados cada cabello de mi cabeza? (¡Predícale a tu alma!). ¿Me siento tentado a agradar? ¿Tengo miedo de confrontar? ¿Quién ha dicho que siempre me va a amar *"aunque mi padre y mi madre me rechacen"* (Salmo 27:10)? (¡Recuérdate a ti mismo el evangelio!) La meditación transforma la doctrina en *consuelo*, la teología en *sentimiento*, la creencia en *realidad*. No se trata de entender las verdades de Dios, se trata de que las verdades de Dios se conviertan, muten, tengan sabor; se trata de que las verdades se vean "bellas" y toquen los afectos de mi corazón.[h]

2. La lectura diaria de la Biblia

Habiendo considerado la importancia de la meditación, quiero afirmar rápidamente que es imposible aumentar mi aprecio de Dios a menos que aumente mi exposición a su Palabra. Al hacerlo, no buscamos mayor conocimiento *acerca* de Dios, buscamos a *Dios mismo*. ¿Cómo hacemos para profundizar nuestro aprecio por Dios? Ya sabes la respuesta. Volviendo a experimentar el evangelio. Como he intentado enfatizar con la meditación, el objetivo principal al leer las Escrituras no es adquirir nueva información (aunque adquirir nueva información es muy importante), el objetivo principal es que la información produzca un efecto trasformador en el corazón. Hebreos 4:12-13 (NTV) dice: *"Pues la palabra de Dios es viva y poderosa. Es más cortante que cualquier espada de dos filos; penetra entre el alma y el espíritu, entre la articulación y la médula del hueso. Deja al descubierto nuestros pensamientos y deseos más*

[h] Si quieres leer un clásico sobre la meditación te recomiendo el libro "La práctica de la presencia de Dios", escrito por el Hermano Lorenzo.

íntimos. No hay nada en toda la creación que esté oculto a Dios. Todo está desnudo y expuesto ante sus ojos; y es a él a quien rendimos cuentas". ¿Has notado cuál es el objetivo de leer la Biblia? ¡Que yo vea lo que Dios ya puede ver! ¡Que sean expuestos los deseos del corazón! ¡Que se pongan de manifiesto mis anhelos más profundos! ¡Qué pueda descubrir mis motivaciones! El final del texto dice que no hay nada que "*esté oculto a Dios*". Es decir, él ya sabe lo que yo amo. ¿Quién es el que tiene un problema de luz? ¡Yo! Entonces, ¿qué necesito? ¡Leer su Palabra para que esta "penetre" y "corte" mi corazón por la mitad! ¿Qué es lo que hace todo corte? Separar. En este caso, separar mis "*deseos más íntimos*". Ayudarme a diferenciar mis motivaciones impuras de las puras. La Biblia, dice el verso 12, "*desnuda*" mi corazón. Es decir, ¡me permite ver lo que amo! (La misma idea expresa Santiago 1:24 donde se nos dice que el objetivo de ser expuesto a la Palabra es que uno se de cuenta de "*la clase de persona que es*"). ¿Qué sucede cuando mi corazón queda expuesto? Pues vuelvo a darme cuenta de cuánto necesito a Dios y su obra; en otras palabras, vuelvo a apreciar el evangelio.

En este momento es posible que estés pensado: "Muy bien. Me has convencido. Necesito leer diariamente la Biblia. ¿Cómo lo hago? Leo y no le saco mucho provecho a mi lectura". He escrito el ***Apéndice 2*** para ayudarte en este sentido. ¿Qué tiene de especial este apéndice? Que te dará herramientas prácticas para leer las Escrituras con un doble objetivo: enfocándote en el corazón y de manera Cristo-céntrica (Para sacarle provecho a este apéndice te aconsejo que lo leas tranquilo y sin apuro).[i]

3. La lectura de libros cristianos

Parafraseando el conocido dicho: "Dime lo que lees, y te diré quién eres". Pocas cosas influencian más nuestro corazón que los pensamientos bien elaborados de un buen libro. John Piper ha escrito: "Concuerdo con Martyn Lloyd-Jones en que la lucha para hallar el espacio para la lectura es una lucha por la propia vida".[103]

Sé que la mayoría de pastores te dirán que leas la Biblia (y lógicamente estoy de acuerdo con ellos), pero también soy consciente que mucha gente lee la Biblia sin comprenderla plenamente o (como he explicado en el Apéndice 2) sin una hermenéutica correcta (que se centra en el corazón y en la cruz).

---

[i] IMPORTANTE: Si estás leyendo este libro con otra persona o con un grupo pequeño de tu iglesia, mi recomendación es que tomes un día extra para estudiar en detalle el Apéndice 2 y que, cuando te juntes con tu grupo, lean distintos pasajes de Nuevo Testamento de modo que podáis poner en práctica los tres principios que se enseñan en este apéndice.

Para sanar esta carencia, creo que leer libros Cristo-céntricos puede ayudarte a desarrollar una cosmovisión más sana y, a la vez, puede permitirte disfrutar a Dios hasta que tú mismo aprendas a sacarle todo el jugo a las Escrituras. Si suena un poco herético lo que estoy diciendo, recuerda que el objetivo final al buscar a Dios no es leer la Biblia sino tener un encuentro real con él. (En el ***Apéndice 3*** encontrarás un "***Listado de libros recomendados***". Allí podrás hallar excelentes referencias para alimentarte de literatura sana y edificante).[j]

4. Escuchar predicaciones Cristo-céntricas

Estoy convencido que el acceso a internet nos ha regalado la posibilidad de disfrutar de una de las más grandes bendiciones del siglo veintiuno; tener acceso a escuchar los mensajes de cualquier predicador del mundo. Sinceramente, pocas cosas han sido de mayor edificación para mi vida espiritual como desarrollar el hábito de escuchar mensajes de buenos predicadores. A día de hoy escucho una predicación por día. ¿Cómo lo hago? Elijo un pastor que me gusta (en general, alguno del Apéndice 3) y escucho sesenta o setenta mensajes de ese mismo autor para poder meterme en su "cerebro" y comenzar a pensar como él piensa y "concebir" a Dios como él lo concibe. Una vez que me aburro o simplemente quiero cambiar, elijo otro y vuelvo a hacer lo mismo. ¿Dónde saco el tiempo para escuchar tantos mensajes? Es muy fácil, intento aprovechar los "tiempos muertos". En mi caso personal, lo hago cada vez que salgo a correr o cuando viajo en mi automóvil a la iglesia. ¿Te das una idea la cantidad de predicaciones que podrías escuchar si viajas a tu trabajo media hora por día? Sin mayor esfuerzo, ***¡podrías escuchar más de 500 predicaciones al año!*** (Si escuchas una predicación de treinta minutos de ida y una de vuelta, equivale a diez predicas por semana. Multiplica las diez prédicas semanales por las cincuenta y dos semanas del año y tienes el número). Pero imagina que lo haces la mitad de las veces. Yendo al trabajo escuchas un mensaje y volviendo del trabajo escuchas música (o, si vas a tu trabajo en trasporte público, le hablas de Cristo a algún pasajero o repasas todos los versículos que tengas memorizados). Simplemente usando este "tiempo muerto", ¡habrás escuchado cinco veces más mensajes que los que

[j] Considera lo siguiente. Si comienzas la disciplina de leer quince o veinte minutos por día, serás capaz de leer un libro por mes. (Esto incluye varios días de "gracia" donde por distintos motivos no puedas hacerlo). ¡Piénsalo! Doce libros al año. Si haces esto en cinco años, ¡habrás leído sesenta libros! (Esto implica que en solo cinco años habrás tenido la posibilidad de exponer tu corazón a muchos de los más grandes pensadores de la historia del cristianismo. ¿Qué clase de impacto piensas que esta práctica podría producir en tu vida espiritual?)

escuchas en todo un año en tu iglesia! ¿Realmente piensas que esta rutina no tendría un drástico efecto en tu vida espiritual?

La clave para practicar las disciplinas es incorporarlas a mi horario y rutina diaria.

5. La oración

¿Te cuesta orar? Siéntete acompañado, no eres el único. Me siento muy identificado con las palabras de D. Martyn Lloyd-Jones:

> A menudo me ha resultado difícil empezar a orar por la mañana... No he descubierto nada más importante que aprender a adentrarme en el marco y las condiciones en que uno pueda orar... Leer algo que en general pueda caracterizarse de devoto es de gran valor. Por devoto no me refiero a algo sentimental; me refiero a algo que incluya un verdadero elemento de adoración... Comience por leer algo que reconforte su espíritu... Tiene que aprender a encender la llama de su espíritu... Tiene que aprender a usar el motor de arranque espiritual.[104]

Personalmente, siempre leo algo antes orar (por ejemplo el libro "Nuevas misericordias cada mañana" de Paul Tripp). Necesito "calentar" mi corazón antes de hablar con Dios. No quiero orar porque debo hacerlo, quiero orar porque anhelo hacerlo. Leer algo inspirador me ayuda.[k] J. C. Ryle ha escrito:

> Orar y pecar no pueden convivir en un mismo corazón. O la oración desbanca el pecado o el pecado ahoga la oración… La diligencia en la oración es el secreto de la santificación… Personalmente creo que la diferencia en diecinueve de cada veinte casos tiene que ver con los distintos hábitos en la oración a título privado. Y creo también que todos

[k] Entiendo que fue Soren Kierkegaard quien dijo: "***Señor, hazme una persona de un solo deseo***". Esto es lo que buscamos al orar. Un corazón cuyo máximo objetivo es encontrar su fuente de vida y gozo en la persona de Cristo. John Piper escribió: "Santiago [4:3-4] define la oración como una petición a nuestro Esposo celestial. Luego reflexiona sobre ***la posibilidad de que pidiéramos a nuestro Esposo que pagase nuestra visita al prostíbulo.*** *'Pedís y no recibís, porque pedía mal, para gastar en vuestros deleites. ¡Oh almas adúlteras! ¿No sabéis que la amistad del mundo es enemistad contra Dios?'* La clave está en la palabra 'adúlteras'. ¿Por qué se nos tacha de adúlteros por pedir algo para gastar en nuestros placeres? Porque Dios es nuestro Esposo y el mundo una prostituta que *nos incita a darle nuestro afecto a él antes que a Dios*. Así de sutil puede ser el pecado de amar al mundo. Puede surgir no contra la oración, sino en ella…" John Piper, *Hambre de Dios*, p.80.

aquellos creyentes que no destacan por ser eminentemente espirituales es porque oran poco, y que los que, por el contrario son eminentemente piadosos es porque oran mucho.[105]

6. El ayuno

Piensa en una mujer extremadamente tranquila, dulce y de carácter tímido, vergonzoso e introvertido. ¿Qué tendría que suceder para que esta mujer se convierta en alguien valiente, osado y desinhibido? Si lo consideras un momento, no es tan complicado como uno podría pensar. Todo lo que tendría que pasar para que ella cambie en un abrir y cerrar de ojos sería que pierda a su hijo en medio de una gran multitud o que alguien lo rapte. Te aseguro algo. Si antes le costaba hablar, ahora hablará con todo el mundo y preguntará con desesperación si alguien ha visto a su pequeño. Si antes era recatada y vergonzosa para entablar una conversación, ahora será atrevida, temeraria y directa. Esta mujer dejará de lado todas las formalidades y, con total desesperación y diligencia, hará todo lo que esté a su alcance para recuperar a su pequeño. Algo similar sucede con el ayuno. Dice el Salmo 63:1-5 (TLA): *"Dios mío… Con ansias te busco desde que amanece, como quien busca una fuente en el más ardiente desierto. ¡Quiero verte… y contemplar tu poder y tu grandeza! Más que vivir, prefiero que me ames... ¡Con mis labios te alabaré y daré gritos de alegría! ¡Eso me dejará más satisfecho que la comida más deliciosa!"*. A través del ayuno expresamos nuestra hambre por Dios. Como ninguna otra cosa, el ayuno grita: "¡Dios, estoy desesperado por volver a encontrarte!".

¿Qué es el ayuno? Dicho de una forma simple, el ayuno es abstenerse de comida con el objetivo de buscar más intensamente a Dios. No es simplemente dejar de comer (y leer tu Facebook mientras lo practicas). El ayuno implica separar y dedicar ese tiempo para encontrarte con Dios. Es limitarte de ingerir alimentos físicos para consagrarte a satisfacer tus necesidades espirituales.

Paradójicamente, durante el ayuno, uno deja de comer porque tiene hambre. Pero no hambre de comida, sino hambre de experimentar a Dios. Es decir, el ayuno le dice no a nuestros apetitos naturales, para decirle sí al apetito más profundo del corazón; ser satisfecho con Dios.

El ayuno es la expresión del corazón insatisfecho.
Es el grito silencioso del hambriento espiritual.
Es la determinación de aquel que ha probado la Vida
y quiere volver a saborearla.

¿De qué cosas debería ayunar? De cualquier cosa que te genere esclavitud o tienda a quitarte tu apetito por Dios. Puedes hacer ayuno de televisión, de Facebook, de tiempo de ocio, de practicar algún deporte, de comer en restaurantes, incluso, ¡puedes hacer un ayuno de palabras! (Un profesor amigo mío que tenía la tendencia a levantar la voz cada vez que participaba en la reunión semanal de profesores, decidió hacer ayuno de palabras y no dijo nada en estas reuniones durante un año). Como ha escrito Piper: "Haremos cualquier cosa y nos privaremos de lo que sea si, por cualquier medio, podemos protegernos de los perniciosos efectos de nuestros placeres inocentes y conservar los dulces deseos de nuestra nostalgia de Dios. No solo nos privaremos de alimentos, sino de cualquier otra cosa".[106]

El ayuno no consiste en rechazar lo malo,
el ayuno consiste en rechazar lo bueno para elegir lo mejor, Dios.[1]

7. La confesión

Todos los miércoles por la tarde los dos ancianos de nuestra iglesia y yo tenemos una reunión semanal para dialogar sobre las distintas cuestiones ministeriales de nuestra congregación. ¿Sabes qué es lo primero que hacemos cada vez que nos juntamos? Compartir nuestras luchas y pecados. Sí, los tres abrimos nuestro corazón de par a par y, sin intentar justificarnos o camuflar la caída, expresamos abiertamente cuáles han sido nuestras luchas más desafiantes desde la última vez que nos vimos. Al hacerlo, intentamos "ponerle nombre y apellido" a nuestras caídas. ¿Qué quiero decir? Somos muy específicos y claros al respecto, y dejamos de lado las generalizaciones. ¿Qué confesamos? ¡Todo lo que haga falta! Nuestra vida sexual, nuestro trato hacia nuestra familia, nuestros pensamientos más oscuros (envidia, orgullo, amargura, enojo, etc.). La regla es muy simple. ***¿Qué es lo que debo compartir con otros? ¡Aquello que no quiero compartir con nadie!*** (El resto de cosas tú y Dios las pueden arreglar solos). ¿Por qué? Porque justamente lo que no quiero compartir es lo que me ata, esclaviza y me impide vivir en luz. Dice Gálatas 6:2: "*Llevad los unos las cargas de los otros, y cumplid así la ley de Cristo*". ¿Cómo va a hacer otra persona para llevar mi

[1] Permíteme darte una sugerencia práctica. Cómprate el libro "*Hambre de Dios*" de John Piper y, durante tu tiempo de ayuno, lee un capítulo de este libro y luego pasa un tiempo en oración buscando a Dios. Déjame ser aún más específico. ¿Qué te parece ayunar cualquier día de la semana durante tu tiempo de almuerzo? (Sí. Puedes hacerlo en la oficina, en la calle o en el taller, ¿por qué no?). Puesto que el libro tiene siete capítulos, solo necesitarás siete semanas para hacerlo.

"*carga*" a menos que yo se la comparta? Dice Santiago 5:16: "*Por tanto, confesaos vuestros pecados unos a otros, y orad unos por otros para que seáis sanados. La oración eficaz del justo puede lograr mucho*". ¿Qué es una oración eficaz? ***Es aquella oración que hago por otra persona ¡después de que esa persona ha compartido su pecado conmigo!*** Es decir, ahora que sé cuál es tu "carga" porque me la has confesado, puedo orar por ti de manera "*eficaz*" e informada. (Lógicamente, el texto deja claro que esta es una relación de doble vía donde yo también comparto mi lucha contigo. Aquí no hay "ministro" y "ministrado". Aquí hay dos personas donde ambas necesitan restauración y sanidad).

¿Cómo nos ayuda la confesión? De muchas formas, pero déjame mencionar las dos más importantes. ***En primer, nos ayuda a prevenir una nueva caída.*** Tú y yo sabemos perfectamente que hay pecados y tendencias en nuestro corazón que se han trasformado en hábitos. Se repiten una y otra vez. Hemos orado, hemos ayunado, hemos intentado dejar de caer; y nada, siguen allí. La confesión, como vimos en el apéndice de la obediencia, es una *muleta* que puede ayudarnos a obedecer cuando no deseamos hacerlo. ¿A quién le causa placer "desnudarse" delante de otros y compartir sus caídas más secretas? Saber que tendrás que hacer esto puede ser de ayuda en los momentos de mayor debilidad. Sí, soy consciente que no es el motivador más Cristo-céntrico, pero también soy consciente que todavía tenemos un corazón caído. Como he dicho en el apéndice, las muletas son temporales. Las usamos en momentos de flaqueza o cuando tenemos un área particular de lucha (que varía según cada persona) que es una "carga" y no podemos superar sin ayuda. ¿Por qué lo hacemos? ¿Para que Dios nos perdone? ¡Claro que no! Lo hacemos porque reconocemos que tenemos un corazón débil y queremos cuidarlo para entregárselo solo a nuestro verdadero amante. Lo hacemos, como vimos en Mateo 5:29, porque queremos "echar lejos" cualquier tentación que pueda perjudicar o dañar la relación especial que tenemos con Jesús.

En segundo lugar, la confesión nos ayuda a volver a apreciar el evangelio. Como ha escrito Richard Foster: "Dios nos ha dado a nuestros hermanos en Cristo para que tomen el lugar de Cristo y hagan que la presencia y el perdón de Dios se vuelvan reales para nosotros".[107] ¿Me pasa solamente a mí o tú también tienes momentos en que necesitas que otra persona de carne y hueso te recuerde el perdón pleno y completo de Dios? La confesión te da el regalo de que un "sacerdote" amigo te recuerde que eres amado y aceptado en él.[m] Por otra parte, otro de los grandes privilegios de la confesión es que, al

[m] Uno de los baluartes de la Reforma Protestante fue el "sacerdocio de todo creyente". En rechazo a la iglesia

compartir tu pecado, ahora tienes a alguien que conoce en detalle tu lucha y puede aconsejarte con conocimiento de causa y darte una nueva perspectiva de por qué estás luchando con eso y cómo poder superarlo.[n]

8. El servicio

Puesto que he dedicado un capítulo entero al servicio, en este momento solamente quisiera que reflexiones sobre una verdad extremadamente relevante. ¿Por qué piensas que Jesús dijo: "*Más bienaventurado es dar que recibir*"? (Hechos 20:35). ¿Por qué una persona *es más feliz cuando da* que cuando recibe? Piénsalo un instante antes de seguir leyendo. ¿Qué tiene el "dar" que no tiene el "recibir"? Yo lo resumiría en tres oraciones. Pocas cosas *te hacen más parecido a Dios* que servir a otros. Pocas cosas *te hacen experimentar a Dios* como servir. Pocas cosas *te hacen experimentar el gozo de Dios* como servir. ¿Llegas a percibir la conexión entre estas tres frases? Déjame explicarte esta triple conexión haciéndote una pregunta. ¿Cómo sería tu idea de Dios sin la encarnación de Jesús? Medítalo unos segundos. ¿Qué clase de Dios tendrías si todo lo que pudieras saber acerca de cómo es él fuera lo que está escrito en el Antiguo Testamento? Creo que la pregunta es muy profunda y merece múltiples respuestas, pero déjame mostrarte un aspecto de Dios que jamás hubiéramos sabido si no fuera por Jesús. ***Dios tiene un corazón de esclavo***. Dice Juan 13:4,5: "*Y tomando una toalla, se la ciñó. Luego echó agua en una vasija, y comenzó a lavar los pies de los discípulos y a secárselos con la toalla que tenía ceñida*". ¿Qué nos muestra Jesús acerca del corazón de Dios? ***Dios encuentra placer***

católica hemos perdido el valor que tiene esta preciosa verdad. La confesión mutua nos lo recuerda. Como afirma 1 Pedro 2:9: "*Pero vosotros sois linaje escogido, real sacerdocio, nación santa, pueblo adquirido para posesión de Dios, a fin de que anunciéis las virtudes de aquel que os llamó de las tinieblas a su luz admirable*". No solo podemos ministrarnos "unos a otros", sino que debemos hacerlo.

[n] Si no sueles confesar tus luchas a otra persona, sé que lo estás pensando. "No tengo a nadie de confianza con quién hacerlo. Por otro lado, ¿qué pasa si le cuento mis luchas profundas a otra persona y luego él o ella las reparte por allí?". (No hay un solo país en el mundo que haya hablado sobre este tema que no surjan estas dos cuestiones. Todo el mundo piensa que su situación es única y que no hay nada que se pueda hacer al respecto). La realidad es que todos tenemos muy "buenas razones" para no compartir nuestras luchas. La pregunta que tenemos que hacernos es si nos importa más nuestra reputación que nuestra santidad. ¿Qué amas más, la opinión de otros o tu comunión con Dios? Sí, es posible que alguien difunda lo que le compartas. En mi experiencia me ha sucedido solo una vez. (Y creo haber compartido mis pecados personales con más de cincuenta personas en varios continentes). ¿Una sugerencia práctica? Prueba compartiendo algo no muy profundo con alguien de confianza y espera a ver cómo reacciona. Si su respuesta es positiva. Puedes poco a poco ir confiando más y más "cargas". Si observas que no sabe cómo manejarlo, si se escandaliza o si simplemente no es de ayuda, busca otra persona. Vuelve a repetir el proceso hasta que encuentres a alguien idóneo. Como dice Eclesiastés 4:9,10 (RV1960): "*Mejores son dos que uno; porque tienen mejor paga de su trabajo. Porque si cayeren, el uno levantará a su compañero; pero ¡ay del solo! que cuando cayere, no habrá segundo que lo levante*". Pero déjame decirte un secreto. Nadie se va a acercar a confesarse contigo. ¡Tú tienes que tomar la iniciativa! La clave para comenzar a practicar esta disciplina es ¡comenzar yo!

en servir. Piénsalo. ¿Quién "*hace salir su sol sobre malos y buenos, y llover sobre justos e injustos*"? Dios. ¿Qué es lo que está haciendo al hacer esto? ¡Servirnos! ¿Qué es la oración sino un pedido para que el Rey nos sirva y nos conceda lo que le pedimos? ¿Qué hace él al responder nuestros pedidos? ¡Nos sirve! No solo eso, sino que además despliega la magnitud de su pasión por servirnos ¡*ordenándonos* que oremos! Es decir, ¡te ordena que le pidas que te sirva! ¿Qué clase de Dios hace esto? El listado de formas en cómo Dios nos sirve desinteresadamente podría seguir, pero estoy seguro que captas la idea. Ahora vuelve a leer las palabras de Jesús: "*Estas cosas os he hablado, para que mi gozo esté en vosotros, y vuestro gozo sea perfecto*" (Juan 15:11). ¿Puedes ver la conexión entre el corazón de Dios, su placer al servir, su mandato a que seamos como él y el resultado final: "*Más bienaventurado es dar que recibir*"? ***¡Dar te hace parecido a Dios! ¡Dar te permite sentir lo que él siente cuando lo hace!***

Dios encuentra placer en servir

⇩

Dios quiere que yo sirva

⇩

El que sirve a otros llega a ser como Dios: experimenta el placer de dar

¿Cuál es la conclusión ineludible de esta triple conexión? Tienes que hacer del servicio una disciplina. Tienes que elegir una actividad de servicio regular (yo diría semanal) donde puedas comprometerte a servir a los demás. ¿Aceptas una sugerencia práctica? Te aconsejo ***que elijas una actividad dentro de la iglesia y una actividad fuera de ella***; en tu barrio, en tu comunidad o en algún centro social. ¿Por qué una afuera y una adentro? Por varias razones, pero solo te daré dos. Dios nos ha llamado a bendecir al mundo, no a la iglesia; a amar al prójimo, no a los hermanos. ¿Recuerdas la parábola del buen samaritano? ¿Quién es mi prójimo? El que no es de mi comunidad o círculo cercano. En nuestro caso, los no creyentes. Como dijo Jesús: "*Porque si amáis a los que os aman, ¿qué recompensa tenéis? ¿No hacen también lo mismo los recaudadores de impuestos? Y si saludáis solamente a vuestros hermanos, ¿qué hacéis más que otros? ¿No hacen también lo mismo los gentiles?*" (Mateo 5:46,47). Por otro lado; si no servimos a las personas fuera de la iglesia, ¿cómo les mostraremos el amor de Dios por ellos? ¿Cómo haremos para hablarles de un Dios que dejo el cielo para morir por ellos si nosotros no dejamos nuestra comodidad para amarlos de manera práctica y hablarles de él?

9. El evangelismo

Quisiera terminar este capítulo haciendo una breve reflexión sobre la evangelización. Mi intención es que, tal como acabas de observarlo con el servicio, puedas llegar a ver la triple conexión que existe entre el gozo de Dios en la evangelización, el llamado de Dios a la evangelización y la experiencia de "gozo divino" a la que él nos invita. En el conocido pasaje de Lucas 15:1-32 Jesús comparte tres parábolas. Un hombre pierde una oveja. Una mujer pierde una moneda. Y un padre pierde a uno de sus hijos. ¿Recuerdas qué hace el hombre cuando encuentra la oveja? ¡Una fiesta! Llama a todos sus amigos y vecinos y les dice: "¡***Quiero que sientan lo que yo siento***!". "***¡Alegraos conmigo!***". ¿Recuerdas que hace la mujer cuando encuentra su moneda? ¡Celebra! Ella también llama a todos sus amigos y vecinos y les dice, literalmente, las mismas palabras que el hombre de la historia anterior: "¡*Alegraos conmigo*!". Es decir, "¡***sentid lo que yo siento***!". ¿Recuerdas que hace el padre cuando encuentra a su hijo? Responde de la misma forma. ¡Hace una gran fiesta! "*Pronto; traed la mejor ropa y vestidlo, y poned un anillo en su mano y sandalias en los pies; y traed el becerro engordado, matadlo, y comamos y regocijémonos*" (Lucas 15:22). ¿Has notado que todos los verbos están en primera persona del plural? La fiesta no es solo para él y para su hijo, ¡la fiesta incluye a todos sus familiares y siervos! ¿Puedes verlo? Las tres historias quieren comunicar lo mismo. Cuando una persona se convierte, hay tanto gozo en el corazón de Dios que el ejemplo humano que más se le acerca es una fiesta donde no solo una persona se goza sino que *todos* celebran. ¡Pero presta atención! ¡No es cualquier clase de fiesta! La idea aquí es similar a una cerebración de un país que gana la copa del mundo, o la de un hombre que gana la lotería e invita a todos a cenar, o la de un miembro de tu familia que tenía un cáncer terminal y ha sido sanado. ¡Todos celebran juntos porque todos comparten el gozo! El gozo del pastor, de la mujer y del padre es tan grande y especial, ¡que no pueden no compartirlo! Pero, ¿qué es lo que inicia la gran fiesta celestial? "*Os digo que de la misma manera, habrá más gozo en el cielo por un pecador que se arrepiente que por noventa y nueve justos que no necesitan arrepentimiento*". ¿Has prestado atención? Dios no comienza la fiesta cuando se convierten mil, o cuando se convierten cien; ¡no! ¡Dios comienza la fiesta cuando *uno solo* se convierte! ¿Puedes ver el valor que tiene una sola conversión para Dios? ¿Puedes ver el desborde de alegría que una sola persona produce en el corazón de Dios? ¿Es esa la imagen que tienes de Dios? ¿Un Dios que se vuelve loco armando una celebración como si hubiera ganado la final de la copa mundial? Pero déjame completar la escena. Hazte, ahora, en tu cabeza la imagen de un pordiosero. Piensa en una persona que ha vivido años en la calle. Piensa en alguien que no se ha bañado en meses, que no se ha lavado los dientes, que tiene el pelo duro y que su hedor es tan fuerte que apenas puedes acercártele sin taparte la nariz. Así estaba el hijo pródigo. Sin embargo, el texto dice: "*Y cuando todavía estaba lejos, su padre lo vio... y corrió, se echó sobre su cuello [sucio] y lo besó*". El verbo griego indica una acción continua. La idea aquí es: "¡Y lo besó, y lo besó y lo besó! ¡Y no paró de besarlo!" Vuelvo a preguntarte, ¿es esta tu imagen de Dios? Un Dios que encuentra tanto placer en abrazar a un pecador arrepentido que sus emociones y su gozo están tan a flor de piel ¡que no puede frenar de besarlo! ¿Ahora lo captas? El gozo que siente él, es el gozo que quiere compartir contigo. Hay un aspecto de la felicidad que Dios siente cuando alguien se convierte, que solo podrás sentir cuando evangelices y lleves a alguien a sus pies (Filemón 1:6). Hay un matiz, una característica, un rasgo del corazón de Dios que jamás podrás experimentar a menos que practiques la disciplina del evangelismo (lo mismo sucede con el discipulado). Como alguien dijo una vez: "No has vivido plenamente tu vida hasta que no has sido usado por Dios para salvar una vida". Practica el hábito de compartir el evangelio con tus amigos y vecinos. Escucha el llamado de quien te dice: "*Sígueme. Y haré de ti un pescador de hombres... Te he dicho estas cosas, para que mi gozo esté en ti y para que tu gozo sea completo*".

BREVE RESUMEN

El corazón de Dios es distinto al que yo me imagino. A Dios no hay que "comprarlo" o intentar "ganarlo". Dios me ama como un padre a su hijo porque me ama por causa de su Hijo. ¿Conclusión? Debo aprender a buscar a Dios recordando lo grande que es su amor por mí y no intentando probar lo grande que es mi amor por él.

La Biblia me llama a proteger mi corazón de todo aquello que pueda apagar mi apetito por Dios y también a exponer mi corazón a todo aquello que pueda aumentar mi hambre por él.

Nadie cambia su corazón por causa de sus hábitos, pero nadie cambia su corazón sin tener buenos hábitos. Tú no puedes manipular ni obligar a Dios a que haga algo por medio de tu comportamiento, pero sí eres responsable de exponer tu corazón a los medios que él normalmente usa para transformarte. Tú decides dónde "sembrar", pero Dios es quien produce el crecimiento.

- *"Sembrar para mi propia carne" significa utilizar todos los recursos que tengo a mi disposición para encontrar vida y satisfacción fuera de Cristo creyendo erróneamente que esto me traerá felicidad.*
- *"Sembrar para el Espíritu" significa aprovechar y utilizar todos los medios que Dios ha provisto para que pueda recibir de su gracia y ser lleno de él.*

Las disciplinas espirituales son herramientas que Dios utiliza para revelarse a sí mismo y cambiarme. La práctica regular de estas disciplinas es absolutamente crucial para el crecimiento espiritual.

PARA REFLEXIONAR O DIALOGAR EN GRUPOS PEQUEÑOS

1. *Resume en una o dos oraciones los conceptos que más te hayan impactado de este capítulo.*
2. *¿Has percibido que luchas con acercarte a Dios como una forma de "ganar" su amor o como una manera de "comprar" su favor? ¿Por qué piensas que lo haces?*
3. *No puedes hacer nada para cambiarte, pero sí puedes hacer cosas para cambiar. ¿Cómo explicarías esta dinámica donde Dios es quien nos cambia pero nosotros somos responsables por cambiar?*
4. *¿Hay alguna persona, actividad o hábito que deberías eliminar de tu vida para proteger tu corazón? ¿Qué implicaría abandonar esto? ¿Por qué crees que te cuesta tanto dejarlo?*
5. *¿Qué significa sembrar para la carne y sembrar para el Espíritu? ¿De qué formas sueles hacer lo uno y lo otro?*
6. *¿Cómo definirías qué son las disciplinas espirituales? ¿Cuál de ellas te ha resultado más beneficiosa? ¿Por qué? ¿Cuál/es crees que Dios te está pidiendo que comiences a practicar?*

CAPÍTULO 13

Una nueva actitud para enfrentar los conflictos

El conflicto nos ayuda a cambiar

Entre los múltiples medios que Dios utiliza para cambiarnos, los conflictos interpersonales están al comienzo de la lista. Pocas cosas pueden ayudarnos a madurar tanto como un desacuerdo; pero, a su vez, pocas cosas pueden llevarnos a "desmejorar" o "decrecer" tanto como una discusión. Un conflicto puede traer un nuevo nivel de luz en tu vida (permitiéndote ver pasiones escondidas que antes no veías) o puede incrementar tu nivel de ceguera (convenciendo y engañando a tu corazón de que el problema está fuera de ti). Tener un conflicto, al igual que pasar por un tiempo de tribulación, no te dejará igual. Crecerás en comprender más profundamente los afectos desordenados de tu corazón y cómo lidiar con ellos o te afirmarás en tu propia ceguera a una realidad que, aunque no se vea, te tiene atado y es la causante de tu estancamiento espiritual.

¿Qué es un conflicto?

Un conflicto es <u>una diferencia de opinión</u> entre dos o más personas sobre un determinado asunto. Por ejemplo, yo quiero ir al cine, mi esposa quiere ir al teatro; yo quiero poner el despertador a las siete, ella lo quiere poner a las seis y media, yo quiero ser más flexible con los niños, ella considera que tenemos que ser más firmes. Un conflicto es una diferencia de opinión. Al relacionarnos unos con otros esto es perfectamente normal y, tener esta clase de diferencias, no es sinónimo de haber pecado. Sin embargo, una diferencia de opinión acerca de un asunto puede escalar (y muchas veces lo hace) a algo más serio y transformarse en pecado. En este sentido, puede resultar muy útil hablar de dos tipos de conflictos: los desacuerdos y las discusiones.

Un desacuerdo es una diferencia que se maneja de manera correcta. Tú piensas "A" yo pienso "B" y, después de dialogar, llegamos a una resolución que satisface a *ambas* partes. (Nota que digo ambas partes. No solo a una). Una discusión es una diferencia de opinión que involucra algún tipo de respuesta pecaminosa. Tú piensas "A" yo pienso "B" y, puesto que la diferencia de pensamiento no se resuelve, uno o ambos (generalmente ambos) responden de forma incorrecta.

Desacuerdo	***Discusión***
Conflicto sano	*Conflicto insano*
Es una diferencia de opinión bien manejada	*Es una diferencia de opinión mal manejada*
Ambas partes responden de una manera santa	*Ambas partes responden de manera pecaminosa*[a]

¿Cuáles son algunas características que diferencian un desacuerdo de una discusión? Cuando tengo un desacuerdo puedo expresar mi opinión sin herir a la otra persona. Cuando discuto con alguien lo lastimo. En un desacuerdo, mi objetivo es llegar a zanjar la diferencia de opinión que nos separa. En una discusión mi objetivo es ganar. Cuando tengo un desacuerdo con alguien estoy controlado por el Espíritu Santo y mi forma de argumentar mi punto de vista no es agresiva. Es decir, no levanto la voz, no uso palabras hirientes, no me valgo del sarcasmo para decir "verdades" camufladas (Efesios 4:13). De hecho, en un desacuerdo, si no se resuelve la diferencia, le doy el regalo a la otra persona de que piense diferente a mí y la sigo amando. Es decir, nos ponemos de acuerdo en estar en desacuerdo. En una discusión, sucede todo lo contrario a lo que acabas de leer.

[a] Si se produce una discusión, esto implica que siempre hay dos culpables. Si una persona no *quiere* discutir, la otra persona no *puede* discutir. Siempre hay dos involucrados. Puede ser que una persona sea más responsable que otra, pero si el desacuerdo ha escalado y se ha transformado en una discusión, ambas partes son responsables y ambas partes deben enfocarse en su propia contribución al conflicto (aunque mi pecado sea "menos grave" que el pecado del otro). Lógicamente, aunque no es lo más común, también existe la posibilidad que una de las partes responda santamente y la otra no. En este caso, el que responda bien habrá tenido un desacuerdo (no pecaminoso) y el que responda mal habrá tenido una discusión (pecaminosa). Un ejemplo bíblico muy obvio es cuando los líderes de la iglesia confrontan a un miembro no arrepentido de la misma (Mateo 18:15-20). Hay un desacuerdo. Los líderes no pecan, pero la persona no arrepentida sí.

Desacuerdo	***Discusión***
Expreso mi punto de vista sin herir	*Expreso mi punto de vista lastimando al otro*
Mi objetivo es llegar a un consenso	*Mi objetivo es ganar*
Intento ser objetivo con mis argumentos	*Tiendo a mentir o exagerar*
Suelo hacer preguntas para entender mejor	*Suelo hacer afirmaciones categóricas para probar mi punto*
No levanto la voz	*Tiendo a levantar la voz, gritar o hablar con sarcasmo*
Soy muy cuidadoso de no decir algo que pueda lastimar	*Utilizo palabras hirientes e incluso malas palabras*
Tengo dominio propio para escuchar plenamente al otro	*No dejo que la persona se exprese, la interrumpo*
Acepto que soy incapaz de conocer el corazón del otro	*Creo conocer la motivación del otro, lo juzgo y le atribuyo emociones*
No soy condenatorio al mostrar el problema del otro	*Hago sentir culpable a la otra persona, la condeno*
Me enfoco en el problema actual	*Traigo a colación viejos conflictos, me pongo "histórico"*
La diferencia de opinión nos acerca espiritualmente	*La diferencia de opinión nos distancia espiritualmente*
Si no se resuelve la diferencia, sigo amando al otro	*Si no se resuelve la diferencia, guardo amargura*
Protejo la reputación de la otra persona y no divulgo la diferencia	*Anhelo mencionar el incidente con otros, caigo en el chisme*

David Powlison define qué es una discusión de forma acertada y tragicómica: "¿Qué es una discusión? Una discusión es cuando tú me ofendes a mí al contrariar mi voluntad y yo respondo confesándote todas tus ofensas y explicándote como todos mis fracasos son tu culpa. Cuando digo: 'Si solo tú fueras diferente yo no sería lo que soy.' De la misma manera, tú me confiesas mis pecados, mientras te excusas de los tuyos".[108]

¿Qué origina un conflicto?

¿Por qué peleamos? ¿Por qué discutimos? La Biblia nos da la respuesta de manera clara y categórica. ***Discuto cuando no consigo lo que quiero.*** Dice Santiago

4:1-2 (NVI): "*¿De dónde surgen las guerras y los conflictos entre ustedes? ¿No es precisamente de las pasiones que luchan dentro de ustedes mismos? Desean algo y no lo consiguen. Matan y sienten envidia, y no pueden obtener lo que quieren. Riñen y se hacen la guerra*". Quisiera que observes dos detalles importantes de este pasaje. En primer lugar, Santiago está escribiendo a creyentes. Cuando dice que ellos "matan" y "hacen guerra" no está diciendo literalmente que un hermano de la iglesia toma un cuchillo e intenta clavárselo a otro. Tampoco está diciendo literalmente que una facción de la iglesia está atrincherada de un lado del templo y la otra facción está del otro lado y ambos se están disparando con ametralladoras. Santiago utiliza una hipérbole, una exageración para enfatizar un hecho tan despiadado como si realmente estuvieran en una guerra; se están peleando. En segundo lugar, es importante mirar en detalle la palabra griega que se traduce como "pasiones". El idioma griego tiene la flexibilidad gramatical de poder combinar dos palabras para crear una nueva. En este caso, Santiago utiliza un vocablo que traducido literalmente se leería "***sobre-deseos***". Es decir, "desear de más". Un "sobre-deseo" es un deseo desmedido, una pasión desatada, un anhelo que se ha desbocado; como un caballo al que no puedes frenar. Lo que Santiago dice es: ***la discusión se origina cuando mi corazón es controlado por un deseo (bueno o malo) que no estoy dispuesto a soltar.***

> ¿Porque peleamos? Santiago no dice: "Estás peleando porque la otra persona es testaruda, porque tus hormonas están desatadas; porque un demonio de ira tomó tu lugar; porque los humanos tienen un gen de agresión que se encuentra fusionado en nuestra historia evolutiva, porque tu padre reaccionaba de la misma manera; porque tus necesidades básicas no se han satisfecho; porque te levantaste del lado equivocado de la cama y te fue mal en el trabajo." Santiago dice, peleas debido a "vuestras pasiones, las cuales combaten en vuestros miembros. Codiciáis y no tenéis". El análisis bíblico es directo y al grano. ***Peleas por una razón: porque no obtienes lo que quieres... Peleas porque tú deseo, lo que te place o lo que te parece mal, lo que tú añoras y que se te antoja, no se logra.***[109]

Quisiera, por un momento, desenmascarar un pensamiento popular que estamos tan acostumbrados a escuchar que, quizás, sin meditarlo demasiado, aceptamos como verdad incorrectamente. Piensa lo siguiente. Una de las frases más repetidas en un conflicto es: "Me hiciste enojar" (o, "me has hecho enfadar", según el país donde vivas). Medita unos segundos en esta frase. ¿Qué es lo que dice? La traduzco. "Tú eres el causante de mi enfado. Tú eres la razón por la cual yo actué de esta forma. Si tú no hubieras hecho lo que hiciste, yo no me hubiera enfadado de la manera que me enfadé." Entender Santiago 4:1 es comprender que ***nadie "me hace" reaccionar mal; yo reacciono mal porque soy pecador y decido reaccionar de esa forma***.

Jamás olvidaré una entrevista televisiva que les hicieron a dos niños hace muchos años. En aquel tiempo yo era adolescente y vivía con mi familia en Argentina. Por aquel entonces, acababan de abrir el primer centro comercial en la ciudad donde yo vivía. Para todos fue algo extremadamente novedoso y atractivo. De hecho, el día de la apertura, miles de personas se concentraron desde temprano para visitarlo. La entrevista televisiva se produjo unas semanas después de la gran apertura. En medio del jolgorio de este novedoso lugar plagado de personas y repleto de preciosas estanterías llenas de atractivas ofertas, atraparon a dos niños de unos ocho o nueve años que estaban robando. Como eran menores de edad, no pudieron hacer mucho más que amenazarlos y dejarlos ir. Luego del incidente, una reportera entrevistó a los niños y les preguntó por qué lo habían hecho. Jamás olvidaré su respuesta. Los niños dijeron: "Era tan fácil robar que no pudimos evitarlo". Piensa en lo que estos niños acaban de decir. Lo traduzco:

"No es culpa nuestra, es culpa del centro comercial que es tan grande, está lleno de gente y no nos pueden atrapar".

"Es culpa del dueño que no puso cámaras".

"Es culpa de que somos pequeñitos y nos podemos escabullir fácilmente sin que nadie lo note".

Un momento. Nadie los obliga a robar. ¡Ellos deciden hacerlo! ¿Qué dirías si un violador dice: "No es mi culpa, es que ella se vistió de manera provocativa."? ¡Un momento! Nadie te obligó a hacer lo que hiciste. Quizás esa chica estaba vestida de una forma provocativa (o no), pero muchas personas la vieron vestida de esa forma y no le hicieron nada. ¡Tú decidiste dar rienda suelta a tus pasiones! Esto es lo que dice Santiago 4:1, nadie me hace reaccionar mal; yo reacciono mal frente a una situación "tentadora" porque soy un pecador.

Al comienzo de nuestro matrimonio mi esposa y yo solíamos tener una discusión que giraba siempre alrededor del mismo tema; ella no me pedía perdón cuando me hería. La situación era extremadamente dolorosa. Para mí era muy injusto que cuando yo la hería a ella, yo le pedía perdón rápidamente; pero, cuando ella me hería a mí, le costaba horrores hacerlo y, de hecho, la mayoría de las veces no lo hacía. Al principio, yo lo toleré. Le expresaba con paciencia que no estaba bien lo que ella hacía, pero pronto llegó un punto donde el dolor era tan sentido que comencé a gritarle. Cada vez que esto se repetía era dolorosísimo. Al final yo terminaba enfadado con ella (por "haberme hecho" gritar), enfadado conmigo mismo (por haber gritado) y enfadado con Dios (por haber permitido nuevamente esta situación). La situación llegó a tal extremo que decidí pedir ayuda a un consejero cristiano que respeto mucho. Recuerdo haberle dicho con muchísimo dolor y lágrimas en los ojos: "Todo lo que yo quiero es que ella me pida perdón cuando me hiere. Nada más. No quiero que sea perfecta. No quiero que deje de pecar. No quiero que nunca haga nada malo. Solo quiero que me pida perdón cuando me hiere". Después de abrir mi corazón con el consejero yo pensé que él me iba palmear en la espalda y me iba decir: "Pobrecito. Te entiendo. Que buen esposo eres". Sin embargo, no fue eso lo que hizo. En vez de eso, me dijo: "No podemos hacer nada por tu esposa. Tú ya le has comunicado que te duele lo que ella hace y ella sabe que es pecado. Vamos a hablar sobre tu enojo". En ese momento yo pensé: "¿Hablar sobre mi enojo? ¿De qué está hablando este hombre? ¿No escuchó lo que le dije? ¡Mi esposa es el problema, no yo!" Entonces me hizo una pregunta que me dejó boquiabierto y sin respuesta: "¿Cómo reaccionaría Cristo en una situación así?" Creo que odié a este hombre por dos semanas. Para mí era imposible aceptar que mi esposa no era la culpable de mi enojo. Después de todo, si ella fuese capaz de pedirme perdón, yo "no tendría ningún problema" y "sería el mejor esposo del mundo". Me llevó varios años aceptar que el problema de mi enojo no era culpa de mi esposa sino mía. Sí, ella tenía que aprender a pedir perdón (todos estamos de acuerdo con eso) pero yo tenía que aprender a no gritar. ¿Lo ves? Nadie me hace enfadar, yo me enfado solo porque soy pecador. ***Tengo que aceptar que yo soy el único responsable de todas mis reacciones de enojo.*** Sé lo que estás pensando. ¿Está mal que yo *desee* que mi esposa me pida perdón? ¡Claro que no! No solamente no está mal sino que es bíblico que ella lo haga. ***El problema es cuando transformo un deseo (aunque sea un buen deseo) en una demanda.*** ¿Recuerdas cómo funciona el corazón? Nuestro corazón ama. Y lo que yo estoy amando en el momento de mi enojo no es a Cristo sino a mí mismo (y a mi deseo de que ella me pida perdón) por encima de Cristo. Como escribí al comienzo del capítulo, peco, cuando mi corazón es controlado por un deseo (bueno o malo) que no estoy dispuesto a soltar.

Me gusta mucho el ejemplo que usa Paul Tripp para ilustrar este concepto. Toma una botella llena de agua. Quítale la tapa. Sacúdela. ¿Qué sucede? Empieza a salir agua para todos lados. ¿Por qué? (La mayoría de la gente responde de la misma forma). ¡Porque la has sacudido! La respuesta es incorrecta. Sale agua porque la botella estaba llena de agua. Si hubiera estado vacía o llena de Coca Cola, ¿hubiera salido agua? ¡Claro que no! Jesús dijo: "*Porque de adentro, del corazón humano, salen los malos pensamientos, la inmoralidad sexual, los robos, los homicidios, los adulterios, la avaricia, la maldad, el engaño, el libertinaje, la envidia, la calumnia, la arrogancia y la necedad. Todos estos males vienen de adentro y contaminan a la persona*" (Marcos 7:21-23 NVI). Déjame hacerte una pregunta. ¿Qué pasa si "sacudes" a Cristo? Tómalo como si fuera una botella y sacúdelo. ¿Cómo reacciona Jesús cuando lo "zarandean"? ¿Cómo responde él cuando lo insultan, lo agreden y lo malinterpretan? ¿Cuál es su respuesta cuando lo escupen, lo maltratan y lo clavan a un madero? Su respuesta, lo que sale de su corazón es: "*Padre, perdónalos porque no saben lo que hacen*" (Lucas 23:34). ¿Puedes verlo? La lucha de mi esposa ***fue un medio que Dios usó para mostrarme que yo no soy como Jesús***. Todo lo que hace falta, es que me "sacudan" un poco (Lucas 22:31).[b]

Para comprender cómo lidiar con el conflicto, es absolutamente esencial entender la diferencia entre la *ocasión* de un conflicto y *causa* de un conflicto. La ocasión son las circunstancias externas que me tientan a reaccionar de una forma incorrecta. Sin embargo, la causa por la cual reacciono de una manera incorrecta es porque yo voluntariamente decido pecar. Mi hija no puede volver del colegio y decirme: "Papá, he sacado una mala nota porque la maestra de matemáticas nos obligó a hacer un examen". Aunque tiene una porción de verdad, esta frase es incorrecta. Mi hija no aprobó el examen por que no estudió (¡Esa es la causa!) El examen es la ocasión, es el medio que revela que mi hija no había estudiado. Seguramente en la clase de mi hija había otros niños y niñas que sí habían estudiado y que, haciendo el mismo examen, sacaron buena nota. ¿Puedes ver la diferencia?

[b] El filósofo cristiano Cornelius Plantinga escribió: "***Nadie es más peligroso que una víctima***". Cornelius Plantinga, Jr. *El pecado* (Grand Rapids: Libros Desafío, 2011) p.74. ¿Qué es lo que está diciendo? Que las personas heridas tienden a herir. Que una víctima tiene la tendencia a sentirse justificada por su agresión, ¡y eso es peligrosísimo! Si lo piensas un momento, ese es justamente el argumento que utiliza un terrorista. El terrorista dice: "Nosotros ponemos bombas, porque ellos mataron a nuestros hijos". ¿Lo ves? No hay nada más peligroso que una víctima. ¿Qué dice el abusador? Abuso, porque fui abusado. Golpeo, porque fui golpeado. Sin embargo, ¡eso no te justifica! Hay gente que fue abusada y no abusa. Hay personas que fueron golpeadas, y no golpean. ¿Estuvo mal lo que sufriste? ¡Claro que sí! ¿Es justa tu causa? Muy posiblemente. Pero eso no te da derecho a reaccionar como reaccionas. La víctima se siente justificada para agredir; y eso es muy peligroso. Seguramente no seas un asesino serial o un terrorista, pero, cuando justificas tu agresión por haber sido herido, actúas bajo el mismo patrón. El pensamiento de la víctima es: "Me siento con derecho a herirte porque he sido herido por ti." Así que te pregunto: ¿Cómo tratas a una persona después de haber sido lastimado por ella? Recuérdalo. Nadie es más peligroso que una víctima.

Ocasión	*Causa*
Las circunstancias externas que generan un conflicto	*La respuesta pecaminosa de mi corazón a esas circunstancias*

En este mismo momento, mientras estoy escribiendo este capítulo en el ático de mi casa, acabo de escuchar a mi hija Micaela tener una discusión en su habitación con Manuel, su hermano menor. (Esto se llama soberanía divina). Diez minutos después, aquí estoy escribiendo de nuevo. ¿Qué hice? Me acerqué a ella y con mucho cariño le dije:

"¿Qué pasó, hijita?" "Discutimos con Manu".

"¿Por qué?"

"Porque estábamos jugando a un juego de mesa y él me quitó el dado".

"¿Qué hiciste?"

"Lo empujé".

"¿Por qué lo empujaste, mi amor?"

"Ya te dije papi, porque me quito el dado y yo lo quería".

"¿Qué te parece que ha pasado, mi amor?"

Hubo una pausa pensativa y luego dijo:

"Hice un tesoro del dado".

"Sí, hijita. Y, ¿quién tiene que ser tu mayor tesoro?"

Ella puso cara de circunstancia y señaló hacia arriba con el dedo índice.

"Mica, ¿cuál fue tu mayor tesoro?"

"El dado, papá".

"¿Qué tienes que hacer?"

"Pedirle perdón a Manu y también a Jesús".

"Sí, mi amor, y también tenemos que pedirle su ayuda para que él sea tu mayor tesoro. ¿Oramos?"

"Sí, papá".

¿Puedes verlo? Lo que originó la pelea no fue que el hermanito le quito el dado; esa fue la ocasión. Lo que originó la pelea fue la respuesta pecaminosa de mi hija; esa fue la verdadera causa. Mi hija sabe perfectamente (porque se lo hemos dicho cantidad de veces) que si alguien le hace algo que no le gusta tiene dos avenidas correctas para manejar el conflicto. Primero debe hablar con la persona y decirle que no le gusta lo que ha hecho (en términos bíblicos, confrontar el pecado). Y, si la persona no la escucha o lo sigue haciendo, puede hablar con papá o mamá para que ellos intervengan (en términos bíblicos, apelar a la autoridad correcta). Sin embargo, si ella le grita, lo empuja o lo lastima;

entonces ella es la que peca y necesita corrección. ¿Estuvo mal lo que hizo mi hijo menor? ¡Claro que sí! (De hecho, también hablé con él y fue disciplinado). Pero la pelea entre ambos se produjo porque ella hizo del dado su mayor tesoro (y pecó lastimando a su hermanito para obtenerlo). Mi hija no puede culpar a mi hijo Manuel por el empujón, ella tiene que responsabilizarse por sus acciones. Tú y yo también. Los conflictos son realidades con las que nos topamos todos los días y a toda hora. Aprender a manejarlos sanamente (y ayudar a otros a manejarlos sanamente) es una de las cuestiones más importantes para el cambio.[c]

El vocablo que La Biblia utiliza para identificar a la ocasión es "prueba". "*Amados, no os sorprendáis del fuego de prueba que en medio de vosotros ha venido para probaros, como si alguna cosa extraña os estuviera aconteciendo*". (1 Pedro 4:12; ver también Santiago 1:12). Una prueba es una situación difícil que Dios usa para revelar lo que hay en nuestro corazón. Tal como sucede en el caso de un examen de matemáticas, la prueba tiene como objetivo sacar a la luz lo que de otra forma no se podría ver. En el caso de un alumno, pone en evidencia si ha estudiado o no; en nuestro caso, pone en evidencia si responderemos como Cristo o si responderemos de manera pecaminosa. La gran diferencia entre ambos ejemplos es que una profesora realiza un examen con el objetivo de que *ella* pueda saber si un alumno ha estudiado o no. En el caso de Dios, él nos hace pasar por una prueba para ***que nosotros podamos ver el verdadero estado de nuestro corazón.*** ¡Él ya lo sabe! Yo soy quien no tiene luz al respecto.

¿Cómo encaja la tentación en esta dinámica? ***La tentación es una idea***. Es un pensamiento, es una propuesta, un ofrecimiento. La tentación es una invitación a responder de una forma opuesta a la que Dios espera que respondamos bajo la prueba. Lo que la tentación hace es ofrecerme una alternativa, un camino diferente. La tentación es, en su esencia, un ***pensamiento***. Es una idea pecaminosa, una posibilidad, un concepto abstracto que nuestro corazón considera y medita ejecutar. ¿De dónde nacen las tentaciones? De Satanás, del mundo (es decir, de que yo considere imitar su forma de pensar y de actuar) y de nuestra carne (es decir, de nuestras pasiones. Santiago 1:14). De estas tres

---

[c] Si lo consideras un momento, el concepto que estamos analizando aquí ya lo vimos expresado de otra forma en el capítulo tres: "***Siempre hago lo que más quiero***". Si estás jugando al fútbol y tu compañero de equipo no te pasa la pelota y tú lo insultas, no puedes justificarte diciendo: "Lo insulté porque estaba solo y no me pasaba la pelota. Se lo he pedido diez veces". Santiago te diría: "¡No! Lo insultaste porque quieres tanto la pelota que estás dispuesto a pecar para obtenerla. Hiciste lo que querías hacer. Tu deseo (bueno) se ha transformado en un 'sobre-deseo'. Por eso lo has insultado". El problema de nuestras pasiones descontroladas es que suelen esconderse y encontrar un justificativo en los momentos de prueba.

fuentes sacamos estas ideas incorrectas o alternativas potenciales de respuesta. Por eso, la Biblia puede decir que ***Dios nos prueba pero jamás nos tienta.*** Dios utiliza situaciones difíciles en nuestra vida (pruebas), pero Dios no nos ofrece ideas pecaminosas de cómo superar ese momento (él no nos tienta). De hecho, ¡nos ofrece una salida para responder en Cristo a esa prueba! (1 Corintios 10:13). Por eso la Biblia también dice que podemos gozarnos en las pruebas (Santiago 1:2); porque si respondemos en Cristo, las pruebas pueden producir crecimiento, ¡cambios profundos! Y ese es el objetivo final de Dios al usarlas.[d]

La ocasión	*Es algo externo*	*Una prueba o circunstancia difícil que nos "sacude"*
La tentación	*Es algo abstracto*	*Una idea alternativa a lo que Dios quiere*
La causa	*Es algo interno*	*Una respuesta pecaminosa de mi corazón*

¿Qué es el enojo?

Imagínate que estás caminando por un centro comercial y, al pasar por un negocio de ropa, ves una preciosa camisa que tiene un setenta y cinco por ciento de descuento. Te la pruebas y te queda perfecta. Vas a la caja a pagar y, sin pensarlo demasiado, le entregas tu tarjeta a la cajera. Cuando miras el ticket, no solo no te hacen el descuento prometido sino que además te agregan un cincuenta por ciento más. Sorprendido e intranquilo, le preguntas a la cajera qué está sucediendo y ella te responde: "Lo que sucede es que el descuento solo se aplica si pagas en efectivo. Si pagas con tarjeta se te cobra el precio original y se agrega un cincuenta por ciento más. Lo siento. Me olvidé de mencionarlo". Indignado le dices: "No gracias. No la quiero". Sin embargo, la cajera te responde: "Ya te la he cobrado. No hay devolución". ¿Cuál sería tu reacción? La misma que la mía: ¡enojo!

¿Qué es el enojo? ***El enojo es la respuesta emocional de nuestro corazón cuando vemos que sucede algo injusto.*** En el capítulo cinco de Nehemías encontramos que la gran mayoría del pueblo de Israel estaba pasando una enorme necesidad económica. La situación era terrible. Producto de la hambruna, muchos habían tenido que empeñar sus viñas y sus casas para poder conseguir granos y llevar un plato de comida a su familia. Sin embargo, eso no era lo

[d] Si entiendes lo que es un "cambio profundo", podrás imaginarte que el objetivo de las pruebas no es hacerme más fuerte, el objetivo de las pruebas es hacerme más dependiente. Es que confíe más en la gracia de Dios y menos en mí mismo.

peor. Los intereses que los nobles y los oficiales le estaban cobrando al pueblo por estos granos eran tan altos, que muchos habían llegado al punto de tener que vender como esclavos a sus hijos para pagar su deuda. (Intenta ponerte en sus zapatos. Vender a tu propio hijo/a para que no perezca toda tu familia). Cuando Nehemías se entera de esto dice: "*Entonces me enojé en gran manera...*" (Nehemías 5:6). ¿Puedes ver lo que acaba de suceder? El enojo es la forma en que reaccionamos cuando vemos algo incorrecto. Un grupo de gente se está aprovechando de otro. Los nobles y los oficiales están cobrando un interés tan desorbitante que fuerzan al pueblo a vivir en completa ruina. Mira las palabras textuales de Nehemías al enterarse de esta situación: "*Se rebeló mi corazón dentro de mí, y contendí con los nobles y con los oficiales y les dije: Estáis cobrando usura cada uno a su hermano.*" (Nehemías 5:7). El enojo dice: "Estoy en contra de eso. Me rebelo contra lo que habéis hecho. Lo que estáis haciendo contra el pueblo es incorrecto." El enojo se produce cuando observo algo y concluyo: "Eso importa... y eso no está bien." Es una reacción hacia algo que percibes ofensivo y que desearías eliminar. Es un disgusto activo contra algo lo suficientemente importante como para que genere una reacción en ti.

Como afirma David Powlison, enojo tiene dos aristas.[110] ***En primer lugar, el enojo siempre involucra un asunto moral.*** Cuando me enojo estoy diciendo: "Eso está mal. Eso necesita cambiar" Lo vemos más adelante en el mismo capítulo en las palabras del propio Nehemías: "*No está bien lo que hacéis.*" (Nehemías 5:9) No está bien que mi esposa no me pida perdón. No está bien que yo le grite. No está bien que no me permitan devolver la camisa. No está bien que los nobles y oficiales cobren un interés desorbitante. Puesto que el enojo involucra una cuestión moral, ***siempre que me enojo pongo en una posición de juez.*** ¿Por qué? Porque estoy juzgando la acción de otra persona. Es inevitable que esto suceda. Lógicamente, esto no es algo necesariamente malo, pero sí que es algo extremadamente peligroso. Como veremos más adelante, mi corazón necesita estar lleno del Espíritu Santo para poder manejar esta posición con la medida justa de amor y verdad (Gálatas 6:1,2). ***En segundo lugar, el enojo siempre revela mis valores.*** Cuando me enojo estoy diciendo: "Esto es importante para mí. Esto necesita cambiar." Como le sucede a Nehemías, nuestro "corazón se rebela dentro nuestro" y no nos podemos quedar callados. Lo que ha sucedido es demasiado importante como para que no diga nada. Si lo piensas un momento, rápidamente nos daremos cuenta que no todos nos enojamos por las mismas cosas. Si, por ejemplo, tú te burlas de mi peso; probablemente yo lo tomaré bien y me reiré contigo. Sin embargo, si tú te burlas de mi esposa o de mis hijos, ya no reaccionaré de la misma manera. Mi peso no es importante para mí (aunque para otros puede ser algo de enorme valor), ¡pero mi familia sí! ***El enojo (bien analizado) muestra mis valores, aquello que amo y que es importante para mí.*** ¿Has notado que he puesto entre paréntesis "bien analizado"? Muchas veces parece que nuestro enojo es por una razón pero, en realidad, es por otra. Por ejemplo, yo puedo enojarme cuando mis hijos se portan mal; pero, ¿por qué me enojo? ¿Me enojo porque estoy viendo la televisión y tengo que levantarme a disciplinarlos? (Es decir, me enojo porque valoro mi comodidad). ¿Me enojo porque mis niños han hecho un escándalo en el centro comercial y me ha dejado mal parado? (Es decir, me enojo porque valoro mi imagen). ¿Me enojo porque han hecho ruido y no me dejan dormir la siesta un domingo? (Es decir, me enojo porque valoro mi descanso). O, ¿me enojo porque no están glorificando a Cristo y anhelo que rápidamente recompongan su relación con él? (Es decir, me enojo porque los valoro a ellos). Como hemos visto desde el comienzo del libro, la clave para descubrir qué motiva mi enojo es hacerme la pregunta ¿por qué? Al hacerlo, descubrirás que tu enojo siempre muestra aquello que tú verdaderamente amas.

> Cada vez que te enojas haces que tus valores queden al descubierto. Sin embargo, tus valores no solamente se expresan por medio de palabras. Cada vez que te callas sobre algo estás implícitamente expresando tus valores. Todo lo que tú eliges hablar o eliges callar muestra aquello que es importante para ti. Tus reacciones emocionales y tus decisiones siempre proclaman tus valores. Cuando algo realmente te importa te emocionas [como nos muestra Nehemías], cuando no lo valoras no. Cada vez que te enojas (y cada vez que no lo haces) expones lo que tu corazón ama...
>
> Como seres humanos tenemos una capacidad evaluativa innata. Evaluamos todo. A nosotros mismos, a otros, el tiempo, los animales, las ideas, la cena, Dios, los precios, los eventos que vemos en las noticias... Constantemente aprobamos o desaprobamos lo que observamos. No podemos escapar de esto porque así Dios nos ha diseñado. El enojo simplemente expresa con una fuerza y emoción particular nuestra evaluación negativa de algo.[111]

Cuanto más nos importa algo, cuanto más lo valoramos, más grande es el nivel de disgusto que sentimos. Si una persona está conduciendo borracha y choca mi automóvil, seguramente eso producirá enojo dentro de mi corazón. Es normal. ¿Por qué? Porque valoro mi automóvil. Pero si un conductor borracho atropella a unos de mis hijos, experimentaré un nivel de enojo infinitamente mayor. ¡El aprecio que tengo por mi hijo no se compara con el aprecio que tengo por mi automóvil! Este ejemplo, ilustra otros dos aspectos absolutamente esenciales acerca de la naturaleza del enojo que merecen atención.

Otros dos aspectos importantes

El enojo siempre involucra una reacción emocional. Cuando estoy enojado mis sentimientos siempre están involucrados. O, expresándolo de manera opuesta, sin emociones no hay enojo. Lo vemos claramente en el caso de Nehemías (el texto dice que se enojó "*en gran manera*") y lo vemos también en el ejemplo de mi hija. El enojo es una emoción. (Ponte en los zapatos de Nehemías. ¿Cómo no vas a sentir "algo" cuando un niño o una niña son vendidos como esclavos?) Estoy convencido que entender este aspecto del enojo es una necesidad crucial para mayoría de los cristianos. ¿Por qué? Porque, entre los cristianos, el enojo es una emoción que produce enorme desconcierto y culpa. La tendencia de nuestro corazón es desvariar entre dos polos igualmente incorrectos. Por un lado, reprimimos el enojo (tapando las emociones que sentimos) y, por el otro, expresamos el enojo pecaminosamente (dando rienda suelta a nuestras emociones). Lógicamente, ninguna de estas dos reacciones es correcta; sin embargo, pretender definir el enojo cristiano como una reacción estoica e impasible donde las emociones quedan completamente desvinculadas es distorsionar la naturaleza misma del enojo; es no comprenderlo. Cuando uno está enojado siente dolor, siente *mucho* dolor. Ese dolor puede ser bien expresado o mal expresado, pero negarlo sería un gran error.

La clave, en este sentido, es reconocer que hay sentimientos que son válidos y correctos, mientras que hay otros sentimientos que no lo son. Una cosa es sentirme herido, otra cosa es sentir deseos de herir. Una cosa es sentirme malinterpretado, otra es estar desesperado por querer tener razón. Una cosa es sentir frustración, otra muy distinta es sentir odio hacia la persona. Una cosa es anhelar que la persona repare el daño que me ha hecho (tal como lo anhelaba Nehemías en Nehemías 5:11), otra muy distinta es no perdonarlo hasta que lo haga. Una cosa es desear vindicación, otra muy distinta es desear vengarme y humillar a la persona que me ha herido. Hay emociones que son correctas, hay emociones que no.

Esto nos lleva a meditar en otro aspecto clave. ***El enojo no es algo intrínsecamente malo*** (Efesios 4:26). Vuelve a pensar en el caso de Nehemías, pero esta vez, permíteme ir un paso más atrás y hacer un breve repaso del contexto. La nación de Israel está cautiva en Babilonia. *Todos* están cautivos en Babilonia; nobles, oficiales y el pueblo mismo. En un momento determinado, *todos* salen juntos de Babilonia. *Todos* realizan juntos un viaje peligrosísimo y *todos*, teóricamente, anhelan reconstruir la muralla de Jerusalén con el objetivo de glorificar a Dios. (Nota el plural cuando el texto dice: "*tus siervos se deleitan en reverenciar tu nombre*". Nehemías 1:11). Es más, *todos* tienen que pelear juntos contra sus enemigos mientras construyen la muralla; nobles, oficiales y el pueblo (Nehemías 4:16-23). Sin embargo, un día la cosa cambia. Después de todo lo que han pasado juntos, un grupo de ellos (¡los que más dinero tienen!), se aprovechan de otro grupo (los que no tenían casi nada). Su nivel de egoísmo e insensibilidad llega a tal punto que no les importa en lo más mínimo que sus propios hermanos tengan que vender como esclavos a sus hijos e hijas. (¿Te imaginas que una persona te haga eso luego de que hayas peleado codo a codo junto a ella; ¡luego de que hayas arriesgado tu propia vida para defender a *sus* propios hijos e hijas!?). Déjame expresarlo de manera opuesta, ¡sería incorrecto que Nehemías no se enoje! Sería pecado para él no sentir dolor y rechazo hacia lo que los nobles y los oficiales están haciendo. ¿Te das cuenta? La forma final de odiar a alguien no es el enojo, es la indiferencia; es que no te importe lo que les sucede. Lo que motiva el enojo de Nehemías es exactamente lo opuesto. Su enojo está motivado por su amor por el pueblo, y por un intenso y sentido odio hacia lo que están haciendo los nobles y oficiales. ¿Puedes verlo? ***El enojo sano puede odiar el pecado sin odiar al pecador.*** (Tal como lo hace Dios). El enojo puede (y debe) sentir furia hacia la acción incorrecta y pecaminosa de una persona; pero también puede y debe seguir amando a la persona a pesar de su acción. Dice Rebecca Manley Pippert:

> Piensa en cómo nos sentimos cuando vemos que alguien a quien amamos está sufriendo por una mala acción o una relación desaconsejable. ¿Respondemos con una tolerancia bondadosa como lo haríamos con un extraño? Al contrario. Estaríamos totalmente en contra de aquello que está destruyendo a nuestro ser querido.
>
> Amar a personas que son drogadictas es un buen ejemplo. Es una de las experiencias más frustrantes y exasperantes que he conocido jamás [... La autora afirma:] sentía ira. Con todo mi ser quería sacudirles y decir: "¿No lo ves? ¿No ves lo que te estás haciendo? Cada vez que te veo eres menos como eras antes." No estaba enfada porque les odiara. Estaba enfada porque me importaban. Si no les hubiera querido, podría

> haberme distanciado. Pero el amor detesta lo que destruye al amado [...] Mientras más ama el padre al hijo, más odia _en él_ al borracho, al mentiroso, al traidor.[112]

¿Sabes cuál es el personaje de la Biblia que más se enoja? ¡Dios! Ahora puedes entender por qué. Dios se enoja porque nos ama. Dios odia el pecado _en_ nosotros y lo odia porque anhela lo mejor para nosotros. Dios siente ira porque el pecado nos destroza, porque nos deshumaniza, porque nos impide acercarnos a él; la fuente de todo bien (Isaías 55:1-3; Juan 4:14). El enojo no es una emoción creada por Satanás, el enojo es una emoción creada por Dios. Él tiene la capacidad de enojarse y él nos dio a nosotros la capacidad para enojarnos. El gran problema del enojo, como el de cualquier otra emoción, es que tiene el potencial de transformarse en algo pecaminoso.

Para poder explicarte cómo funciona el enojo pecaminoso, necesito volver a repetir algo que he tratado de enfatizar a lo largo de todo el libro. Nuestro gran problema no son los deseos en sí, nuestro gran problema es cuando deseamos las cosas de manera desproporcionada. Nuestro problema es que amamos las cosas demasiado. Tomamos algo bueno (como el deseo de que mi esposa me pida perdón) y lo amamos de más. Al hacerlo nuestras emociones también se descontrolan y también se vuelven desproporcionadas. En otras palabras, ***amar algo de forma incorrecta produce un enojo incorrecto***. Amar algo de forma desproporcionada (aunque sea algo bueno), produce un enojo desproporcionado. Si una persona cruza en rojo y me choca y yo saco un revolver y le pego un tiro, he expresado mi enojo de manera incorrecta. Pero, piénsalo bien. ¿Por qué mi enojo es incorrecto? Porque reaccioné de manera desproporcionada. Pero ¿por qué reaccioné de esa forma desmedida? ¡Esa es la gran cuestión! La razón por la cual reaccioné de manera desproporcionada es porque amo mi automóvil de manera desproporcionada. ***Cuando amo algo desmedidamente, reacciono de manera desmedida***. Lógicamente, es muy fácil ver este concepto en un ejemplo exagerado como este; el gran desafío es verlo en las pequeñas situaciones de todos los días. ¿Por qué nos enojamos incorrectamente? Porque amamos algo más de lo que deberíamos amarlo. El problema más profundo no es el enojo en sí, ***el problema más profundo es _mi idolatría_***. Por esto, si lucho con enojarme, ¿cómo hago para cambiar? ¿Cuento hasta diez? ¿Me esfuerzo por no gritar? De ninguna manera. Un cambio profundo solo se producirá cuando descubra que estoy amando algo más de lo que amo a Jesús; que tengo "sobre-deseos", incluso por algo bueno (como que mi esposa me pida perdón). Necesito llegar al punto de decir con dolor: "Señor, no he respondido como tú. No has sido mi mayor tesoro. Te he cambiado por algo que quería desmedidamente. Sí, me han herido; pero yo he sido un adúltero. Yo me he vendido a mis pasiones. Necesito tu perdón". Esta convicción, plenamente sentida, es lo que hace que vuelva a necesitar del perdón de Cristo (y que luego tenga un nuevo poder para perdonar a otros). Cuando soy abrazado por su amor incondicional, ya no necesito de lo que tanto anhelaba. ¿Por qué? Porque habré cambiado de tesoro y mi corazón estará satisfecho.

Un contraste entre el enojo santo y el enojo pecaminoso

El enojo correcto	*El enojo incorrecto*
Se siente herido. *No tapa sus emociones ni las esconde. Se sabe débil y es honesto con lo que siente. Si la herida es muy grande, en vez de expresar su dolor a la persona, tiene la confianza de "vomitar" sus emociones en oración delante de Dios.*[e]	***Siente deseos de herir.*** *Expresa sus emociones gritando o guardando rencor. Aunque no lo admita o no lo vea, en el momento del enojo, odia al otro. Quiere venganza. Ya no piensa tanto en lo que le han hecho sino en cómo infligir dolor al otro.*
Siente un fuerte rechazo hacia el pecado de la otra persona. *Le duele lo que la persona ha hecho y no lo excusa. No es de piedra. Pero rechaza el pecado y no al pecador. Aunque se siente lastimado, es capaz de seguir amando al otro a pesar de lo que este le ha hecho.*	***Siente un fuerte rechazo hacia la persona que ha pecado.*** *Su dolor es tan intenso que es incapaz de seguir amando a la persona que lo ha herido. Odia el pecado y al pecador. Entretiene pensamientos y fantasías de cómo lastimar al otro.*
Tiene una causa justa y es capaz de no transformar su deseo en una demanda. *No hace la vista gorda a los errores, pecados y faltas de otros; confronta cuando tiene que hacerlo. Sin embargo, intenta ser objetivo y, si ve que el otro está ciego o insensible, espera.*	***Su causa (sea justa o injusta) se convierte en injusta porque transforma su deseo en una demanda.*** *Se siente con derecho a herir. Puesto que considera que tiene razón o que ha sido herido de sobremanera, cree que eso justifica su "pataleta" y su agresión.*

(Continuado)

[e] Hay muchas ocasiones que la herida que recibimos es muy grande y las emociones están a flor de piel. En estos casos, la Biblia recomienda dos cosas. En primer lugar, tienes toda la libertad de expresar sin tapujos tus peores emociones y sentimientos a Dios. No tengas vergüenza, ¡él ya los conoce! Verbalizarlos en oración te ayudará. La Biblia está llena de salmos imprecatorios (yo los llamo "salmos de enojo") donde el salmista "vomita" todo lo que siente delante de Dios (y después de hacerlo, normalmente termina pidiendo perdón por su propio pecado o adorando a Dios). Por ejemplo, en el Salmo 109:6ss (TLA) David le dice a Dios: "*¡Quítale la vida [a quien le ha herido]… ¡Que se queden huérfanos sus hijos! ¡Que deje viuda a su esposa! Convierte a sus hijos en vagos y limosneros… ¡Que les quiten todo lo que tienen… ¡Que a esos huérfanos nadie los trate con cariño ni les tenga compasión! ¡Haz que sus descendientes pronto desaparezcan!*" En segundo lugar, la Biblia aconseja que hables del tema con otro cristiano maduro. (Me refiero alguien MUY maduro. No con un amigo/a). Lo idóneo sería hablar con un consejero o pastor. El objetivo, en este caso, no será que ventiles tus emociones, sino que puedas recibir ayuda y consejo externo para manejar sabiamente la situación (Gálatas 6:1).

El enojo correcto	*El enojo incorrecto*
Se centra primero en disfrutar a Dios y, como resultado de esto, puede centrarse sanamente en los intereses propios y de los demás. *No es que no piensa en sí mismo, sino que piensa bien en sí mismo. ¿Qué significa esto? Que sabe que "la vida no está en hacer lo que quiero; la vida está en Dios". Por esto, pone primero a Dios. Una vez que eso está en orden en su corazón, puede velar de una manera equilibrada y bíblica por los intereses del reino, de sí mismo y de otros.*	***Se centra solo en sus propios intereses***. *Quiere algo y, cuando no lo obtiene, es incapaz de mirar más allá de sí mismo. Para él (al menos en ese momento) su vida se resume en que el conflicto termine de la manera que él espera. El enojo autocentrado dice: "¡Yo soy dios! Las cosas se harán a mi manera. Mis deseos son ley divina. Si tú violas mi soberana voluntad, serás castigado. Tengo un plan para mi pequeño reino y nada ni nadie se interpondrá en mi camino".*
Expresa su dolor de una manera correcta. *Sabe que la forma de expresar la verdad es tan importante como la verdad misma.*	***Expresa su dolor de una manera incorrecta***. *Desvaría entre la agresión verbal y el distanciamiento emocional (una forma de castigo).*
Aunque piensa que está en lo correcto, tiene una actitud de "manos abiertas". *No es inflexible, pero tampoco es una marioneta. Sabe que puede estar equivocado y que la otra persona puede tener una porción de verdad que él mismo no ve. Sabe que la realidad y su percepción de la realidad no siempre coinciden. Acepta su porción sin excusas.*	***Se cree el poseedor de la verdad y quiere tener razón a toda costa.*** *No piensa que puede estar equivocado. Cuando habla es un gran "abogado" (tiene razones y evidencias para todo); cuando se calla es una gran "sicólogo" (cree entender las razones del otro). Cuando es confrontado es incapaz de reconocer su parte en el conflicto.*
Se enfoca en hablar sobre los hechos concretos. *Cuando trata de discernir la motivación por la cual el otro actuó de la forma que lo hizo, apela a la reflexión, hace preguntas y no afirmaciones categóricas.*	***Juzga las motivaciones***. *Aunque no lo ve o no lo acepta, asume el rol del Espíritu Santo. ¿Cómo? Pretendiendo conocer las motivaciones y razones del otro. La Biblia llama a esto pecado de presunción.*
No exige cambios inmediatos. *Quiere que la otra persona cambie, pero es consciente que no debe demandarlo y que el cambio lleva tiempo.*	***Exige cambios inmediatos***. *Puesto que está enfocado desmedidamente en lo que desea, es incapaz de recordar que nadie cambia de un día para otro.*
Habla de su enojo con la persona correcta. *Confronta con amor a la persona que le hirió y no comenta el incidente a otros.*	***Habla de su enojo con la persona incorrecta.*** *Puesto que no se anima o no quiere confrontar (por miedo u orgullo) habla con otros (chismea).*
Es capaz de perdonar. *Puesto que nadie puede quitarle su mayor tesoro (Cristo), todo lo que alguien le haga es infinitamente inferior a lo que sigue teniendo. A su vez, su corazón se enternece rápidamente al recordar el constante perdón divino que recibe. Apropiarse de estas dos realidades le permite extender perdón a otros.*	***No puede perdonar***. *Puesto que ha transformado un deseo en un ídolo (y la otra persona ha "tocado" ese ídolo), no tiene la capacidad de pasar por alto la falta. Siente que le han quitado algo precioso e invaluable. Aunque lo niegue, la realidad es que, para él, ese algo que el otro le ha quitado es más precioso que Jesús mismo.*
Enojarse correctamente no requiere fuerza de voluntad, requiere fuerza sobrehumana; requiere estar lleno del Espíritu.	

Antes de pasar al próximo punto, quisiera que meditemos en un último aspecto clave acerca del enojo incorrecto. El enojo pecaminoso no siempre se expresa de la misma manera. En general, solemos desvariar entre dos polos. Por un lado, hay personas que suelen explotar cuando se enojan; y, por el otro, hay otras personas que suelen callarse cuando están enfadadas. Estas últimas *parece* que no están enfadas; pero, en realidad, están escondiendo o negando su enfado (incluso de ellos mismos). Si lo piensas un momento, en una pelea de boxeo hay dos formas de defenderse de un golpe; asestando otro golpe (lo que hacen las personas con carácter "fuerte") o esquivando el golpe (lo que hacen las personas con carácter "débil"). Ambos (¡sí, ambos!) son respuestas pecaminosas y funcionan como mecanismos de defensa incorrectos. (Piénsalo bien. La persona de carácter verdaderamente fuerte es la que tiene la suficiente fortaleza para recibir el golpe sin *esquivarlo* ni *devolverlo*; esa persona es como Jesús. Mateo 5:39).

Personas estilo "volcán"	***Personas estilo "iceberg"***
Explotan[f]	*Se guardan su bronca dentro*
Dicen todo lo que piensan sin filtro alguno	*No suelen decir lo que verdaderamente piensan*
Tienden a ser muy impulsivos	*Tienden a ser muy calculadores*
Luchan con gritar desmedidamente	*Luchan con la amargura*
Para ellos el enojo es un momento	*Para ellos el enojo puede durar varios días*
Suelen perdonar a otros más rápidamente	*Suelen tardar más tiempo en perdonar*
Aunque piensan que no es así, tienden a ser poco críticos	*Aunque piensan que no es así, tienden a ser muy críticos*
Utilizan las palabras para castigar al otro	*Utilizan el silencio y la distancia para castigar al otro*

Naturalmente todos podemos reaccionar de ambas formas según el contexto en el que estemos, según la persona con la que tengamos el conflicto, etc.; pero, en general, hay una de estas dos tendencias que suele predominar en nuestras respuestas incorrectas. ***¿Cómo reaccionas tú cuando no obtienes lo que quieres?***

[f] Merece la pena reflexionar acerca de cómo se siente una persona cuya pareja "explota" con regularidad. "Cuando estoy con él siento que tengo que "caminar entre cáscaras de huevo" ["ir con pies de plomo" o con extremo cuidado]. Nunca sé cuándo el volcán va a explotar. Es tan volátil, tan intimidante, tan controlador. Da miedo, es injusto y opresivo. Me siento menospreciada, y si no soy cuidadosa, sé que me golpeará. Sí, yo me enojo, pero mi temor y dolor parecen ganarle la batalla a mi enojo. Jamás me atrevería a expresar mi enfado ni si quiera el más pequeño desacuerdo. Algunas veces ni yo misma sé ya lo que quiero. ¿Comer pizza o pescado? No me atrevo a

¿Cómo responder en un conflicto?

Como dije arriba, "ser fuerte" es manejar el conflicto como lo haría Jesús. (Sin actuar como un volcán o como un iceberg). No es negar mis emociones y dejar que otros me pisen, pero tampoco es responder de forma agresiva. "Ser fuerte" es responder de forma correcta. Bíblicamente hablando, hay tres tipos de respuestas correctas. Puesto que no siempre debemos responder de la misma manera, me gusta asociarlas con un semáforo. Verde: cuando Dios nos mueve a confrontar el pecado de la persona; amarillo: cuando nos indica que debemos esperar; rojo: cuando lo más conveniente es que pasemos por alto la falta y perdonemos a la persona sin marcarle su error. Analicemos cada una de ellas brevemente.

Perdonar	*Implica pasar por alto la falta*	*Proverbios 19:11*
Esperar	*Implica aguardar el momento adecuado*	*Santiago 1:19,20*
Confrontar	*Implica mostrarle a la persona su falta*	*Mateo 18:15*

1. Semáforo en rojo: Pasando por alto la ofensa

Aunque *en los tres casos debo perdonar* a la persona que me hiere, hay ocasiones en que debo perdonarla sin señalarle lo que ha hecho incorrectamente. Dice Proverbios 19:11: "*La discreción del hombre le hace lento para la ira, y su gloria es pasar por alto una ofensa*".

¿Cuáles son algunas razones por las cuales Dios me puede pedir que haga esto? ***En primer lugar, puede ser que la persona que ha pecado no está en condiciones de ser confrontada.*** La Biblia dice que, a veces, confrontar a alguien que está enceguecido solo trae más discusión y empeora el conflicto. Dice Proverbios 9:7,8: "*El que corrige al escarnecedor, atrae sobre sí deshonra, y el que reprende al impío recibe insultos. No reprendas al escarnecedor, para que no te aborrezca; reprende al sabio, y te amará*".[g] ¿Quiere decir esto que no debo confron-

pensar cuál sería mi preferencia y menos aún a expresarla. Simplemente hago como que no me importa. No sé qué hacer. Me siento paralizada, sin poder y abrumada al vivir en un ambiente de constante hostilidad. A veces pienso que es mi culpa, que es exactamente de lo que él me acusa. Si solamente yo fuera diferente, él no sería tan vil ni violento. Sin embargo, en mis momentos de cordura, me doy cuenta que ***estoy siendo manipulada por su enojo y que no hay excusa por cómo me trata***." Traducido y adaptado de David Powlison, *Good & Angry*, pp.31,32.

[g] Es muy interesante meditar en lo que dice la segunda parte de este versículo; "*corrige al sabio*". Esto quiere decir, que la medida de corrección que una persona puede soportar es directamente proporcional a la madurez del individuo. Cuanto más maduro soy, más corrección acepto. Te pregunto: ¿Abres la puerta para que otros te corrijan? ¿Cuándo fue la última vez que alguien lo hizo? Según este versículo, si fue hace mucho tiempo, no es

tar a una persona que va a reaccionar mal? ¡Claro que no! La realidad es que son muy pocas las personas que reaccionan bien cuando son confrontadas. Si este fuera el caso, ¡jamás confrontaríamos a nadie! Lo que quiere decir es que tengo que tener discernimiento para distinguir si Dios está "poniendo el semáforo en rojo" en este momento particular con esta persona en particular. Por ejemplo, quizás no sea idóneo confrontar a un compañero de trabajo no cristiano que me ha insultado pidiéndome que le alcance algo. (No sé tus amigos no creyentes, pero los míos suelen insultarse todo el tiempo). Sin embargo, si se trata de un amigo creyente, lo mejor sería mencionárselo. Recuerdo una situación donde estaba trabajando con un líder creyente que sistemáticamente cometía la misma falta. Cada vez que yo se lo mencionaba, reaccionaba agresivamente. Llegó un momento donde, puesto que solo nos quedaba muy poco tiempo para seguir trabajando juntos, Dios fue muy claro en indicarme que debía soltar a este hombre y dejar de reprenderlo. La guía de Dios se trata de momentos, no de leyes fijas. ***En segundo lugar, puede ser que yo no esté en condiciones de confrontar a la persona.*** Proverbios 17:14 dice: "*Río desbordado es el pleito que se inicia; vale más retirarse que complicarse en él*". Muchas veces soy yo el que no está en buen estado para confrontar a otros, o simplemente no soy la persona adecuada para hacerlo. Quizás mis emociones están demasiado heridas, quizás mi motivación no es la correcta, quizás al confrontarlo anhelo vengarme y no ayudarle, etc. ¿Qué puedo hacer en una situación así? A veces lo mejor es no decir nada o, como veremos abajo, a veces lo que conviene es esperar. ***En tercer lugar, puede ser que Dios quiera trabajar en mi carácter y enseñarme a ser más cómo él.*** Como dice 1 Pedro 2:20-25 (lee este pasaje si estas luchando con esto), parte de nuestro llamado es sufrir *injustamente*. Jesús calló y no abrió su boca, a nosotros, a veces (no siempre), nos toca seguir sus huellas. Si lo piensas un momento, ***el perdonar a otros es la actitud que más me acerca a ser como Dios***. (Medita en esta idea. Creo que es muy relevante).

¿Qué implica perdonar a alguien que me ha herido? ***En primer lugar, involucra sufrir voluntaria y conscientemente el costo de la ofensa***. Imagínate que me pides el automóvil prestado y lo chocas. Vamos a decir que, por alguna razón, el seguro no cubre los gastos de arreglo. ¿Qué puedo hacer? Tengo tres opciones. Puedo pedirte que tú me pagues todo el arreglo. Podemos pagar un porcentaje cada uno. O, puedo perdonarte la deuda y pagar yo el arreglo del automóvil. En cada una de las opciones el costo por *el daño debe ser pagado*

porque has madurado sino todo lo contrario; es porque eres un escarnecedor que reacciona mal cuando alguien se atreve a hacerlo.

por alguien. Perdonar significa que yo estoy dispuesto a absorber la deuda del pecado de otro. Lógicamente, no todos los daños que nos hacen se miden en términos económicos. Una persona puede dañar tu reputación, tu autoestima, tu trabajo, puede privarte de tu libertad, de oportunidades, de sueño, de alegría, puede causarte dolor emocional, físico, etc. No se le puede poner un precio a estas cosas; sin embargo, hay un daño que fue causado que tiene un costo para la persona herida. Perdonar, es lo opuesto a excusar. *Excusar*, es decir "no ha pasado nada". *Perdonar*, es decir "sí ha pasado algo pero estoy dispuesto a tolerarlo". ***En segundo lugar, perdonar involucra que he podido sanar mi corazón herido recordando el constante perdón que recibo.*** ¿Cómo hago para perdonar? ¿Cómo hago para tolerar el dolor de la herida? Meditando en el costo que Cristo asumió para perdonar mi propio pecado (Mateo 18:23-33). Solo el evangelio tiene el poder para que deje de verme como una víctima del pecado de otros, y comience a verme como un asesino del Hijo de Dios. Cuando esta ecuación se invierte (dejo de verme como una víctima y comienzo a verme con un victimario), mi corazón encuentra enorme consuelo y sanidad; y así, sano, puedo perdonar a cualquier persona que me haya herido. ***Finalmente, perdonar involucra renunciar a llevar un registro de la ofensa y/o usarla en el futuro*** (1 Corintios 13:5). Cuando perdono a alguien, no tengo derecho de volver a mencionar ese pecado a la persona. Pasar por alto una ofensa significa que decido deliberadamente no hablar acerca de ella, no pensar más en ella, ni tampoco dejar que se convierta en amargura. Si no puedo olvidar la ofensa de esta forma, si es demasiado seria como para pasarla por alto, o si es parte de un patrón pecaminoso en la vida de la otra persona, lo mejor será hablar con la persona de forma amorosa y constructiva.

2. Semáforo en amarillo: Esperando el momento oportuno

Imagínate que es viernes por la noche. El marido llega a su casa destrozado del trabajo. Su jefe termina de decirle que le han bajado el sueldo. Los niños están gritando y corren de un lado al otro del comedor. Llegan los suegros. El perro ladra para que lo saquen a pasear. Hay que cambiarse rápidamente y salir disparando para ir a una fiesta. Sin embargo, la esposa está empecinada en decirle a su marido que esa mañana ha sido la enésima vez que no ha tirado la basura. Eclesiastés dice que hay un tiempo para todo. Para confrontar también. Uno de los desafíos más grandes en la confrontación es tener suficiente discernimiento (y paciencia) para saber si es el momento idóneo para mostrarle a una persona su pecado.

Sí, es verdad que en Mateo 5:23,24 Jesús nos insta a resolver el conflicto rápidamente.[h] También es verdad que Pablo en Efesios dice: "*no se ponga el sol sobre vuestro enojo*". Sin embargo, esto no quiere decir que siempre y en toda situación debo confrontar a la persona el mismo día que la persona peca. Lo que Pablo quiere decir en Efesios es que no debo irme a dormir con enojo pecaminoso en mi corazón, es decir, ¡sin haberla perdonado! (Ya lo dije al comienzo, en los tres casos debemos perdonar a la persona). Hay muchas situaciones donde lo mejor es esperar. Un ejemplo extremo sería intentar confrontar a alguien que está drogado o una persona que está borracha y suele ponerse agresiva. Muchas veces, la persona que acaba de pecar no está lista para recibir confrontación al momento que está "explotando", pero sí lo está después cuando está más calmada. También es posible que la persona esté pasando por un momento muy difícil (como una muerte de un ser querido o haber sido despedido de su trabajo), en cuyo caso sea mucho más sabio esperar para mostrarle su error. Tienes que recordar una verdad clave. ¿Qué es lo que buscas al confrontar a alguien? El objetivo de la confrontación es doble. Por un lado, mostrarle a la persona su pecado para que no vuelva a repetirlo (la Biblia llama a esto "*corrección*"); y, por el otro, que vuelva a acercarse a Dios y a la persona que ha herido (la Biblia llama a esto "*reconciliación*"). Siempre considera: si hablo en este momento, ¿lograré estos objetivos?

Finalmente, otra razón por la cual Dios puede guiarme a esperar es por causa de mi propio estado emocional y espiritual luego de ser herido. Hay muchas veces que simplemente no estoy listo. Santiago 1:19 afirma: "*La ira del hombre no obra la justicia de Dios*". Otra versión dice: "*Porque la gente violenta no puede hacer lo que Dios quiere*" (TLA). Y otra: "*Porque el hombre enojado no hace lo que es justo ante Dios*" (PDT). ¿Qué es lo que Santiago está diciendo? Que cuando estás insanamente airado (seas volcán o seas iceberg), es imposible que actúes de una manera justa. Es decir, es imposible que resuelvas el conflicto como Dios lo resolvería. Dicho de otra forma, el enojo destroza tu capacidad de mirar la realidad objetivamente y tomar decisiones sabias y correctas cuando estás en ese estado. Si confrontas a alguien, ¡lo harás mal!

[h] Como sucede a lo largo de todo el Sermón del Monte, Jesús utiliza un gran número de hipérboles o exageraciones para comunicar las verdades espirituales que quiere transmitir. Por ejemplo, cuando dice: "*a cualquiera que te abofetee en la mejilla derecha, vuélvele también la otra*", Jesús no está afirmando que solo en ese caso debes hacerlo. ¿Qué pasa si alguien te pega en la mejilla izquierda, o en el estómago, o en la nariz? Lógicamente se está refiriendo a una actitud de no resistencia, no a algo literal. Lo mismo sucede en Mateo 5:23,24 donde ordena: "*deja tu ofrenda allí delante del altar, y ve, reconcíliate primero con tu hermano, y entonces ven y presenta tu ofrenda*". Creo que la interpretación más sana del pasaje es entender que Jesús está hablando de una actitud interna de tener el deseo y la disposición de resolver el conflicto lo antes posible y no que la reconciliación siempre debe ser hecha en el mismo día que se produce el desencuentro.

(¿Cuántas veces te arrepientes de cosas que has dicho después de un momento de enojo?). ¿Qué es lo mejor? Esperar. Primero perdona a la persona en tu corazón, luego confróntala (Proverbios 14:29).

3. Semáforo en verde: Confrontando a una persona

Cuando un cirujano entra en una sala de operaciones se lava las manos, se esteriliza, se pone guantes, mascarilla, una ropa especial y se cubre sus zapatos. La habitación en donde está el paciente se prepara cuidadosamente. Las enfermeras se aseguran que las maquinarias estén funcionando a la perfección, que los instrumentos estén en su lugar y que todo se encuentre sumamente controlado para el delicado momento de la operación. Cuando el médico se acerca al enfermo lo hace con muchísimo cuidado y es extremadamente sensible al tocar la herida del paciente. ¿Por qué? Porque la persona está en una situación de enorme vulnerabilidad. En cada situación de confrontación tengo que hacerme la idea que estoy tocando una herida abierta. Tengo que tener la actitud y el cuidado de un cirujano.

Cuando la Biblia habla acerca de la forma en la que debemos confrontar a una persona, la palabra que podría resumir toda su enseñanza es <u>empatía</u> (Gálatas 6:1). Tener empatía es tener la capacidad de ponerme en los pies de la persona que es confrontada. Es decir, sentir lo que él siente y pensar lo que él piensa en el momento que le estoy mostrando su error. Aunque podrían decirse muchas cosas respecto a cómo hacerlo, quiero dejarte cuatro sugerencias prácticas.

- Tengo que expresar mi dolor de la misma forma que quisiera que otros lo expresen conmigo (Mateo 7:12).
- Tengo que expresar mi dolor recordando que también yo causo dolor a otros (Romanos 3:23).
- Tengo que expresar mi dolor sabiendo que yo también puedo caer en lo mismo (Gálatas 6:1).
- Tengo que expresar qué fue lo que mi hirió consciente de que puedo estar equivocado (Jeremías 17:9).

¿Cuándo debo confrontar a alguien? Aunque puede haber más, déjame darte dos razones bíblicas que pueden servirte de guía.[i] La primera razón es muy

[i] El Espíritu Santo es el responsable final de guiarnos a confrontar a otros. Sin embargo, déjame darte un consejo si la confrontación es algo nuevo para ti. Por defecto, todos solemos tener una preferencia a la hora de

clara, cuando has visto un pecado real y objetivo en otro creyente. Mateo 18:15 dice: "*Y si tu hermano peca, ve y repréndelo a solas; si te escucha, has ganado a tu hermano*". Quedarme callado cuando la Biblia me manda a confrontar, es pecado. Pero, ¿cómo puedo estar seguro si debo hacerlo? El mismo pasaje te da la respuesta; cuando mi motivación es ayudarlo, "ganarlo", recuperarlo. Si mi motivación no es ayudarle, entonces debería callar. La segunda razón para confrontar es cuando se ha creado una "pared" entre tú y la persona. En Mateo 5:23,24 Cristo dice que si sabemos que alguien tiene algo en contra nuestra, es nuestro deber intentar resolverlo. ¿Qué pasa si la persona responde mal? ¿Qué pasa si no quiere reconciliarse? Pablo nos da la respuesta en Romanos 12:18: "*Si es posible, en cuanto de vosotros dependa, estad en paz con todos los hombres*". El texto deja claro que, a veces, la reconciliación no es posible (aún entre creyentes).[j] Sin embargo, al aceptar esto, no deberíamos perder el punto más importante que Pablo quiere destacar. Debo meditar concienzudamente si he hecho *todo* lo que estaba a mi alcance para que se produzca la reconciliación. Si puedo decir honestamente que sí, y, si otros que conocen la situación (idealmente tu pastor o líder), también están de acuerdo que sí lo has hecho; entonces es posible que tengas conflictos no resueltos.

Finalmente, ¿cómo debo pedir perdón yo cuando hiero a otro? Déjame primero decirte cómo no hacerlo: "Si te hice algo malo o si te has sentido ofendido, perdóname". ¿Has hecho algo malo o no? ¿Por qué lo pones en duda? Al pedir perdón de esta forma, ¿no estoy haciendo a la persona culpable por "sentirse ofendida", es decir, por "ser demasiado sensible"? Necesito asumir la responsabilidad de mi falta. Confesar es "homologar". En griego, "decir lo mismo que dice el otro". En palabras contemporáneas: "Estoy de acuerdo contigo, estuvo mal lo que hice". Una forma más humilde de hacerlo es simplemente decir: "¿Me perdonas por...?"

manejar las diferencias. Si eres "volcán" lo más probable es que normalmente confrontes a otros, mientras que, si eres "iceberg", lo más normal es que no. Hay un simple principio que puede ayudarte temporalmente: "Habla, cuando te sientas tentado a callar. Calla, cuando te sientas tentado hablar". Podríamos llamar a este consejo un "ayuno de palabras" (para el "volcán") y un "ayuno de silencio" (para el "iceberg"). Con el paso del tiempo, y seguramente luego de mucho ensayo y error, llegarás a encontrar un equilibrio sano. Para más detalle acerca de cómo resolver conflictos y lidiar con las discusiones te recomiendo el libro "*Pacificadores*" de Ken Sande.

[j] Como he dicho previamente, aún si la persona no quiere reconciliarse conmigo, yo sí *puedo* y *debo* perdonarle por lo que me ha hecho. Aunque la reconciliación es algo que involucra las dos partes, el perdón es algo que tú puedes hacer a solas con Dios.

La clave para resolver un conflicto

Responder bien en un conflicto no es difícil, responder bien en un conflicto es imposible. Nada de lo que he escrito en este capítulo tiene valor si no permites que esta verdad se asiente en tu corazón. Ni tú ni yo podemos vivir de la manera que he escrito aquí. Toda esta teoría no sirve para nada si no estoy lleno del Espíritu y disfrutando de Cristo como mi perla de gran precio. La clave para vivir de esta forma es darme cuenta que no puedo hacerlo (sin ayuda sobrenatural).

Las discusiones y peleas muestran una de las verdades más claras y autoevidentes que uno puede ver tanto en la Biblia como en la vida: ***Los conflictos nacen en un corazón insatisfecho. Por lo tanto, los conflictos SOLO se eliminan cuando el corazón vuelve a estar lleno. La clave para eliminar los conflictos es el contentamiento.*** Es darme cuenta que estoy buscando satisfacer el corazón con lo creado, pero, la realidad, es que solo puede ser satisfecho con el Creador.

Debes pasar el doloroso proceso que pasé con mi esposa; dejar de mirar fuera de ti y enfocarte en tu propio problema. Cuando lo hagas, contrario a lo que gritan tus emociones, encontrarás tu escondida idolatría, pero también encontrarás un Dios que te abraza y te ama a pesar de ella. Y, cuando sientas su abrazo, ya no necesitarás discutir, porque tu corazón estará satisfecho.

BREVE RESUMEN

¿Qué es un conflicto? *Un conflicto nace con una diferencia de opinión. Tener un desacuerdo no es incorrecto pero que el desacuerdo se transforme en una discusión, sí lo es.*

¿Por qué discutimos? *Aunque hay situaciones que nos tientan a pecar, la causa por la cual peleamos es por nuestra propia respuesta pecaminosa. No hemos obtenido algo que amamos demasiado y decidimos pecar para obtenerlo.*

¿Qué es el enojo? *Es la forma en que reaccionamos cuando algo que es importante para nosotros no es de la manera que debería serlo. La cuestión más importante con el enojo es ser honesto conmigo mismo y considerar: ¿Por qué me enojo? ¿Qué es lo que verdaderamente me duele?*

¿Cómo debo responder en un conflicto? *Como un semáforo, siempre tengo tres opciones.*

1. *Perdonar a la persona pasando por alto la falta.*
2. *Esperar el momento adecuado para mostrarle su falta.*
3. *Confrontar a la persona mostrándole su falta.*

PARA REFLEXIONAR O DIALOGAR EN GRUPOS PEQUEÑOS

1. *Resume en una o dos oraciones los conceptos que más te hayan impactado de este capítulo.*
2. *Vuelve a mirar el listado de características que diferencia un desacuerdo y una discusión. ¿Con cuál o cuáles de ellas luchas más? ¿Por qué piensas que sueles caer en ello?*
3. *¿Cuál es la diferencia entre la ocasión y la causa de un conflicto? ¿Te cuesta responsabilizarte por tus reacciones? ¿Qué piensas que Dios está queriendo enseñarte a través de estas dificultades?*
4. *¿Cómo definirías con tus propias palabras qué es el enojo? ¿Qué distingue, a tu criterio, el enojo correcto del incorrecto?*
5. *¿En qué situaciones sueles enojarte? ¿Con quién? Si analizas tu enojo con honestidad, ¿por qué te enojas? ¿Qué es lo que tu corazón valora en esos momentos?*
6. *Manejar bien el conflicto tiene que ver con aprender a confrontar con amor. ¿Qué te cuesta más, confrontar o callar? ¿Por qué? ¿Qué crees que Dios espera de ti en nuevas situaciones de confrontación? ¿Cuál es la clave para responder como él espera?*

CONCLUSIÓN

¿Ha cambiado tu forma de cambiar?

Mi objetivo al escribir este libro ha sido muy ambicioso; incluso me atrevería a decir, humanamente inalcanzable. Mi deseo detrás de cada palabra ha sido cambiar dos imposibles; tu *corazón* (aquello que más amas y anhelas) y tu *cosmovisión* (tu forma de leer e interpretar la vida). Si tuviera que resumirlo en una frase lo expresaría así: mi intención ha sido ayudarte a *cambiar tu manera de cambiar*. Cambiar tu forma de cambiar involucra indefectiblemente un cambio de cosmovisión. ¿Qué es una cosmovisión? Una cosmovisión es el conjunto de creencias a través de las cuales ***miras, observas e interpretas TODO*** lo que te sucede. Son los lentes que utilizas para leer ***CADA COSA*** que te pasa. Aunque resulte redundante expresarlo de esta forma, tu cosmovisión es tu visión del mundo; es tu manera de responder las preguntas más básicas y fundamentales de la vida; por ejemplo, ¿para qué vivo? ¿Qué es lo que está mal en el mundo? ¿Cuál es el verdadero problema del ser humano? ¿Cuál es la solución? En nuestro caso, ¿qué es el cambio verdadero? ¿Cómo se produce? ¿Qué puedo hacer yo para cambiar? ¿Cómo puedo saber si realmente lo he experimentado?

La cosmovisión que he tratado de comunicarte a lo largo de este libro podría resumirse a través del siguiente cuadro. Si lo piensas un momento, este cuadro aplica absolutamente a TODO; a la consejería, a tu forma de leer la Biblia, a cómo enfrentar las pruebas, a la toma de decisiones, a la crianza de los hijos, al discipulado, a tus luchas con cualquier pecado, a tu forma de predicar, etc. Tu gran desafío es descubrir cómo estas verdades se aplican en tu situación particular y específica. Cuando lo hagas, notarás que sucederá algo maravilloso: comenzará a cambiar tu forma de cambiar. (Si quieres un ejemplo práctico de cómo hacerlo piensa en el capítulo que acabas de leer. Al considerar los tres puntos del cuadro notarás que he intentado aplicar esta cosmovisión a la resolución de conflictos).

El problema	*El problema no es tanto lo que* ***hago****, el problema es lo que* ***deseo***	*El enfoque tiene que estar en el* ***corazón*** *(Marcos 7:21)*	*No puedo cambiar lo que deseo y por eso sigo haciendo las cosas que hago (****mis ídolos motivan mis acciones****)*
La solución	*La solución para cambiar es volver a apreciar* ***mi imperiosa necesidad del evangelio*** *(todavía soy un adúltero espiritual)*	*El enfoque tiene que ser la obra de* ***Cristo*** *(que me perdona) y la obra del* ***Espíritu*** *(que me da poder) (2 Corintios 3:18)*	*Solo* ***un encuentro real*** *con Dios tiene la capacidad de mostrarme mi pobreza espiritual y el valor de ser amando y aceptado a pesar de ella*
El resultado	*El resultado de encontrarme con Dios es que* ***cambia lo que más disfruto*** *(Cristo vuelve a ser mi mayor tesoro)*	*El enfoque tiene que ser considerar* ***si estoy amando más*** *a Dios y a otros, no solo si ha cambiado mi comportamiento (Mateo 22:37-39)*	*Cuando cambian mis deseos también cambia mi forma de vivir. Ahora estoy lleno del Espíritu y comienzo a* ***glorificar a Dios*** *en todo lo que hago*

Una sugerencia

Déjame darte un consejo práctico. Cambiar una cosmovisión es un proceso que lleva bastante tiempo. Muchos de los conceptos que hemos visto en este libro necesitan asentarse en tu mente y calar profundo en tu corazón. Esto quiere decir, que a pesar de que los hayas entendido y aceptado como verdaderos, debe pasar un tiempo considerable para que realmente lleguen a ser parte de ti y se integren a tu cosmovisión. En cierta forma, debe suceder algo similar a lo que pasa cuando te preparas un té. Si quieres que toda el agua absorba el contenido del saquito de té, necesitas dejar que el saquito repose dentro de la taza por un tiempo considerable. No puedes sacarlo enseguida y pretender que tenga su pleno sabor. Lo mismo sucede con todo lo que hemos estudiado en este libro. ¿Cómo puedes "hacer reposar" los conceptos que hemos visto y meditar más profundamente en ellos? Una forma práctica es volviendo a leer este libro con un grupo pequeño de tu iglesia o con alguien a quien estés discipulando de manera personal. Hacerlo te permitirá volver a pensar en cada una de las ideas que hemos analizado y, al tener que hablar acerca de su contenido con otro/s, te verás "forzado" a considerar y descifrar cómo estas verdades se integran a tu vida diaria. Una de las cosas que he descubierto como profesor de teología es que uno realmente aprende algo (especialmente algo complejo) cuando tiene que enseñárselo a otros. Al fin y al cabo, ¡no te queda opción! Leer este libro con otros será de bendición para tu vida y además será de gran edificación para otros. ¡Aprovéchalo![a]

Una palabra final

El día en que mi esposa y yo nos casamos fue uno de los momentos más felices de toda mi vida, pero a la vez, fue uno de los tiempos más difíciles y dolorosos que me ha tocado vivir. Apenas dos semanas antes de nuestra boda, mi hermano mayor murió repentinamente producto de un aneurisma. Jamás olvidaré la conversación que tuve con mi padre cuando le pregunté si él pensaba que debíamos seguir adelante con la fecha de nuestra ceremonia o si era mejor posponerla. Aunque él estaba completamente destrozado, cuando le hice esta pregunta se recompuso de una forma increíble y me dijo con palabras tan firmes como terminantes: "¡De ningún modo! Tú no vas a suspender tu boda. ¡Será el día más feliz de tu vida!". Yo me sorprendí; especialmente por el nivel de convicción y certeza con que lo dijo. Entonces añadió: "Piénsalo hijo, ¿qué es lo que tu hermano mayor hubiera querido que hicieras?".

La boda siguió adelante y fue un momento único y especial. Como podrás imaginarte, fue un tiempo muy emotivo por una combinación de factores muy difíciles de expresar. Sin embargo, de las decenas de emociones y momentos que se sucedieron aquel día, hay una imagen que jamás podré quitarme de mi mente. Recuerdo el instante exacto cuando mi esposa comenzó a caminar hacia el altar mientras yo, de pie, la esperaba completamente deslumbrado. Recuerdo como si la estuviera viendo ahora mismo que, mientras ella se acercaba lentamente sonriendo con ternura y nerviosismo, yo le repetía una y otra vez: "Estás hermosa… Estás hermosa… Estás hermosa…". Para mí no había otra persona en esa iglesia más que ella. Mis ojos estaban completamente

[a] Mi sugerencia para estudiar este libro con otros es que cada uno lea en su casa un capítulo por semana y luego de reúnan para hablar sobre las preguntas que se encuentran al final de cada capítulo. Si lo consideras necesario, tú mismo puedes agregar otras preguntas que ayuden a aclarar conceptos o que generen diálogo e interacción. En la reunión el objetivo sería doble. Por un lado, charlar sobre los conceptos claves y aclarar cualquier duda. Y, por el otro, compartir diferentes formas prácticas de cómo vivir y aplicar estas verdades en la vida cotidiana.

hipnotizados con su persona. El mundo entero podría haberse derrumbado pero yo hubiera seguido embelesado con Ani. ¿Llegas a captar la analogía? Dios es el novio y tú eres quien está caminando hacia el altar (Efesios 5:25-33; 2 Corintios 11:2; Apocalipsis 21:2). Lo que un novio siente por su novia, es un cuadro imperfecto, borroso y caído de lo que Dios siente por ti, mientras se acerca el día de tu desposorio. Es una imagen difícil de creer, ¿verdad? ¿Cómo puede ser que Dios nos mire de esta forma? ¿Cómo puede ser que él me ***vea*** hermoso/a? Aún más, ¿cómo puede ser que él me ***llame*** hermoso/a? Después de todo, ¡es exactamente lo opuesto a lo que soy! La única razón por la cual él nos mira y nos trata de esa forma es por causa de nuestro hermano mayor, Jesucristo (Hebreos 2:11). Aunque la analogía es imperfecta; como mi hermano mayor, Él hizo posible la boda. Él murió en tu lugar y, al hacerlo, te ha vestido de blanco. Él se dio por ti y, al hacerlo, él te ha regalado su hermosura y santidad. Él fue rechazado por el Padre y, al hacerlo, él te ha trasferido su plena aceptación. Es justamente por eso que todo lo que el Padre siente, ve y dice de tu Hermano mayor, también lo siente, lo ve y lo dice de ti. ¿Qué dice de Jesús y por ende de nosotros? "*Tú eres mi Hijo amado; en Ti hallo mi complacencia*" (Marcos 1:11 BTX). O, como dice la NTV, "*Tú eres mi Hijo muy amado y me das gran gozo*". ¿Quieres cambiar? Permite que esta verdad penetre tu corazón y te transforme. No tienes un Dios cualquiera; tienes un novio celestial, un Dios enamorado, un Dios que se ha comprometido contigo y está a punto de desposarte (Apocalipsis 21:2). ¿Tienes dudas? Sigue el consejo que me dio mi padre. Pregúntale a tu Hermano mayor: "Jesús, ¿cómo quieres que viva a la luz de lo que has hecho?" ¿Sabes cuál será su respuesta? "Vive sintiéndote plenamente aceptado por Dios… Para eso he muerto por ti…" (Juan 15:9). Disfruta de su amor. Aprópiate de su aceptación. Se acerca la gran boda.

APÉNDICES

APÉNDICE 1

¿Qué debo hacer cuando no deseo obedecer?

¿Qué debo hacer cuando no disfruto a Jesús? ¿Qué debería hacer cuando he intentado volver a experimentar el evangelio pero todavía se siente como algo lejano? ¿Debería, por ejemplo, perdonar a alguien aunque no lo sienta, o leer la Biblia y orar aunque no lo desee? Para responder esta pregunta debemos recordar una de las verdades teológicas más importantes: ***vivimos en el "ya pero todavía no"***. Sí, el Señor *ya* ha venido y ha introducido su reino en el mundo y en los que creen en él. Pero, sin embargo, él *todavía no* ha restaurado todas las cosas y nuestra glorificación (nuestro cambio completo y perfecto) aún ha de consumarse. Este "mientras tanto" nos deja viviendo en ***una constante tensión entre lo que podemos ser en Cristo y lo que un día seremos.*** No debemos exigirnos, de este lado de eternidad, realidades que están reservadas para cuando la perfección se haya producido. Naturalmente tendremos distintos momentos de desánimo, falta de deseo e, incluso, de inusitada lejanía de Dios (aquello que los místicos han llamado "la noche oscura del alma"). Siempre tendremos motivaciones mixtas y una medida de ceguera al buscar obedecerle. ¿Cómo debemos, entonces, responder en una situación así? Quisiera darte cinco consejos muy prácticos.[113]

En primer lugar, debo confesar la frialdad de mi corazón. La Biblia es muy clara. Según Mateo 22:37-40, Dios está detrás de *todo* nuestro ser interior. Esto también involucra nuestros sentimientos, nuestras pasiones y nuestros deseos. Si Dios ha dejado de capturar nuestro corazón, él merece el reconocimiento que esto ha sucedido. Podemos (y debemos) ir a él sin tapujos y decirle cómo nos sentimos.

En segundo lugar, debo pedirle a Dios que me dé la capacidad de ver nuevamente su "belleza". Cuando uno realmente quiere algo, "pide"; "busca"; "llama" (Mateo 7:7-12). Jesús nos asegura que Dios está dispuesto a responder esta clase de pedidos. (¡Mucho más si tiene que ver con disfrutar de su persona!) La insistencia, como muestra la parábola de la viuda que pide justicia, es un gran valor para Dios (Lucas 18:1-8). Insistir en oración es una manera de mostrar que realmente queremos a Dios y lo extrañamos. Algo similar sucede con el ayuno. Como dice John Piper en su libro *Hambre de Dios* (libro que te recomiendo que leas en tiempos de falta de gozo): "El ayuno cristiano nace de la nostalgia de Dios".[114]

> Nuestro ayuno no se debe a que tengamos hambre de algo que no hemos experimentado [...] su intensidad no nace de no haber probado nunca el vino de la presencia de Cristo, sino del hecho de haberlo gustado de una forma tan maravillosa por medio de su Espíritu, y ahora no podemos estar satisfechos hasta que llegue la consumación del gozo. El nuevo ayuno, *el ayuno cristiano*, es hambre de la plenitud de Dios (Ef. 3:19)...[115]

Déjame alentarte y recordarte una gran verdad. El sentido de "ausencia de Dios", es evidencia de que lo has encontrado. Tener hambre de él, es señal que lo has saboreado. Extrañarle, es una prueba de que él ha estado cerca. Esto es lo que expresa David en el Salmo 63:1-5 (NVI):

> *"Oh Dios, tú eres mi Dios; yo te busco intensamente. Mi alma tiene sed de ti; todo mi ser te anhela, cual tierra seca, extenuada y sedienta. [¿Qué está diciendo David? 'No te estoy experimentando, pero ¡estoy desesperado por volver a disfrutarte! No dejaré de buscarte hasta volver a saborearte']. Te he visto en el santuario y he contemplado tu poder y tu gloria. [¿Qué está diciendo? 'Aunque ahora no es así, hubo un tiempo pasado (cuando estaba en el santuario) donde estuviste cerca, donde realmente te vi y percibí tu belleza']. Tu amor es mejor que la vida; por eso mis labios te alabarán [Es decir, 'sé que no hay nada que pueda llenar el corazón como tú, sé que eres lo mejor que existe en esta tierra']. Te bendeciré mientras viva, y alzando mis manos te invocaré. [En otras palabras, 'por eso te seguiré buscando y te seguiré pidiendo que abras mis ojos']. Mi alma quedará satisfecha como de un suculento banquete, y con labios jubilosos te alabará mi boca". [Es decir,*

'confío que en algún momento volveré a experimentarte']. La "ausencia de Dios", es la evidencia de que en algún momento lo encontraste. Tener "sed", es señal de que él está obrando. Insiste. Tu corazón ya lo sabe. Si lo tienes a él lo tienes todo, pero si no lo tienes a él y lo tienes todo, no tienes nada. No dejes de buscarlo, vale la pena.

En tercer lugar, debo meditar en por qué he perdido la pasión por Dios. ¿Por qué mi corazón está frío? ¿Por qué no siento ganas de perdonar? ¿Por qué he perdido el entusiasmo por leer la Biblia y orar? ¿Qué es lo que **HOY** me causa más gozo y felicidad? ¿A qué le estoy dedicando mi tiempo, mis pensamientos y mis fantasías? Responder honestamente estas preguntas te permitirá descubrir qué es lo que ha cautivado tu corazón. Dicho de otra forma, te permitirá ***identificar qué cosa ahoga o apaga tu deseo por Dios***. Debemos recordar que los seres humanos ***SIEMPRE estamos amando algo***. Nuestro corazón siempre busca una razón de vivir. Esta razón puede variar en cuestión de minutos. En un determinado momento mi razón de vivir puede ser ver un partido de fútbol; en otro, tener razón en una discusión; y, pasados unos minutos, puedo estar viviendo para mostrar que soy una persona muy espiritual. Puesto que nuestro corazón constantemente nos engaña (Jeremías 17:5), muchas veces no nos damos cuenta qué es lo que está frenando nuestro crecimiento espiritual. Es como si tuviéramos una cadena invisible amarrada a nuestro tobillo y estuviéramos intentando caminar. Somos conscientes que no podemos avanzar, pero no somos capaces de ver qué es lo que nos frena. Preguntarnos "por qué" nos ayuda a hacer visible esta cadena, identifica el problema de raíz. Nos ayuda a ver, por ejemplo, que la razón por la cual no podemos perdonar es porque nuestra reputación ha sido destrozada y eso nos tiene atados a nuestra amargura (idolatría a la imagen). Nos ayuda a ver que, quizás, no tenemos ganas de leer la Biblia o de orar porque nos acostamos tarde todas las noches viendo nuestra serie favorita de televisión (idolatría a la diversión). Preguntarnos "por qué", nos ayuda a identificar a qué le estamos entregando nuestro amor. Ver nuestros ídolos es el comienzo del cambio. ¿Por qué? Porque solo cuando veo mi enfermedad voy al Médico en busca de ayuda.

En cuarto lugar, debo continuar exponiendo mi corazón al evangelio. Si estoy pálido y quiero tomar color, ¿qué debería hacer? ¡Exponerme al sol! Solo así tendré el color de piel que tanto anhelo. Lo mismo sucede con el corazón. Si está frío, necesita ser expuesto nuevamente a aquello que puede calentarle. Una de las cosas que más disfruto hacer en mi tiempo libre es mirar álbumes de fotos de mi familia. Puedo pasar horas haciéndolo. ¿Por qué? Porque ver a mis hijos recién nacidos, recordar mi luna de miel, o volver a observar una foto de mis padres y mis hermanos cuando ellos y yo éramos pequeños, me ayuda a recordar y valorar lo mucho que Dios me ha bendecido. Pocas cosas enternecen mi corazón como mirar fotografías. Generan agradecimiento, me emocionan, me conmueven, me hacen llorar. Estar expuesto, ayuda a recordar. La falta de gozo en Dios es un problema de amnesia. Es un problema de olvido. ¿Solución? Necesito volver a ser conmovido por la verdad. Necesito volver a apreciar la belleza de la verdad. En el famoso pasaje de Romanos 12:1,2 Pablo dice que la "renovación de la mente" es una tarea constante. Nadie puede sobrevivir con un sermón por semana. Así que te pregunto: ¿Qué suele usar Dios para devolverte el gozo en Él? ¿Leer la Biblia? ¿Una conversación profunda con amigo/a? ¿Escuchar una buena predicación por YouTube? ¿Pasar un tiempo extendido a solas a modo de retiro espiritual? ¿Escuchar canciones cristo-céntricas? ¿Leer libros cristianos? ¿Hablar con un consejero o con un pastor? (Pocas cosas ayudan tanto como verbalizar tus luchas y compartirlas abiertamente con alguien maduro que esté dispuesto a escucharte sin juzgarte; pero que también es capaz de decirte la verdad con amor). Si tu corazón está frío, es tu responsabilidad exponerlo a aquello que lo enternezca. Utiliza cualquiera de estas, o muchas otras avenidas, que pueden servirte para volver a atesorar a Cristo (dedicaremos el capítulo doce para profundizar este concepto).

Finalmente, debo hacer aquello que no siento ganas de hacer confiando que a su tiempo, Dios reavivará el deleite. Tim Keller ilustra muy gráficamente este concepto:

> Suponga que un pajarito se cae del nido dentro de la línea de visibilidad de un zorro. El pájaro todavía no puede volar (de ahí la caída), pero hay un agujerito protector en la base del árbol al que puede escabullirse. El zorro arranca y se apresta a perseguir al pájaro. ¿Qué debe hacer el pajarito? Claro, debe saltar al agujero para evitar el peligro inminente. Pero si con el paso del tiempo lo único que hace el pajarito es saltar, nunca aprenderá aquello para lo que fue diseñado: volar. Y al final seguramente lo cazarán los depredadores de los que fue diseñado para escapar.
>
> A corto plazo, debemos sencillamente obedecer a Dios porque es su derecho y se le debe. Pero a largo plazo, la mejor manera de moldear

nuestras vidas y escapar de la influencia mortal de los pecados que nos asechan es la de motivar el corazón con el evangelio.[116]

Dios nos ha llamado a volar (Isaías 40:31). En otras palabras, él espera de nosotros una vida que solamente puede ser explicada sobrenaturalmente. No pretendo afirmar que viviremos siempre así, pero sí que, por su gracia, podemos poco a poco progresar en esa dirección y que no debiéramos contentarnos con un estilo de vida que no nazca de un sincero amor por Dios. Como ha dicho C.S. Lewis:

> Partiendo de que la cosa es en sí misma correcta, mientras más le guste y ***mientras menos tenga uno que "tratar de ser bueno", mejor.*** Un hombre perfecto nunca actuaría por el sentido de responsabilidad; siempre ***desearía*** la cosa correcta más que la incorrecta. La responsabilidad es solo ***un sustituto del amor*** (de Dios y de otras personas), como ***una muleta***, que es un sustituto de una pierna. La mayoría de nosotros necesita una muleta algunas veces; pero por supuesto ¡es de tontos usar las muletas cuando nuestras piernas (nuestro propio amor, gustos, costumbres, etc.) pueden hacer el viaje por sí mismas.[117]

Sí, en algunas ocasiones debemos obedecer aunque el deseo no esté presente y la pasión por Cristo parezca estar muy lejana. Pero, por encima de todo, debemos apropiarnos de las promesas que Cristo compró en la cruz por nosotros de modo que vivamos conscientes que "*su divino poder nos ha concedido todo lo que necesitamos para vivir cómo él espera*" (2 Pedro 1:3) y que el mismo poder que obró "*en Cristo cuando le resucitó de entre los muertos y le sentó a su diestra en los lugares celestiales*" está a disposición nuestra. *Esa* es nuestra esperanza, su poder, no el nuestro. Su incondicionalidad, no nuestra fidelidad. Su amor, no nuestro esfuerzo. Como ha dicho John Owen:

> Las provisiones de la ley, el temor de la muerte, el infierno, el castigo y el temor del Señor, deberían ser atesorados en el corazón. Sin embargo, estas provisiones son conquistadas más fácilmente; por sí mismas nunca se mantienen firmes en contra de los asaltos de la tentación: estas provisiones son conquistadas cada día. Un corazón armado con ellas resistirá por un tiempo en contra de la tentación, pero muy pronto se dará por vencido. Estas provisiones deberían ir acompañadas por una conciencia del amor de Dios.

¿Qué necesita usted atesorar en su corazón para vencer la tentación? ***Usted necesita una conciencia del amor de Dios en Cristo; un conocimiento del propósito eterno de su gracia; un deleite en la sangre de Cristo y en su amor para morir por nosotros.*** Llene su corazón con un deleite en los privilegios ganados por la muerte de Cristo: nuestra adopción, nuestra justificación, nuestra aceptación, etc. Llene su corazón con pensamientos de la belleza de la santidad, el don comprado por Cristo, el gran propósito final de su muerte; "*para que seamos santos y sin mancha delante de Él, en amor*" (Ef. 1:4). El corazón equipado con tales riquezas tendrá (en el curso ordinario de andar con Dios) grande paz y seguridad de las distracciones de las tentaciones.[118]

¿Qué debo hacer cuando no tengo deseos de obedecer?
1. Debo confesar la frialdad de mi corazón
2. Debo pedirle a Dios con insistencia que me devuelva el privilegio de ver su gloria
3. Debo meditar en por qué he perdido la pasión por Dios y qué la ha reemplazado
4. Debo exponer mi corazón al evangelio
5. Debo hacer la voluntad de Dios aunque no tenga deseos de hacerla

Un gran dilema

La Biblia dice claramente que una persona creyente peca. "*Si decimos que no tenemos pecado, nos engañamos a nosotros mismos y la verdad no está en nosotros*" (1 Juan 1:8). Sin embargo, la Biblia también dice que una persona que peca no es un verdadero creyente. "*El que dice: Yo he llegado a conocerle, y no guarda sus mandamientos, es un mentiroso y la verdad no está en él*" (1 Juan 2:4). ¿Cómo se resuelve esta paradoja?[a] En otras palabras, ¿cómo sé si soy un cristiano verdadero que desobedece de vez en cuando o si soy una persona que *piensa* que es cristiana y, en realidad, no lo es?

[a] Todos tenemos *momentos* de desobediencia y lejanía. Todos incluso tenemos *períodos* de desobediencia y lejanía; esto es perfectamente normal. (El rey David, por ejemplo, estuvo casi un año lejos de Dios tapando su pecado luego de acostarse con Betsabé y mandar a matar a su marido). Sin embargo, 1 Juan 2:4 está hablando de un *estilo de vida* de desobediencia y lejanía. Es decir, de una persona que tiene una forma de vivir opuesta al evangelio. Si hablas con esta persona te dirá algo así: "Sí, sé que peco de vez en cuando. Pero no es tan terrible. Nadie es perfecto. A mí *no me parece* que estoy viviendo tan lejos de Dios". Esta clase de actitud es la que Juan se refiere y la que él mismo llama ceguera o autoengaño (1 Juan 1:8; 2:9; etc.). Digo que conozco a Dios, pero no me importa pecar y vivir lejos de él.

Aunque esta pregunta demanda un extensa explicación (que no tengo espacio para dar) y que cada caso es distinto (lo que puede ayudar a uno puede no ayudar a otro); quisiera compartirte una ilustración muy simple (y bastante fantasiosa) pero que me ha sido de gran utilidad. Imagínate un cerdito. ¿Qué es lo que los cerditos ***disfrutan*** hacer? Comer porquerías. Ensuciarse. Digamos que a este cerdito lo sedamos, le abrimos el pecho y le hacemos un trasplante poniéndole un corazón de cordero. ¿Qué sucederá cuando este cerdito despierte? Poco a poco, ¡comenzará a tener ***deseos*** de cordero! Comenzará a comer hierba, disfrutará estar limpio, etc. Externamente seguirá siendo un cerdo, pero, internamente tendrá un corazón nuevo; un corazón lleno de nuevos deseos. Sí, puesto que sigue siendo un cerdo, de vez en cuando, volverá a embarrase y a comer porquerías. Y, si uno lo observa superficialmente, no se diferenciará demasiado de sus congéneres. Sin embargo, internamente, en su corazón, habrá una gran diferencia. En vez de gozo, sentirá ***dolor***. En vez de alegría, sentirá ***vacío***. En vez de disfrutar de la experiencia, como una vez lo hizo, experimentará un profundo sentido de ***ausencia***. ¿Cómo puedo saber si mi corazón ha cambiado? Por el dolor que siento al alejarme de Jesús; mi perla de gran precio.

Sí, el pecado todavía nos seduce. Sí, el pecado todavía nos atrapa. Sí, el pecado es una realidad con la que todavía seguimos luchando. De hecho, el pecado todavía produce una medida grande de placer (¡por eso volvemos a escogerlo!). Sin embargo, el placer que ofrece se siente y se percibe como un placer *pasajero*, *incompleto* e *insatisfactorio*. El creyente verdadero experimenta una realidad interna que hace la gran diferencia. El creyente verdadero puede decirse a sí mismo con toda honestidad: ***el nivel de placer que ofrece el pecado, no puede compararse con el nivel de placer que encuentro cuando estoy cerca de él.***

¿Cómo sé que soy de Cristo? Porque tengo un sincero deseo de no volver a alejarme de él. Para el creyente verdadero, obedecer produce gozo; mientras que, desobedecer, no le trae felicidad. De hecho, le trae todo lo contrario, le hace sentir lejos de Aquel que es su verdadera fuente de vida. Para el creyente verdadero, nada se compara con estar cerca de Cristo. El creyente verdadero no es alguien que nunca peca, es alguien que sinceramente desea no volver a pecar. Como alguien dijo, todavía disfruto el pecado, pero odio el placer que me causa.

Algunas señales

¿Cuáles son las señales más alarmantes de que puedo no ser un verdadero creyente? Aunque hay más, nombraré las dos más evidentes. Una es la falta de arrepentimiento genuino y la otra es la ceguera espiritual. ¿Qué quiero decir con la falta de arrepentimiento genuino? Que me niego sistemáticamente a responsabilizarme por mi pecado y, cuando lo "acepto", suelo tener motivaciones completamente autocentradas para hacerlo. (Puedes volver a mirar el capítulo cuatro cuando vimos la diferencia entre remordimiento y arrepentimiento. También puedes mirar Mateo 18:17 y ver cómo califica Jesús a una persona que se resiste a arrepentirse). La ceguera, por su parte, tiene que ver con la falsa creencia de estar autoconvencido que estoy bien. ***Nadie está más lejos de Dios que aquel que piensa que está bien.*** Si te cuesta aceptar esto, considera atentamente la parábola del fariseo y del publicano en Lucas 18:9-14.

Finalmente, ¿cuál es la señal más evidente de que eres un verdadero creyente? Aunque me gustaría profundizar, lo resumiré en una frase. Un verdadero creyente es una persona que, poco a poco, con muchos baches y altibajos, con grandes fracasos en su historial, con sus momentos de duda y falta de fe, incluso con ciclos de pecado que parece no poder quebrar; es capaz de decir con sinceridad: "***A pesar de todo ello, <u>estoy empezando a sentir</u> en mi corazón que Dios es mi Padre, mi Redentor, mi Amigo, mi Sanador, mi Paz, mi Consuelo, mi Proveedor, mi Sostén, mi Rey, mi Señor, mi Amante y mi Todo***".

APÉNDICE 2

Una ayuda práctica para leer los mandamientos de la Biblia

Soy muy consciente que una de las principales razones por la cual mucha gente no lee la Biblia es simplemente porque no la entiende. Pues bien, cada vez que tú o yo leemos las Escrituras nuestra tarea primordial es intentar interpretarla correctamente de modo que encontremos el ***significado original*** que el autor quería darle a sus palabras. (Todos cuando nos comunicamos, sea de manera oral o escrita, queremos que entiendan lo que quisimos decir. A nadie le gusta que lo malinterpreten). Tal como lo indican Gordon Fee y Douglas Stuart en su libro de hermenéutica: "Un texto no puede significar lo que nunca significó. O para ponerlo de un modo positivo, el verdadero significado de un texto bíblico para nosotros, es lo que Dios se propuso originalmente que significara cuando se expresó por primera vez."[119] Tradicionalmente, se suele enseñar a estudiar la Biblia por medio de una metodología que consiste en seguir tres conocidos pasos. En el primero de ellos, la *observación*, se intenta responder a la pregunta: ***¿Qué dice el pasaje?*** Al leer el texto somos como un detective que está estudiando un caso. Intentamos recolectar la mayor cantidad de datos que podamos. En el segundo paso, la *interpretación*, se pretende esclarecer el significado del texto respondiendo a la pregunta: ***¿Qué significa este pasaje?*** Es decir, después de recolectar toda la información que pudimos en el primer paso, ahora tratamos de considerar cuál es su significado y qué quería decirle el autor a sus lectores originales con lo que escribió. Finalmente, en la *aplicación*, el tercero de los pasos, uno debe formular el siguiente interrogante: ***¿Qué debo hacer según este pasaje?*** Es decir, cómo debo vivir a la luz de lo que he leído. Por una cuestión de espacio, no me detendré a analizar los dos primeros pasos. Creo que hay mucha y muy buena literatura que puede ayudarte en este sentido si esto es algo nuevo para ti.[a] Sin embargo, a la hora de aplicar la Biblia en nuestra vida, creo que existen muy pocos recursos que se enfoquen en cómo ayudarnos a estudiar las Escrituras de modo que podamos experimentar verdaderos cambios profundos. Aunque se podría decir mucho sobre el paso de la aplicación, en este apéndice *me limitaré a* ayudarte a que aprendas cómo puedes aplicar de manera Cristo-céntrica *cualquier mandamiento* que leas en la Biblia.

Creo que una pregunta clave para hacernos es: ***¿Cómo afecta el evangelio (o la cruz) mi entendimiento de este mandamiento?***[120] Si al llegar al paso de la aplicación nos hacemos la pregunta tradicional (¿qué debemos hacer según este pasaje?) explícita, o al menos implícitamente, volvemos a poner el ojo en el esfuerzo humano. Como he enfatizado a lo largo de todo el libro, nuestro esfuerzo, sin estar conectados a Cristo a través de su Espíritu, no puede cambiarnos. Tomemos la mentira como ejemplo. Si yo leo un pasaje que dice que no debería mentir y concluyo que la aplicación del versículo es que "***debo dejar de hacerlo***" si lo estoy haciendo; o que "***debo esforzarme por no hacerlo***" si se me presenta la oportunidad de mentir, estoy interpretando como lo haría una persona no cristiana. ¿Por qué? ¡Porque no he incluido a Cristo en el proceso de cambio! ¿Hace falta tener a Dios dentro del corazón para dejar de mentir? ¡Claro que no! Mucha gente atea no miente. Muchos Testigos de Jehová son honestos. Muchos mormones no suelen hacerlo. Si no incluyo a Cristo en mi aplicación de la verdad que he leído, seré incapaz de vivir esa verdad de acuerdo a los parámetros de Cristo. (*Por medio* de su gloria y *para* su gloria. Recuerda el capítulo nueve).

¿De dónde, pues, podemos valernos para tener un acercamiento más correcto al texto?[b] La respuesta es simple. Debemos aprender de cómo Jesús leyó la Biblia. Nadie mejor que él para enseñarnos. ¿En qué porción de las Escrituras Jesús lo hace de manera más clara? En el Sermón del Monte; específicamente en Mateo 5:21-58 (por favor, lee este pasaje si no estás familiarizado con él). En este capítulo Jesús cita seis mandamientos del Antiguo

[a] Para ello te recomiendo el libro de Howard G. Hendricks. *Interpretación Bíblica: Una introducción* (Weston: Patmos, 2011).

[b] Quisiera aclarar que el método que planteo aquí no es algo novedoso. Debes tener cuidado de cualquiera que se presente con una nueva revelación. Las sectas comienzan de esta forma. Jesús es nuestro maestro. Lo único novedoso de este método es intentar expresarlo de una forma simple y clara de tal forma que te sirva de herramienta para estudiar mejor las Escrituras.

Testamento (versículos 21; 27; 31; 33; 38 y 43) y, después, simplemente explica lo que cada mandamiento quiere decir. ¿Qué aprendemos de su hermenéutica (es decir, de su forma de leer las Escrituras)? ¿Cómo hacía Jesús para observar, interpretar y aplicar los mandamientos? Antes de mostrarte algunas conclusiones, déjame compartir contigo una breve porción de una entrevista telefónica que mantuve con el Dr. John Henderson y que me inspiró a escribir lo que leerás luego.

> Cuando Jesús predica el sermón del monte no nos está dando mandamientos nuevos, nos está dando una hermenéutica correcta. [Es decir, una forma correcta de interpretar la Biblia]. Jesús es muy claro al afirmar que lo que él está enseñando no son mandamientos nuevos, sino *los mismos mandamientos antiguos bien interpretados*. En otras palabras, lo que Jesús está diciendo es: "Esto es lo que Dios quería decir cuando dijo que no deberíamos matar... (Verso 21) Esto es lo que Dios quería decir cuando dijo que no deberíamos cometer adulterio... (Verso 27) Esto es lo que Dios quería decir cuando dijo que debíamos amar al prójimo... (Verso 33) Es algo mucho más profundo que simplemente no asesinar a alguien. Es algo mucho más profundo que simplemente no acostarse con una mujer que no sea la propia. Es algo mucho más profundo que simplemente amar a quien me ama. ***El propósito de Dios era llegar al corazón y no simplemente producir cambios de conducta externa***. Esa fue su intención *desde el principio con Moisés*, no fue algo novedoso que Jesús desenmascaró. Esta es la manera en que ellos deberían haber interpretado esos mandamientos. Lo que Jesús nos mostró, hermenéuticamente hablando, es que ***los mandamientos debían haber funcionado como un bisturí capaz de cortar por la mitad el corazón y no como una escalera para intentar alcanzar el amor de Dios o el cielo.***[121]

A la luz de lo que uno puede observar en la hermenéutica de Jesús, podríamos concluir que cada vez que leemos un mandamiento somos confrontados con tres verdades fundamentales:

1. *Nos recuerda cómo tenemos que vivir*
2. *Nos recuerda que no podemos vivir así*
3. *Nos recuerda que necesitamos a Cristo para vivir así*

En primer lugar, y siguiendo con el ejemplo de la mentira, cuando leemos un pasaje que habla acerca del engaño ***somos confrontados con aquello que tenemos que hacer.*** El plan benévolo y maravilloso de Dios es que sus hijos vivan siempre en la verdad. Sin embargo, al examinar con sinceridad y con ayuda del Espíritu de Dios nuestro corazón nos damos cuenta que todavía tenemos enormes luchas con este pecado. Aún luchamos con la manipulación, con el intentar presentar una imagen mejor de nosotros, con esconder cierta información que puede perjudicarnos, etc. Al hacernos la pregunta, ***¿qué es realmente mentir?***; nos damos cuenta que todas estas cosas, y muchas otras, son formas sutiles de hacerlo y todavía están muy presentes en nosotros.

En segundo lugar, después de examinar concienzudamente lo que se nos está pidiendo, somos confrontados con la realidad de que, por más que lo intentemos, ***no podemos vivir lo que se nos pide.*** Al hacernos la pregunta ***¿por qué miento en esta situación?;*** llegamos a darnos cuenta de nuestras verdaderas motivaciones. Estas pueden girar en torno a tener una imagen piadosa frente otros, a no querer perder dinero en una determinada situación, a que nos consideren poco inteligentes, etc. Al descubrir la verdadera motivación, desenmascaramos nuestro ídolo escondido y nos damos cuenta que en vez de amar a Cristo lo suficiente como para no tener deseos de mentir, nos amamos tanto a nosotros mismos que hemos estado dispuestos a hacer cualquier cosa con tal de obtener lo que queremos.

Finalmente, al ver las verdaderas motivaciones de nuestro corazón, somos confrontados con la realidad de que ***necesitamos el perdón y el poder de Cristo para vivir lo que se nos pide***. Mentimos, porque no lo hemos amado en lo profundo. Mentimos, porque de alguna manera, nuestro corazón se ha alejado de él. Mentimos, porque hemos dejado de valorar y apreciar a Cristo como nuestra razón más grande de vivir y hemos cambiado su persona por el ídolo del momento. Al darnos cuenta de esta realidad y aceptar nuestra pobreza espiritual, necesitamos que se nos recuerde que Jesús ha muerto por esta actitud y que todavía nos ama con amor inquebrantable. Cuando esto sucede, volvemos a disfrutar del Salvador como en el día de nuestra conversión y, de una manera similar a la que sucedió aquel día, el Espíritu de Dios (que estaba contristado) vuelve a ocupar un espacio relevante en nuestro corazón trasformando a Cristo nuevamente en nuestra razón de vivir y dándonos el poder para vivir no solo la *letra* del mandamiento sino también el *espíritu* del mismo.

Así, la última gran pregunta para hacernos en la aplicación de cualquier verdad bíblica es si ***¿puedo disfrutar del amor de Cristo a pesar de lo que he hecho?*** ¿Puedo ver que necesito ser lleno de su Espíritu para vivir cualquier cosa que él me pide?

En resumen, hay tres grandes preguntas que debería hacerme a la hora de pensar en la aplicación de un pasaje, en este caso, de la mentira.

	Tres preguntas para hacer cuando veo un mandamiento:	***¿Qué estoy buscando?***
1	*¿Qué es realmente mentir?*	*Esto me permite descubrir el espíritu del mandamiento*
2	*¿Por qué miento?*	*Esto me permite descubrir mi idolatría*
3	*¿Puedo apreciar el amor de Cristo a pesar de mi mentira?*	*Esto me permite redescubrir el evangelio*

Déjame darte un ejemplo. Te lo advierto. Al leerlo rápidamente te parecerá muy bueno, pero después de considerarlo en detalle verás que es incompleto. (Lo digo nuevamente, no es incorrecto, sino *incompleto*). En su libro *Desafíos del liderazgo cristiano*, John Stott (a quien respeto muchísimo) comparte dos principios muy valiosos fundamentados en Colosenses 3:17 y 3:23. El primero dice: "*Y todo lo que hacéis, de palabra o de hecho, hacedlo todo en el nombre del Señor Jesús, dando gracias por medio de El a Dios el Padre*". El segundo lee: "*Y todo lo que hagáis, hacedlo de corazón, como para el Señor y no para los hombres*". Stott afirma: "De acuerdo al primer versículo debo tratar a mi vecino como si ***yo*** fuera Jesucristo. Pero de acuerdo al segundo versículo, debo tratar a mi vecino como si ***él*** fuera Jesucristo".[122] Más adelante en su obra, Stott dice nuevamente:

> Según el primero de estos versículos, nos acercamos a los demás en el nombre de Cristo: representamos a Jesús. Somos sus embajadores sobre la tierra. Aprendemos a considerar a las personas como él las consideró y aprendemos a tratar a las personas como él las trató: honramos a las mujeres como él las honró, amamos a los niños como él lo hizo, mostramos compasión a aquellos que lo necesitan como él lo mostró, y nos humillamos para lavar los pies como él lo hizo. La pregunta en cada situación es: ¿Qué haría Jesús?[123]

Stott completa su idea señalando que, según Colosenses 3:23, se invierten los papeles:

> El respeto y el honor que debemos darles a las personas no es solo el que Cristo les daría, sino el que Cristo mismo *recibiría*... Este es el principio que podemos aplicar en todo lo que hacemos: es fácil y agradable limpiar un cuarto si estamos esperando una visita de Jesucristo. Podemos preparar una comida si estamos, como Marta, esperando que Jesús venga a comer con nosotros. Es posible servir a un estudiante como si fuera Cristo. Es posible escribir una carta como si Cristo fuera a leerla. Es posible visitar una casa como si fuera Jesús el que viviera allí.[124]

Comprender nuestro método de estudio es comprender que estas observaciones de Stott son preciosas, pero también son incompletas. De su observación e interpretación podemos sacar dos preguntas claves. La primera es: ***¿Qué haría Jesús en mi lugar?*** Y la segunda es: ***¿Cómo lo hago para Jesús?*** Sin embargo, hay una tercera pregunta que sí o sí deberíamos hacernos. ¡Es la pregunta fundamental para poder vivir estos dos principios! ***¿Cómo lo hago a través de Jesús?*** ¡Las tres preguntas son necesarias! Si solamente nos hacemos las dos primeras se nos ha mostrado *lo que tenemos que hacer* pero no se nos ha dicho *cómo tenemos que hacerlo a través de su Espíritu*. Nuestra hermenéutica debe recordarnos que ***¡ambos principios que comparte Stott son imposibles de vivir!*** ¿Quién puede darle a otro el honor y el respeto *que el mismo Jesús le daría*? ¿Quién puede realmente tratar a los demás *como si fueran Jesús mismo*? Ambos principios son inalcanzables. Ambos principios no son *difíciles* de vivir, ambos principios son *imposibles* de vivir. Es por esto que necesitamos utilizar una hermenéutica que nos recuerde que necesitamos lo que no tenemos: ***perdón*** y ***poder***. En otras palabras, que ***es imposible vivir como Cristo sin Cristo*** (Juan 15:5).

Tomemos un pasaje del libro de Santiago para ejemplificar una vez más cómo utilizar estas tres preguntas cuando nos encontramos con cualquier mandamiento. Santiago 2:1 dice: "*Hermanos míos, no tengáis vuestra fe en nuestro glorioso Señor Jesucristo con una actitud de favoritismo*". El mandato en este versículo es muy claro. No debemos mostrar distinciones en el trato con los demás. Sin embargo, quedarnos en el aspecto superficial del mandamiento, en la "letra" del mismo, puede llevarnos a concluir erróneamente que efectivamente estamos viviendo a la perfección este mandato. Hagamos, pues, la primera pregunta que sugerimos previamente: ***¿Qué es realmente mostrar favoritismo?*** Meditar en este concepto debería generar en nosotros un hondo sentido de convicción (tal como debería suceder cada vez que examinamos *atentamente* la Palabra y buscamos realmente aplicarla. Santiago 1:23-25). Mostrar favoritismo involucra nunca relacionarme con cierto grupo o persona. Es tratar mejor o peor a los demás según su sexo, color de piel, ciudad de origen, posición social o económica, madurez espiritual, denominación a la que pertenecen, o cualquier otra categoría que mi mente conciba. Es agradar al que, de alguna manera, puede producirme un beneficio y, de manera opuesta, es desechar al que tiene poco o nada para darme. Es guardar resentimiento interno hacia cierto grupo o persona. Es un apego insano a solo intentar crear comunidad con los que me agradan. Es armar en mi mente categorías de personas y tratarlas según cada uno encaje en ellas. Todas estas cosas y muchas otras, involucra caer en este pecado. Mirar el *espíritu* del mandamiento nos confronta con la realidad de que estamos mucho más lejos de cumplirlo de lo que pensábamos. Sin embargo, el análisis y la aplicación del texto no deberían terminar aquí. Si solo hacemos esta pregunta, habremos meditado exclusivamente en aspectos que tienen que ver con el *comportamiento*, con nuestra forma de vivir el mandamiento; pero habremos dejado intacto el *corazón*, el lugar donde habitan las razones, las motivaciones que nos llevan a vivirlo. Por esta razón, debemos hacer una segunda pregunta: "***¿Por qué yo lucho con mostrar favoritismo?***" Cuando respondamos esta pregunta seremos confrontados con nuestra oscuridad y pobreza espiritual de manera aún más evidente. ¿Qué es lo que nos está *motivando* a comportarnos de esa forma? La situación hipotética que plantea Santiago 2:2,3 lo pone en evidencia. Contrario a lo que uno pensaría después de una lectura veloz del pasaje, leer atentamente estos versículos nos llevará a concluir que el problema no radica en darle a una persona el mejor lugar y a otra persona el último. Después de todo, ¡alguien tiene que ocuparlos! El problema radica en ***por qué*** se le da a una persona un lugar y a otra otro. El pensamiento es: "A ti te doy este lugar *porque eres rico*, mientras que a ti te doy este lugar *porque eres pobre*". El problema es que hay un interés egoísta y autocentrado detrás de la acción. Es posible, como indican algunos comentaristas[125], que el hombre al que se refiere Santiago sea el ujier de una sinagoga que acomoda a los visitantes ricos en el mejor asiento con el objetivo de que, al sentirse bien tratados y honrados, den una mejor ofrenda. En cualquier caso, sea esta u otra la razón por la cual se hace, está claro que hay una agenda oculta en el corazón de la persona que dictamina los asientos. Su corazón trata bien a alguien, ***porque*** (consciente o inconscientemente) anhela obtener algo de ese alguien. Como vemos en este ejemplo, el favoritismo ***muestra lo que es importante para nuestro corazón*** (en este caso, probablemente, el dinero).

Cabe entonces preguntarnos: ¿por qué mostramos *nosotros* favoritismo? La respuesta lógicamente puede variar pero indefectiblemente delatará aquello que nuestro corazón realmente ama (que nada tiene que ver con amar a la persona). Podemos mostrar favoritismo por amor al prestigio que puede redundar el tratar bien a alguien y asociarnos con ese alguien o, de manera opuesta, podemos maltratar a alguien para "desasociarnos" de ese alguien debido al desprestigio que eso podría redundar a nuestro nombre. Podemos mostrar favoritismo por amor al poder que podría otorgarnos cierta persona con influencia o, de manera opuesta, podríamos ignorar a alguien por la vergüenza que podría ocasionar tal relación. Podemos mostrar favoritismo por amor a nuestra raza, a nuestro género, a las posesiones o por muchas otras razones. La cuestión fundamental es darnos cuenta que ***la forma en que tratamos a alguien está mucho más determinada por lo que ama y gobierna nuestro corazón (nuestro ídolo) que por lo que la persona es en sí***. Si nuestro corazón está *hoy* gobernado por el amor al dinero, trataremos al rico de una manera especial y al pobre lo ignoraremos. Pero si *mañana* nuestro corazón está dominado por mostrar a la comunidad cristiana una apariencia de piedad, ¡haremos exactamente lo puesto! A la *misma* persona que ayer tratamos afectuosamente (al rico), hoy ignoraremos; y a la misma persona que ayer ignoramos (al pobre), hoy trataremos afectuosamente. ***¿Por qué? Porque lo que ama o gobierna nuestro corazón determina nuestras acciones externas***. Como dice David Powlison: "Nuestros deseos reinan en nuestras vidas; compiten con Dios mismo por el Señorío."[126]

Vernos confrontados con esta realidad debería generar convicción de pecado, y esa convicción de pecado una nueva percepción de cuán desesperadamente necesitamos el *perdón* y el *poder* de Cristo para ser diferentes. Así nace la necesidad de plantear una tercera pregunta: ***¿Puedo ver el amor de Jesús al perdonar a un pecador tan ciego como yo?*** Al redescubrir mi necesidad de Jesús, el Espíritu de Dios me permitirá experimentar nuevamente la *incondicionalidad* de Dios y me dará nuevos deseos. Cambiará primeramente aquello que mi corazón realmente ama, haciendo de Cristo mi primer amor, y, como resultado de encontrar el mayor placer en su persona, dejaré de necesitar el prestigio, el dinero o el poder que estaba buscando haciendo diferencias con las personas. Solo de esta forma dejaré de luchar con el favoritismo. Solo de esta forma cambiará no solo mi conducta, sino también mi corazón.

En resumen, al meditar en la aplicación de un texto, explícita o implícitamente, todo pasaje nos dice tres cosas. Por un lado, nos informa lo que tenemos que hacer (con todas las implicaciones que involucra *realmente* vivir el mandamiento). Por el otro, nos confronta con el hecho de que no podemos hacerlo (al obligarnos a reflexionar en el por qué lo hacemos, somos confrontados con nuestras verdaderas y oscuras motivaciones, con aquello que nuestro corazón ama). Y, finalmente, nos mueve a correr desesperadamente a Cristo para ser perdonados y, con su poder; el poder que otorga su Espíritu, ser capaces vivirlo.

1	*¿Qué significa realmente cumplir este mandamiento?*	*¿Cuáles son las formas cotidianas en que suelo tropezar?*
2	*¿Por qué yo no cumplo con este mandamiento?*	*¿Qué es lo que hoy valoro que me mueve a desobedecer?*
3	*¿Puedo apreciar el perdón de Dios a pesar de no haber cumplido este mandamiento?*	*Pídele ser lleno del poder de su Espíritu para vivir lo que te ha revelado*

APÉNDICE 3

Listado de libros recomendados

El objetivo de este listado de libros y autores es que tengas referencias bíblicas y Cristo-céntricas donde acudir para profundizar tu fe. Seguramente el listado se puede mejorar. También es muy posible que haya distintas opiniones sobre qué otras obras y autores deberían incluirse. Lo que sí es indiscutible es que todo lo que encuentres aquí será sana doctrina y alimentará profundamente tu vida espiritual. Esta lista no refleja solo mi opinión personal; he consultado con pastores y líderes de distintos países y distintos contextos para confeccionar la lista. ¡Que la disfrutes!

Los diez libros que todo cristiano debería leer:

Puede que estos diez libros no sean los mejores que se han escrito; pero sí son diez libros imprescindibles de leer para tener una comprensión bíblica y Cristo-céntrica de aspectos esenciales de la vida cristiana. Si no has leído alguno de ellos, ¡comienza aquí!

1. Tim Keller. *El Dios pródigo*
2. Tim Keller. *Dioses que fallan*
3. Paul Tripp. *Sexo y dinero*
4. Paul Tripp. *Guerra de palabras*
5. José de Segovia. *El asombro del perdón*
6. Ken Sande. *El pacificador*
7. Jonathan Edwards. *Los afectos religiosos*

8. John Piper. *Cuando no deseo a Dios*
9. John Owen. *Sobre la tentación*
10. C.S. Lewis. *Cristianismo y nada más*

BONUS: Tim Chester ha escrito un libro que se titula "Tú puedes cambiar". Chester y yo hablamos el mismo idioma. De hecho, he citado su libro en varias oportunidades. Si todavía quieres seguir profundizando acerca de cómo cambiar, te lo recomiendo.

Los diez mejores autores cristianos:

Aunque la lista podría ser más larga, cada uno de estos autores son simplemente excelentes y completamente recomendables. Bíblicos, con una teología sana y muy prácticos. Lee todos los libros que puedas encontrar de cualquiera de ellos. No te arrepentirás.

1. Tim Keller
2. Paul Tripp
3. John Piper
4. C. S. Lewis
5. Jonathan Edwards
6. John Owen
7. Philip Yancey
8. A. W. Tozer
9. John Stott
10. Martyn Lloyd Jones

BONUS: En algún momento de tu vida debes leer algo de Henri Nouwen. Es el autor católico más leído y citado por un sinnúmero de autores evangélicos. Aunque tiene uno o dos libros con doctrina católica cuestionable, la mayoría de ellos no tienen desperdicio. Sigue el consejo del apóstol Pablo: "¡Examínalo todo y retén lo bueno!".

Diez libros para crecer en tu vida espiritual:

1. Donald S. Whitney. *Disciplinas espirituales para la vida cristiana*
2. Richard Foster. *Alabanza a la disciplina*
3. A. W. Tozer. *La búsqueda de Dios*
4. C.S. Lewis. *Cartas de un diablo a su sobrino*

5. J. I. Packer. *El conocimiento del Dios santo*
6. El hermano Lorenzo. *La práctica de la presencia de Dios*
7. David Platt. *Radical*
8. John Owen. *La mortificación del pecado*
9. Philip Yancey. *Gracia divina vs condena humana*
10. Tim Keller. *Autoolvido*

BONUS: John Bunyan escribió en 1678 un libro que se llama "El progreso del peregrino". Si nunca lo has hecho, léelo; es un clásico sobre la vida espiritual. Algo más. Dallas Willard y Tim Chester han escrito varios libros excelentes sobre la vida espiritual. Busca sus obras si te interesa el tema.

Tres libros preciosos sobre la oración:

1. Tim Keller. *La oración*
2. Philip Yancey. *La oración, ¿hace alguna diferencia?*
3. Andrew Murray. *La escuela de la oración*

BONUS: John Piper ha escrito un libro fascinante que se llama "Hambre de Dios". Este libro te motivará orar y ayunar de una forma única. Sin lugar a dudas, despertará un deseo apasionado y fresco por amar a Dios y encontrarte con Él.

Dos recursos esenciales para estudiar la Biblia:

1. Max Anders. *Treinta días para entender la Biblia* (excelente para tener un panorama de toda la Biblia).
2. Howard. G. Hendricks. *Interpretación bíblica* (te dará herramientas para estudiar la Biblia solo).

Cinco biografías que te inspirarán:

1. Howard y Geraldine Taylor. *El secreto Espiritual de Hudson Taylor*
2. Richard Wurmbrand. *Torturado por Cristo*
3. Oswald Smith. *El diario de David Brainerd*
4. Halaran Popov. *Torturado por su fe*
5. Jorge Muller. *Un hombre de fe*

Cuatro autores plenamente recomendables sobre consejería bíblica:

1. Paul Tripp
2. David Powlison
3. Elyse Fitzpatrick
4. Edward T. Welch

BONUS: Si quieres entender bíblicamente tu corazón, si te interesa aconsejar a otros, o si eres o quieres ser sicólogo; lee todos los libros que puedas de estos cuatro autores. Hoy existe mucha confusión respecto a la consejería, la autoayuda y la sicología cristiana y no cristiana. Estos autores son de plena confianza. Para comenzar, te recomiendo "Instrumentos en las manos del Redentor" de Paul Tripp. Otro libro muy recomendable es el libro de Edward T. Welch "Cuando la gente es grande y Dios pequeño".

Los seis mejores libros sobre crianza de los hijos:

1. Paul Tripp. *La crianza de los hijos*
2. Elyse Fitzpatrick. *Given them grace**
3. Gary Thomas. *Sacred parenting**
4. Tedd Tripp. *Pastoreando el corazón de tu hijo*
5. Tedd Tripp. *Como instruir el corazón de tu hijo*
6. Paul Tripp. *Edad de la oportunidad* (para hijos adolescentes).

* A punto de ser traducido al español.

BONUS: Te pido disculpas por incluir dos libros en inglés. La razón es muy simple. Creo son lo mejor que se ha escrito sobre el tema. Además, seguramente, pronto estarán disponibles en español. Otro recurso imperdible es una serie de seis charlas en audio que ha grabado Henry Clay llamada "El discipulado en la familia". Trata principalmente sobre cómo disciplinar a los niños. Las charlas son muy prácticas e ilustrativas. Puedes buscarlas en internet bajo ese título y escucharlas de forma gratuita.

Los seis mejores libros sobre matrimonio:

1. Paul Tripp. *¿Qué estabas esperando?*
2. Gary Thomas. *Matrimonio Sagrado*
3. Gary Chapman. *Los cinco lenguajes del amor*

4. John Piper. *Pacto matrimonial*
5. Tim Keller. *El significado del matrimonio*
6. Dave Harvey. *Cuando pecadores dicen: "Acepto"*

Tres libros excelentes sobre evangelismo y discipulado:

1. Robert Coleman. *El plan maestro de evangelización*
2. David Burt. *Manual de evangelización para el siglo XXI*
3. Collin Marshall y Tony Payne. *El enrejado y la vid*

Cinco libros de devocionales:

1. Paul Tripp. *Misericordias nuevas cada mañana*
2. Oswald Chambers. *En pos de lo supremo*
3. Tim Keller. *Los cantos de Jesús*
4. Charles Spurgeon. *Lecturas matutinas*
5. Chris Shaw. *Alza tus ojos*

Dos libros que no puedes dejar de leer si estás en el liderazgo:

1. Paul Tripp. El llamamiento peligroso
2. John Piper. Hermanos no somos profesionales

Dos recursos clave para toda iglesia:

1. Mark Dever (junto con otros autores) han escrito una serie de once libros que se llama: "Edificando iglesias sanas". Cada uno de estos once libros son excelentes para que todos los miembros de la iglesia los lean y dialoguen en grupos pequeños. Tratan temas como el discipulado, la membresía, la disciplina, etc.
2. Tim Chester (junto con otros autores) han escrito una serie de libros llamada "Una vida centrada" ("Una vida centrada en el evangelio", "El matrimonio centrado en el evangelio", "El trabajo centrado en el evangelio", etc.). Esta serie también es excelente para hacer grupos pequeños como iglesia.

Nueve autores si quieres investigar sobre preguntas difíciles y apologética:

1. Allister McGrath
2. Norman Geisler
3. Philip Yancey

4. Keneth Boa
5. C.S. Lewis
6. Lee Strobel
7. Josh McDowell
8. Os Guinnes
9. Antonio Cruz

BONUS: Tim Keller ha escrito dos libros excelentes: "La razón de Dios" y "Encuentros con Jesús". (Ambos son ideales tanto para leer uno, como para dar a una persona no cristiana de regalo. ¿No sería genial hacerlo y luego preguntarle qué le ha impactado o llamado la atención?)

Cinco autores para estudiar el dilema del sufrimiento:

1. C.S. Lewis. *El problema del dolor*
2. David Burt. *Llamados a sufrir*
3. Jerry Bridges. *Confiando en Dios aunque la vida duela*
4. Donald Carson. *¿Hasta cuándo, Señor?*
5. James Dobson. *Cuando lo que Dios hace no tiene sentido*

BONUS: Casi todos los libros de Philip Yancey tocan el tema del sufrimiento (también habla mucho sobre las dudas intelectuales y la existencia de Dios). Yancey es muy transparente sobre sus propias luchas, es un gran pensador y no da respuestas simplistas. (También puedes regalar sus libros a amigos no cristianos o a personas que están sufriendo mucho).

Cinco autores muy recomendados que han escrito varios comentarios bíblicos:

1. Todos los comentarios de John Stott
2. Todos los comentarios de David Burt[a]
3. Las notas de Thomas Constable[b]
4. Martyn Lloyd Jones[c]
5. Todos los comentarios de F. F. Bruce

[a] Charlas y mensajes disponibles en http://www.sermonaudio.com/.
[b] Notas en PDF disponibles en http://www.soniclight.com/espanol/notas.html

[c] La mayoría de sus libros son exposiciones de un libro de la Biblia.

Cuatro autores para estudiar teología:

1. John Stott
2. J.I. Packer
3. Wayne Grudem
4. R.C. Sproul
5. Edmund P. Clowney

NOTAS

Capítulo 1

[1] Adaptado de D. Martyn Lloyd-Jones, *El Sermón del monte*, (Edimburgo: El estandarte de la verdad, 2008), pp.378, 379.

[2] Paul Tripp, *Dangerous calling* (Wheaton: Crossway, 2012), p.22.

[3] Tim Keller, *La cruz de Rey* (Barcelona: Publicaciones Andamio, 2013), p.111.

[4] Henri Nouwen, *Escritos esenciales*, (Cantabria: Editorial Sal Tarrae, 1999), p.121.

Capítulo 2

[5] Citado por Natalie Carley en https://es.slideshare.net/abitorres/conceptos-bblicos-bsicos-de-la-motivacin-humana.

[6] Tim Keller, citado por Tim Chester, *Tú puedes cambiar* (Barcelona: Publicaciones Andamio, 2013), p.106.

[7] He adaptado estas dos preguntas de Robert Thun y Will Walker, *La vida centrada en el evangelio* (Greensboro: New Growth Press, 2009), p. 57.

Capítulo 3

[8] Jonathan Edwards, *Los afectos religiosos* (Graham: Publicaciones Faro de gracia, 2001), p.12.

[9] Jonathan Edwards, citado por John Piper, *Dios es el evangelio* (Grand Rapids, Portavoz, 2007), p.59.

[10] Richard Wurmbrand, *Torturado por Cristo*, (Stephanus Edition), p.37.

[11] Thomas Chambers, *The Expulsive Power of a New Affection*, en *The Protestant Pulpit*, ed. por Andrew Watterson Clakwood (Grand Rapids: Baker Book House, 1947), p.50.

[12] John Piper, *Dios es el evangelio*, p.14.

Capítulo 4

[13] Paul Tripp, *Instrumentos en manos del Redentor* (Graham: Publicaciones Faro de Gracia, 2012), pp.44, 45.
[14] Blas Pascal, citado por John Piper, *Los peligros del deleite* (Miami: Unilit, 2003), p.12.
[15] *Ibid.*, p.14.
[16] Thomas Watson, citado por Elyse Fitzpatrick, *Idols of the heart* (Phillipsburg: P&R Publishing Company, 2001), p.84.
[17] John Piper, *Los peligros del deleite*, p.43.
[18] Tim Keller, *El significado del matrimonio* (Barcelona: Publicaciones Andamio, 2014), p.76.
[19] John Piper, *Cuando no deseo a Dios* (Grand Rapids: Portavoz, 2006), p.11.
[20] John Piper, *Dios es el evangelio*, p.100.
[21] John Piper, Los peligros del deleite, p.18.
[22] Paul Tripp, *Instrumentos en manos del Redentor*, p.49.
[23] John Piper, *Los peligros del deleite*, pp.64, 65.
[24] John Piper, *Cuando no deseo a Dios*, pp.35, 36.
[25] He escrito esta frase muy influenciado por el pensamiento de John Owen.
[26] John Owen, *Sobre la tentación* (Graham: Publicaciones Faro de Gracia, 2010), p.37.
[27] Richard Baxter, *A Christian Directory* (Morgan: Soli Deo Gloria Publications, 1996), p.85.
[28] Agustín, Confesiones (Barcelona: Editorial Planeta, 1993), p.38.
[29] Paul Tripp, *Instrumentos en manos del Redentor*, p.108.
[30] Donald Carson, *Christ and culture revisited* (Grand Rapids: Eerdmans Publishing Co., 2008), p.46.
[31] Tim Keller, *Dioses falsos* (Miami: Vida, 2011), pp.17,18
[32] Adaptado de John Piper, *Gracia venidera* (Miami: Vida, 2006), p.95.
[33] Tim Chester, *Tú puedes cambiar*, p.112.

Capítulo 5

[34] Paul Tripp, *Sex & Money* (Wheaton: Crossway Books, 2013), p.11.
[35] Richard Lovelace, citado por Tim Keller, *¿Qué es el evangelio?* (Graham: Publicaciones Faro de Gracia, 2012), p.52.
[36] José de Segovia, *El asombro del perdón* (Barcelona: Publicaciones Andamio, 2010), p.22.
[37] William Romaine, citado por Tim Chester, *Tú puedes cambiar,* p.54.
[38] Sinclair Ferguson, citado por Tim Chester, *Tú puedes cambiar*, p.54.
[39] Tim Chester, *Tú puedes cambiar*, 194.
[40] *Ibid.*, p.130.
[41] Tim Keller, *Iglesia Centrada*, (Miami: Clie, 2012), pp.73, 74.
[42] Paul David Tripp, *Getting to the heart of parenting,* (CDR Communications, Inc. 2009), Session 3- Getting to the heart of behavior/Part1.
[43] José de Segovia, *El asombro del perdón*, pp.126-128.

[44] Ilustración adaptada de Kyle Idleman, *Gods at war*, (Grand Rapids: Zondervan, 2001), p.32.
[45] Esta ilustración no es mía. Es posible que Paul Washer haya sido el primero que la utilizó.
[46] Paul Tripp, *Dangerous Calling* (Wheaton: Crossway, 2012), pp.215, 216.
[47] John Piper, *Cuando no deseo a Dios*, pp.12, 13.
[48] Tim Keller, *Dioses falsos*, p.192.

Capítulo 6

[49] John Owen, *Sobre la tentación*, pp.131, 132.
[50] Paul Tripp, *Instrumentos en manos del Redentor*, p.86.
[51] Traducción personal adaptada de Timothy S. Lane y Paul David Tripp, *Relationships* (Greensboro: New Growth Press, 2008), p.82.
[52] Paul Tripp, *War of Words* (Phillipsburg: P&R Publishing Company, 2000), p.59.
[53] *Ibid.*, p.59.
[54] Tim Keller, *¿Qué es el evangelio?* (New York: Reedemer Church Planting Center, 2004), p.50.
[55] George Whitefield en *The Method of Grace*, citado por Tim Chester, *Tú puedes cambiar*, p.194.
[56] John Bunyan, citado por John Piper, *Cuando no deseo a Dios*, pp.91, 92.

Capítulo 7

[57] John Piper, *Alegría indestructible* (Barcelona: Publicaciones Andamio, 2005), p.15.
[58] Agustín, *Confesiones* (Barcelona: Editorial Planeta, 1993), p.176.
[59] Adaptado de Tim Keller, *Iglesia centrada*, p.54.
[60] Citado por Rafael Martinez, http://icea.com.es/imagenes/evangelio-animo.pdf, p.3.
[61] Tim Keller, *Dioses falsos*, p.69.
[62] Jonathan Edwards, *Los afectos religiosos*, p.85.

Capítulo 8

[63] Tim Keller, *La predicación* (Nashville: B&H Publishing Group, 2017), p.125.
[64] Paul Tripp. *Sexo y dinero*, (Graham: Publicaciones Faro de Gracia, 2014), pp.11, 12.
[65] Tim Keller, *Iglesia centrada*, p.75.
[66] Charles Spurgeon, http://www.spurgeon.com.mx/sermon1281.html.
[67] Henri Nouwen, *Escritos Esenciales*, pp.108, 109.
[68] Tim Keller, *La respuesta del espejo* (Buenos Aires: Peniel, 2013), p.52. Este pequeño libro es una ayuda enorme para meditar en cómo el evangelio, si es realmente vivido y disfrutado, transforma radicalmente nuestra identidad.
[69] *Ibid.*, pp.52, 53.

[70] Paul Tripp, *¿Qué estabas esperando?*, p.66.
[71] Desconozco el autor original de esta frase.

Capítulo 9

[72] Citado por Sugel Michelén, https://www.sermonaudio.com/saplayer/playpopup.asp?SID=811816384710.
[73] Tim Chester, *Tú puedes cambiar*, p.17.
[74] Esta frase fue dicha verbalmente por John Hannah en la asignatura *HT101, The Church to the Modern Era*, Dallas Theological Seminary, 2003.
[75] John Piper, *Let the nations be Glad! The supremacy of God in missions*, (Grand Rapids: Baker Books, 1993), p.26.
[76] John Piper, http://www.desiringgod.org/sermons/ask-whatever-you-wish.
[77] Tim Chester, *Tú puedes cambiar*, p.39.
[78] *Ibid.*, p.40.
[79] Citado por John Piper, //www.youtube.com/watch?v=EoUkZC9ok-w.
[80] John Piper, *Hambre de Dios*, (Barcelona: Publicaciones Andamio, 2004), p.11.
[81] John Piper, *Hambre de Dios*, tomado de la contratapa.
[82] John Piper, Alegría indestructible, p.39

Capítulo 10

[83] John Piper, https://www.youtube.com/watch?v=eE-09ut2pzw
[84] John Piper, *Cuando no deseo a Dios*, p.36.
[85] He adaptado varias ideas de este párrafo de John Piper, https://www.youtube.com/watch?v=eE-09ut2pzw
[86] Esta frase no es mía. Desconozco el autor original de la misma.
[87] Howard y Geraldine Taylor, *El secreto espiritual de Hudson Taylor*, (Grand Rapids: Publicaciones Portavoz Evanglélico, 1992), p.136
[88] *Ibid.*, p.25.
[89] *Ibid.*, pp.163, 164.
[90] *Ibid.*, p.8.
[91] Jonathan Edwards, *Los afectos religiosos*, p.60.

Capítulo 11

[92] Samuel Pérez Millos. *Comentario Exegético al Texto Griego del Nuevo Testamento: Hechos* (Viladecavalls, Barcelona: Editorial CLIE. 2013), p. 1166.
[93] *Ibid.*, p. 1164.
[94] John Piper, *Gracia venidera* (Miami: Vida, 2006), p.46.

Capítulo 12

[95] Adaptado de D. Martyn Lloyd Jones, *El Sermón del monte*, pp.378, 379.
[96] Henri Nouwen, Thomas Merton y Anselm Grün, *Palabra de amor, La búsqueda de*

la sanación integral. (Buenos Aires: Editorial Lumen, 2002), p.14.
[97] John Piper, *Dios es el evangelio*, p.120.
[98] John Stott, *El mensaje de Gálatas*, (Barcelona, Buenos Aires, La Paz, Lima: Ediciones Certeza Unida, 2013), pp.178, 179.
[99] John Piper, *Hambre de Dios*, pp.14, 15.
[100] Donald S. Whitney, *Ten Questions to Diagnose Your Spiritual Health*; pp. 92-93; 103. Citado por Sugel Michelén en https://www.coalicionporelevangelio.org/entradas/sugel-michelen/las-disciplinas-espirituales-y-el-evangelio/.
[101] John Piper, *Dios es el evangelio*, p.64.
[102] Paul Tripp, *Llamamiento peligroso: Enfrentando los singulares desafíos del ministerio pastoral* (Graham: Publicaciones Faro de Gracia, 2013), p.13.
[103] John Piper, *Hermanos no somos profesionales.* (Viladecavalls, Barcelona: Editorial Clie, 2010), p. 81.
[104] Citado por John Piper, *Hermanos no somos profesionales*, p.85
[105] J. C. Ryle, citado por Tim Chester en *Tú puedes cambiar*, pp.151, 152.
[106] John Piper, *Hambre de Dios*, p.15.
[107] Richard Foster, *Alabanza a la disciplina*, (Minneapolis: Editorial Betania, 1986), p.161.

Capítulo 13

[108] David Powlison, *Good & Angry*, (Greensboro: New Growth Press, 2016) p.130.
[109] *Ibid.*, p.128.
[110] He tomado y adaptado varios pensamientos de este párrafo de David Powlison, *Good & Angry*, Capítulo 4.
[111] Adaptado y traducido de David Powlison, *Good & Angry*, pp.41, 42.
[112] Rebecca Manley Pippert, *La esperanza tiene sus razones*, (Barcelona: Publicaciones Andamio, 2008), pp.126, 127.

Apéndice 1

[113] He tomado y adaptado tres de estos consejos de John Piper, *Los peligros del deleite*, pp.34, 35.
[114] John Piper, *Hambre de Dios*, p.13.
[115] John Piper, *Hambre de Dios*, pp.44, 45.
[116] Tim Keller, *Iglesia centrada*, p.77.
[117] C. S. Lewis, citado por John Piper, *Cuando no deseo a Dios*, p.17.
[118] John Owen, *Sobre la tentación*, p.56.

Apéndice 2

[119] Gordon D. Fee y Douglas Stuart, *La lectura eficaz de la Biblia* (Deerfield: Vida, 1985), p.23.
[120] He adaptado esta pregunta de David Helm, *La predicación expositiva: Cómo proclamar la Palabra de Dios hoy* (Washington, D.C.: 9Marks, 2014), p.81.

[121] Tomado de una entrevista realizada por Nicolás Tranchini al Dr. John Henderson en día 3 de julio de 2014.

[122] John R.W. Stott, *Desafíos del liderazgo cristiano* (Miami: Vida, 2013), p.78.

[123] *Ibid.*, p.79.

[124] *Ibid.*, pp.83, 84.

[125] J. Ronald Blue, en John Walvoord y Roy B. Zuck, *The Bible Knowledge Commentary* (USA: SP Publications, Inc., 1983), p.824.

[126] David Powlison, *The Journal of Biblical Counseling*, Vol.16.1, Fall, 1997, pp.32.

Otras publicaciones de

CAMBIOS
PROFUNDOS

UN AÑO DE CAMBIOS

Un devocional centrado en ***disfrutar a Dios***

¿Un devocional?
Sí… O no. ¡Tú eliges! Aunque el libro está dividido por días, este no es un devocional tradicional. La gran mayoría de libros devocionales suelen contener pensamientos inspiradores sobre la Palabra de Dios; pero dichos pensamientos se encuentran desconectados unos de otros. Normalmente, el tema que lees un día está aislado del tema que lees al día siguiente. Este libro es diferente. Al leerlo, descubrirás que cada día posee una verdad autocontenida, pero esta verdad se encuentra relacionada con lo que leerás al día siguiente. Está ordenado de forma progresiva para que diariamente vayas meditando acerca de cómo se produce el crecimiento espiritual. De esta forma, tienes la posibilidad de leer un día a la vez o varios al mismo tiempo. **¡Tú eliges!**

ISBN: 978-84-09-34311-9

Printed by Amazon Italia Logistica S.r.l.
Torrazza Piemonte (TO), Italy

48562406R00198